漢家天下

楚漢爭鋒

逐鹿中原，豪傑並起！
誰能問鼎天下？

清秋子　著

「從此我大漢天下，垂統萬世而不竭，我輩也不枉從血泊裡蹚了一回。」

從芒碭草澤到咸陽宮闕
天下角逐！平民皇帝與霸王書寫天下新局

目錄

序　漢家雄風今仍在

作家清秋子的長篇歷史小說《漢家天下》第一部在出版之前，出版社編輯給我看了原稿，並囑我寫一篇文字加以評說。我卻之不恭，於是遵囑，在這裡寫一點讀後的感想。

注意到清秋子的歷史寫作，是在數年前，我曾應邀為他所撰的歷史人物傳記《武則天》寫過一篇短序，對他在寫史方面的功力頗有印象。如今翻開他這部厚重的書稿，粗讀一遍，感覺他的寫作在數年間大有精進，已深得歷史小說寫作的堂奧。

《漢家天下》從「楚漢爭鋒」開始寫起，作者用文學的形式表現了那一段金戈鐵馬的風雲史。自司馬遷的《史記》問世以來，這段扣人心弦的歷史可謂家喻戶曉，若想在史料基礎上加以生發，不是一件容易的事，故而初展卷之時，我不免替作者擔心。然而在看過數頁之後，便立刻放下心來——作者書寫歷史故事的才華，當下能及者甚少。

讀此稿，令我印象深刻的，首先是書中人物的鮮活。寫歷史小說，難就難在這裡，主角們必須是古代的人，但又要讓今人能夠理解。讀者讀過之後，要對他們的一言一行、一顰一笑能夠會心。本書作者在司馬遷給出的史料基礎上，大大發揮了他獨到的文學想像力，使得劉邦、項羽及一大批那個時代的風雲人物活了起來。可以說，《漢家天下》的寫作，是「有溫度」的歷史寫作，古籍上的人物，到了這部書裡，有了血肉，有了聲音，有了清晰可感的動態形象。以劉邦為例，他的那種痞、那種韌性、那種包容的胸懷，都是透過各種生動的細節表現出來的。透過一個個的具體細節，一個活脫脫的平民皇帝便躍然紙上。

我一向認為，寫歷史小說切忌表面的熱鬧，歷史敘事應該有一個鮮明而強大的核心，也就是如何提煉主題。我感覺清秋子在這方面是頗為用心的。西哲有言曰：「所有的歷史都是當代史。」此話有一定道理。歷史是有傳承的，傳統的文化幾千年來綿延不絕，至今對我們日常生活的影響還很大。清秋子在本書中所強調的「民本」意識，讀來觸動人心，令人浮想聯翩。我想，這就是歷史小說不可或缺的魂魄。

本書令我感喟的，還有作者在敘事結構上不凡的功力。楚漢之爭期間，戰爭頻仍，許多戰役的線索本來就錯綜複雜，如何將這些事件逐個講清楚，又不能讓事件淹沒了人物，作者在這方面處理得非常好。對於多場戰爭的描繪，詳略得當，各有側重，毫無重複之感；並且經過精心的結構布局，使人物性格在戰爭場面中逐步延伸展開，直至揭開人物的內心世界。

再有，即是本書在虛實方面的處理也很妥貼。可以說，從整體框架看，《漢家天下》是嚴格按照歷史事實來寫作的，即使是想像發揮，也都是有所本的，是一種文學性的「復原」，完全可以把它當作史實來讀。但是其中有幾個虛擬人物的隨機出場，又似神來之筆，恰到好處地烘托了真實的歷史人物，於厚重之中又添了幾分飄逸。

讀這部書稿，我數度有放不下的感覺。作者延續了中國古代章回小說的傳統寫法，融會貫通，加以發揚。其場面的逼真，情節的跌宕，敘說的流暢，都可作為一流文字來欣賞。在當代，能讀到如此古樸而又靈動的文字，是一件令人驚喜的事情。

在當今，關於歷史的書寫可謂浩如煙海，在眾多的作品中，《漢家天下》是一部極有個性的作品，那麼當然會在當代歷史小說的創作史上留下印記。

數年之前，我曾如此評價過清秋子的寫作：「在他的書裡，歷史是經，文學是緯，從而使一般讀者認為十分枯燥的歷史，有了血肉，有了溫度，能夠走進人心裡。」在今天，我仍是這種感覺。

據稱，《漢家天下》是一部長篇系列歷史小說，後面可能還有更精采的描寫。我願等待作者一部部地寫出來，好好把它通讀一遍，以享受這種歷史與文學的融合之美。

夜奔百里，蕭何智計奪都尉

竹帛煙銷帝業虛，關河空鎖祖龍居。坑灰未冷山東亂，劉項原來不讀書。

這首詩，本是晚唐詩人章碣[01]的一首七絕，題為〈焚書坑〉。此詩與詩之作者，在史上都不甚有名；然而到了近世，此詩卻大大地有名起來。究其緣由，足可發人深省，亦令人嘆惋。

此詩說的是秦末大亂之事，寥寥數語，卻是字字千鈞。秦末大變亂，乃是起自秦始皇猝死，秦二世倚靠權奸趙高篡了大位。因得國不正，便處處疑神疑鬼，朝中自然是正氣不伸，奸佞當道。秦政原本就嚴苛，經此一變，竟而越加暴虐，終於逼得民反。偌大帝業，虛弱的底子一下便袒露出來，先是陳勝、吳廣用了「魚腹丹書」、「篝火狐鳴」之計，鼓動戍卒，於大澤鄉首揭義旗。後又有六國舊貴胄與民間豪雄趁亂而起，拔城易幟。三年之內，便埋葬了一個橫絕天下的龐然大物。

其實，在起事的諸路豪雄中，並非人人皆為聖賢，而多是魚龍混雜。頗做出一番事業的，唯有劉邦、項羽兩大家。後世的人，說是劉、項二人聯袂推倒了大秦的天下，自是十分精當之論。正所謂「秦失其鹿，天下共逐之」，轉眼之間，河山便易手。但當時天下，素來獨尊一姓，故不可能由劉、項二人相商分享，這就有了其後綿延四年有餘的楚漢之戰。

那四年多的景象，正如司馬遷所言：「河決不可復壅，魚爛不可復

[01] 章碣（西元 836 ～ 905 年），字魯封，睦州桐廬（今屬浙江）人，後移居錢塘（今浙江杭州），唐代詩人。有《章碣詩》一卷已佚，《全唐詩》存詩一卷（26 首）。曾創「變體詩」，單句押仄韻，雙句押平韻，時人效之。

全。」其變亂，其悲慘，乃近古所未見。

生於亂世者，磨難雖甚多，然也有他們的幸遇。那數年之中，有許多豪雄旋起旋落，大放異彩，成就了其汪洋恣肆的人生，在史上留下了一個不滅之名。

故此，那一段史，便如遠古之夕陽殘照，讀來令人回味無窮，亦覺悲壯莫名。其間的英雄末路與豎子成名，兩千年來，更是為史家所津津樂道，至今也未曾被冷落。

且說漢王元年（西元前 206 年）五月的一個夜裡，漢中郡的郡城，亦即南鄭這個地方，近郊的漢軍大營已熄燈多時。除中軍大帳外，各帳均是光亮熄滅，軍卒們酣然大睡，全無牽掛。

冷月之下，象徵漢王權柄的旄旗 [02]，靜靜低垂，狀似有氣無力。營帳之間偶或響起的巡更刁斗 [03]，聲若嗚咽，顯得淒涼萬端。

營門前，幾名執戟衛卒強打精神，也仍是昏昏然，只覺得眼皮愈發沉重。其中一個，居然立著就打起盹兒來。忽然，一陣馬蹄聲輕微響起，由遠及近，從大營內悄然而來。眾衛卒畢竟有歷練，瞬間便被驚動，都是渾身一震，將長戟交搭，阻住來路，低聲喝問道：「是何人？何事出營？」

來人是一年輕軍吏，面略黃而身長，甲冑整齊，披一襲皓白戰袍。他放馬緩步到了營門，猛然勒住馬。衛卒忙取來守夜燈籠，高擎過頭，看胸甲結花，方才辨出，此乃一位都尉。只見這都尉翻身下馬，解下腰牌遞出，自報了一聲：「治粟都尉。」[04]

一衛卒接過腰牌，靠近燈籠看看，又問：「可有出入符節？」來人道：

[02] 旄（ㄇㄠˊ），古代用犛牛尾裝飾的旗子。

[03] 刁鬥，古代軍中用具，形狀似鬥，有柄。白天用作炊具，晚間用以巡邏敲擊。

[04] 治粟都尉，漢代中級軍官名，掌籌畫軍糧之職。

「有！」說罷遞出。

衛卒將官職、人名驗罷，還回腰牌與符節，卻是滿臉狐疑：「都尉，此符節今日雖可出入，但何事須半夜三更出營？」

那都尉並未立刻答話，只略略轉身，回望大營片刻，才說道：「有軍令！調糧！」衛卒仍問：「可有漢王虎符？」

那都尉面露不豫之色，叱道：「我又不去調兵，只去石梁亭催糧。」

幾名衛卒互相望望，放下長戟，不十分情願地搬開門柵。其中一個，隨口嘟囔道：「一個多時辰即可天明，何苦要趕夜路？」

都尉不禁火起，喝道：「為何如此多事？」

那衛卒手指營門高懸的禁令牌，忙賠笑道：「近來逃亡甚多，君上與韓太尉嚴令盤查出入，請都尉息怒。」

那都尉翻身上馬，一記鞭鳴，急催道：「速速讓開。今夜不催，爾等便要斷炊了！」

衛卒們這才慌忙閃開，放都尉出了營門。那人出得門去，即回首詭祕一笑：「各位兒郎，敵在關中，何苦與自家人過不去？恕我不敬，來日再會！」

眾衛卒茫然不知所措，只呆望著那白袍都尉飄然一騎，絕塵而去。

人蹤既遠，夜色越顯深沉，營門又復歸於寂靜。兩個巡夜燈籠置於地上，明滅不定，酷似一雙矇矓睡眼。

如此過了半個時辰，營內忽又有馬蹄聲驟起。一文官神色倉皇，策馬飛奔而來。兩衛卒舉燈高照，不禁愕然：「丞相！」

丞相蕭何勒住坐騎，厲聲喝問：「夜來可有人出營？」

「有，是治粟都尉韓信。」

「走了有幾時？」

「半個時辰。」

「荒唐！為何不攔住？」

「稟報丞相，驗過他符牌，皆無誤。」

蕭何便不再問話，喝了一聲「閃開」，眾人慌忙去搬門柵。待門柵徐徐打開，僅可容一人通過之時，蕭何便等不及，猛力一鞭，胯下坐騎便有如疾風飆起，馳過門柵，衝出營門去了。靜夜裡，馬蹄聲密如急雨，聽來格外驚心。

一衛卒喊了聲：「丞相……」，便噤不能言。眾人不禁瞠目，良久才回過神來，面面相覷。其中忽有一人醒悟過來，忙返身回營，稟報值夜校尉[05]去了。

這一番嘈雜，驚動了正在觀樓上瞭望的哨卒，高聲向下問道：「營門何事，鬧得這麼大聲音？」

衛卒答道：「蕭丞相一人一騎，奔出門去了！」

哨卒便懶懶道：「我道是何事！丞相必有急務，不關你我的事。莫再自相驚擾，打攪了兄弟們睡覺。」

片時之後，大營再次歸於沉寂，唯聞蟲聲唧唧，四處似充滿詭異之氣。衛卒們執戟肅立，倦意全消，心頭忽湧起一股莫大的恐懼：「今夜大營，恐有變！」

就在此時，漢王大帳內，數盞膏油燈微火搖曳，一派昏暗。最近受封漢王的劉邦憂思滿面，正蜷曲在几案旁，借酒澆愁。

數月來，世事變幻，匪夷所思。劉邦為諸多得失所惑，滿心沮喪，箕踞在席上，只顧喝悶酒。醉意漸漸上來，他越發鬱悶，斷斷續續，哼

[05] 校尉，漢代中級軍官，職級在將軍之下，與都尉同級，為軍中單位「部」之長官。

起了家鄉謠曲，眼前景象，也似隨之浮動。須臾間，泗水畔之草木景物，盡皆奔至眼前……

就在三年前，劉邦尚在家鄉沛縣豐邑，正做著不起眼的泗水亭長[06]。當年，他在水畔的蘆葦叢中，常邀來縣吏蕭何、曹參、夏侯嬰、任敖，以及鄉鄰樊噲、盧綰、周勃等一干朋友，談古論今，把酒盡歡。

諸人與劉邦友情甚篤，皆直呼他的本名「劉季[07]」。所謂劉季，即村語中的「劉三」是也。此情此景，恍似就在昨日。可是，三年眨眼一過，一頂漢王的冠冕戴在頭上，給自己取了個大號叫「劉邦」，很多事，竟都身不由己了。

劉邦想到此，長嘆一聲 —— 美酒常有，然何處還可覓得此等豪興？

當初舉義之後，劉邦被沛縣父老推作了沛公[08]，拉起三千兵馬來，人稱「沛公軍」，之後，又投奔了楚地義軍的總首領項梁。

項梁，乃江東[09]下相人氏，楚國名將項燕之子。秦末大亂，他不甘落於人後，率八千江東子弟揭竿而起。後又在民間尋得楚懷王之孫，扶立為王，對外仍稱「楚懷王」，為各路義軍所共尊。

當時之項梁，自號「武信君」，素孚眾望，威名遠颺，是最有希望奪得天下的一個豪雄，惜乎其大意輕敵，為秦將章邯所殺。正因他的提前退場，才為劉邦空出了一片可施展的天地來。

年前閏九月，楚懷王與諸侯共立約定 —— 「先入定關中者為王」。嗣後，懷王便命劉邦領軍一支，向西而行，去攻取秦都咸陽。劉邦所率

---

[06] 亭長，鄉官名，掌治安、迎送之職。秦漢時，鄉村每十里設一亭。

[07] 劉季，劉邦原名。古人兄弟排行的次序，伯為老大，仲為第二，叔為第三，季為最幼一人。如家中只有三子，則幼子也稱季。劉邦因在家中為行三，且是嫡出幼子，故稱「劉季」。

[08] 沛公，即沛縣令。稱「沛公」，是因秦末義軍均尊楚，採用的是楚國官制，楚制縣官稱謂，是在地名尾碼一「公」或「尹」字。

[09] 江東，亦稱「江左」，古代區域名稱，所指為長江下游之江南一帶。因長江在今安徽南部境內向東北方向斜流，而以此段江流為準，確定東西和左右。

的「沛公軍」，當時不過是一支弱旅，人馬僅萬餘，兵卒皆原為農夫、屠販之流，卻陰差陽錯，一路克敵，最後兵臨咸陽城下，得了「先入關中」的頭彩。

然世道紛亂，恃力者便是強者。僅一個月之後，楚軍的另一強勢首領項羽，便統領大軍四十萬，趕到咸陽來爭功，不肯讓劉邦做這關中王！

這位項羽，本名項籍，羽乃他的字，世人皆稱他項羽。項羽是項梁之姪，秦末隨叔父舉義，曾與劉邦結拜為兄弟，聯袂擊秦，現已成楚義軍之最高統領。

當初，北戍長城的悍將王離，奉秦二世之命，率秦軍十萬南下平亂，圍住了趙義軍的都城鉅鹿。項羽為救趙，率楚軍破釜沉舟，在鉅鹿城下與王離大戰，盡滅秦軍精銳，一戰成名，威震天下。

項羽其人，不單勇力過人，且生性暴戾。入咸陽後，全不顧劉邦與秦人曾有約法三章，殺了亡國之君秦王子嬰，又燒盡了秦朝宮室，以雪洗曾經的滅國之恨。

至今年二月，項羽又自封為「西楚霸王」，儼然天下之主，分封了十八諸侯王，劉邦僅為其中之一。

若僅僅是如此，劉邦倒也能忍；然項羽猜忌心忒大，不顧懷王的先前之約，偏把劉邦封在了咸陽以西的漢中及巴蜀，等於貶在邊荒化外，這又教劉邦如何能忍？

最令劉邦切齒者，乃是項羽的無情無義，竟然不顧殺親之仇，將那秦之降將章邯、司馬欣、董翳三人都封了王，在咸陽左右一字排開，號稱「三秦」，以圖扼住漢中之咽喉。

四月初，項羽又在戲水這地方大會諸侯，令諸侯各自罷兵，回封地去，不得再鬥。而後，才放下心來衣錦還鄉，率兵回彭城去了。

劉邦一路冒死殺伐，原本指望做個關中王，高臥咸陽，光宗耀祖。卻未曾料，同時舉義的諸侯豪強，各封了一方好地，極盡風光。唯他這個屈居西陲的「漢王」，有何尊榮可言？略等於鄙地一個郡守罷了……

想到此，劉邦又長嘆一聲，捧起酒樽，眼前便是猛地一花。渾濁醪酒中，似浮現出項羽的一副得意之狀來。

劉邦忍不住，罵出了聲：「呸，無義之徒，有何得意？」侍從在側的謁者[10]趙衍一驚：「大王，因何事發怒？」劉邦便道：「何事？無事！寡人正罵一條狗呢。」

這趙衍，自霸上投軍，便跟從漢王左右，知君上喜怒無常，便故意裝作懵懂：「軍營之中，下官從未見有犬隻出沒。若有野犬竄入，軍爺們三月未食肉，怕早就捉來吃了。」

「有！如何沒有？犬在關中，蜷伏爪牙，已窺伺寡人多時了。」

「關中尚遠，有幾條狗，也無關痛癢。大王請寬懷。」

趙衍忙以眼神示意左右，近侍隨何便搶步上前，接過劉邦手中的酒樽。近身郎衛[11]周緤（ㄒㄧㄝˋ）也上前，欲扶住劉邦。

劉邦以衣袖一擋：「爾等通通出去吧。今夜也無甚事，就讓我自斟自飲好了。」趙衍與眾涓人[12]會意，都躬身退到了帳外。

劉邦喝了些酒，胸中鬱悶，仍無以解脫，便踉蹌起身，從劍架上取下那柄「赤霄劍」，將其從鞘裡抽出來。

此劍為上古青銅劍，劍脊至刃寬二寸半，劍重九鏘[13]，劍柄鑲有七

[10] 謁者，官職名，君王近侍，掌傳達之職。
[11] 郎衛，漢代君王的近身侍衛。
[12] 涓人，指君主的近侍。
[13] 鏘，此處指鑄劍的重量單位。中國古代鑄劍重量，分為三等，上制九鏘（每鏘六兩五錢），「上士」方有資格佩之。

彩珠玉。飾物雖略顯古舊，但劍鋒寒光，仍是灼灼如新。

細撫劍刃，劉邦似覺有一股寒意，從指尖滲入雙臂，心情便一振。這劍，大有來歷，是他的貼身祥瑞之物，須臾不可離。

那還是在始皇三十五年（西元前 212 年）秋，有一美髯奇客，從關中道上來，路過沛縣城中的泗水亭，打尖歇息。劉邦在此做亭長，見來了遠客，便欲盡地主之誼。當下向近旁王氏酒家賒得幾壺老酒，邀來蕭何、夏侯嬰等一干人，在驛館的涼亭下，團團圍坐。

那泗水亭驛館中，槐楊濃蔭庇日，間有桂子飄香，正是把酒盡歡的一個好處所。美髯客三爵酒下肚，頓有豪氣湧上胸中，看看座上，盡是草莽仗義之士，便拔劍在庭中舞了一回。舞罷，脫手一擲，劍鋒直指亭柱上所懸的一篇榜文。這榜文，乃是大秦廷尉府所頒的一部《賊法》，懸於此處，是為震懾蟊賊宵小。

那利劍飛鳴而出，刺入木柱中，入木半尺，其聲鏗然如鐘磬。榜文編繩當即崩斷，竹簡四處散落，唯有一根竹簡，似小獸般被釘在了柱上。眾人定睛看去，那劍鋒所刺中的，竟然是一個「秦」字！在座諸人，便都大驚失色。

美髯客仰天一笑，對劉邦道：「在下行走四方，晝伏夜行，所遇之事，皆甚奇也。」

座中蕭何，本是精通律法之人，凡過手之通緝文牒，皆過目不忘，此時臉色便是一白，抓住那人衣袖低聲問道：「客人莫不是⋯⋯蘭池刺客[14]？」

美髯客淡然一笑：「非也。我區區一個行者，何來膽量屠龍？」

---

[14] 蘭池，即蘭池宮，大約在今咸陽東北楊家灣一帶，乃人工開鑿之湖，為秦始皇遊樂之所。史載始皇三十一年（西元前 216 年）十二月某夜，秦始皇微服夜遊蘭池宮，突遇數名刺客，幸有隨身四名武士奮力護衛，當場將刺客擊殺。

劉邦也斂容道：「豪客有何奇聞？也說來我等聽聽。」

美髯客便道：「我行遍天下，見各地無不慘苦，黔首之民，奄奄待斃。唯是楚地最為豪雄，民間義士，結夥團聚，都志在鼎革。每至一處，只用口喚一聲『楚雖三戶』，必有鄉里耆宿來迎，備酒水招待，聚議洶洶，以待天時。地方官吏皆知此情，然民怨之盛，幾近決口，即是神仙亦無良策——他還能將天下的人都捕盡不成？」

劉邦與蕭何等人面面相覷，都知「楚雖三戶」的讖語，下句便是「亡秦必楚」，然這殺頭的違礙之語，如何就能在光天化日下脫口而出？

劉邦驚道：「此處也是楚地，何不聞有此等事情？」

蕭何忙截住話頭，舉起酒爵敬道：「志士見多識廣，我等草民，徒有欣羡之心了。然則，國士諤諤，總須定於一尊才是；我輩才具，尚不及國士，還是飲酒為好。」

美髯客睨視蕭何一眼，搖頭道：「唉，英雄緘口，哀莫大焉！天下之大，何處能覓得一個知音？莫非楚地之風，如今也委瑣至此了嗎？」

蕭何聞言，臉上就是一紅：「先生超脫，以四海為家，小吏自是敬佩之至。而我輩凡俗，終日營謀升斗之食，只為妻小而已，真是慚愧得很。」

劉邦卻亢聲道：「蕭主吏，這不是你的本心之言吧？斗食小吏，非我輩也。草澤之中，或許就有龍蛇在。」

蕭何便道：「江河草澤中，虎豹或許有。這龍蛇嗎……卻不見得。」

「哈哈，美髯客乃豪俠之人，不是外人，蕭主吏不必掩蓋。你蕭主吏若不是龍蛇，何人更還有資格？不然的話，我劉季一介鄉鄙匹夫，當初，蕭主吏為何要力薦我劉某為亭長？往年我受命赴咸陽當差，同僚贈我儀程皆為三百錢，為何蕭主吏獨獨贈我五百錢？」

「此乃鄉誼而已，季兄不必掛記。弟以為世事不寧，唯靜為上。你我都不可狂言招禍。」

美髯客略端詳劉邦片刻，不由問道：「亭長，某所見官府之人，多頭戴髮弁[15]而已。何以兄長獨獨戴此巍峨之冠？」

劉邦答道：「此冠，乃竹皮製成。樣式係不才我揣摩上古遺風，畫成圖樣，特遣屬下求盜官前往薛縣，訪得巧匠，妙手編成。」

「兄長如此招搖，竟是何意？」

「哪裡！區區一亭長，怎敢招搖？弟只是想：這滿天下，皆是狗眼看人低之輩，欲行正人君子事，若冠冕不堂皇，又有何人畏服？」

美髯客便大笑道：「原來也是個唬人的招牌，兄長端的是聰明！我跋涉南北，閱人多矣，今日相見之下，知爾等絕非燕雀之輩，待長風來時，必為鯤鵬。某到此一遊，實不枉此行。罷罷罷！今日我便將此劍，贈與亭長。風雲際會，自當有時。這江湖上，或許還可有一日重逢呢。」

說罷，客人急趨上前，從木柱上拔下長劍，雙手捧住，遞與劉邦。

劉邦慌忙起身辭讓：「這，這怎麼敢當？」

那人神情漸漸肅然，掃視眾人而後謂：「此劍，乃上古周官桃氏所鑄，春秋戰亂，埋沒於南山。始皇元年因山民墾荒之故，方得見天日，後為山中一隱者所藏。前年我行腳至南山，蒙此翁錯愛，以劍見賜。但我終為江湖散客，不能成大器。此劍贈與君子，來日定會有一番開闢之功。大丈夫在世，僅數十年而已，不能效刑天舞干鉞，豈不是人生至憾？故此，人萬不可心死。譬如你……」說到此，客人便一指劉邦的頭頂，「今日乃亭長，以竹皮為冠，專事治盜；來日也說不定，就要換成通天冠[16]了呢。」

聞此言，蕭何與曹參兩人，臉色頓時慘白，其餘人也都一時怔住。

[15] 弁，古代的一種帽子，可將頭髮束住。

[16] 通天冠，古代皇冠，亦稱冕旒，其形制常見於各種繪畫中，為今人所熟知。

劉邦也是臉色一白，壓低聲音道：「近來始皇帝嘗曰『東南有天子氣』，欲再次東遊以厭之，眼下朝中廷尉府搜捕甚嚴……」

美髯客猛然拍案道：「始皇帝果有此言？」他目光炯炯環視諸人。當目光落到座中夏侯嬰身上時，年輕氣盛的夏侯嬰奮袂而起：「季兄，時可矣！」

劉邦連忙將夏侯嬰拽住坐下，而後搖頭道：「不急，待東南有聖人出吧。」

美髯客憤然而嘆：「咄！大丈夫若不圖天下，又生之何益？」

劉邦一凜，隨即哈哈大笑，忙將話題岔過去：「我就願聞此壯語！轄十個里長與領有天下，有別乎？沒有！這泗水亭，也就是我劉某的天下了。」

眾人一時緘默，都不敢貿然言語。座中情狀，眼見得尷尬起來。

美髯客也不理會，霍地起身，朝眾人一揖，唱了一聲諾，便要辭別。劉邦望望天色，挽留道：「客官勿急，眼下似有雨意，不妨歇息一夜再走。」

美髯客攤開雙手道：「在下是此身無籍，浪人一個，唯有幕天席地，不便住公舍。」

劉邦便笑道：「小吏我也已猜到。不過，他大秦律雖有條目，『遊士居留而無符，不可』，然在此泗水亭上，本吏就是尊長，不必理會那許多！再者說，蕭主吏也在此，萬事有他擔當。明日恰好有傳車[17]路過，客官也可順路搭乘。」

美髯客微微一笑，手指寬闊驛路，說道：「兄長請看，這山河遠邁，大道如砥，其疆域之廣，為前代所未有，正待我輩以跬步丈量之。你我生不逢時，恥食周粟，這倒也罷了，若是連海內之土都不能周遊，豈非等同螻蟻了？人各有志，所求不同，在下之宿命，前世已定。諸位，桂花香時承蒙款待，謝了，就此別過！」說罷，將美髯一掀，返身便走。

[17] 傳車，古代驛站的專用車輛。

才只數步，就隱入蕭蕭白楊林中去了，杳然無蹤。

劉邦手提長劍，望著來客隱身處，悵然若失，連聲讚道：「壯士，壯士！真神人也！」

當下舉起劍來仔細端詳，見劍鍔上的龜紋密密匝匝，一絲不苟。上有「赤霄」兩字，乃金文鐫刻，蒼勁老到。便知是名匠之作，不知由幾萬遍鍛打而成。再看那劍身的柳葉形，更無疑是五百年以上至尊劍器。劉邦心中便一動，回頭對眾人道：「今日真是奇了。天賜此神劍，諸位作何感想？」

一眾好友正自驚愕，都還未回過神來。唯有樊噲嚷道：「哦呀！這是教阿兄起兵嗎？」

劉邦便勃然作色，叱道：「莫要胡言！天下事，自有天命。我等還是拜這豪客一拜吧。」說罷，先就面朝草澤深處，長揖了一回。

待眾人也禮畢，劉邦便問蕭何：「蕭主吏，俺在這亭上迎來送往，十年有餘，從未見過有如此英雄。你掌一縣吏員考核，良莠人等見過不少，可曾識得這等人物？」

「慚愧！一個也無。」

「那麼，今日之事，你意下如何？」

蕭何笑道：「既有天命，也須待天時。除此，更有何言？」

劉邦聞言，不禁熱血上衝，說了聲：「好！劉某就是要等那天命！」說罷，來到庭中一口琉璃井旁，伸手打起一桶冷水來。

劉邦捧起水桶想要喝水，卻踉蹌了幾步，險些撞倒了身邊的盧綰（ㄨㄢˇ）。

盧綰乃是劉邦的村鄰，且為同日生辰，兩人之誼，有如孿生。他見劉邦已有醉態，忙上前扶住：「賢弟，你醉了。」

劉邦一把推開盧綰，雙手一舉，將一桶冷水從自己頭上澆下，而後抹抹臉，疾聲道：「這哪裡是醉？醒世者，我輩沛縣人也！」

這臨風一呼，聲若驚雷。霎時間，泗水岸畔一陣驚擾，葦蕩裡兔起鶻落，驚鳥四散。眾人心頭，便都是一凜……

自那以後，劉邦腰間，便常佩此劍。縣城內有見識的官民見了，知是前朝上士所佩之物，卻不知有何來歷，只視劉邦為本縣出的一個異人。

次年秋，此劍便應驗了美髯客之語，被證實果然是件驚世駭俗之神器。

始皇三十六年秋，陰雨連綿時節，劉邦受縣丞之命，押解一隊刑徒赴驪山，修築始皇陵。那些刑徒，都知陵役甚苦，終日勞碌，無分晝夜，去了便是九死一生。即使僥倖存活，那每日皮鞭、棍棒的凌辱，也是萬萬受不起的。於是在途中，今日三個，明日兩夥，便都結隊逃亡，當那痛快山賊去了。劉邦縱是邀了樊噲、周勃來做幫手，也是禁制不得。

勉強行了兩日，至縣境邊的豐西澤，入夜歇宿。劉邦屈指一算，如此一路撒豆似的逃人，待到驪山時，恐只剩下自己與兩個好兄弟了。到那時，不但自己要服苦役，妻兒亦將收進官府為奴，這又何苦來哉？

劉邦輾轉反側，想了一夜，便拿定主意。次日又走了一整日，至夕食時分，一行人停下來吃飯。劉邦往懷中掏去，摸出錢來，囑樊噲去買了幾壇水酒，與眾人喝得酩酊大醉。而後，擲下酒碗，趁醉意上頭，便對眾刑徒道：「諸君，今日事由我做主，大家都逃了去吧。天地之大，何處不能容人？如此世道，人皆不可活，我亦要去做賊了。」

刑徒們喜出望外，便是一陣歡呼，大半一哄而散。內中有壯士十餘人，感於劉邦高義，情願相隨落草為寇。劉邦倚仗酒力，渾身是膽，遂帶領眾人，朝那澤畔的蘆葦深處走去，要往芒碭山間，去尋個著落處。

不一會兒，前面探路的一人倉皇返回，渾身顫慄，朝眾人嚷道：「不好，前頭有大蛇當道，人不可過！我等還是原路折返吧。」

劉邦醉意未消，便吼了一聲：「壯士走路，怕個甚！」說罷，便一人提了劍上前，見一條大蛇鱗光閃閃，正在月光下擋住去路。

大道通天，果有妖孽！劉邦便哈哈一笑，仗著酒膽，手起劍落，將那大蛇一斬兩截，前路登時便豁然開朗。

眾人大喜，發了一聲呼哨，便仍隨劉邦前行。如此顛顛簸簸，在密密白楊林中走了幾里路，醉意上來，個個都支撐不住，在草中倒頭便臥。

睡了不知有幾時，後面又來了一隊行夜路的商旅，大驚小怪地喚醒了眾人。

這夥行商，似驚魂未定，說方才路上，見一白蛇斷為兩截，旁有一白髮老婦相守，正哀泣不止。眾商人甚感奇怪，遂探問其故，老婦人便答道：「有人殺我兒，我哭的正是此兒呀……」

眾商人又問：「你兒為何被殺？」

老婦人道：「我兒乃白帝之子，化為蛇，當道而踞。適才為赤帝之子所斬，故老婦哭之。」

商人們大奇，都覺老婦所言，未免荒唐。有人便舉起行路木杖，要打那老嫗。然而未及一觸，老婦便幻化遁形，無影無蹤了……

七嘴八舌地聽下來，劉邦忽有所悟，原來美髯客的話，竟應驗在了今日，心中便不住暗喜。

眾人嘈雜了半晌，天色便漸漸地亮了，眾人見芒碭山原來已近在咫尺。此山乃名聞天下的一座奇山，在千萬里平野之上突兀而起，唯此一峰。此時，一輪紅日躍出，染得芒碭山上一片殷紅。山下的槐楊林間，瞬時便像聚起了一股渾茫之氣。

劉邦見時機已到，便雙手持劍，對天作勢，大呼道：「秦尚白帝，我今斬白蛇，乃是從天命，各位不必驚慌。信我者，請隨我來；惦念家眷的，可離去自便。人活一世，無非講個快活自在。我等今日落草，乃為情勢所迫，各位將來，或有封王封侯的前途也未可知，就看造化如何了。」

同行的刑徒們聞聽，心中大起敬畏，皆不言語了，輪流向劉邦要了劍來看，以為是遇到了天神。眾人稍事商議，便都死心塌地，聲言要跟從劉邦到底。樊噲與周勃混在人群中，相視一眼，神色也都驚疑不定。

劉邦順勢便說：「秦無道久矣，直不拿人當人。吾輩以糟糠為食，破絮為衣，卻動輒獲罪，斷足黥面，罰去戍邊築陵。如此潦倒生涯，還有甚可留戀？今斬白帝子，天地或將傾覆，我等草民，來日便可放膽吃喝了！」

眾人聞言，都激奮起來，齊聲呼道：「不如做賊！」

劉邦將頭頂竹皮冠解下，擲於草中，一腳踩扁，以示與秦絕。心下卻暗道：「什麼赤帝白帝？長夜茫茫，眾人走夜路，撞了鬼吧！方才斬蛇時，並未見有異象，那不過就是草間一條老蛇，滋養得久了，形同巨蟒。斬也就斬了，有何奇怪。湖上即便有老蛇成精，又怎敵得過一柄風霜古劍？老太婆的夢話，可信不可信，哪裡能深究？倒是這豐西澤，大湖茫茫，好一個水鄉，令我今日有了個藏身之處。此水之德，當永世不忘才是……」

當日斬蛇舉義，劉邦手中所持的，正是眼下這柄赤霄劍。看其鋒鍔生光，隱隱泛紅，酷似曙色一縷，倒真是名副其實了。

帳中的膏油燈，燈芯一陣畢剝作響，忽然就變得明亮起來。

劉邦心情漸好，吟嘯一聲，便欲舞一回劍。郤猛聽得執宿郎衛周緤在帳外喝問來人，不一會兒，就有值夜的中郎將王恬啟，張皇失措地闖了進來，身後帶起的三分鐘熱風，險些熄滅了幾盞燈火。

只見王恬啟甲衣蒙塵，革履沾泥，進來便伏地稟報：「大王，蕭丞相逃了！」劉邦回頭看了看，似覺難以置信：「誰逃了？」

「是⋯⋯蕭何丞相。」

「你如何不去追？」

「追了。下官馬疲，追也追不上，不知往何方去了。」

劉邦遂提起劍，疾步搶出帳外，似要親自去追。然看看那月下的遍野林莽，不知深有幾許，便又退了回來。躊躇片刻，一下竟頹然倒地。

「大王！」王恬啟連忙上前，扶起了劉邦。

劉邦只覺胸中氣悶，沮喪道：「我正待與蕭丞相商議大事，如何他也逃去了？別人逃亡，不過是婦孺之見，丞相他如何也要逃⋯⋯蕭何啊蕭何，我劉季，如今還是欠錢不還的潑皮嗎？連你這老匹夫也要逃？失了你這左右手，我在漢中，又何年何月能出頭呀⋯⋯」

王恬啟此時又道：「南鄭多山，小路縱橫。丞相一人逃去，縱是一營人馬去追，怕也是徒勞。」

這王恬啟，係劉邦之母王含始的族弟，輩分雖尊為劉邦之舅，年紀卻略小於劉邦。劉邦中年喪母，於沛縣舉事後，便召這位小舅入了夥，令其親隨左右，多有照拂，然總覺其人尚欠歷練。

聞聽王恬啟叫苦，劉邦便有些惱：「混帳話！丞相一人，三軍不換，剝了皮也要把他追回。」

「諾，臣下這就去。」

「且慢。」劉邦定下心來，稍稍振作，便教訓道，「我的小舅呀，想我母家的祖上，是那秦將王翦，那是何等了得的人物？怎的到了你這裡，萬事皆不過心？追人，也要擅駕車馬之人去才是！去告訴太僕[18]夏侯嬰，教他駕車去追，要多多帶人，凡遇歧路，便分道而追，勿得遺漏。」

王恬啟面有慚色，叩首領命而去。

劉邦看看手中長劍，燈影下，轉眼間似鋒芒盡失，便恨恨擲劍於地下：「天不助我劉季！爾等都走吧，走吧，留一座空營給我好了。」

郎衛周緤聞得帳內有劍聲，大驚，連忙奔進大帳來。

劉邦兜頭便問：「你如何不逃？」

周緤莫名其妙，連禮儀也忘記了，拍著胸甲道：「周某自沛縣舉義，大小百戰，何曾有過逃心？」

劉邦反而怔住，望了望周緤，嘆道：「也是。把這劍收拾起吧。」

周緤俯身去拾劍，劉邦又道：「我等在通都大邑沛縣舉義，卻到這鳥不拉屎的南鄭終老，周緤，你悔也不悔？」

周緤往昔在沛縣以舍人身分投軍，忠勇無倫，此時只是大呼：「男兒敢作敢當，悔個什麼？」

那夏侯嬰帶人去追了整夜，至次日晌午，各路人馬均無功而返。夏侯嬰無奈，垂頭喪氣進帳去見劉邦：「稟告大王，臣等追不上蕭丞相。」

劉邦起得遲，此時尚未梳洗，蓬頭跣足，正倚在案几旁。聽了稟報，不禁怒上心頭，斥道：「夏侯兄，你封了侯，怎的也無一絲兒長進？那蕭丞相，難道能插翅飛了去？」

夏侯嬰額頭頓時冒出汗來：「大王，微臣已經盡力了。」

劉邦道：「夏侯兄，寡人不懂，一個老兒出走，數十精壯去追，怎會追不上？」

---

[18] 太僕，高級文官，在漢代為九卿之一，為君王掌輿馬、馬政之職。

「微臣精熟車騎，絕無瀆職，只是今日之事，太難！」

「這話怎講？」

夏侯嬰稟道：「南鄭，自古即是荒僻邊城。自從大王駐蹕，才算是脫胎換骨。從此城欲往關中去，盡為險路。微臣派出去的斥候[19]，一夜間窮盡了城鄉大小路徑，皆不見丞相蹤影。有一路斥候，已追到了褒斜谷口，但見秦嶺連綿，山徑奇險，哪裡能見到個人影？再者說，既然棧道已毀，行路難如登天，蕭丞相怎肯往那條絕路上走？依臣下所見，丞相坐騎，不過是平常駑馬，怎跑得過斥候所騎的良駒？想必是他不願被追上，找個地方藏匿了。」

「你說，丞相不會去投項王吧？」

「這臣下哪裡得知？想來是不會。」

「可是不投項王，滿天下還有何處可棲身？他蕭何，莫非是昏了頭，要回鄉下去耕地？」

「這個麼……也未可知。」

劉邦便嘆口氣道：「那他就是昏了頭！好，你退下歇息去吧。」

夏侯嬰退下後，劉邦勉強梳洗完畢，發了一會兒呆，嘆道：「老兒，你誤我不淺！」

原來，在初封漢王之時，劉邦仍駐軍霸上，心裡一百個不服氣，欲與霸王以武力爭天下。倒是周勃、灌嬰、樊噲等股肱之臣，都把那大勢看得清楚，說萬萬不可動武。又有蕭何苦苦進諫，說得頭頭是道，不由人不信。

當初蕭何曾勸道：「我軍兵力不如人，故萬萬不能魯莽，否則百戰百敗，豈有他哉。依臣之見，大王可安心在漢中為王，養民招賢，善治

[19] 斥候，亦作「斥堠」。古代偵察兵。

巴蜀。待物力兵力養足，再回軍關中，平定三秦。只要破了關中，天下事，便從容可圖也。」

聽了蕭何老謀深算的這一番話，劉邦這才服了氣，點起人馬，來至漢中就國。這期間，身邊最得力的謀臣張良，因打算回鄉輔佐韓王復國，不得不就此分手。張良於臨行之前，為劉邦獻了一計。張良道：「待大軍過後，請大王將那古棧道盡行燒毀。如此，既可斷三秦覬覦我漢中之心，亦可令項王明白，大王絕無東歸之意。」

此計，也只有張良才想得出來。劉邦思之，遂大悟，欣然照辦。

此後，劉邦駐紮在南鄭郊外，蹉跎一月有餘，果然等到了時來運轉。就在入夏後，齊地的一個舊貴胄田榮，起兵反楚了！

他這反幟一張，西楚霸王項羽原先布下的陣腳，便有所鬆動。項羽當初在分封之際，難免親疏不等，各路心懷不平的梟雄，此時便都蠢蠢欲動，欲重演春秋戰國之事。項羽的霸王席位尚未坐熱，便後門起火，不由得將那田榮恨之入骨，打算起兵東征。

這一局勢，令劉邦窺見了一線光亮——東方既生亂，項王必無暇西顧，漢家便可趁亂奪取關中。故劉邦在此時，急欲與蕭何商討方略。蕭何卻偏巧在此時出走，這教劉邦如何不急：「這老兒，到底有何隱情？」

劉邦想想，若再按兵不動，眼見就要錯失良機了，便更如困獸在籠，焦躁萬分。秦亡以來，人都說「天予不取，反受其咎」，此言果然不謬。這煎熬，真真是生不如死！

且說這一夜，韓信果然是縱馬進了褒斜谷，走了一天，至棧道被焚處，馬不能行，只得棄馬徒步。夜間在樹叢中草草睡下，天明又趕路。到得一處，前有一條河攔路，好不容易覓得一山中樵夫，詢問之下，方知此水名曰「寒溪」，平素水淺僅至腳踝，近日逢春雨暴漲，竟要等對岸艄公來擺渡，方過得去了。

韓信無奈，枉自在溪邊徜徉，再看路旁碑石上，確是鐫有「寒溪」二字，揣摩了一下路程，堪堪離南鄭已有百餘里了，想必已脫出了樊籠。於是便在一株大棗樹下歇息，等待渡船過來。

山中空寂，韓信倚在樹下喘息片刻，猛然想起方才與樵夫打過照面，若漢營派了追兵來，詢問之下，樵夫必會詳告之。想到此，韓信便一刻也坐不住了，跳將起來，手提長劍，要去尋覓那樵夫。

韓信一面撥開荊叢，一面就在心中念道：「吾輩一生未做虧心事，今日為脫險，卻要結果這樵夫一條無辜性命了。天可憐見，令此人枉死！……也罷，此輩今日了結掉這砍柴放馬的賤命，又焉知不是福氣？」

不料，那樵夫在山中廝混得久了，行走如飛，片刻工夫，早已不見了蹤影。十萬大山，哪裡還能覓得蹤跡？韓信徒然在林中跌跌撞撞，面頰與手背屢屢觸到荊棘，皆剮得傷痕累累。

半個時辰下來，人未找到，狐兔蛇鼠倒驚起了不少。韓信只得收了劍，一聲長嘆，仍回大棗樹下歇息。時至正午，炎暑漸漸逼了上來，山谷裡也氣悶起來，唯棗樹下尚有些許陰涼，韓信一身睏乏湧上來，不知不覺中，竟然睡著了。

再說蕭何前夜獨自打馬出營，追到石梁亭，問了糧倉軍卒，皆說不見韓都尉行跡，便費了一番躊躇。自忖從漢中往關中去，古來通道有四五條，西去巴蜀，亦有幾條路，韓信究竟會從哪一條跑掉呢？

蕭何勒住馬，在糧倉柵門前左右打望，卻見一串更燈高掛，橫臂直指東方，心裡便一亮：韓信此去，是為逃亡，不欲被追兵趕上，所擇路徑，定是他人以為不通之路，那唯有東邊的褒斜谷！褒斜谷棧道，漢王來時曾一火焚之，現時唯飛鳥可過，追兵若趕到谷口，見前路斷絕，定然放棄不追。韓信是何等人物？必循《孫子兵法》出其不意之途，棄馬從褒斜谷徒步攀援而過。

想到此，蕭何心下大喜，便策馬向褒斜谷追去。到得棧道焚毀處，其路之險，果然僅容一人側身而過，當下便棄了馬，踉蹌步行。

正午過後，那韓信正在棗樹下睡得香，忽覺手腕被人扼住，耳畔有人大呼：「韓信，往哪裡跑！」韓信心知不妙，用力掙脫來人，一躍而起，便要拔劍。

待他定睛一看，此人不是別人，卻是蕭丞相，且僅獨自一人。看那蕭丞相，此時模樣兒簡直不忍直視，滿面灰土，鞋履綻裂。韓信心中一驚，卻又忍不住笑起來：「丞相！……如何這般狼狽？」

蕭何又一把抓住韓信手腕，氣喘吁吁道：「老夫捨了性命，在這鬼見愁的路上跑，只是為你韓都尉。」

「晚輩得罪了！韓某不辭而別，實有苦衷。」

「來來，韓都尉，你我席地坐下，從頭說起。」

蕭何不由分說，拽了韓信坐下，掀起衣襟擦了把汗道：「韓都尉志存高遠，老夫我是看在眼裡的。目下漢家蹇促，毋庸諱言，然奪天下者，今世恐不再是始皇帝一流了。你看那甲兵百萬，苛法千條，還不是一夜之間就散了？今後，得天下者，必得依黃老之術而行。」

韓信聞言，便是一震：「哦？晚輩願聽指教。」

「韓都尉，你飽覽詩書，宏圖大志全都寫在臉上，那項王識不得，乃是莽夫傖俗之眼光。你棄楚投漢，實為明智。」

「丞相知我！然投漢以來，境遇實不見佳。在楚營尚可執戟，算是得了中人之體面；到了漢營，卻是與麩皮穀糠打交道，連下人的體面都無了。」

「都尉觸犯軍法，漢王卻饒你不死，反而加官。此等際遇，在項王那裡，可得乎？」

韓信一時語塞，便囁嚅道：「漢王仁厚，確乎不假。」

蕭何便鬆開手，笑道：「著啊！仁厚之君，必善於納諫。漢營中文武諸人，多有賞識韓都尉的，今日兩句，明日兩句，不由他漢王不對你刮目相看。」

韓信遲疑道：「這個⋯⋯小小爵祿，非我之志。」

蕭何便正色道：「有天下大志，亦正當留在漢營中！你若復歸楚營，楚之霸業已成，乃在彭城論功行賞，你一個叛官，回去有何功可賞？楚今後之所圖，便是守成，那項氏諸人還封賞不及呢，誰人來理會你這前執戟郎[20]？」

此番話，說中了要害，韓信臉色便是一變：「那我便去投章邯得了！」蕭何道：「韓都尉，即便是走投無路，也萬不能去投那逆賊。」

韓信的眉間，不覺便湧起了絕望之色：「還請丞相教我。」

「漢家今日，不過才占有區區漢中；你看那漢王格局，可是一個僻地諸侯的坯子嗎？將來從漢中起兵，與項王爭天下，用人之處，還不知有多少呢！都尉年少，何苦要往那無路的路上去走？」

蕭何苦口婆心相勸，竟一直講到了日頭偏西，講得口乾，便蹣跚走到那寒溪邊，俯身去掬水喝。韓信看看蕭何背影，心有不忍，脫口而道：「丞相，蒙你如此厚愛，匹馬追及，晚輩實難承當。今日不走就是了，這便跟你回去。」

蕭何在溪邊直起身來，仰天大笑：「有都尉這句話，萬事定矣！老夫就是奔走一萬里，亦不覺累。」

---

[20] 此處指郎中。郎中，楚制武官，君王的侍從官之通稱。因有執戟宿衛之職責，故有此稱。其職責原為護衛、陪從，隨時建議、備顧問及差遣。戰國始置，秦漢亦存。後世升級為各部員外職，分掌各司事務。「郎中」作為醫生之稱始於宋代，係由唐末五代之後官銜氾濫所致。

兩人這才互相細端詳對方，都覺如乞丐般蓬頭垢面，不禁執手哈哈大笑。韓通道：「丞相此番豪舉，可上得史書了！」

那邊廂在南鄭營中，劉邦全不知蕭何的一絲蹤跡，整日裡茶飯不思，苦苦捱了兩天過去。

這日，他揀出《太公兵法》來，看了半篇，便無心瀏覽下去。正坐臥不安間，忽聽帳外值宿的郎衛徐厲一聲驚呼，緊跟著，一陣馬蹄聲至帳外戛然而止。只見一人急如星火，滾下馬來，不待謁者隨何通報，便踉蹌闖入帳中。

劉邦抬眼看去，竟是丞相蕭何！心中便是亦喜亦怒。

蕭何進得帳來，伏地便拜。劉邦連呼：「免禮免禮！快來坐下。」

待蕭何就座，劉邦便佯作怒狀，罵道：「鄉鄙小吏，終改不了燕雀之心！怎的就要叛我而去？數年情誼，說走便走，你又如何忍心呢？」

蕭何滿面塵灰，忙不迭地答道：「臣不敢逃，臣是去追逃人了。」

劉邦亦知，將士都不願蝸居這漢中，人心無不思歸，每日逃亡的不知有多少。然能勞駕蕭何月夜追還的，又不知是何等奇人？

想到此，劉邦便笑問：「你說來聽聽，所追乃是何人？」蕭何答道：「韓信。」

劉邦不覺怔住：「韓信？是那淮陰人韓信？」

「不錯。」

「那個胯下匹夫？治粟都尉？」

「正是。」

劉邦便一下動了肝火：「丞相，吾輩從關中移駐來此，逃人多矣。帳下眾將，逃亡者恐有十幾個吧？丞相你別無所追，卻去追那韓信小兒。區區一個籌糧官，追他何用？這分明是在詐我！」

蕭何伏地叩首道：「眾將易得，國士難求。有勇有謀如韓信者，臣未曾見過。他早先在項王身邊做執戟郎，不得出頭。項王不用他，是項王目無賢才，譭棄黃鐘。然大王你……若是願安居漢中，便無須賞給韓信一官半職；若欲爭天下，則非韓信擔大任不可。此外，便更無一個稱職之人。這韓信，是走是留，只看大王如何決斷了。」

劉邦思忖片刻，徐徐起身，在帳中徘徊良久，方才道：「我也想儘早東歸，豈能久居在這等地方？久了，真要愁煞人了！」

「大王果欲東歸，便要起用韓信。用之，韓信即可留下；不用，他或遲或早終歸要逃亡。」

劉邦睨視一眼蕭何，突然問道：「蕭公，你莫不是與韓信有私？」

此話尖刻，問得又突兀，蕭何卻不著惱，只淡淡答道：「私交不深，然誠心可鑑。前回，夏侯兄曾向我舉薦過此人，讚不絕口，我便對此人留了意。韓信今春犯下殺頭之罪，由夏侯兄極力保下，那之後，我確是與他挑燈談過兩三回。臣之所見，夏侯兄並未言過其實。這個韓信，確是人中蛟龍。天下大勢，河山形勝，他均了然於胸。」

「他？人中蛟龍？哈哈……憑他那副儀容？罷罷，我便也賞他個執戟郎做，你看如何？」

「人不可貌相。且如此，他又何苦棄項王來投漢？」

「你說，他本領何在？論膂力，他何及樊噲三分？論鬥劍，他……鬥得過寡人嗎？」

「大王，小技何足道哉！這韓信，平素好學，手不釋卷，尤其深諳兵法。還記得入咸陽時，眾將都奔宮府而去，貪圖金帛財物。獨我一人，帶兵守住丞相府、御史臺，搬得些律令圖書回來。這些典籍，漢軍中何曾有一人來問過？唯有韓信曾借了去揣摩，如此心性，可還了得嗎？！

聽他談吐，諸如山川地形、諸侯強弱、時局開闔、統軍要領等，無一不通。興我漢祚，非此君莫屬。」

劉邦低首捋鬚，沉吟了片刻，便問：「兵者，大事也，丞相果真看好此人？」

蕭何斷然道：「那項王天下無敵也，然宇內唯一人可制伏他，即是都尉韓信。」

「項王勇冠三軍，諸侯聞之變色，我漢家雖處於下風，總不成要用個豎子為將吧？」

「大王可知否，項羽也曾學過兵書？」

「曉得。」

「可知他一編尚未讀畢，就擲兵書於地？」

「也有所耳聞。」

「如此莽夫，恃力而欲圖霸業，實為狂悖。而我漢家，難道要與他比劍來爭高下嗎？」

劉邦便似有所領悟：「那要如何較量？」

蕭何向前膝行幾尺，伏地稽首道：「大王，臣月夜追韓信，即是要追還一位大將之才。」

「大將之才？怎的未聞眾將說起過？」

「昔商鞅君有言：成大功者不謀於眾。便是此意。」

劉邦聽蕭何掉書袋，便不耐煩，隨口道：「好，看丞相面子，我可拜他為將。」蕭何仍伏地不肯起身：「拜他為將軍，他也必不肯留。」

劉邦一驚，雙目盯住蕭何，只是不語。

蕭何便又道：「前朝始皇帝，雖性若虎狼，但所行儉約，志在天下，又能屈身下士。大王與之相比，所行儉約，志在天下，全都不在話下；唯屈身下士這一條，則遠遜於始皇帝……」

劉邦不由渾身一顫，拍了一下案几：「寡人，這就拜他為大將軍！」蕭何這才起身，長吁道：「如此，漢家幸甚。」

「便要煩勞丞相了，去喚韓信來，我今晚就拜將。」

「不可！大王素來傲慢無禮，拜大將軍，就像呼小兒，這如何使得？這也是韓信所以逃亡之故。大王如欲拜韓信為大將軍，就應擇良期，守齋戒，設壇場，具禮數，方為妥備。」

劉邦便大笑：「拜個大將軍，要恁多禮數？好，我今日就聽丞相的，你儘管去辦吧。」

蕭何仍不放心：「大王務請言而有信。」

劉邦滿口應道：「好，從明日起，寡人齋戒三日，定然不欺。」而後，便扯著蕭何的官袍，送蕭何出了大帳。

回到案前，劉邦只覺心頭如釋重負，遂將赤霄劍從架上取下，舞了兩舞，恰見侍者隨何端了葵羹來，便令隨何站立勿動。

劉邦帳中侍者，皆武職裝束，頭戴武冠。劉邦一聲輕喝，揮起長劍，電光般劈了出去，將那武冠齊齊削下一截！隨何的頭頂，頓成鵝頭般奇怪模樣。劉邦遂棄劍，大笑道：「隨何，你曾為楚臣，熟知項王。寡人此劍，可削得項王頭顱否？」

那隨何驚得三魂出竅，只顫慄著答道：「然……然也。」

待到笑夠了，劉邦方才收心斂性，欲思謀一下大事了，便命隨何去盧綰營中，尋一個看得過眼的劍匣來。少頃，隨何尋來了劍匣，劉邦便從地上拾起長劍，仔細揩拭乾淨，裝入匣中。

他捧起劍匣，凝視古劍良久，心裡嘆：古人說得有道理，潛龍在淵麼！看這古劍，目下還只是一條不動聲色的潛龍，可遲早有一日，它會破空而出。這劍雖不及干將莫邪，但也是王者之器。從今日始，就稱它作「漢王劍」好了，傳之後世，令子孫勿忘根本。看看今日這漢地，這漢王名號，這個拖泥帶水的「漢」字，都還寂寂無聞。如今我欲作大丈夫，就是要在這「漢」字上投入本錢，將它弄出大名聲來。

劉邦想到，當初秦代周德，是水德之始；時至今日，暴秦已是自尋其死了，「漢」這個緣於漢水的名號，豈不正是天示水德？天予我取，豈有不受之理？有我劉季在，漢就必不再是「江河淮漢」的尾巴，而是〈山河輿地圖〉上一個至尊的名號。來日天下，豈止是山東諸侯，即便是洪荒角落中人，聽了這個名號，也要畏服！

劉邦看得清楚，今日環顧海內，不論有多少人嘈嘈切切，須認真對付的，也不過就是項羽一個。他與項羽之間，所差的並非心智，而是武力，項羽這莽夫，簡直是不世出的凶煞神一個，劉邦不能敵，劉邦囊中人物，也無一個是他對手。譬如樊噲、夏侯嬰、周勃者流，唯忠勇可嘉，提刀巡城尚可，沃野之上與項羽角逐，就上不得檯面了。

至於蕭何極力舉薦的這個韓信，夏侯嬰確也極力保薦過，韓信的名字，還兩次上過漢王府文牘。對韓信身世，劉邦可謂略知一二，但只是懷疑：這書生，手不能縛雞，臂無彎弓之力，有何手段能與項羽相抗……何以蕭相國如此斬釘截鐵？此事大有不可解之處。

劉邦知蕭何心思縝密，半生都在考核吏員，看人不會錯。況且亂世中人，行止多異乎常人，也許一眼還看不出什麼名堂來。

想當初，項羽奪了劉邦七萬人馬，唯餘下三萬，允劉邦帶入漢中，韓信那時正在項羽營中，官拜郎中[21]，執戟近侍，但韓信卻放著這樣的好差不當，隨著一夥咸陽的閭巷無賴，從那極險峻的子午谷，爬山越嶺

[21] 郎中，官職名，即君王侍從官之通稱。

來投漢軍。投效之後，又不安分，要星夜出逃，另投門庭。這倒令劉邦有所斟酌了：難道，韓信真是個屠龍問鼎的大材？

三日後，就要登壇拜將了。王命一出，駟馬難追，悔都沒得機會悔了。劉邦實在想不出，這淮陰孺子究竟有何能耐？

入夜之後，想到從明日起，就要齋戒三日，劉邦又坐立不安起來。雖說軍營之中捱日子，跟齋戒也相差無幾，肉沒得吃，女色也見不到一個，但要戒酒三日，總還是難熬。他想了想，便喚上貼身郎衛徐厲，連常服也不穿，只穿了平日燕居起坐的便服，前去樊噲營中飲酒，且醉得一時是一時。

出得中軍大帳來，遠望蕭何的幕府燈火通明，帳前有車馬兵卒急趨而行。劉邦知是蕭何在打理設壇拜將的事了，心裡就一動，信步朝那一處營帳走去。

蕭何此時，正忙得不可開交，喚上了夏侯嬰，往南鄭城裡不知跑了多少趟。未來三日，漢王只不過洗沐吃齋，他蕭何名下的事務，卻是多得不知凡幾，都要逐一鋪排好。

劉邦喚了一聲，便走進帳中。蕭何一見，忙放下手邊雜事，伏地叩拜。

劉邦擺手道：「丞相事多，可無須拘禮。我來，只想問你個事情：以往拜將，呼來授印即可；後日拜大將軍，我將說什麼才好？」

蕭何答道：「壘土築壇的地方，臣已選在營門南的千秋亭近旁，屆時百官齊會，大王只須拾級而上，登壇後，南面坐定就好。其餘關節，皆由謁者僕射[22]排程。」

劉邦就笑：「那不成了布袋偶人了？那麼，印綬、節鉞之類，又如何授受呢？」

[22] 謁者僕射，官職名，謁者的長官。

「亦是如此。」

「哈哈，果真是個偶人。不過，我還是不明，歷來秦楚兩國統軍的名號，只有上將軍，諸侯各軍內，曾有大將軍名號的，唯趙國陳餘一人。這個大將軍，許可權究竟幾何？」

「位在眾將之上，總理軍事。」

「那麼，你我二人今後又做甚呢？」

「我可專督糧秣。」

劉邦便笑：「丞相要去補韓信的缺？」說罷沉思片刻，而後嘆道：「也是。連年征伐不休，文官無用武之地，可惜了你這滿腹經綸。待到承平時節，再做個真丞相吧。」

蕭何忙稽首拜道：「臣愧不敢當！」

劉邦忽見蕭何案頭，有竹簡寫了設壇的諸般事項，就拿起來看。看罷，心頭有了打算，支開左右，朝蕭何低聲囑咐了數語。蕭何聞言，神色一凜，連連頷首應諾。

議事已畢，劉邦便擺了擺手，告辭出來，帶了徐厲，直接往樊噲營帳而去。

那樊噲，不但是沛縣舊人，還娶了劉邦的妻妹呂媭（ㄒㄩ）為妻，成了漢王連襟，榮寵無比。從前他是劉邦身邊的驂乘[23]，因鴻門宴上救主有功，被封為臨武侯，授官郎中。到了漢中以後，仍隨侍漢王左右。為此故，他的軍帳內，就常有高朋滿座，人人都存了些攀附之心。

劉邦剛走近樊噲軍帳，便有營中巡卒認出了漢王。那軍卒正要擲下長戟施禮，劉邦連忙攔住，教他不要聲張。原來他聽帳內一片喧譁，口

---

[23] 驂乘，亦作「參乘」，即陪乘者。古人乘車尚左，尊者在左，御者居中，另有一人在右陪乘，即為「驂乘」。掌隨侍、保護車輛之職。若主將兵車，則主將居中自掌旗鼓為指揮，御者在左，另有一人在右陪乘，稱「車右」。

音都是沛縣舊人，便又不想進去了，只是問那軍卒：「何事如此高興？」

軍卒答道：「營內都哄傳，要拜大將軍了，所以高興。」劉邦便問：「拜大將軍，與爾等有何相干？」

那軍卒極是聰明伶俐，脫口便道：「兄弟們當然高興。究竟哪個可拜大將軍，眾人都在博彩……」

「博彩？」

「賭誰是大將軍麼！」

「啊哈，有這等事？」

「拜了大將軍，回軍山東豈不就有望了？況且拜大將軍之日，要犒賞三軍，開飯可以喝到牛肉湯。」

劉邦就搖頭：「這算什麼高興事？」

軍卒道：「弟兄們多日不知肉味了，只苦了一張饞嘴！若是喝了牛肉湯，有誰不願效死？」

原來如此！劉邦心裡嘆息：戰亂紛起，民間已經苦極，不要說兵卒，就是我漢王府的灶頭，到南鄭後，亦未見過一條牛腿。可憐這些窮戶子弟，一口牛肉湯就寧願效死，眾將中有幾人肯信？

聽了軍卒叫苦，劉邦只覺酒興全無，就打算折返回去。正待抽身，又聞帳內有人激辯。

只聽樊噲在嚷：「我如何便不行？就是那項王，亦須高看我一眼，呼我為壯士，賜我斗酒彘肩……」

隨即就有人哂笑：「那生豬腿麼，何來榮耀？」

劉邦詫異，便問那伶俐小卒：「為何又這般地吵嚷起來？」軍卒答道：「眾將軍也在下注呢，都賭自己可拜大將軍。」

劉邦頓覺好笑，遂起了興致，不待通報，便撩起軍帳門帷，鑽了進去。眾將萬沒料到主公駕到，一時興不能止，都未離座，只是趁著酒意招呼道：「季兄季兄！如何得閒了？」

劉邦也不答話，摘下腰中長劍，掛於架上，便自顧坐下，掃了一眼案上酒菜，見雖無美饌佳餚，卻也不乏醃瓜脯肉。樊噲連忙起身，捧了酒罈，要給劉邦斟酒。

劉邦揮袖拒之，只說是剛剛飲過，而後環視眾將道：「軍中夜禁，何事如此高興？」

眾將這才察覺劉邦神色有異，一時竟都啞了，你我相覷，不知如何作答。唯有樊噲心直口快，搶先答道：「蕭丞相今日知會我等，三日之後要拜大將軍，明日起全軍休沐三日，暫罷晨操，故而今晚兄弟們放肆一回。」

劉邦就笑：「爾等也要洗澡？蕭丞相未免小題大做了。」

那曹參心機最深，趁此機會，便試探道：「季兄，大將軍位在眾將之上，號令三軍，何其榮耀！吾等追隨季兄從沛縣出來，九死一生，無論哪個，賞了這個位子坐，都是季兄的大恩，待到來日征討項羽那廝，豈能不以死相報？」

劉邦聽出這話中之音，故意不加理會，卻道：「項王無義，逼我移軍南鄭。他不允我做關中王，自己卻又不喜咸陽，燒了宮室，回彭城稱霸去了。可惜那阿房宮，好房子三百里，我等兄弟還不曾享用一間，倒被他一火焚之。想想反秦以來的辛苦，也是無趣得很。封漢王以來，我無日不憂，懊惱至今，故而與眾兄弟也難得一聚。此次拜大將軍，乃我漢軍重振旗鼓，不日就要回軍關中。那項王，力能拔山，英雄蓋世，與他廝殺，怕是要有幾分虎膽才行。若是點了在座哪一位為大將軍，可敢出這個頭嗎？」

那樊噲便霍地立起，慨然道：「這有何難？莫說項羽那廝，就是始皇帝活轉過來，樊某也是無懼！」

劉邦笑著拽他坐下：「如此便好。大將軍者，人中龍鳳也，不可造次。來來來，爾等都各自表表：舉義以來，有何功勞在人之上？我這裡且記下，也好與蕭丞相斟酌。」

此話之意，眾人全都領會了，心裡都是一激。

當下樊噲便按捺不住，跳將起來道：「不要說沛縣舉義，早在芒碭山落草時，我樊某往返沛縣與芒碭間，私通消息，偷運糧草，全不顧秦律嚴苛，豈不是有包天之膽？出沛縣後，各位屈指算算，攻濮陽、城陽、開封、宛陵、宛城，各處無不是我先登城頭。秦將章邯，那是何等了得？陳勝、項梁都死於他手，霸王也須讓他三分，我在濮陽城攻打章邯軍，不也是一樣捨命先登？三年下來，首級怕也親手斬得有千把個。這功勞，阿兄自知。不過，若論險境，當數范增的詭計鴻門宴，最是要命！當日我手提盾牌，撞進軍門，怒對霸王，直瞪得霸王如坐針氈，這才保得季兄安然……」

眾將聽到此處，都不禁哄笑。

樊噲漲紅臉道：「我樊某出身，固然是狗屠一個，但季兄不嫌我，為我封了侯，從此可流芳百世，此恩之大，碎屍萬段亦難報答。季兄若能拜我為大將軍，我必先登彭城，即使頭顱擲地，也要為阿兄活擒霸王回來！」

聽了樊噲這番表白，劉邦笑而不語。夏侯嬰在一旁卻只是搖頭，暗想大將軍豈是先鋒官之流，只憑著袒身擋箭矢，就能做大將軍，那軍中能拜大將軍的，就不知該有多少了。雖然樊噲因連襟之故，與漢王最親，但軍中大事，漢王必不能營私，須量才度用才是。正這樣想著，忽見劉邦回首示意，指名問道：「滕公，你意下如何？」

夏侯嬰因起事以來，數度統馭兵車，大破敵陣，戰功赫赫，故而頗受重用。早在洛陽東，就因掩護劉邦車駕有功，被劉邦封為「滕縣令奉車」，因楚人稱縣令為「公」，因此沛公軍中都敬稱夏侯嬰為「滕公」。劉邦做了漢王之後，又封夏侯嬰為昭平侯，位列公卿，爵位遠在樊噲之上。因劉邦以往叫順了嘴，故而仍呼他為滕公。

夏侯嬰道：「以臣下看來，大將軍絕非匹夫之勇。三尺之內、血濺襟袍的猛士，我在沛縣衙中，便所見多矣，算不得什麼！今我漢軍，欲與項王一決雌雄，非有懂得御使千軍萬馬者不可。小弟不才，但雍丘城下，曾驅兵車之部，大破李由軍。李由者，何人？秦丞相李斯之子也！然則區區戰功，不足為憑。大將軍之位，何人可勝任，我看大王早已有決斷。」

劉邦聽罷，頷首稱是，隨後側身目視曹參。

那曹參性素沉穩，一直在細聽眾將之言，神色不動，外人不能窺其內心。他在沛縣之時，即為豪吏，闔縣官民無不敬重，自從沛縣起事，也一直隨侍沛公左右，每戰亦是奮力陷陣。另者，他還是眾將中少見的有治理之才的人，先前楚懷王曾加劉邦為碭郡長，劉邦就將曹參擢為下屬一個縣公（楚制，縣令）。後在咸陽封了侯，到漢中後，又加為將軍。曹參因暗想，自己離大將軍之位不過咫尺之遙，豈有他人能夠踰越？故此，便顯得神閒氣定。

曹參似有滿腹的話要講，卻引而不發，想了想，只平緩說道：「諸兄所言各戰，我無不參與。譬如雍丘破李由，李由乃我親手殺之！不過，區區戰功，託季兄的福，不敢大言。昔日之誼，今日愈厚，都是寸心可知吧。」言畢，即收聲不肯再講了。

他如此一說，帳內氣氛頓然肅靜。劉邦注目看了曹參一會兒，微微頷首，而後問周勃有何言語。

周勃此時只是搓手。他為人憨厚，從不多話，不僅善戰，且吏治之才也不下於曹參，如今也已封了侯。

劉邦見此，也就不勉強他，掉轉頭問眾人：「盧綰兄如何沒來？」

眾人就笑。樊噲道：「盧兄哪裡肯與我等同席？他衣被飲食，多是季兄你所賜，有事可直入寢帳稟報，我輩何來此等福分？」

曹參也道：「盧兄為尊長，頗有分寸，從不與我等嬉鬧。」

盧綰雖未封侯，但到漢中以後，已加為將軍，亦極有望入大將軍之選。他自覺與劉邦交情深厚，蕭曹之輩均難以望其項背，這大將軍之位，他盧綰若不能穩坐，旁人就更是無望，所以根本沒有興致與聞此事。

劉邦再看看在座的灌嬰、紀信、酈商等人，都默然而坐，似並無相爭之意，於是便說：「拜大將軍之事，是我漢家大事，來日舉兵討項王，就從此事發軔。大將軍屬誰，其實也非我一言定鼎，實乃天意所歸。諸兄弟自起事以來，無日不在刀鋒上走路，真算是潑了性命，跟隨我劉季圖大事。不過，諸位可曾想過，早前若有哪個身負大將軍之德能，我漢軍，今日如何會困居在此地？」

此言一出，眾人立時止住譁笑，心裡都覺歉然。

劉邦便又道：「所以無論兄弟們哪個，三日後有幸登上將壇，都須多多為我解憂。」

眾人便紛紛應道：「季兄無須多慮！」

樊噲更說道：「我等豈止要為你潑出性命，來日，還要隨你去朝堂上坐一坐哩。」

劉邦道：「賢弟說得對，以往諸君跟從我，是為舉大事，圖榮華富貴；從即日起，便是要取天下了，坐萬世河山。來日拜將，就是登天的門檻，須我等奮力一躍，不容徘徊！」

眾將皆應承，一時都血脈賁張。

劉邦見勢揮袖一笑：「明日起，季兄我須得齋戒三日，沒有酒飲，好不鬱悶，今夜我與爾等痛飲一番。」

眾人都喊好，樊噲便抱起酒罈斟酒。劉邦見他帳下酒罈堆積成山，臉色便略有不豫，問道：「我等尚有酒飲，不知士卒們飲食如何？」

樊噲道：「漢中地方，物產尚可，軍士們都能吃飽。自從換了治粟都尉那小兒郎，如今更無疏漏。」

劉邦便問：「韓信？他有何能？」

曹參答道：「韓都尉見漢中兵多民少，頗費了些心思，調發民夫，打通了斷絕已久的金牛道，可從巴蜀運糧。」

「哦？」劉邦眼睛一亮，不由頷首。

「那巴蜀路遙，徵糧一時之間不可湊齊，都尉便令輜重部曲[24]，分小隊而行，前隊糧到，可供三日；三日一過，後隊又至；如此諸隊循環，可保無虞。自從打通了巴蜀糧道，等於有積粟無算，不至盡在漢中一地搜刮，本地民眾也頗稱善。」

劉邦笑道：「小兒倒是聰明。」

樊噲平素對韓信頗多敬重，此時便道：「季兄，韓都尉昔在楚營，官職與我相當，而今投漢，卻只給他治粟都尉做；我漢家，無乃太小氣了些？」

「你也如此說？看來，還是夏侯兄刀下識英雄了。此事容再作計議，今晚我等只須盡歡。」

眾人立即喧騰起來，推杯換盞，不亦樂乎。

酒至半酣，眾將都請劉邦舞劍歌吟，劉邦推辭道：「三秦遏我，如鯁

[24] 部曲，漢代軍中編制單位。大將軍營中有五部，部下有曲，曲下有屯，每部在千人以上。

在喉，軍中哪有心情放歌舞劍。我劉季闖蕩至今，絕無退路。昨與蕭丞相議事，都嘆頭緒繁多，成敗乃未定之數。於是與丞相相約：一日不取天下，一日未榮歸故里，便一日不再歌吟。」

夏侯嬰便讚：「大王好氣魄！」

劉邦看看夏侯嬰，忽然高聲問道：「夏侯兄，可還記得泗水亭上，那美髯客嗎？」

聞此言，那些半途入夥的，都面面相覷，不知所謂者何。而沛縣舊人則都渾身一震，目放精光。

夏侯嬰憶起舊事，嘆道：「季兄⋯⋯如何能忘呀！」

劉邦便道：「我常思之，那美髯客，恐就是天神所遣，下得凡間來，必有天命託付。來來，你將那架上赤霄劍遞給我⋯⋯」

劉邦接劍在手，緩緩抽出劍身。燈影下，劍芒似蛇信倏地竄出，直達帳頂。眾將見了，盡皆肅然。

劉邦環視眾將，慨然道：「我聽張良說，黃帝採首山之銅鑄劍，蚩尤採天盧之金鑄劍，皆是天命所歸。昔日張良在下邳，從黃石公習誦兵法，曾親見天下一品龍泉劍，也是王者氣象。那時秦政暴虐，搜刮日急，天下殘破不可收拾。然黃石公並不氣餒，曾言：若聖人之劍不毀，天下終可得安。後張良在下邳東，不擇他枝，只投我，便是看我初聞他講兵法，即可領悟黃公精髓，乃是天命所歸。」

沛縣諸人皆異口同聲道：「那是自然！」

「想那大秦武功赫赫，橫掃山東，然國祚之短，猶如螻蛄，不抵我等鄉巴佬的壽命長。何故也？就因他殘民太甚，傷天害理！我等可萬不能學他模樣。」

曹參便道：「我等義師，豈能與暴秦同日而語？」

劉邦道：「不過，今暴秦雖亡，又有霸王無道，諸侯裂土，天下堪堪將無寧日，我輩豈能安於公侯，棄大道而不顧？」

周勃終於不再沉默，霍然立起，抱拳道：「弟乃一編席匠，本為終老鄉鄙之輩。自從隨季兄大澤斬蛇，竟得封侯之榮。兄若有所託，弟等即不吝頭顱，萬死不辭！」

劉邦便道：「天下亂時，斬木為兵不難；如欲安天下，則非山澤落草、攻城掠地所能為。適才我詢問門外軍卒，知軍中士卒，欲飲一瓢牛肉湯而不得，悲乎！軍中尚且若此，更何論民間？我等披堅執銳，取富貴易，安生民難，兄弟們不可有一日糊塗。」

眾將不意劉邦提起這一節，都面露愧色。座中曹參、夏侯嬰等都斂容道：「我等謹記，當愛護士卒。」

劉邦遂對眾人道：「我等鄉鄙之民，平日即被人呼來喝去，奔走生計；扯旗造反後，仍是軍資不濟，暴衣露冠，被項王將士所輕賤。難道，命該如此乎？早年我常去咸陽服勞役，見始皇帝法駕出宮，高頭大馬，何其偉岸！每每便嘆：『大丈夫當如此也！』鄉人卻笑我狂傲。昔年我初見呂家丈人，蕭何老兒還對那呂公說：『劉季多大言，少成事。』然大言即是雄心，何錯之有？陳勝王如何，不過是赤足農夫一個，他老哥振臂一呼，天下傾覆。可見，草民不必自輕，天下事也並非不能為。我等做事，只須順天意，有章法，則大事必成，也不枉爹娘生下一回！來，斟酒……」

眾人聞言，都躍然而起，斟得酒滿後，目視劉邦，忍不住泣下。飲畢，舉座皆喧譁呼號：「打天下喲呵——」其聲震耳，驚動帳外。

如此飲了幾巡，眾將越發激昂。樊噲持劍，砰地斬下桌案一角來，高聲道：「此乃項王頭顱！」

夏侯嬰便譏嘲道：「砍生豬腿嗎？若砍項王頭，哪得這般灑脫？」

樊噲被激怒，以劍相指道：「夏侯兄，你因臨陣逃得快，才封了公侯。如有膽量，我與你鬥劍，賭頭顱可否？」

夏侯嬰便欲取劍：「屠夫之勇，也只配砍肉！我若是你，恐早已羞煞！」二人怒目相對，直欲打鬥成一團，周勃等人連忙上前勸住。

灌嬰此時已喝得大醉，摔下酒爵道：「季兄，今日痛快，勝過往常。弟等帶人去附近民家，掠幾個婦女來助興。」

劉邦斷然道：「不可。約法三章，今日尚不能廢，若未回軍咸陽，軍營內不得有女色。」

灌嬰便嚷道：「跟了漢王，便成了墨家門徒，未免太寡淡！弟等明日就翻過秦嶺，去取咸陽。」

眾人便都鼓譟：「好呀！」

喧鬧了多時，帳內杯盤狼藉，几案歪倒。劉邦忽覺此景太過俗氣，像極了豐邑市井，便十分無趣，起身告辭道：「各位，我不久坐，你們且盡興。軍中辛苦，好好將息幾日，待到拜將時，也好有百倍精神。」

說罷，便跨出帳門，喚了在門外等候的郎衛徐厲，返身回去。眾將皆送出門外，看看劉邦遠了，便又回到帳內，繼續飲酒。

劉邦在路上，一語不發，暗想這些沛縣舊部，倒也可愛，一語便可激得跳將起來，淚奔如注，過幾日沒得大將軍做，還不知該有多少牢騷可發？不過今夜我要說的話，盡已講完，他們悟不悟得，是各人的造化。不悟之人，封了侯也還是難成大器。想當初在下邳，張良講黃石公所傳授《太公兵法》，我聽得津津有味，眾將竟茫然無所領悟，著實可恨！

緊隨劉邦的郎衛徐厲，也是沛縣舊人，當初為官家舍人，舉義時即投軍，侍衛左右。劉邦不由便問：「你亦是自沛縣來，你看這幾人，何人可得勝任大將軍？」

徐厲便答：「舊部中，何人不忠？何人不勇？小臣看哪個都可以。」

劉邦便想道：舊部們只有一個好，總還是血路上殺過來的，膽量尚可。讓韓信來統軍，實在教人捏把汗。這黃面兒郎，腹內縱有百卷兵書，也須斬得百十個首級方可入選。以我之意，項羽有那范增為謀士，我亦不可單人獨騎；韓信聰明，可做我的范增，以聊補張良離去之缺。不過，令此人做大將軍，倒是我劉季平生最大的一賭了。

這樣想著，他便覺得蕭何這老兒，胸中確實有些丘壑，了得！

此刻抬頭望天，只見月小星稀，秦嶺無有盡頭的疊嶂，都在月光之下，渺然莫測。

昔日劉邦看這環山，只覺得酷似牢籠；今夜觀之，則好似壁壘巍然。山上萬樹，正如旗幟飄飄，大壯聲威。他口中便打個呼哨，心情頓然開朗，想到張良是他所遇的第一個貴人，莫非這韓信，就是上天送來的第二個？

劍指陳倉，韓信奇襲震山河

立夏之後的漢中，驕陽如火，石梁亭往南鄭的路上，有一騎飛奔。

騎馬者，正是本書開篇就出現過的白袍都尉韓信。今日他在這山間路上馳驅，不再是逃亡，而是急著要將一段公務了結。

漢中之地，山清水秀。山間處處有布穀鳴囀、溪水潺潺。韓信卻無心賞景，胸腔裡只覺有一股熱力就要迸出。回首近一個月中，命運翻覆，忽天忽地，是何等的奇詭！

自從出淮陰城，仗劍從軍，韓信先跟從項羽的叔父項梁，後項梁敗死，又從項羽，可惜在軍中皆寂寂無聞，不得伸展。對那項羽，韓信看他是個人物，曾數次獻策，指畫天下事，卻都如石沉大海。韓信只能暗自嗟嘆：一無顯赫身世，二無孔武之力，亂世中若想脫穎而出，難乎其難。從那以後，逃亡似就成了他擺不脫的命運。

韓信在楚營中，早就耳聞劉邦大名，隨項羽入咸陽後，每每聞市井之人多頌漢德，就連惡少無賴都仰慕漢王，更大受觸動，遂起了投漢之意。春上四月，他結識了幾個欲投漢的市井無賴，便決然脫去戎裝，與數人相偕，翻山越嶺奔來漢中。途中聽父老講，那半月間，子午谷的險路之上，楚軍及諸侯軍中投奔漢王者，晝夜不絕，前後竟有近萬人。

卻不料，門庭雖換，宦途卻是一點也無起色。韓信這才領悟了「臣事君」這件事，能否料理得好，另有關節，全然不在有才或無才。

漢王在關中父老口中，人人皆誇是「仁厚長者」，不焚城，不殺俘，連財寶和女色都不近。然他識人取士，卻與項羽一般無二，也是目生於額上，傲慢無禮。

劉邦起兵，首先看中的是貴胄，次者賞識猛士，對柔弱者不屑一顧，尤以慢待儒者最為聞名。早前他見儒者，常奪下人家儒冠，拿來解小溲，要羞煞人家祖宗三代。南下途中，高陽儒生酈食其[25]求見，也曾被他罵作「豎儒」，虧得老先生有滿腹韜略，才使劉邦肅然起敬。只苦了韓信，投到漢王帳下，話也沒說得兩句，便被派了個管糧草的小官，自早至晚，與糠皮穀草打交道。

這與僮僕奴婢又有何分別？鬱悶之中，韓信與營中幾位壯士結交，借酒發牢騷，都說不如去做個山賊，也強過在這裡低眉順眼。幾杯酒落肚，眾人思鄉情切，都拔劍長歌，以抒憤懣。那歌謠，名為《巫山調》。歌雖短，卻是曲盡蒼涼——

巫山高，

高以大；

淮水深，

難以逝；

我欲東歸，

害梁不為。

我集無高曳，水何梁？

湯湯回回，臨水遠望，泣下沾衣。

遠道之人心思歸，

謂之何？

總之，眾人是發洩了一通「渡河無橋，歸鄉無路」的無奈。不料牢騷者中，竟有那兩面三刀擅鑽營之人，返身就去告密，賣友而求榮。

這一告密，添油加醋，將此事說成韓信欲結夥倡亂，占山為王。引

[25] 酈食其，讀作酈（ㄌㄧ ˋ）食（ㄧ ˋ）其（ㄐㄧ）。

得劉邦大怒，疑心韓信諸人是想在軍中奪位，於是下令問斬。

犯事者，計有十四人，斬完前面的十三個，唯餘韓信一人，俯首跪於法場待斬。他實不甘自己一條命，就這樣短暫如蟪蛄，於是仰頭望天，徒喚上蒼不公。恰見監斬官夏侯嬰，正立於面前，便渾身一激，大呼道：「不是欲取天下嗎？為何要殺壯士？」

夏侯嬰聞聽，如有所悟，不覺動了惻隱之心，這才保下來韓信的一條命。

那夏侯嬰，只在刑場與韓信交談了幾句，就認定韓信是大才，當下向劉邦做了舉薦，加了韓信為治粟都尉，專事蒐集糧餉。但這又如何？這職務，於韓信來說，還不是糠皮麩皮，無日無休？這種日子，他絕不想再熬。上次謀劃不周，險些丟了頭顱，於是這次多了幾分小心，詐言催糧，伺機逃出。不料這一回，竟然驚動了蕭丞相連夜追趕。

韓信逃而復歸，回想此生，有頗多感慨：凡救他於水火的，皆為公卿；凡欲陷他於死地的，都是低階下僚。這與他少年時所想，大不一樣。天下俗子，有幾個能像漂母那樣，因可憐他像個落魄王孫，就贈與他飯吃的？越是亂世，人越敬權勢；同類相殘，亦毫不躊躇。如此想來，他更是恨世風日下、人心不古。

韓信早年浪蕩鄉間，就喜蒐羅百家之書。當初在始皇帝三十四年（西元前 213 年），丞相李斯建言焚書，神州一片棗災梨禍，除了醫藥、卜筮、種樹之書，民間還有何書可覓？然民智千年，豈能在一朝之內便可根除？即使在焚書之後，村野間也有人藏了些諸子百家的殘簡斷片。韓信寄食四鄉，吃罷人家的飯，談興一起，就纏著人家借書，於是，梁上簷下，鄉叟們總能搜出些禁書來。這原是留給子孫們以傳斯文的，如此這般也就偷偷給了韓信。

韓信常避開外人眼目，挑燈夜讀，所獲頗多。他自幼便讀兵法，弱冠之後，自覺很有大丈夫氣，喜愛佩了劍出門行走，因為除了這把劍，他內心無所依託。不過，屠夫獵戶們並不怕他那劍，非要給他「胯下之辱」不可，這也是身處下僚沒奈何的事。壓抑越久，迸發越烈。後來他仗劍從軍，便是想跳出窘境，今後之所為，要與這渾天厚土相匹配方可。

然壯心多被世事消磨。到漢營後不幾日，韓信便看出端倪來：此處也一樣是蔑視斯文。《孫子兵法》裡，最忌只懂得「拔人之城」和「毀人之國」的莽夫；說是為將的人，要懂如何輔佐君王，「輔周則國必強，輔隙則國必弱」。可是看這漢王左右，哪有一人懂得何為「輔周」？

失望之下，韓信越發覺得漢營不可久留，這才有星夜出逃的事發生。

被蕭何追回後，韓信稍稍收斂了心性，只待仕途有峰迴路轉。然他轉念一想，沛縣舊部已遍布朝野，哪裡還有顯要的位置可坐？想那蕭丞相就算有三寸不爛之舌，也不過就是說動漢王，將我韓信調往中涓，做個親隨郎衛。

韓信便想：若讓我去做漢王近侍，與先前隨侍項羽，又有何不同？三年從軍，豈非原地不動，白白蹉跎了！於是在被蕭何追回的頭幾日裡，又起了伺機再逃之念。

不料，以上這些晉升無門的煩惱，就在今晨，都被蕭丞相一掃而空了。

近幾日，漢營中籌辦拜大將軍之事，正鬧得沸沸揚揚。昨晚，韓信臥於榻上，全不知自己將一步登天，仍在萬般無奈之中。這一夜，他輾轉反側，憶起蕭丞相在追回自己的途中，曾有所囑咐。

堂堂丞相，紆尊降貴，連夜將一無名軍吏追回，韓信自然知道這其中分量，預知再不會與升斗算籌為伍了；但想到丞相那晚曾說：「大王雖有重用之心，卻未見你有過人之處，望都尉早些露出頭角來。」此話亦是不錯，錐藏於囊中，不能怨明主見棄。韓信就想，明日起早，應寫好一個條陳呈上，也好給漢王露些腹內的韜略來。

自到輜重營後，韓信察覺到，漢中山多，運糧殊為不易。派人打通巴蜀糧道之後，糧草雖足了，但多是運至石梁亭糧倉集散，如欲分發到各軍營，所需車輛太多，不敷派遣。故而糧倉雖有糧，運轉卻還是不暢。

韓信思謀多日，曾有過一閃之念：不如將百斤糧袋，一分為二，裝成小袋，爾後調發漢中各營軍卒，結隊去石梁亭背糧。在軍營中，軍卒們反正也是飽食終日，如若各部輪值，每日不絕，便可保軍糧源源不斷。今日看來，此計斷然可行，應盡速稟告漢王才好。

想到此，韓信滿心歡喜。今日一早，時方丑末寅初，他便聞雞而起，奮筆疾書，將條陳書寫完備。日出之後，將呈文謄寫完畢，拿在手裡端詳。正在得意之際，忽聞帳外有兵卒通報：「丞相來了！」

這一聲喊，驚得韓信連忙起身，跨出帳外，將丞相迎進。

兩人席地而坐，蕭何便寒暄道：「都尉如此勤奮，黎明即起，可是要有大作為了？」

韓通道：「某生來駑鈍，不搶在人前，只怕是半生都陷在溝壑裡。」

蕭何一笑：「何至於？韓非子曰『自勝謂之強』，都尉必不會自甘暴棄。」他見案上有簡折，便問，「是何公文？」

韓通道：「事關輜重糧秣，草草而成，預備上呈大王。」

蕭何便拿過，細讀一遍，遂拍案叫好道：「善哉！我漢營中，就缺少如此通透之人。此折，務請盡快呈與大王，必受採納。」

「呵呵，丞相過獎了，韓某天性散淡，終日遐思，偶有所得，但終究屬末技。日前出逃，累及丞相星夜馳驅，實為罪人，還望丞相包涵，在大王面前妥為開脫。」

蕭何笑道：「都尉客氣了。」說罷環顧帳中，見韓信的行李物什，全都捆紮整齊，無一散亂，不由就是一驚，「都尉，怎的如此整齊！莫不是……你又要逃了吧？」

韓信怔了一怔，連忙道：「丞相言重了。下官為布衣時，原是懶散之人，佩劍遊蕩，四方寄食，乃至為屠戶菜販所恥笑，遂有胯下之辱。從軍之後，方才幡然悔悟：小事不精研者，不足以言大事。故而一改前非，凡事必井然有序。」

蕭何便捋鬚大笑道：「我在大王面前，是以身家性命作保的，包你不會再逃，可不要再生他念，一走了之，那可要害苦了老夫。」

韓信被蕭何說中內心隱祕，一時無措，臉便一紅，忙伏地叩首道：「下官不敢。」

蕭何懇切道：「老夫是玩笑而已，日前追你回來，事已驚動大王，料定不日內，定會有個分說。你久不受重用之事，眾將已有不平之議，大王也必有所耳聞。人言既多，事情就會有變。依我看，糧草之事，可不必過分用心了。近日，大王定會對你有所垂詢，問以兵事，兼問天下。你如有何建言，譬如軍之行止、國之興衰等方略，都可面陳。其中的條分縷析，可早做準備。」

韓信便長跪挺身，對蕭何深深一揖：「蒙丞相錯愛，下官當剖心輸誠。然韓某不才，當此鯤鵬競飛之時，充其量，只配為他人護駕而已。在彼曾為執戟郎，若在此亦為執戟郎，敢問丞相，所謂大作為竟是在何處？」

蕭何便一拍几案：「你果然還是想逃！」

「人心如奔馬，牽絆不住，自然會逃的。」

「那麼，都尉此生，到底有何抱負？」

「昔漢王在咸陽，傾慕始皇帝的大丈夫氣，我韓某不過江淮一布衣，今生若能位列公卿，足矣。」

蕭何便仰頭大笑，擺手道：「此話就此打住。只怕你做了公卿，心又不足呢。」

「呵呵，不錯！我若僅止於此，則不過是百代碌碌過客之一，談何有為不有為？我韓某，固然早年淪於溝壑，但懷抱中的男兒雄心，卻是一刻也不曾消泯。上天苛待我，卻也另有恩惠，讓我生於亂世。亂世，即是我運命的機括。否則，深谷何以化為高陵？」

「嘖嘖，韓都尉，你所圖可是不小啊！」蕭何不覺連聲讚嘆。

韓信忽地擔心起來，蕭丞相若察覺我終有背漢之心，會否勸漢王殺我，以絕我為他人添翼呢？想到此，心甚惶悚，連忙伏地請罪：「恕晚輩狂言。今番蒙丞相提攜，我已知足。」

蕭何忙扶起韓信，捋鬚沉吟道：「狂倒也算不得狂。漢家方興之時，乃用人之際，務求出類拔萃，哪裡會苛責人才？聖人論到為人處世，說是『曲則全，枉則直』，今日你屈居下僚，毋庸擔心，終會有出頭之日。至於得伸展之後，是否還能識得盈虧之數，就另當別論了。」

韓通道：「丞相教誨得好，我在此謹記。」

蕭何便一笑：「都尉前程，或許貴不可言，老夫在此多嘴了。」

韓信望望眼前這位老者，心中忽有莫大的敬畏，便道：「先生戲言了。韓某身世孤苦，何以言貴？若不是丞相追還，又不知要惶然幾多年。先生待我，有如子弟。也說不定，晚生的一條命，終將繫於先生之手！」

「哦？如此說來，都尉之進退出處，老夫要擔好大干係了？」

兩人便都笑起來，又聊了些軍務瑣事。蕭何便起身告辭：「築壇之事，尚未了呢，我這裡便不打擾都尉了。不過，有一事要提前相告，明日卯時，開壇拜將，這大將軍麼……」

韓信不禁脫口而問：「是何人？」

蕭何踱出幾步，忽而仰頭笑道：「正是都尉你，韓信！」說罷便撩起了門帷向外走。

韓信不禁訝然，呆望著已走到帳外的蕭何，不知所措。

「務請都尉於今日，了結所有治粟公務，如需出營也可，我已知會了營門值守。今晚謁者僕射要來你帳中，告知你明日事宜。韓君，且受老夫一拜！」蕭何在門外拜了一拜，即匆匆離去了。

韓信呆若木雞，摸了摸頭頂椎髻，方猛醒過來，狠狠踹翻了帳中一個量穀方升。命運驟變，令他一時恍如夢寐，穩了穩神，方才想道：國之士，大器也，切勿沾沾自喜。況乎那大將軍之責，乃是如山之重，勝敗之結局，有天淵之別。以後進退，全如弈棋，一步之差亦不能有，須百倍小心才是。

他挑開營帳的門帷，一天的光亮倏地都照射進來。韓信倚於帳門，看營內的兵卒，都在忙忙碌碌，大營之外，天高地闊。他這才覺得人世之美，從未有過於今晨景色的。

朝食過後，韓信即打馬出營，急赴石梁亭糧倉，辦完了交接，午後即匆匆返回。

返程一路快馬。到了未時，日影西移，看看路已走了一半，他便不再揮鞭，而是信馬遊韁，內心十分愜意。

轉過一個山坳，忽見前頭有一壯漢，背負斗笠米袋，手持一柄青藜杖，正闊步前行。韓信遂策馬趕上，勒韁回首，見那壯士俊目美髯，身高八尺，寬肩闊背，好一個軍士的坯子！

韓信便在馬上拱手道：「壯士，敢問前往何方？」那壯漢便駐足道：「欲往嶺南。」

韓信跳下馬來，頗為詫異：「壯士要去那蠻荒之地，意欲何為？」那壯漢道：「此行是為尋仙。」

韓信頓感大奇，見前頭不遠處岔路口，有一青石臥於道旁，上有樹蔭如蓋，便一指前方道：「壯士行路辛苦，不如前頭稍歇，願聞指教一二。」

兩人便在青石旁坐下，各倚一側，飲水拭汗。韓信又問：「此去嶺南，不止千里，不知彼處是否安穩？」

那壯漢道：「嶺南有趙佗稱王，好歹未有兵燹之災。不過，鄙人此行，不只是前往嶺南，實是想遠赴南海之渚。」

韓信不禁瞠目：「南海之渚？那豈不是化外之地了，如何去得？」

那壯漢便笑：「人生在世，譬如行路，不走到絕遠處，怎知世間之大？」

「在下願聞其詳。」

「軍爺不必客氣。我乃山野匹夫，自崆峒山來，曾得高人指點，知南海之渚在番禺之南，就隱在茫茫海中。如行至番禺，再買舟南渡便可。」

「那蠻荒之地，瘴氣橫溢。渡海遠赴，更是聞所未聞。這一路，豈非凶險之至？」壯漢遂大笑道：「中土戰亂，無日無休，人命賤如雞狗，軍爺怎的倒不怕了？」

韓信便反駁道：「生於末世，如之奈何？但那渡海尋仙之事，未免太渺茫了些。」

壯士道：「先師在彌留之際，曾有遺言與我，說是人生慘淡，不過爾爾；不如遠遊以謀他途。那南渚之上，多山，方圓有五百里。山中有仙，名曰『誇風』，專司南極來風。那仙人只須張口，即有仙風吹拂，仙風過處，所有腐朽浮濫之物，轉眼頓成金玉。」

韓信聞言，立時捧腹大笑：「跋涉如此之遠，只為尋那飄渺之事，欲求無根之富貴，豈非荒誕？」

「軍爺此言謬矣。想你攻戰殺伐，命懸一線，或生或死，皆託付於天。頭顱尚且不能安穩，又談何榮華富貴？這般前途，怎的不說是飄渺無據呢？」

「大丈夫，生當如此！豈能默默無聞而偷生？想那前朝名將王翦，橫掃六合；始皇帝巡遊東海，勒石琅琊，都是留下了萬世的名。人，生來或賤，但貴在有為，苟且無為，才是至賤，實對不起造化！敝人從軍執戈，就是想獲得那經天緯地的功名。」

壯漢搖頭道：「始皇勒石，固然偉哉。可是你看勒石不過才三五年，天下可還有一個嬴姓子孫？」

韓信一時語塞，壯漢便接著道：「其實，人之所求何為？行到路盡處，你便可知：人之所欲，無非簞食瓢飲而已。軍爺你自管努力去做，封侯封王，亦不是難事。而我之所求，只在遠道，若是能尋到仙山，自可逍遙一生。你我之間，所求其實並無不同啊！」

韓信似有所感，看了看這壯漢，見他身上所穿，不過麻衣葛衫，且都已襤褸，不禁起了憐憫之心，於是脫下身上白袍，懇切道：「此去南海之渚，不知路途幾許，在下無以為贈，就送你這件衣裳吧。」

壯漢連忙起身推拒：「萬不敢當！無名草野之輩，飄蓬於途，能與君相識，實乃幸甚。不瞞你說，鄙人及家父家兄，都為前朝將士，秦亡之際，父兄皆歿於戰場，我雖僥倖脫逃，卻成了喪家之犬，流落山中。自此，便覺人世無常，如莊子所言：『其生之時，不若未生之時。』遂再無心於功名，更厭倦兵戈。此等散淡，讓軍爺笑話了。」

韓信怔了一怔，隨即笑道：「怪不得！說出來真乃笑話，方才路遇，我幾乎想勸你從軍呢。」

那壯漢便長嘆一聲：「世軸移換，社稷不存，我已全然是廢人了，哪堪再用？況且投效新主，亦對不起亡父亡兄，就這般苟活於世好了。秦無遺民，尚有我這一個，便也足矣⋯⋯」

韓信從不曾想過，世事翻新，萬民都解脫，居然還有如此失意者，真真奇哉怪事！一時便不知所對，良久才道：「壯士何必如此傷懷？舊夢不再，傷之又有何益？不如隨我去，重開天地。」

壯漢大笑道：「軍爺也想招兵買馬？可是想回關中？可惜棧道已毀，插翅難飛了。」

「這有何難？我投漢中，即是翻山而來；大軍征討，也可翻山而去。」

「軍爺誠意可感，我也小小獻上一計，以為回報。曾聞渝水之畔，有世居巴人土著，多勇力，善弩射，以木為盾，名曰『板楯蠻』。貴部可多招巴人，彼輩翻山，行走如飛。如能編成一軍，此去關中，不過晝夜而已。旬日之間，軍爺便可虎踞關中，享受榮華富貴了。哈哈⋯⋯」

韓信聞言，且驚且喜，抱拳道：「多謝賜教！」

壯漢望了望天色，便起身道：「飄蓬之誼，小可畢生難忘。日後我總要返回中土，或尚有見面之日。看樣子，尊駕還有公務在身，還是趕路要緊吧！」說罷，他作了一揖，不待韓信答話，即策杖下了大路，沿一條小徑遠去了。

韓信躍身上馬，朝那山間小路望去，想世間竟有如此奇人，心裡便感嘆不止。呆望了片刻，才繼續策馬前行。

當晚，韓信回到帳中歇息，卸去了繁雜俗務，頓覺一身輕鬆。剛要展卷夜讀，忽聞帳外有人來，人未進門，先聲便到，聞聲即知是樊噲那莽夫。

樊噲打個哈哈，跨進門來道：「小阿兄，早知你飽學，果然家當都是書卷。今來向你請教。」

韓信揖道：「哪裡敢當！」

二人便坐下，樊噲道：「我就免去虛套了，只問你：俺漢家如取關中，勝算幾何？」

韓信詫異：「將軍如何問起這個？」

「小阿兄可聽說，要拜大將軍了？」

「略有耳聞。」

「拜了大將軍，就要打回關中去，連我這粗人也看得出來。漢王……嘿嘿，我那姐夫，向來是能請神不能送神的，鴻門宴上若沒有我，怕是早成刀俎之肉了。明日點將，若是拜我為大將軍，回軍關中，可不是去闖那鬼門關？」

韓信望望樊噲，強忍住笑，說道：「將軍若為此事，可放心回去睡覺了。關中，已在漢王掌心了。」

「為何如此說？」

「參透此事又有何難？三秦絕非昔日強秦。秦亡以後，秦民大沮，秦地再也無虎狼之師了。」

「哦——可是那三秦，是項王的三條狗，若打狗招來主人責問，動起手來，我等勝了便罷，若是敗了，豈不是連漢中都住不得了？」

韓信沉吟半晌，才道：「此事，正是我苦苦所思啊。」

樊噲便笑：「我這一問，不會難倒小阿兄吧？我樊噲，除了十個數目字兒，就識得『樊噲』兩字，故而平生最敬讀書人。明日若我拜了大將軍，小阿兄你須得不吝指教！」

韓信便一揖道：「唯願如此。」

「小阿兄高才，委屈了你。我在姐夫面前，也是直言推薦過的。加官的事，你莫心急。」

「呀，將軍真是……用心良苦！」

「俺漢王仁義，你可不要再逃了。來日平定了天下，你我搭夥置一處田莊，隨意吃喝。無事為我講講《春秋》、《左傳》，也是好的。」

「將軍過謙了。韓某自三歲時起，便讀兵法、習劍術，也就是早年積了這些根底。弱冠之後，到未必長進。」

「三歲？謔矣！無乃神童乎？你老爹官居何位，可以如此栽培？」

「鄉閭之人，有甚光耀？然家父精通兵法，亦通劍法，素來樂善好施，為一方之人望。惜乎我九歲時，家父便因病不起，入了黃土；一年之後，母亦喪。我獨在鄉間過活，幾近於乞食。」言及家世，韓信觸動心事，幾欲潸然淚下。

樊噲也陪著一同唏噓：「怪不得！你小阿兄的聰慧，在這世間，乃我所僅見。事過多年，也不必傷心了，你九泉下那老爹老娘，定可福蔭於你。」

「那是自然！家母死後，我變賣家產，將母葬於鄉鄰豪族墓地，便是希圖重振家風。」

「可嘆可嘆。」

「你看，小弟之命苦不苦？自那之後，身無長物，只一把佩劍在身，四方就食。所受之辱，一言難盡。」

樊噲忙打住話頭：「莫提，莫提！秦末昏亂，百姓遭了殃，哪有活得不似豬狗的？譬如我樊噲，只知操刀，今生大字不識幾個，典籍萬卷，於我也猶如廢柴。生平所聞文章雅事，是一老翁前來買肉，曾為我講過

『庖丁解牛』。哈哈⋯⋯」

韓信忽被此話點醒，心頭便是一震：「好，好呀！將軍質勝於文，別有心機。那項王在彭城，會否來救援章邯？便是我漢家取關中的肯綮。所謂『庖丁解牛』，解的就是這個。容我好好思之，再行相告。」

樊噲大笑一陣，便起身告辭了。韓信獨坐孤燈之下冥思，剛才樊噲的這話，竟在心頭揮之不去。

入漢營以來，寂寞無聊時，韓信不僅把秦宮的圖冊思索了一遍，還有那翻山而來的投軍者，他也要拉住問三問四，關中與山東的大勢，因此知曉了十之八九。想那三秦，皆庸碌之輩，取關中看來易如反掌。倒是樊噲所慮，並非烏有，若項王興起問罪之師，又該如何應付？卻要斟酌再三才是。

韓信便於燈下，展開一幅輿地圖，細細看了起來，手指在那山川形勢間移來移去⋯⋯

項羽當初在分封之際，心存偏私，封地遠近肥瘠，皆視親疏而定，甚不公平。趙地陳餘、梁地彭越，皆是舉義甚早、名震天下的豪雄，卻眼巴巴地未能封王。此時田榮反楚，便牽動南北，趙與梁兩地，遲早也要鬧將起來。

各地尊義帝的諸侯，當初雖都以楚為尊，但他們分頭舉事，上下本不相統屬，與項羽之間又無君臣大義，此時見田榮作亂，便都只顧自保，天下頓然就有了分崩離析之勢。

世上豪雄，常有對頭冤家。韓信知項王性情，萬人都不入他眼，唯獨最忌劉邦，將劉邦閉鎖在漢中，便是欲置之絕地。此次拜將，若鼓動漢王回軍關中，會否招來項王的雷霆一擊？若項王舉傾國之兵來援三秦，於我便是泰山壓頂，豈有活路？

為漢王謀劃，起步便不能錯；錯了，就休想再有一世功名。今日幸得蕭丞相舉薦，我這狂生一步登天。至明日，我即可登上黃金臺，雖樂毅吳起，所受君恩也不過如此。漢家目下雖尚嫌局促，前途屬未卜之數，但眺望關中，山河巍然，乃秦之發祥地，日後必定天下，此即為雄師百戰之根柢。圖大計，必取關中，然此戰如有不測，則漢家必一蹶不振，淪為盜蹠。萬世功名，皆決於一策。戰？或是不戰？棋枰上的這一子，實在有泰山之重！想到此，韓信以手敲擊地圖，躊躇了起來……

他看看地圖上的彭城，又看看關中，想這兩地於項王來說，孰輕孰重？

風吹火苗，燭光一閃。韓信忽然悟到：項王無論如何，不會傾國來伐，因彭城已三面有警，他充其量可分一支兵西來。既然是分兵，便可應付，漢軍絕不至遭那泰山壓頂。孫子曰「亂而取之」，此言不差。關中之可取，就在這個「亂」字上。亂局從齊始，擾得項王不寧，他必欲先去剷滅亂源。關中只是我漢家性命，於項王卻不是，故而他不會捨命來救。那麼，此時不取，更待何時？

帳外刁斗，正零落響起。夜靜更深，燭火也將燃盡，地圖上「咸陽」兩字，卻似乎漸漸放大，圖上似有城郭百姓，真切得歷歷可數。韓信不禁一笑，他已經完全明白了，明日該如何獻策。

次日破曉，漢營的將士們剛走出軍帳，便都是一驚：只見滿營的旗幟，昨日還是紅色，一夜之間，都換成了黑色，與亡秦的旗色相同。

沛公軍一路西來，不知與秦軍交了多少次手，這些獵獵黑旗，曾令軍卒們膽顫心驚。如今驟見滿營黑旗，各人心頭，便都有莫名的不安。

這便是那日晚上，劉邦到蕭何帳中所密囑之事。蕭何派了辦事得力的王恬啟，率一干人馬，徵用了南鄭全城的裁縫與巧婦，三日三夜，將漢軍新旗趕製了出來。

此時，營門之南的千秋亭畔，一座三丈高壇早已築就。只見壇分三層，喻「天、地、人」三才，上置兵器、張旗幟，四周植有松柏百株，新製成的漢王大纛[26]高懸於空，望之儼然。

這日晨間，拜將壇前面曠地上，從各營選出的五千勁卒，肅然而立，皆是堅甲利刃、兵戈鮮明。不消片刻，由太僕夏侯嬰親馭，三輛戰車為前導，漢王車輦便在百名郎官護衛之下，緩緩推出。劉邦身旁的驂乘周緤，眼目精光四射，手執一柄金鉞護衛。後隨百官，迤邐而行，人人皆執戟傳警。隊伍剛在壇前停下，鼓角之聲就轟然而起，與低沉的傳警呼喝聲相交織，聞之令人肅然。

劉邦今日，一改往日消沉，全身披掛，頭戴皮弁，完全是一副征戰的裝束。他走下輦車，由臺階拾級而上，走上高壇之頂，在坐榻上面南而坐。從壇下望去，壇上諸人簇擁著劉邦，儼若天際仙人，大有淩空飄飛之勢。

那數千軍士，何曾見過這種場面，連大氣也不敢出一口。劉邦高踞於壇上，心裡也是忐忑，暗罵蕭何這老兒，如何搞得這般假模假式？

謁者趙衍看壇下百官已就位，便湊近劉邦，低語道：「大王，百官位定，可請蕭丞相出來了？」劉邦略一點頭，然後長跪挺身，擺好了姿勢。

趙衍便下了臺階，引導蕭何緩緩走上來。劉邦動了一動，想說什麼，卻又忍住了。蕭何便高聲唱道：「引大將軍受封！」

臺下諸將，皆引頸而望，有如長脖鷺鷥，都巴望丞相能點到自己的名。卻不料，忽有軍卒數十人從壇後擁出，執戈控弦，護擁著一輛安車，緩緩駛來。

「這是何人？」武官們不明所以，個個面露驚異。文官們卻有知道這

[26] 大纛（ㄉㄠˋ），古代行軍行列或盛典中的大旗。

名堂的，有人便訝異道：「何以安車問聘？」

安車，乃是用一馬駕轅的小車。賜乘安車，是君王徵聘人才之時賞的殊榮。文官隊伍裡，頓時便起了一陣騷動。

候在階前的趙衍，上前一把撩開帷幔，只見一身勁裝、英氣逼人的韓信，一步跳下車來，由趙衍引導，步步登上高壇。

「治粟都尉？」在場將士，此時都看得真切，真乃一軍皆驚！喧譁聲如同浪濤一般，在方陣中忽地捲過。

韓信走到壇上，免冠跪伏於地，朗聲道：「臣韓信見過大王。」一旁趙衍唱道：「拜！」韓信便向劉邦行叩首大禮。

隨後，蕭何手持策書上前，環視了一眼壇下，神色鄭重。壇下諸將士見此，立時鴉雀無聲，都屏住氣息，想聽個究竟。

蕭何舉起右手，朗聲道：「漢王制詔，以韓信為大將軍！」接著，譁一聲將策書展開，高聲宣讀。讀畢，趙衍又唱道：「再拜！」韓信便又拜。

此時，先有侍御史上前，東向而立，授給韓信金印紫綬；後有郎中令授予彤弓、符節，韓信逐一接過，分別都叩拜了三下。

劉邦此時忽感不安，低聲對趙衍道：「這就……把兵都交給他了？」

趙衍笑而不答，只眨了眨眼。劉邦想了一想，立刻有所悟：名實者，操之人君也。只要我一息尚存，漢家，便非他人之漢家。或予或取，皆在我。想到此，劉邦便情不自禁按了按腰間的「漢王劍」，心想有此一物，則漢家必永世姓劉。那大澤之上，驚天動地的斬蛇之舉，便是天授我權柄，何人能奪？何人能代？何人又能及？

又聽那趙衍繼而唱道：「大將軍韓信施禮，拜！」韓信又拜謝。趙衍忙向劉邦遞了個眼色，劉邦擺了擺手，趙衍便代劉邦唱道：「謹謝！」

韓信這才吐了一口氣，拜謝起身，戴好武弁冠。

這一套繁文縟節，將壇下眾軍士唬得目瞪口呆。自沛縣起事以來，何曾見過主公劉邦如此鄭重？諸將雖心有不服，但他們深知劉邦脾性，在這一刻忽然都悟到了：不知是何人對主公進了言，把這治粟都尉拜了大將軍，看來這漢家的事，怕是要有個兜底翻新了。

榻座上，劉邦終得以稍微放鬆，便對身邊蕭何道：「丞相，你布置的偶人戲，要折殺寡人也！」

蕭何微微一笑：「不如此，如何立威？大王可知司馬穰（ㄖㄤˊ）苴（ㄐㄩ）事？」

「不知。」

「司馬穰苴，春秋之兵家也，出身卑賤。齊王用他為將，拔之卒伍，位在大夫之上，然則人微權輕，士卒不服，你猜猜，他是如何立威的？」

「願聞。」

「殺了監軍！那監軍不是別人，正是齊王寵臣、國之尊者。人家不過遲來了一時半刻，便遭軍前正法，三軍將士皆震慄。那司馬穰苴，從此令行無阻。」

「哈哈，你這老兒，哪裡翻出的這些老譜？好，寡人就聽你的！」

那壇上的韓信，也幾乎被搞暈了頭。今日的場面之盛，既在情理之中，又在意料之外。看那壇下，戈戟如林，旗幟耀目，儼如「大閱」般的陣勢，他胸中不禁有豪氣頓生。想到昨日路上那壯士的話：人不行至絕遠處，如何能有如此之風光！但轉念又一想，漢王鄭重其事，所望必厚。此壇一登，我韓某之位，便在公卿之上，成了漢王階下第一人。今後伺候漢王，無異於與君王伴舞，怎敢有半點兒輕忽？自今日起，白起王翦的不世之功，於我再不是遙不可及了。

想那三皇五帝以下，千載悠悠，草野之人縱有千般本事，也不過充個門客、謀個小吏，雞鳴狗盜，碌碌一生。若非秦亡，我韓某，怎能有今日華袞加身，統領千軍？大丈夫，非彼俗流，胸中就要有天下之慨，不做則罷，做則務要一鳴驚人……

此時趙衍正要宣布「會畢」，忽見劉邦立起身來，高聲道：「且慢，今日雖不是講武，孤也要說兩句！」

儀式突然被打斷，趙衍也顧不了那許多了，忙向壇下示意，一班鼓樂手立即收聲，全場一片靜肅，針落可聞。

劉邦疾步前跨，朗聲對眾軍道：「今日之事，兒郎們怕是要暈頭漲腦。拜大將軍，易旗色，為的是何事？聽寡人講來。往日我軍，以楚懷王為尊，楚乃祝融之後，尚赤，因此旗色為紅。今項王無道，虛尊懷王為『義帝』，將其貶竄於江南僻野，天下實已無主。楚失其德，漢家豈能步其後塵？我漢家郎，乃黃帝之後裔，天命所獨鍾。秦政雖亡，然天命不絕。今我從天命，續秦之水德，旗色尚黑，官制也改為秦制，與楚便兩無關係了。今日拜將，是為誓師，不日就要起程，還軍關中，與諸侯爭天下。兒郎們，可有此膽量？」

壇下眾軍，立時踴躍，無不擊盾而呼，聲若雷鳴。

這時，劉邦一把拽住韓信衣袖：「大將軍，請隨我歸大帳一敘。」

他牽住韓信，一步步走下壇來，登上輦車，揚長而去。壇下眾軍，又是看得目瞪口呆：如此恩寵，哪裡是盧綰可比？

漢王大帳內，一架「祝融御龍圖」的屏風之下，坐西朝東的主位，即是劉邦日常座位。劉邦將韓信請進帳，吩咐周緤把守帳門，百官皆不得進，身邊只留趙衍一人伺候。

韓信剛要坐在北向的客座上，劉邦忙搖手道：「今日拜將，隆盛無比，寡人就是要聽大將軍指教，請將軍入上座。」

韓信惶悚，連退幾步道：「這如何使得？」

劉邦道：「韓公不必客氣，寡人一言既出，必求其果！」

韓信忙伏地禮拜，禮畢，方於上座就位。他自從入漢營以來，覺漢王對下施恩威，手段遠不如項王，但好在尚可納諫。只是投漢以來，胸中不知多少良策，卻無由上達漢王，眼見漢軍蜷縮一隅，日復一日，心也就冷了。今日見漢王滿心誠懇，韓信心中便從容起來，想要說的話，如潮水般洶湧欲出。

劉邦就座後，並無一絲做作，拱手便道：「丞相曾數次與我言及將軍，讚不絕口。敢問將軍，早年在故鄉，曾師從何人？」

韓信欠身還禮，說道：「韓信乃一介平民，經商從吏，皆無門可入，還談何師從？昔年在家鄉，父母雙亡，我無以為家，只得四方寄食。曾在南昌亭長家中寄食數月，惹得他娘子惱怒，夕食時分，只留給我一口空鍋，好不羞煞！後又曾在淮水邊，受漂母之恩，既感激涕零，亦羞愧難當。於是發奮苦讀兵書，必欲建不世之功，一洗羞恥。」

劉邦遂大笑：「昔年落魄，我與君同啊！早年在豐邑，我也是常賒酒來喝，卻是還不起錢，大名常在酒家的賒欠榜單上。在家呢，亦不事稼穡，為家父所哂笑。」

「微臣不才，與大王昔年不可同日而語。聽蕭丞相說，大王為亭長時，大度任俠，一縣之吏，沒有你不敢輕侮的，真乃大丈夫也！」

「惜乎我幼年，讀書甚少，白白蹉跎了時日。那麼請問：將軍今日，可教寡人什麼良策呢？」

此時趙衍烹了秋葵羹端出，劉邦就恭恭敬敬，為韓信敬上了一盞，然後正襟危坐。

韓信便開門見山道：「大王欲出兵東向，以爭天下，對手不正是項王嗎？」

「正是。」

「我嘗觀之：一郡之安，在於郡守；一軍之強，在於主將。請大王自己思量，就勇、悍、仁、強各項來說，你與項王比如何？」

劉邦覺得這一問，真乃一語中的。默然良久方道：「不如。」

韓信見劉邦爽快，於是再拜，口稱恭賀：「大王明見！我也恰以為大王不如也。然人之五指，各有短長。我曾侍從項王，深知其為人，且聽我為大王細述之。項王這人，亦有兩面。他威猛一吼，其聲如雷，千人皆震恐，匍匐於地，頭不敢抬，然而卻不能用賢將。如此說來，也不過是匹夫之勇罷了。他待人恭敬和藹，言語娓娓，部下若生了病，他能為之流淚，贈食送水，無所不周；可是部下若有了功，功當封爵，他卻把那大印摩挲再三，直到把稜角磨圓，也捨不得放手，這便是所謂的婦人之仁了。」

劉邦聞言，一擊掌道：「將軍說得好！聞項王短處，我心甚慰，他這天下霸主，居然也有不如我之處。」

「還有，項王雖稱霸天下，威臨諸侯，卻不在關中坐鎮，非要跑去彭城定都，這怎麼能統馭天下？他背棄義帝之約，封王不問功勞，只問親疏與否，致使諸侯不平。諸侯見項王把義帝逐至江南僻地，也都紛紛效仿，趕跑舊主，占一塊好地自己稱王，此乃亂天下之始！」

劉邦雙目，頓時大放精光：「將軍何其犀利！」遂回首招呼趙衍，「我與將軍談得入港，去拿些甜瓜來。」

韓信繼續道：「項王大軍所過之處，無不屠城殺降。三百里阿房宮，竟一火焚之，到今日恐尚未燒盡。為此，天下多怨恨，百姓皆離心，只不過懾於項王軍威，不敢蠢動罷了。他名雖為霸，實則已失天下之心，故而由強變弱，瞬間之事耳！若大王果真能反其道，起用天下勇武之士，為王前驅，何敵不能誅？若奪得天下城邑，封賞有功之臣，又何敵不能潰？」

此時趙衍趨近，將一盤切好的甜瓜端上，劉邦隨即抓了一瓣，遞給韓信：「來來，食之助興。聞將軍之言，亦同瓜味之香，耐得品咂。今夜與將軍對坐，真乃人生快事！」

韓信見劉邦高興，神色便愈加飛揚：「大王雖失咸陽財物，卻另有所得，我這裡便要細講。那三秦之王，原為秦將，秦地子弟隨其征戰多年，或死或逃，不計其數，又被欺瞞裹脅，降了楚軍。其後隨楚軍進至新安，又被項王坑殺二十餘萬，唯三王得以身免。秦人遂恨此三人，痛入骨髓。今楚國挾滅秦之威，封三人為王，秦民哪裡會擁戴這等敗類？」

「將軍是說，三王無須多慮？」

「那是當然！大王你從武關入秦地之後，秋毫無犯，盡廢秦之苛法，與秦民約法三章，秦民感恩，無不擁戴你做關中王。當初懷王亦曾有約，大王理所當然應為關中王，此事秦民皆知。待到好事落空，大王不得已入漢中，秦民則無不恨楚。大王在咸陽所得，無他，便是人心也！此物金玉不換，庸人哪裡得知？鬼谷子曰：『為強者，積於弱也。』大王收攬人心，早已積弱為強，今舉兵東向，三秦可傳檄而定。」

韓信之言，擲地鏗鏘，不單是劉邦聽得入迷，連那趙衍也聽得痴了。

然劉邦卻仍有疑惑：「三秦於我，如同家門惡鬼，虎視眈眈。我漢家新起，豈能一舉而下？」

「不然！秦為一姓時，尚不能阻大王兵臨城下，何況三姓之王？人心者，私欲也。三王本不能同心，如擊其一人，其餘二人必首鼠兩端，救援遲緩。我便可逐一攻破，易如反掌。」

「原來三王，還不及只有章邯一家！」

「那是當然！我道項王不過是婦人之仁，即是指此 —— 欲使秦降將扼我咽喉，又不欲章邯一家獨大。故而分封三王，意在互相牽制。豈不知一分為三，即便是虎，也反倒類犬了。」

「項王如發兵來救，又如之奈何？」

「項王必不會來救！他若有此心，便應留在咸陽，虎視天下，則我漢家便永無出頭之日。他當初執意衣錦還鄉，必是看重彭城安危，以為楚之根柢在彭城。今齊田榮反，趙國亦不寧，禍起肘腋之間，他焉能顧得到關中這癬疥之患？」

劉邦恍然大悟，拍案道：「如此甚好！」

韓信又道：「項王性素優柔，且輕信。我軍一發，他東西兩處皆有警，究竟東征田榮，還是西援章邯，必舉棋不定。屆時，大王再向他示弱便是了，他必東征田榮，無心西顧。」

劉邦遂拊掌大笑道：「天賜我良人，如撥迷霧，恨未能早些識得將軍。敢問將軍，是從何處得此見識？」

「大王過獎。韓信草野之人，常思上進之途而不可得。從軍以後，亦是一籌莫展，若想倚靠軍功，我這文弱書生，斬首能斬得幾人？欲做白起、王翦，今生可得乎？唯有戎馬之餘，常思楚漢之強弱利弊，如此日久，便偶有所得。」

「那麼，將軍自忖，可領兵多少？」

「微臣可領兵百萬，仍可縱橫自如。」

「哦！那麼將軍你看寡人領兵之才如何？」韓信便叩首答道：「微臣以為，十萬而已。」

劉邦便捋鬚大笑道：「說得好！草野之中，多藏潛龍呀！將軍，你我皆起自閭裡，命如草芥，封公封侯幾近於做夢。若不是生在這秦亡之際，恐早已死於溝壑矣！陳勝王所言『王侯將相寧有種乎』，說的即是你我之輩。秦之所以轉瞬即亡，我也漸漸想得明白了，無非是他暴虐無度，使我輩欲苟活而不能。將軍談及民心，所言極是。日後，我不得天下便罷，若得天下，必使百姓飽食而無為，天下遂可安。」

「正是。《孫子兵法》也道是：『以正治國，以奇用兵，以無事取天下。』」

劉邦面露驚奇，望了望韓信，口中喃喃道：「孫子也作如是說？……好，好！」

韓信便向劉邦拱手道：「大王聖明，無須微臣絮聒。項王如能有此七分胸懷，天下斷難有他人染指。」

劉邦大喜道：「我得將軍，是為天助。我料定項王氣數，屈指可數了。今後你我二人，便是漢家的項王、范增。」言罷，即命趙衍端上酒饌，要與韓信共進夕食。

韓信惶恐，欲辭謝退下。劉邦便詭祕一笑，盛情邀道：「將軍，南鄭局促，雖漢王宮亦無好酒。我這裡，只有上好的臘肉一條，也是從那秦宮裡偷來，數月捨不得享用，今晚便與將軍共食。」

「大王恩德，萬死難報。微臣願效馳驅，把那項王的河山，兜底給翻轉過來！」

劉邦遂大笑：「將軍到底是豪壯！今我劉季如虎添翼，想那范增老而不死，徒生白髮，看他怎敵我大將軍的絕世風華！哈哈……」

此刻韓信心中，已全然明瞭拜將的要竅：漢王用我，無非是視作范增，進退攻略，大致能言聽計從，甚或日後可分兵與我，獨當一面。所謂總理軍事之謂，只是一個虛榮罷了，設此位置，不過是為震懾全軍。但即使如此，也完全足夠，英雄用武，不在於寬狹與否，有一石可踏，便可有雷霆萬鈞之力。項王無目，滄海遺珠，自有他悔之不及的一天！

想到此，韓信便道：「微臣見識淺陋，今後定與蕭丞相一心，共襄軍機。」

劉邦便搖頭：「蕭丞相，乃文官耳。心思細密，無人可及，寡人須用其所長。今後可留他駐南鄭，擔當糧草應援，在巴蜀廣收租穀，以保軍糧無虞。前方戰事，他就不用與聞了。」

「如此最好。只是，不得與蕭丞相共事，微臣甚憾。」

「將軍，大軍待發，寡人還有一事相托。我在沛縣有一族弟，名喚劉賈，昔在霸上來投軍，已在曹參幕中，官至中郎。此人雖年少，然溫厚可賴，我意令他多歷練，能得些軍功……」

「微臣明白。中郎不過參謀軍情，得軍功不易，不如調往樊噲部下，充任校尉，教他領兵打仗。」

「如此就拜託將軍了。自明日起，將軍你便可建牙開府，本月內不日即發隊起兵，我這裡有『漢王劍』一柄，也授予你。有此劍助你，斬蛇屠龍，當是無有不成！」

劉邦便起身，取下赤霄寶劍，抽出劍來，直指穹頂：「此劍神佑，可護我收盡前朝河山，一洗暴秦以來塵垢。來來！將軍，天予我取，當仁不讓！」說罷，親手將寶劍為韓信繫於腰上。

韓信再拜叩謝，幾欲淚下，想起那月夜奔逃的情景，竟好似多年以前的事了。

誰也不曾料到，大將軍府開府第一日，韓信與蕭何就起了一場爭執，兩人各執一詞，不可開交。

開府當日，眾將一早便會齊，前來拜賀。入得大帳，眾人都為那堂皇氣派暗自一驚。只見那大帳，規制、材質及紋飾等，都不輸於漢王大帳。一架〈祥雲鳥獸圖〉屏風下，韓信端然而坐，身旁劍架上，懸掛著那柄威風凜凜之「漢王劍」。

眾將皆是心頭凜然，入門便欲行大禮，韓信忙起身道：「軍中勿施大禮，一切從簡，各位也不必致賀，我這裡一併謝了。今日順便可會議一下，回軍關中，各部應籌辦之事有幾何，不如趁此都分派了下去。」

旁人只得從簡，都一揖了事。獨見那樊噲撲通一聲伏地，連連叩首道：「小……大將軍！瞧不出，你真人不露相，羞殺了俺，今日為你賠禮了！」

眾將皆驚愕，不知此舉為何事。只有韓信心知，只是暗笑，口中卻說：「樊將軍，莫要拘禮，有話坐起來說。」

那樊噲滿臉漲紅，只是伏地不起：「大將軍，今後有何將令，下官當竭誠效命，萬死不辭。我一個村野匹夫，你萬萬莫要笑話。」

眾人聞言皆笑，韓信便也笑笑，起身將樊噲扶起：「樊兄，請入座。弟王命在身，暫坐中軍，不得不然。軍務之外，你我仍為兄弟。」

韓信這樣一說，樊噲才誠惶誠恐坐了下去。眾將見樊噲這般桀驁之人，竟也對韓信誠心賓服，各自就暗暗吃驚，不敢再存一絲怠慢之心。

於是眾人把那軍中雜事，逐項議論開來，都紛紛請教韓信：「此去關中，不同以往，該如何帶兵才好？」

韓信便道：「我軍自沛縣起兵，大小數十餘戰，武關、藍田等處，皆是惡戰。兵不可謂羸弱之伍，將不可謂無能之輩。所以，各位平日如何帶兵，今後可以照舊。」

曹參卻心有疑慮道：「往日擊秦軍，乃趁天下瓦解之勢，故而秦軍皆無鬥志。今日我欲出褒斜谷，仰攻雍軍，卻是有些不同。」

韓信頷首一笑，對曹參之言頗為讚許：「不錯！我之治軍，要言不煩，言出必行，請各位務必叮囑軍士：一則，章邯為秦末名將，我軍與章邯相搏殺，不能用蠻力，須以智取為上。因此今後務必令行禁止，不須多問。二則，勝敗乃兵家常事，萬一接戰不利，不可放任潰散，部曲須團結聚攏，且戰且退。大王之意已決，數月內即將發兵，其餘不用贅言，各自加緊準備就是了。」

看曹參似還有顧慮，韓信便斬釘截鐵道：「曹將軍請勿多慮。我軍來時三萬，楚軍與諸侯軍來投又是一萬，共四萬。現雖已逃亡三成，餘者仍為我軍中堅。明日我還軍關中，兵鋒直指山東，倚靠的就是這班兒郎。孫子曰：『歸師勿遏』，眾軍歸鄉之心，都急不可耐。此軍心如可用，必是攻無不克！」

眾將這才心下釋然，但仍覺關中幅員甚廣，兵力略嫌不足。夏侯嬰道：「我軍不足三萬，或少於雍軍。下官以為，兵馬雖不能倍之，但也應多於章邯，方能有勝算吧？」

韓信便笑：「此事也無須多慮，我這裡，立即就可移文丞相府，請蕭丞相布置郡縣，徵發丁壯。凡漢中郡內男丁，少者十五以上，老者六十以下，盡皆徵調。漢家興衰，在此一舉，我軍絕無退路。各位，少不了又要親冒矢石了。」

稍後，紀信又道：「我軍西來，一路顛躓，入咸陽時又禁掠財物。因此軍衣服色，五花八門，或有著平民衣裝的，望之如烏合之眾。秦末天下騷然，遇戰可一鼓作氣，今與諸侯軍對陣，我軍軍容應劃一為好。」

韓信對紀信不甚熟悉，便問了問資歷，原來是斬蛇之初就入夥的，在鴻門宴與樊噲同救劉邦，也是敢捨了命的一條好漢。當下韓信便頷首稱讚，對紀通道：「將軍所言，亦是當務之急。出征之期或不足三月，應督責郡縣，加緊縫製軍衣、旗幟。新兵所缺甲冑軍械，也一併補齊。」

盧綰欣然道：「如此便好。往日有壯士慕名來投，卻失望於我軍部伍不整，以為不能成大事，故而又逃亡。」

韓通道：「是啊！軍伍者，侵掠如火，不動如山。部伍不整，必淪於陳勝之途。」

眾將會商完畢，各個領命而去。嗣後，韓信便揮筆急就公文一劄，著人送去了丞相大帳。

不料才須臾工夫，蕭何竟登門拜訪來了。韓信急忙出帳，將丞相迎入上座，恭恭敬敬道：「蕭公，本應是下官前往問候，怎的勞您大駕登門？」

蕭何便道：「今日開府，特來恭賀。如何，眾將可有不服？」

「眾將並無異議，剛剛議罷軍務，都各自領命去辦了。」

「那就好，不過老夫倒有些異議。」蕭何說罷，便從袖中取出韓信剛寫的公文，問道，「大將軍之意，是要將漢中男丁盡行徵發？」

「不錯。我韓信將兵，多多益善。取關中，關乎我漢家性命，須全力應對。」

「其中老弱，可否暫緩？」

「不可！丞相，軍機大事，預則立，不豫則廢。關中戰事，宜於速戰，兵多才是萬全之策。」

「哦？那漢中郡的農夫，不要耕田了？」

韓信便仰頭一笑：「小小漢中，我得三秦之後，可以忽略不計。」

蕭何忽就斂容道：「將軍欲速取關中，戰則必克，我不疑有他。然成敗之數，乃由天定；如有萬一，漢中總還是我進退迴旋之地，不可竭澤而漁。」

韓信便也正襟端坐，應道：「丞相勿慮，關中如不能一舉而下，我韓某，也就不敢受這大將軍的金鉞彤弓！」

「不過，將軍之命，老夫萬難遵從。依老夫之見，調發漢中郡男丁，丁壯二十五以上、老者五十六以下已足矣。其餘老弱，須留鄉以事農桑，如前方戰事不利，方可作後援。將軍如欲作孤注一擲，我必上稟漢王以作定奪。」

見蕭何話中有責難之意，韓信便懇切道：「丞相，征戰殺伐，荼毒百姓，我亦深知其害。然我為統軍之將，心不能軟。取關中，若因兵力不足而功敗垂成，你我都將悔恨一世呀！」

蕭何心內一急，竟伏地朝韓信拜了一下：「韓公，漢家初起，勢單力薄；尺土寸田，都需敝帚自珍。不單是此次發兵關中，今後凡東向而行，都要前後相濟，否則我等就成了盜蹠，流寇天下而不知所終，萬望將軍從長計議。」

韓信連忙也伏地回拜：「丞相不必如此！事有奇正，用兵則貴奇。若不傾漢中物力作此一搏，興漢大計，就將斷送在謹小慎微上面了。」

蕭何遂嘆息一聲，起身道：「我向漢王薦將軍，是看你能洞察大勢，若將軍一意孤行，則只好決於漢王了。」

韓信便也隨之起身，賠禮道：「晚生有所得罪，你我這就去見漢王吧。」

正在此時，衛卒忽報曹參來見。曹參進門，見蕭何也在，便不由一怔，施禮過後，遂問韓信：「大將軍正有事嗎？」

韓通道：「我與丞相小有爭執，正待去請大王裁奪。」見曹參詫異，便又道，「我意徵發丁壯，多多益善，蕭丞相卻捨不得。」

那曹參素與蕭何不合，此時便冷笑一聲：「征伐之事，文吏可無須與聞，否則還要大將軍做什麼？」

蕭何亦知曹參無好意，只是波瀾不驚，淡淡道：「徵發丁壯，正是丞相府政務，文吏不管，莫非由軍士四處去捉人？」

曹參仍冷笑：「萬事征戰為大，即便捉人，又怎樣？」

蕭何道：「那麼我與暴秦，便無分別了。請問將軍，舉這義旗又有何用？」

眼見二人要爭吵起來，韓信連忙勸住：「二位，大戰在即，丁壯之事絕非玩笑。是耶非耶，急待大王聖裁，曹將軍若有事，可稍後再來。」

曹參便躬身一揖道：「軍情正緊，大將軍還是少費口舌為好。」說罷，便返身走了。

韓信也不便多問二人恩怨，只急命衛卒拉來馬匹，扶蕭何上了馬，二人相偕來到劉邦大帳。

此刻劉邦剛晨起不久，正在與侍者隨何下棋。聞趙衍通報二人同來，劉邦便道：「算了，不下了。開門就有人討債，我連衣冠都還未整呢！」

隨何忙收拾起棋子，對劉邦笑道：「大王日後，恐還要做天下的總債主呢。」劉邦聞言不禁苦笑，便命趙衍將二人迎入。

蕭何、韓信進門施禮，劉邦便拍著茵席招呼道：「丞相，大將軍，坐坐！二位愛卿，何事來得如此之早？大將軍開府，可還順利？」

兩位坐下後，便由韓信開口，將兩人爭執敘說了一遍。劉邦素不重君臣之禮，此時亦是箕踞於席，並未跪坐。他閉目想了片刻，而後睜眼，看了看蕭何：「丞相，我意……就按大將軍的計議辦。」

蕭何便有些惶急，叩首道：「大王請三思。大軍開拔以後，後續糧秣與兵員，都需漢中作為倚靠。漢中連帶巴郡、蜀郡，人口不過二十萬餘，萬不能竭澤而漁。我軍至關中，固然可以就地籌糧、徵丁，但兵荒馬亂，萬一不及，則前軍將陷於絕境。」

劉邦轉頭望望韓信，見韓信矜持不語，便又道：「丞相，回軍關中，乃大事之始，不可瞻前顧後。我意已決，寧願玉石俱焚！」

蕭何急切道：「以目下而論，漢中絕非無足輕重，乃是我漢家心腹之地，須保住少許元氣，以供恢復。此次軍興，官民糧食已蒐羅一空，若將老幼男丁也裹挾而去，漢中百姓，勢必怨恨，我漢軍到了關中，無乃成了孤軍一支？」

韓信便道：「此次出動，乃兵法上的所謂『軍爭』，亦即搶先機是也。將士須卷甲而趨，日夜不息，倍道兼行，百里而爭利，豈可作婦人之悲憫？」

蕭何臉色一白，叩首道：「殘滅百姓，霸王之所為。我這丞相，大概是做不得了。」說著，就有免冠引咎之意。

韓信也十分不快，說道：「軍令既出，動如脫兔。我這頭道軍令，何以就出不了帳門？」

劉邦趕緊擺手，平息兩人怒氣。他站起身來，踱步到劍架前，猛見劍架空空如也，怔了一怔，才想起寶劍已付韓信之手，便不覺笑笑，對蕭何道：「丞相，鴻門宴之辱，今日終可得伸，就不必惺惺作態了吧！」

蕭何忽然就有些激憤，諫道：「那麼，我與暴秦又何異之有？百姓朝夕營謀，無非想求得溫飽，若求溫飽而不得，又有何心思為他人力戰？關中父老至今念漢王之恩，究竟為何故？果欲取之，必先予之，豈有百姓平白無故，就願為王命而自甘就戮的？」

「嗯？」劉邦臉上輕微一顫，回頭望了望韓信，韓信則欲言又止。

蕭何繼而又諫道：「春秋兵家即知，凡興師數萬，出征千里，百姓之資，日費千金。內外騷動，壅塞道路，不得謀生計者，數十萬家。大王，這大軍一發，牽動之廣，不得不慮呀。況且，秦失天下，絕非是因兵弱所致！」

蕭何此言一出，劉邦與韓信都是悚然一驚。韓信臉色陰晴莫辨，片刻之後，方才釋然，叩首道：「願如丞相所言，就只徵二十五以上、五十六以下男丁好了。百姓財竭，則兵者力屈，此為至論。微臣慚愧！」

劉邦怔了怔，吁了一口氣道：「那好，就如此吧。將軍還有何事，須託付丞相在郡中籌劃，今日可一併商議妥備。」

「尚須另外徵調巴人『板楯蠻』三千，充做先鋒。彼輩土著，精通弩射，最擅山行，翻山越嶺如同猿猱，五百里褒斜谷，或七日可過。」

「好，丞相請用心去辦。發兵之期，選在何日，眾將可有商議？」

韓信稟告道：「擬定於八月中，事不宜遲，只待新軍編成，操練三月，便可剋期而動。大軍發動之時，不驚地方，人馬皆銜枚而走，務求攻其不備。」

劉邦大笑道：「甚好甚好！兩位愛卿，國之干城也。有你們在，我即便是個偶人，又有何妨？」

此時侍者隨何來報，說可以開朝食了。劉邦就一手拉住一人，步出帳外，對二人說：「寡人的食案，設在門外，圖個好景緻。今朝兩位便在此用飯吧，漢王府菜餚，無論如何強於爾等小灶。恰好春酒既成，我三人小酌，且飲且樂。」

三人坐下，只見那南鄭城千門萬戶，炊煙裊裊。劉邦便一指遠處山坳，欣然道：「漢中雖狹，亦有風景。」

蕭何道：「大王此行，有漢中、巴、蜀三郡以為根底，可謂後顧無憂。轄下四十一縣的百姓，皆為我之干城。見漢中鄉邑有此等祥和景象，老臣才覺心安。」

韓信便慨嘆：「丞相仁厚，下官萬不及一。」

劉邦遂放聲大笑：「今我有此將相，何羨廉頗、藺相如乎！」

八月中旬吉日，漢中地方人民，都在忙於秋收，家家宰羊釀酒，喜慶豐年，沒幾個人注意到，漢家大軍四萬餘，一夜間已悄悄全數開拔。韓信有令傳下：全軍銜枚疾行一夜，次日晨務必抵達褒斜谷口。

這褒斜谷，南口在南鄭以北五十里，為漢中的褒城；谷北口便是秦地，名叫斜谷，故此得名。從斜谷向北三十里，就是關中的郿縣（今作眉縣）了，距咸陽不過咫尺之遙。

此谷之中，雖棧道已毀，卻仍是進兵關中的最好通道。漢軍擬在南口棄車馬不用，潛入谷底，七日之內，前鋒即可踏上關中地面，打他章邯一個措手不及。

漢王劉邦也隨軍親征，蕭何則留守南鄭，職在輸運輜重。此次出征，漢軍即定下了此後征戰的一個格局，前有劉邦統軍略地，後有蕭何作為應援，進退成敗，終有根據，再不是沛公軍那種流竄無定的作戰了。

此後攻略，劉邦亦一如既往，從未有一日離開過中軍。他以義帝之失為前車之鑑 —— 派出一軍，一軍即成諸侯，終致尾大不掉，反噬其主。因此，不到勢不得已，不會輕易分軍給韓信。

這日晨，褒城郊外，忽來大軍雲集，紛紛埋鍋造飯。士卒疾行一夜，此時都抱戟倚坐，趁空歇息。軍中的本邑子弟，均是從未出過漢中的，見前頭無盡的層巒疊嶂，心裡都不免惴惴。

劉邦偕韓信等一干將領，趁飯前步上了一個高崗，查看山川形勢。腳下，漢軍大隊迤邐數里，軍威頗盛。此時的漢軍，已不是數月之前的烏合之眾了，全數換上了嶄新軍衣。新製的軍衣，按劉邦所願，仿照秦軍樣式。長襦淺綠，領結袖口皆為紅色；另有輕車[27]騎士千名，服色為橙紅。甲衣顏色，則紅粉藍綠，各部不同。秋光之中，望之極為悅目。

劉邦得意道：「韓大將軍，果不負眾望。我漢軍不過操練兩月，竟成虎賁之師，進退有序。」

韓信忙道：「臣不敢當。大王弔民伐罪，將士都樂於用命而已。」樊噲便讚：「孫武子若是活轉來，亦不過如此。」

盧綰在旁，便諷道：「你這樣說，教孫武子如何有臉面再活轉來？」眾人頓時都譁笑。

此時，前鋒部的三千「板楯蠻」忽然躍動起來，手挽木盾，載歌載舞，其慷慨激烈為世所罕見。

劉邦看呆了，驚異道：「好兒郎，唱的是什麼歌子？」

韓信答道：「此為巴渝謠曲。彼輩『板楯蠻』，世居渝水畔，不僅擅使弓矢矛戈，亦善歌舞，上陣打仗，也要歌舞以振士氣。」

劉邦又聽了一會兒，讚嘆道：「此乃武王伐紂歌也！」韓信便笑：「正應了今日征伐。」

眾人正在欣賞，忽然有一騎飛馳而來，奔至岡下，一軍吏急滾下馬，跑上岡來。眾人看去，原來是中郎將王恬啟。

王恬啟跪地急稟道：「大王，眾位將軍，下官率斥候一隊，日前先行

---

[27] 輕車，古代戰車。

入谷口，潛行一日兩夜，訪問山中樵夫，得知章邯大軍數萬，陳兵褒斜谷北口，飛鳥也難通過。一路所見，雍軍斥候已化裝為商旅、農夫，遍布谷中。我與彼輩時有碰面，彼此都是心照不宣。」

劉邦一急，不禁脫口而出：「叵耐老賊，防我甚嚴！」

眾將都望著韓信，樊噲更是急切：「這如何是好？偷襲不成，只得強攻了。」

韓信輕嘆一聲：「那我輩就成龐涓無疑了……」

劉邦想了想，將手一揮：「慌也無用！事已至此，先吃飯再說。」

自開拔令下達後，劉邦一改先前的懶散，身披甲冑，雙目炯炯，似服了散石一般。一夜勞頓，也不見面露疲憊。朝食時，雖然悶聲不語，卻也不顯沮喪。

悶頭吃了一陣飯食，韓信忍不住道：「章邯者流，受封為王，僥倖保有榮華，必視項王為再生父母，視我為寇仇。可是，彼輩竟防範得如此之嚴，卻是出我所料……」

劉邦便打斷他道：「章邯既毒且猾，也並非將軍的疏忽。五百里峽谷已無棧道，前往關中，無異於登天。若不是你獻策，我亦斷不敢生此念。可是誰會想到，老賊睡覺也不曾闔眼？」

「章邯本是內廷文臣，秦末受命於危難，居然每戰必勝，從無敗績。即便鉅鹿一戰，項王能掃滅秦軍精銳王離部，卻也未傷到章邯分毫。褒斜谷北口，有此人當道扼守，我軍絕不能強攻。」

劉邦嘆道：「是啊，不能。難道……就這般無功而返？」他以手支頤，想想忽然又問，「能否走子午谷？」

「不成。微臣投漢，來時即走的子午谷，其險又難於登天。有那路斷處，人跡不見，唯有虎蹤。徒手翻越，尚且筋疲力盡，況乎行軍？大軍總不能徒手不帶軍械吧？」

劉邦忽然發怒，將碗箸狠狠擲地：「老賊！我必殺你！」

遠處侍立的趙衍見了，慌忙跑來：「大王息怒，何事如此不快？」

「那褒斜谷⋯⋯咱過不去了！」

韓信在側，對趙衍道：「雍軍防守甚嚴。」

「哦。」趙衍沉思片刻，便道，「我是關中人，略知此地形勢。褒斜谷既然不通，不妨走故道。」

韓信精神便一抖：「什麼故道？」

「在褒斜谷以西八十里，走出故道，即是陳倉。」

陳倉，原是西周時的西虢，後歸秦，秦文公時建城。因該城有「石雞啼鳴」的祥瑞，後世遂改稱「寶雞」。此處比起郿縣距咸陽，只不過多了一天的路程。

韓信躍身而起，問道：「為何稱故道？何時有此道？」

趙衍答道：「此道又稱陳倉道，周時就已開闢，原是一條官家驛道，秦時與古蜀國相通。褒斜谷棧道修好後，此道已廢多年。故道從陳倉南下，經故道縣的嘉陵谷，由東城接通漢中。從漢中再往南，就是金牛道了。」

韓信不禁大喜：「金牛道？不就是入蜀的糧道嗎？原來秦惠王徵蜀國時的『石牛糞金、五丁開道』，走的就是這條故道！石牛都拖得走，何愁大軍不能過？」

「故道荒蕪多年，不知今日是何模樣了。」

「無非是荊棘攔路，狼奔蛇竄。這些，都毋庸多慮！」韓信說罷，仰天大笑，「既然是運糧故道，便可通車馬，輕車、馬匹亦可過，真真天助我也！」

劉邦也是興奮異常，問韓通道：「如何？改行故道？」

「我且看看。」韓信即取來關中輿地圖，仔細看了一回，稟告劉邦道，「大王，故道真乃天之所賜！朝食一畢，大軍可立即西去，一天之內趕到故道。歇息一夜，明早從故道北上。」

劉邦口中便呼哨一聲，吩咐道：「命眾將聚攏來吧，可下令！」待眾將聚齊，韓信便意氣昂揚，高聲下令——

樊噲、夏侯嬰二人，領「板楯蠻」三千、沛縣舊部三千為前軍，朝食畢即出發，速往南鄭之西，遍訪漁樵，尋覓故道舊蹤。明日平旦，由故道北上，逢山開路，限七日內抵陳倉，旋即攻城。

曹參、周勃、盧綰三人，領其餘所部為中軍，於前軍之後出發，須盡速攻破沿路縣城，再與前軍會合於陳倉。漢王及中樞車駕，皆在中軍。

灌嬰、酈商二人，領輜重部及後軍三千殿後，須夙夜警覺，小心衛護。

另有紀信一人，領千人留在褒斜谷口為疑兵，大肆擂鼓鳴金，以迷惑章邯。眾將均慨然領命。

下令已畢，韓信拔出「漢王劍」，指天誓道：「維天之命，赫赫漢家。如震如怒，一鼓而下！」

眾將血脈賁張，皆拔劍齊呼道：「唯命是從！」

一時之間，山鳴谷應。路旁三軍聞之，都紛紛引頸翹望。誓畢，劉邦微笑頷首，對眾將道：「此為我東出首戰，都好好給我打。爾等可曉諭眾軍，我漢家既承秦制，待天下定後，便也以軍功授爵，按爵位賜田宅奴婢，免徭役。」

眾將一陣歡呼，便各自回營集結部曲去了。

劉邦喚趙衍近前，誇獎道：「你今日立了大功，足可以上史書了！在我這裡迎來送往，實在可惜了。從今日起，就去韓將軍麾下效力吧，也好立功封爵。」

趙衍忙謝恩道：「謹受命。」

朝食既罷，劉邦、韓信立在路邊，見漢軍將士都屏息肅立，執戟待發，千軍萬馬竟無一絲雜聲。如此的緘默，有震懾人心的威壓。此番景象，劉邦還是頭一次見到，不由得一陣莫名心悸，遂對韓通道：「將軍之功，可傳萬世。」

「微臣不敢想。微臣所想，就是今日。」

「今日？哈哈！跬步而已。將來我漢家氣象，你自會看到。」

一陣雄渾號角聲，忽然沖天而起，隊伍徐徐開拔。山間各處，只見旌旗獵獵，戈甲耀目。那龍驤虎步中，似有往日既成之舊格局，正在無聲地崩解……

這一天，漢軍絕處逢生。其事，被後世所附會，衍變為婦孺皆知的成語「明修棧道，暗度陳倉」，所讚乃天授的兵家智慧。其實，當日褒斜谷口之韓信，則全無如此輕鬆。

三秦破滅，橫掃大地勢如風

一大清早，雍王章邯就坐在槐蔭下讀書。他做諸侯王已有些時日，但仍是秦時冠帶，身著綠色官袍，一如前朝。

晨起讀書，是他在秦內廷少府[28]職上慣有的「早課」。早晨讀書片刻，日間處分起繁雜公務來，一整日都覺神清氣爽。此時，他正在看《韓非子》，讀至「事在四方，要在中央。聖人執要，四方來效」一句時，便拋了簡冊，喟然長嘆道：「唉！何來聖人？何來四方？書生高論，徒有大言耳……」

這位秦之「貳臣」，至今卻還改不了往日的憂國之思，想起亡秦，便糾結不已。

想他章邯，身為前朝勛臣，三年亂局中，本可為大秦建不世之功，卻陰差陽錯，成了降將，既負了君上，也斷送了自己一世英名。

當初，二世皇帝將他擢為少府，位列九卿，他自是感激不盡，有意忠心報效。不料，身逢末世，只能眼睜睜看著趙高弄權，李斯助紂為虐，將那廟堂風氣敗壞得不成樣子。

自陳勝在大澤鄉起事後，亂民蜂起，天下已是岌岌可危。偏那二世皇帝卻又十分忌諱「造反」二字，故各地官吏只得哄他，說地方上只有「盜賊作亂」。如此掩耳盜鈴，能哄得了幾日過去？待到時局已不可收拾時，忽從桃林塞傳來急報：稱陳勝麾下大將周文，率二十萬「群盜」殺奔咸陽，前鋒已破了函谷關！

---

[28] 少府，官職名，始於戰國。秦漢相沿，為九卿之一。掌河海山澤收入和皇室手工業製造，為皇帝的私府。

咸陽本就無險可守。秦之精銳此時又正遠戍長城，近畿一帶幾無兵馬可派。事到臨頭，百官全無主張，就連朝中的權要趙高、李斯，也只是瞠目結舌，這才有了他章邯嶄露頭角的機會。

在此之前，章邯從未曾領過兵，也不曾研讀過兵書，然他見識超卓，通曉權變，並未被洶洶民變所嚇倒。依章邯之見，打仗又有何難？與理財無非是同樣道理，都是權衡利弊、巧為排程罷了。那時他正在驪山之下，督建皇陵，聞函谷關已破，便知大事不好，當即快馬奔回了咸陽，奏請二世，要領兵平亂。

章邯此次毛遂自薦，成就了秦末的一段迴光返照。他給二世皇帝所上的奏疏，有一個驚世駭俗之議，即是：驪山有眾多刑徒，咸陽亦有私家奴之子，為數甚多，不妨通通將其赦免，編練成軍，用以殺賊。此等雜湊之人，雖倉促成軍，總還可以應急。若由他章邯親自訓練，定可擊退盜賊。

一個皇家內府的財務主事，竟有如此奇謀，二世皇帝當然高興，當日便封章邯為上將軍。又下詔，將那刑徒與私奴之子盡數釋放，編為部伍，從咸陽東門出發剿賊。

章邯果然是老練之臣，一出手便教天下皆驚，連連擊破陳勝麾下數路大軍。說來也怪，「群盜」洶洶，一路勢如破竹，然只要遇到章邯，便不堪一擊。

險些倒轉之乾坤，便是如此，由章邯一手扶正。他率部連戰皆捷，無一敗績，不久便擊破了陳勝的巢穴陳縣。陳勝兵潰將亡，乘車倉皇逃出，在途中，被自家馭者賈莊所弒。國之大患，就這樣被章邯輕鬆除掉。

當時，唯有楚地的「武信君」項梁，方為章邯最強勁之對手。

章邯初次與項梁接戰，竟然連遭敗績，狼狽不堪。換作別人，這一世英名，怕是便就此罷休。然章邯於此時，卻顯出他之老辣來：遇強敵，絕不貿然輕進，只是退而避之，耐心等候時機。二世皇帝在咸陽看了半月，便知章邯能戰，遂從咸陽源源不斷為他添兵，又派去司馬欣、董翳兩位副將，充作左右手。

果然，待項梁攻破定陶之後，便驕矜輕敵起來，不以秦軍為意。章邯看準他一個破綻，輕兵急進，趁夜偷襲定陶，大破楚軍。可憐那項梁一世英雄，當晚宿醉未醒，就死在了亂軍之中。

末世裡，出了章邯這樣一員神將，可謂秦之吉兆。若今世不出項羽，則秦末所有的「盜賊」，都將被章邯逐個兒收拾掉，大秦也必不會亡。

可惜天不佑秦，獨木難支。鉅鹿大戰後，項羽威震天下，率各諸侯軍四十萬南下。當時章邯駐在漳水之南，所部僅有二十萬，面對項羽浩蕩大軍，如何能敵？故只得暫作後撤，退至洹水之南，一面就急派司馬欣奔回咸陽，向朝廷求援。

不想，那巨閹趙高心懷嫉恨，向君上進了讒言，誣章邯堅守待機為怯敵不進。那二世皇帝不辨賢愚，竟有對章邯問罪之意。

司馬欣在咸陽聽到風聲，嚇得倉皇逃回大營，向章邯哭訴。章邯聽罷，便覺天塌地陷，情知進也是死，退也是死，左思右想，竟是無路可走。他糾結再三，只得派使者去向項王請降。蒙項王恩准，二十萬秦軍便在洹水之南降了楚。

項羽收降章邯之後，聽了范增勸告，對章邯倒是不計前嫌，允諾封他雍王，轄廢丘一帶百里之地。然這雍王，實為鷹犬，卻是不大好做，內外都有不小的憂患。

章邯近來，心裡便隱隱有所不安。自田榮亂起，天下又是各處騷動，三秦之地能否得免，尚不可說。軍中所派出的斥候，於近日也已報稱：漢中正在厲兵秣馬，似有一股不祥之兆……

正在思謀間，忽見胞弟章平急匆匆闖了進來，劈頭便嚷道：「兄長，不好！褒斜谷南口人馬雲集，漢軍要殺過來了！」

章邯聞言一驚，忙挺身坐直：「你仔細說來我聽。」

「漢軍近日，集結於褒斜谷南口，其兵馬之多，不知凡幾，每日金鼓齊鳴，似要沿褒斜道北上。」

「褒斜道？」章邯閉目片刻，而後睜開眼道，「詐術！無須理會。褒斜道棧道已毀，北口我有重兵把守，漢軍若敢從此出，斜谷便是彼輩的馬陵道。」

「兄長有如此把握？」

「當年若劉邦撞到我刀下，今日早成枯骨！」

章平這才鬆了一口氣，擦擦額頭熱汗，也在槐蔭裡坐下。這章平，身材高大威猛，相貌酷似乃兄，早先曾為秦之將軍，降楚之後，又獲項王賜爵上卿，出鎮武關，為雍國之右將軍。近日因漢中有異動，受章邯之命，前來協防廢丘。

歇了片刻，章平便抱怨道：「兄長，受封以來，如此擔驚受怕。這個諸侯王，做得有何益處？」

章邯素知胞弟頭腦簡單，便斥道：「笑話！春秋至今，有幾人可做得諸侯王？亂世之際，能容得你苟活嗎？天下局面，正需英雄奮力撐持。貴為上卿者，豈可效小戶人家斤斤計較？」

章平解下武冠，背倚樹幹嘆道：「兄長言重了，我豈無救世安民之心？然秦末以來，天下紛擾，欲守方寸之土，尚不能安寢，還談何高遠之志？唉！偌大個天下，說亡就亡了，拋下我等孤臣孽子，不求苟安，又能如何⋯⋯」

章邯聞言，忽然就暴躁起來：「既是孤臣，便不得誣言先朝！秦之遺民萬千，我等還算是幸運的，做了這雍王，也不算辱沒門風。我之所慮，唯有漢中的劉邦。彼輩乃宵小得勢，不安於位，稍有機會便欲掠地稱雄，你我能安穩睡覺嗎？」

章平撫額想想，似有所悟，便問道：「那如何是好？莫非我輩須一世睜著眼睡覺？」

章邯便道：「有此心即可。彼等草寇，也不用太看重他，只須牢牢扼住褒斜谷，三秦便可有幾世的安穩。」

「弟以為，此事談何容易！今之士卒，皆來自閭裡無賴，不過是為吃口軍糧而已。加之昔年項王坑我秦卒，也未免太過狠毒，秦民都心懷怨望，一旦有事，又如何驅使得動？」

「此一節，我看倒不必多慮。各領軍將校，畢竟都是我秦時舊部，多少還念著我的好，戰事若起，我必親征，將士們豈敢不用命？」

章平便嘆息一聲，說道：「唯願如此。昔項王封兄長為雍王，弟還曾竊喜，哪知這個王位，腳下便是滾油鼎鑊。劉邦若來攻，倒不如降了算了！」

一聞這「降」字，章邯便勃然作色，雙目冒火，直視章平：「弟若欲降劉邦，今日便可割了我首級去！當時降楚，乃是事出無奈，然既降了一回，就不可再降第二回！趙高負我，項王他並未負我，今日若再降劉邦，那便真真是朝秦暮楚之徒了。」

「我懂了。」章平遂不再爭辯，繫好了武冠，起身道，「兄長亦不必自責，如此苦心，只可惜有幾人能知？我看兄長自咸陽領兵以來，無日不在操勞，還需小心調理才是。我這就回大營去了。」

章邯神色便轉平，笑道：「廉頗老矣？還早得很呢。你放心去吧。」

章平遂也一笑：「弟雖無民心可用，但尚有長技在身，治軍打仗，不在話下。」

章邯又斂容道：「那沛縣老吏，性素反覆，或許要孤注一擲。各路探哨，萬不可有一刻疏忽了！」

章平便道：「放心，弟謹記。」

章平走後，王府空曠的中庭，復歸寧靜，唯聞槐上秋蟬悠悠。

章邯拾起地上的《韓非子》，見竹簡上沾了灰，也無心去拂，心頭便是一陣刺痛：想那韓非，乃何等超群之人，卻死於李斯的進讒。我章邯，亦是為讒言所害，得了這「貳臣」之名，萬世也難洗清。莫非才華蓋世者，就只配如此的結局？

當初，項羽招降了章邯與司馬欣、董翳三人，依范增的建言，三將被封為諸侯王。其中章邯為雍王，國在咸陽之西；司馬欣為塞王，國在咸陽之東；董翳為翟王，國在北面的上郡。看這地理便可知，這三王，分明就是看守漢中的鷹犬。

章邯的雍國與漢中接壤，在三秦中位置前出。如此的安排，自然是項羽最為看重章邯，命他在此打頭陣。

雍之都城廢丘，乃是個七百年的古城，西周便曾在此建都，原先叫做「犬丘」。到秦始皇時，因忌諱此處王氣，故改名為廢丘。

章邯來到廢丘，便知已然別無退路，唯有厚築城牆，多積倉粟，以防劉邦從漢中殺出。以三秦之力，能否擋住劉邦來搶「關中王」，則只有聽天由命了。

正在此時，謁者忽來通報，有眾將求見，章邯便命喚進庭院來說話。

少頃，有那雍軍將領趙賁、季良、季更、孫安等人，一擁而入。個個皆勁裝結束，盔甲鮮明，跪於章邯座前。左將軍趙賁帶頭稟道：「聞聽漢王起兵來犯，實欺人太甚！我等自興國以來，尚未建尺寸之功，請大王差遣我等，殺過褒斜道去，提漢王頭顱回來見！」

章邯略顯詫異，問道：「爾等要去捉劉邦？」

眾將齊呼：「正是！」

章邯便大笑：「那劉邦，乃我章某席上之盛宴，豈是你輩案頭的菜？」眾將不明所以，都面面相覷。

章邯接著便道：「你等帶兵之人，備好軍械糧草為首要，摸清軍心士氣為次要，餘皆聽令就好。武人不比文人，徒然大言有何用處？」

趙賁道：「糧草軍心，已全無疏漏。大王可穩坐廢丘，看我輩如何擒賊！」

章邯望了一眼眾將，見項王屬下郎中騎將呂馬童也在，便招呼道：「呂將軍，項王遣你來此監國，今見我雍軍，與楚軍相比如何？」

呂馬童道：「勇氣可嘉！」

章邯便笑：「呂將軍不講實話了。楚軍臨戰，也是如此大言請戰嗎？」

「也是如此。」

「哦，怪不得！一個齊國，便打得如此吃力。」章邯便不再理會呂馬童，對諸將道，「劉邦詭詐，非比尋常，即便孤也須好好思量一番，各位還是待命去吧。上陣廝殺，或戰死或建功，都等不了幾日了。」

見章邯對軍事布置並不想明言，眾將也覺無趣，只得叩首而退。

諸人退下之後，一貫強悍的章邯，心頭忽而湧起一陣悲哀，覺方才胞弟所言，也不盡然是錯：亡國之臣，似只有苟活這條路了。時勢總比人強，況乎這亂紛紛的末世？

正在此時，有侍者來稟告，說可以用朝食了，章邯便回了後殿去用飯。

章邯原是理財之臣，生性簡樸，飯食一向極為清淡，封王以後仍是如此。用餐之間，正在心裡慶幸這一早還算清淨，哪知一碗稀飯未用畢，王府門口忽然鬧將起來。左將軍趙賁正在門外大聲喝斥。

司閽[29]滿頭大汗跑來稟報：原是一名里正[30]與幾個百姓，扭著個乞丐，說是疑為奸細，要闖進王府來請賞。

章邯聞報，立時警覺，飯也不吃了，起身來到前殿，命將疑犯帶進來，他要親自審問。

不一會兒，趙賁帶了里正與乞丐上了堂來。章邯看去，原來是一名十八九歲的少年，身著一襲藍衫，肩挎一個竹籃。又細看，便覺奇怪：那少年乞丐，衣衫雖襤褸，但面目一點也不猥瑣，雙目炯炯，精光四射。

章邯心下起疑，問那里正：「何處捉得這少年？」

里正稟報道：「此人在鬧市中流竄，已有數日。一足靴，一足跣，高歌過市，旁若無人。卻不見他哀告乞討，市井老少都圍住他觀看。人若問他，他便應聲答之，機敏諧謔，教眾人笑個不住。我看此人，似狂非狂，或是漢中派來的奸細也說不定，故而為大王擒來。」

章邯勉勵了那里正幾句，便命內史拿出賞錢，打發他走了。

見那乞丐少年不卑不亢。章邯便認定，此人十有八九是漢軍奸細，於是問道：「姓甚名誰，何方人氏？」

---

[29] 司閽，看門人。

[30] 里正，小吏職名。里為古時城鄉基層單位，百家為一里，由里正負責掌握居民善惡行狀，負責向上報告。

「我乃巴郡江州人。草野之民，無有官名。」

「你為何事來此？」

「欲往西域瑤池，取水煎藥，為家中老母醫病。因盤纏不慎失落了，故一路行乞到此。」

「胡說！」章邯拍案威嚇道，「煎藥何處取水不可，何必遠赴異域？人世凡間，又何來什麼瑤池？」

少年卻一點兒也不慌，答道：「大王可曾記得，昔年始皇帝東巡，尋的不是瀛洲嗎？既然東有瀛洲，西也必有瑤池。世上的道理，便是如此。」

章邯更是生氣，喝道：「狂悖小兒！徒步千里，只為取一瓶水，實不合常理。你究竟是何人，從實招來！」

少年叩首答道：「千里跋涉，心誠而已，唯有至誠，方能不悖忠孝。」

見那少年對答如流，章邯便越發起疑，索性單刀直入，問道：「來時可經過漢中？」

「路過，是從陳倉故道來此。」

「故道？不是已廢了多年嗎？」

「走舊路，小人心裡自安。」

「哦？我問你，在漢中何所見？」

「民無所驚，夜不閉戶。」

「有兵馬否？」

少年便嬉笑道：「大王是智者，此事無需問我。倘無兵馬，漢中又何來安寧？」

此時廢丘城內百姓，聞聽瘋癲少年為母治病，竟欲行乞千里，都紛紛來王府門前觀看，門外霎時就聚了數百人，熙熙攘攘。

章邯見少年確乎似瘋似癲，又問不出什麼名堂來，便命搜身。軍卒上來搜了搜，未見有甚可疑之物；取了少年的竹籃來看，也只是尋常農家竹籃。

於是章邯便問：「千里之行，不帶餘物，何以獨獨攜此竹籃？」

少年答道：「正是取水所用。」

「胡言亂語，竹籃豈可打水？」

「竹籃打水者，古今可還少嗎？」

章邯一怔，覺少年似語帶譏刺，便喝道：「誑話！是要找打嗎？」

他還想再追問下去，但忽覺心煩意亂，大事正多，哪有工夫跟無賴小兒糾纏，於是無心再審，命趙賁將那少年趕出廢丘，不得在城中逗留。

趙賁便帶領著軍卒上前，左右挾住少年。那少年卻笑道：「大王，我既已決意要去瑤池，那是誰也擋不住的。曾不聞，君子行事，『靡不有初，鮮克有終』？」

少年說的，是《詩經》裡的兩句，意為勸人做事須善始善終。此話恰恰刺痛章邯，他便心生怒意，欲將少年推出殺了。卻又一想：小兒畢竟聲言為慈孝而來，若殺之，百姓必哄傳雍王殺孝子，民心哪裡還能收拾？於是強忍住火氣，怒喝了一聲：「打出去！」

那少年仍是嘻嘻一笑，口中悠悠地吟唱了一句：「廢丘之上，安有帝鄉——」

待那少年被拖走，章邯便在心中悲嘆：亡國之臣，一夜間便翻作賊身，連小兒都敢來當面羞辱，真是生之何益！如此一想，竟然癱倒於坐榻之上，半晌也動彈不得。

正恍惚間，忽見章平身披甲冑，從門外疾奔而入，跪於堂下稟道：「陳倉縣令有流星急報；漢軍十萬，正從陳倉故道北上，兵馬眾多，不見首尾！」

「果然是來了！」章邯這才猛醒過來，忙接過羽書[31]來看。

羽書報稱：漢軍號稱十萬，浩浩蕩蕩，自陳倉故道北上，已連克下辯、故道、雍縣三城，不日即抵陳倉城下。其部先鋒為樊噲、夏侯嬰；中軍統領為新拜大將軍，名喚韓信。漢王劉邦，據聞亦在軍中。

章邯擲下軍書，冷笑一聲：「老兒！欲來關中搶劫乎？」

章平壓不住內心慌亂，問道：「漢軍如何來了恁多？」

章邯卻嗤之以鼻：「號稱十萬，充其量只得半數，哪裡唬得住人？漢軍先鋒者，樊噲、夏侯嬰之流，販夫走卒而已。至於韓信，不知又是何人。無名鼠輩，聞所未聞，諒也無甚本事。你莫慌，普天之下，能勝我章邯者，唯項王而已。」

「可是，我軍在全境僅只三萬，如何擋得恁多漢軍？」

「你慌什麼？只要大散關不失，關中絕無可能動搖！速傳令各營兵馬，著即拔寨出發，急赴陳倉。我與你親往，與漢軍一決高下。」

「兄長，你可要三思。劉邦此來，其志不小，其勢也洶洶……」

「弟不必再說！那沛縣鄙夫，野心甚大，向來以收攬人心為能事。今若降了他，老兒必拿我人頭，去換關中百姓的民心。如今只有赴死，或許還能求生。」說罷，便起身要去披掛。

章平忙道：「兄可速請塞王、翟王來援。」

章邯便戛然止步，仰頭看看天，黯然道：「昨已快馬通報兩王，向他

[31] 羽書，亦稱羽檄，古代插有鳥羽的緊急軍事文書。

們請援，都應允各派一軍來，然也不過杯水車薪。昔為僚屬，或可共乘一舟；今二人與我平起平坐，指望他們傾國來援，同生共死，豈非做夢！我若勝，彼輩坐享；我若敗，彼輩可降，他又何苦要全力來救我？」

章平眼中，頓時就有淚水湧出：「那項王……」

「項王為齊地之亂所困，目下鞭長莫及。日前只派了楚將呂馬童，來任雍國相，以壯聲勢而已。不過，劉邦老兒素不善戰，我軍只須振奮士氣，可一戰而潰之，待他逃回漢中龜縮，廢丘便可保數年無憂。」

章平仍心有疑慮：「兄長，廢丘城堅，何不就在此死守？」

章邯搖搖頭，教訓章平道：「以攻為守，方有生機；困於一隅，如何得生？你速速回營，去點起兵馬吧！」

章平只得拭去眼淚，領命而去。

這時，章邯忽然想起，那乞丐少年，不正是從陳倉故道而來？若非奸細，更是何人？於是急命趙賁帶人去追。過了好一會兒，趙賁才回來稟報：「下官問遍了四門守將，說是那乞兒出了北門，一路放歌，往北面山中去了。下官派數路人馬去追，均不見蹤跡。」

章邯一怔：「漢軍在南，他卻向北去了？莫非小兒並不是奸細？」遂不再想，命人取來甲冑，全身披掛好，提了刀在手，帶著趙賁跨出了大門。

軍令一下，廢丘城外便是一片鼓角齊鳴，各路人馬彙集而來，放眼皆矛戈交錯。滿城百姓見此景，都是惶惶不安。人們四處打聽，只傳說漢軍即將殺到。眼見雍軍部伍絡繹而來，秦民心情，便似有五味雜陳 —— 他們既盼漢軍驅逐章邯，以解心頭之恨；又擔心兵燹過處，將殃及無辜。

章邯卻全未顧及這些，執戟登上車，胸中猛然生出一股豪氣來。南門外，楚將呂馬童與雍軍眾將披掛整齊，三萬大軍也已集齊待命。章邯便吩咐左將軍趙賁：「我今領軍前往陳倉，與漢軍一搏。你領別軍一支赴郿縣駐紮，作為接應。如我不利，漢軍勢大，則可出郿縣，尋機襲擊漢軍之背，助我一臂。」

趙賁受命，自領三千人赴郿縣去了。

章邯則自率大軍，浩浩蕩蕩向陳倉而行。疾行了整整一日，到日暮時分，堪堪陳倉已經不遠，大路上卻見有無數散兵遊勇，倒旗曳甲而來。章邯急忙攔住問詢，方知漢軍早已踏破大散關，鋪天蓋地而來，至今早，陳倉也已失。

章平便罵道：「陳倉兵將，何以如此不中用？」

章邯心頭也是一震：「漢軍此來，志在滅我。小小陳倉如何抵擋得住？傳令下去，今日再行十里，沿路收容敗軍，日暮便下寨，明日一早與他決戰。」

次日朝食畢，雍軍即拔寨而起，急趨陳倉城下。距城五里開外，雍軍前軍便忽而停下了腳步。只見前面，漢軍早已布好了陣，遍野旌旗獵獵，聲勢極壯。

章平不禁倒吸一口涼氣：「來得恁多！」

章邯倒也不慌，嗤笑道：「烏合之眾，多又何益？」

他當下傳令本軍，也將陣布好，步軍在前，都豎起盾牌，擋得好似銅牆鐵壁一般；弓弩手則在後，控弦以待，以防漢軍馬隊來衝。

兩陣對圓後，忽見漢軍馬隊潮水般向左右閃開去，露出了中間戰車方陣來。一桿中軍大纛，當空高懸，上書「大將軍韓」幾個字。方陣內，只見那旗幡如林，兵甲耀日。漢軍在左右開闔之間，數萬人皆是靜默無聲，紋絲不亂，只隱隱可聞刀劍相撞聲。

章邯於戰車上望見，心裡就是一沉，知道漢軍已是今昔大不同了。看漢軍如今的旗仗、陣法，都一如秦軍，動作嚴整，開闔有序，便料得這韓信絕非樊噲、夏侯嬰之流可比。於是嘆道：「漢軍雜流，居然也有知兵之人！」

章平便問：「如何，我領馬軍先去衝陣？」

章邯打量漢軍陣容片刻，搖頭道：「不可。今日漢軍，不可小覷，馬隊衝陣無損於他絲毫。只可全軍齊進，一鼓衝亂他陣腳。」說罷，便親自擂鼓，下令衝擊。

雍軍的中軍大纛一動，全軍就齊發吶喊，潮水般向漢軍衝了過去。章邯治軍甚嚴，將士都不敢畏葸，昔年無論哪路「盜賊」，都禁不起章邯兵馬排山倒海的這一衝。

漢軍那一面，紮穩陣腳，巋然不動。韓信親執鼓桴，作勢將鼓桴高高揚起。將士全都挽盾持戟，屏息而立，如箭在弦上。

忽地，一陣鼓聲驚天響起。漢軍一聲吶喊，盾牌全部放倒，戰車下湧出無數的巴人弓弩手，向著雍軍萬箭齊發。見箭鏃漫天而來，密如飛蝗，雍軍只得止住腳步，紛紛躲在盾牌後面。

放箭之後，漢軍陣上忽又是一陣急鼓，中央閃出一輛戎輅車[32]來，上有黃蓋，威風凜凜。霎時間，眾漢軍全都收聲，一片靜默。雍軍不知對面有什麼把戲，都不由自主收住腳步，引頸觀望。

但見那戎輅車上，緩緩豎起一面繡字大纛來 —— 原來是漢王車駕來了。劉邦挺立於戰車之上，身披一領白狐裘；周緤侍立於右，身披一領黑狐裘。遠觀之，車上之人，宛若天神。漢軍將士望見，頓時爆發出一陣山呼。

[32] 戎輅（ㄌㄨˋ）車，天子及諸侯所乘之車。

片刻之後，三千「板楯蠻」自大纛後面一擁而出，身著虎皮，臉塗墨紋，宛如一群斑斕猛獸，列陣於前。有領袖一聲號令，三千人便以矛擊盾，歌之舞之，其聲壯烈，撼人心魄。

雍軍從未見過此等陣勢，個個都驚疑不定，奔走大呼：「妖怪，妖怪！」戰車馬匹亦大受驚嚇，騰踣長嘶，左衝右突，御者不能禁制，雍軍陣列隨之大亂。章邯見勢不妙，即命御者驅車上前，將龍雀長戟橫於軾前，大聲喝道：「進者賞，退者斬！」這才稍稍止住了混亂。

不料，漢軍第三通鼓，又猛地響起，兩彪馬軍分左右突馳而出，直奔雍軍殺來。為首兩員彪悍之將，正是樊噲與夏侯嬰。

那漢軍士卒，本就思鄉心切，又經韓信一番調教，此刻無不奮勇爭先，只恨不能一日就殺回山東去。

還未等雍軍回過神來，樊噲、夏侯嬰的馬軍已到眼前，旋風般衝入陣中，揮動長戟，左右衝殺，雍軍眨眼間就倒下百兒八十人。章平連忙拍馬上前，截住樊噲，兩下裡捉對兒廝殺起來。

章邯正要下令圍住漢軍馬隊，忽見漢軍陣門打開，又有大隊步卒如潮水般湧出，喊聲驚天動地。其勢之猛，銳不可當，酷似昔年的秦軍出動。

雍軍勉強支撐了一刻，便有人驚叫：「今日活不成了！」士卒便潮水般向後退去。季良、季更、孫安等將領，以往皆與劉邦部伍交過手，但當時所遇，不過是流竄中原的沛公軍，何曾想到漢軍有今日這等氣勢，都嚇得臉色慘白。眾將遲疑片刻，也調轉馬頭欲逃。然亂軍之中，馬不得行，眾將便索性棄了馬，與步卒混作一處，死命奔逃。

若在往時，只要章邯手執龍雀長戟，登高一呼，便能穩住陣腳，但眼下這支新編的雍軍，如何能與往日的秦軍相比，都只顧抱頭鼠竄。章邯不僅彈壓不住，連自己的戰車也被敗兵裹挾而退。

呂馬童騎馬緊隨左右，對章邯苦笑道：「大王，秦軍往日神武，到哪裡去了？」

章邯滿臉漲紅，無言以對，只朝那逃將的背影罵道：「蠢物，早知爾等會如此！」

潰退之中，猛見前面抱頭鼠竄的正是季良，章邯便命御者加鞭去追。看看已經追上，驂乘就跳下車去，扯住季良的戰袍領子，將他拽至車前。章邯便怒問：「武人上陣，就是你這副樣子嗎？」

那季良驚魂未定，戰戰兢兢答道：「大王，這漢軍凶猛，如何當得？」

章邯火起，正要下令斬了這逃將，但又轉念一想：所統之軍，今非昔比了；殺了彼輩，還有誰肯來賣命？便只得忍下，怒斥一聲：「上車來，莫將孤的臉皮丟盡了！」

待季良爬上車來，章邯便向潰兵大呼：「今日死國，豈有他哉！」遂命御者將車掉頭，欲收拾殘兵阻敵。

呂馬童在旁忙勸道：「大王，兵家勝負，不在此一戰，今日哪裡就是殉國之日？」此時章平在陣前拚殺片時，終敵不過樊噲，敗下陣來，拍馬來見章邯，問道：「軍無鬥志，奈何？」

章邯回望一眼追兵，對章平嘆道：「寡人明白了，往日神勇，全賴大秦。大秦既亡，又何以言勇？今日事急，快收攏殘部吧，退往好畤去。」

「郿縣更近，為何不向東退入郿縣？」

「郿縣為廢丘門戶。漢軍大勝，如一鼓作氣向東，則郿縣如何能擋？郿縣若失，則廢丘又如何能保？故應先退向好畤，引漢軍北向。我且戰且退之中，便可趁其驕惰，反戈一擊。弟還記得項梁的下場嗎？」

章平精神便是一振：「原來如此！」遂將手中長戟一揮，招呼殘兵從速退卻。

可憐那些雍軍，一路遭截殺，丟盔棄甲，死傷狼藉。有半數軍卒索性拋下軍械，跪地乞降；其餘殘兵，都緊隨章邯逃往好畤去了。

＊　＊　＊

是夜，正逢望月之夕，明光遍地，劉邦在陳倉縣衙大宴眾將，好不熱鬧。縣衙之內，因縣令前日逃得倉促，典籍簿冊，狼藉一地。眾將便在大堂鋪席於地，四角裡點了明燭，滿堂亮如白晝。

劉邦脫去征衣，換了常服，仍是雙腿伸直，箕踞於席，舉起酒爵道：「我軍與章邯相鬥，初戰即勝，可謂天意。想那章邯老賊，在此月圓之時，必是正向隅而泣。我兩月有餘未睡室內，為的就是今日。重返關中，各位將軍俱有大功呀！」

眾將也都不拘禮節，橫七豎八坐了一地，舉爵共慶。

樊噲高聲道：「今大敗雍軍，大將軍韓信當為首功。我漢軍，昔為枯木朽株，今為金枝玉葉，全賴韓公治軍有方！」

眾將對韓信也都佩服至極，紛紛附和。

韓信便笑道：「將士用命，方成大功。樊噲兄前日攻陳倉，不又是奮勇先登？」

劉邦也道：「不錯，樊噲之功，有目共睹。今日我便不避親了，加樊噲為郎中騎將，明日去追章邯，仍為先鋒。」

眾人登時歡聲雷動，紛紛上前，要與樊噲對飲。

盧綰上前賀道：「樊噲老弟，頭功全被你搶去，遲早要加為將軍，我來敬老弟一爵。」

樊噲喜得手舞足蹈，提議道：「來來，眾人都敞開痛飲，一醉方休！」

韓信連忙站起，擺手制止道：「萬萬不可！章邯老賊，狡猾萬端，今日初敗，必不甘休。各部須派人巡夜值守，以防他偷營。兵法曰：乘人之不及，攻其所不戒也。項梁將軍昔日之敗死，前鑑不遠，我輩可不要被老賊暗算。」

此言一出，滿座駭然，眾人臉上的喜色一下都凝住了。

劉邦便讚許道：「說得對。大將軍韜略，端的是不凡！今日只許再飲一爵。關中尚未定，百姓仍如倒懸，若一日不克廢丘，我一日便不許盡興豪飲。」

夏侯嬰道：「大王聖明，關中父老盼大王歸，如久旱之望雲霓。在陳倉撲城之日，我等方破南門，城內百姓便一哄而起，將其餘城門打開了。城中婦孺，簞食壺漿，夾道而迎，個個都痛罵章邯。」

劉邦哈哈大笑道：「這個，我也親眼所見。入城時，有一老嫗牽羊給我，說是勞軍，爾等盤中這羊肉，便是拜老嫗所賜。哈哈！」

周勃道：「大王之恩，遍及三秦。秦民視我，確乎如王師。下官領兵所到之處，百姓皆獻門板、稻草，以供我軍宿營。」

盧綰也道：「雍軍殘兵散卒，匿於閭裡，各處都有百姓指認，無一漏網。」

劉邦哈哈大笑道：「昔日我被項王逐出咸陽，那是何等狼狽！想不到今朝還可捲土重來。」

眾人便齊聲讚賀，擊掌相慶。樊噲更是拔出劍來，擊案助興。

此時，忽有韓信帳下校尉趙衍來報：「斥候已探明，章邯老賊已率殘兵，逃往好畤去了。」

眾將聞言，便都疑惑，樊噲高聲道：「老賊為何不奔回老巢？」劉邦道：「這個，卻要聽大將軍指教。」

韓信便問趙衍：「那好畤，是怎樣一座城？」

趙衍答：「居民不足萬戶，城牆殘破，易攻難守。」

「章邯此去，難道是慌不擇路？」

「下官想，老賊必有深意。」

韓信思忖片刻，容色方緩，斷言道：「此乃老賊的詭計！他往好畤，廢丘必是空城一座，老賊斷定我定會去圍廢丘。然廢丘城堅，數日內不可下，他便可從好畤側擊，攻我之背。大王，大軍切不可滯留陳倉，也不可去攻廢丘，明日一早，就應拔營去攻好畤。章邯雖還有一半人馬，但已是窮途末路，不可容他有喘息之機。」

劉邦大喜道：「何為神機妙算？這便是！如此今夜就下軍令，明早拔營。後軍三千人，由紀信統領，駐守陳倉，讓蕭丞相源源運糧來。好在我巴蜀糧多，一時也吃它不完。今晚各位，放開肚皮吃肉，酒就不許再飲了。」

眾將便都歡呼，舉箸如風捲殘雲。轉眼之間，席上杯盤便一片狼藉。

席間，樊噲問韓信：「大將軍，人都道我是莽夫，其實每戰我都是用心的。往年我曾與章邯交兵，互有勝負，知老賊不易對付。然今日這一仗，雍軍為何如此不堪？」

「人心失盡，常勝將軍也是無奈。」

「怪不得！我私下裡常想，我這姐夫，如何就有膽量要與項王爭鋒？」

韓信拍拍樊噲肩頭：「打仗又不是鬥將，乃鬥智也。項王有何可懼？然即便是鬥將，你樊噲又何曾懼過他？」

樊噲便大笑：「將軍知我也！」

宴席未散時，又有斥候送來急報，說是壤鄉附近有雍軍的輕車馬軍，正厲兵秣馬，似要趕來增援章邯。

韓信急取羽書來看，看罷對紀信下令：「明日起，你在陳倉城外日日練兵，近山遍插旗幟，聲言不日將取壤鄉。雍軍輕車部必生疑心，不敢來犯。」

曹參在旁，對韓信抱拳道：「經此一戰，末將對將軍心悅誠服，始知天外有天。」劉邦聞言，仰頭大笑：「只可惜，蕭丞相不能目睹此景。」

向晚時分，山色樹影都一派蒼涼，小小的好畤城，忽就喧嚷起來。雍軍殘部從陳倉奔逃到此，都倒曳矛戟，塵灰滿面，匆匆奔入城中。

章平點驗人馬，見折損近半，不由滿心沮喪，進了設在縣衙的臨時大帳，對章邯道：「軍士死傷如此，這仗如何再打？」

章邯未料陳倉敗績如此狼狽，正在愧悔，聞言便冷冷道：「弟若膽寒，可卸甲遁去，趁那漢軍未到，或可脫逃。」

章平急忙辯白：「我實無此心！只是看塞、翟兩王袖手旁觀，項王又無音訊傳來，獨獨兄長替人賣命，心有不平而已。」

「荒唐！求諸人，何如求諸己？秦川關隘，大部在我手中，雖敗一陣，然大局尚未動搖，所餘將士亦可用命，怕的就是自家先亂了陣腳。今劉邦來勢確乎不小，我日前還是輕看了他。痛定思痛，方知己之不足。我想劉邦這幾日，或是去圍廢丘，或是前來好畤，都自有辦法應付。不過，今漢軍是韓信將兵，此人非同小可。你速去長史[33]那裡領錢，去營中募五百死士，明日充作敢死隊。那韓信料定我要固守，我則趁他立腳未穩，驅死士衝他大陣，讓他重蹈項梁覆轍！」

「兄長神算，弟無話可說。然當下戰守之事，弟以為並不在兵法如

[33] 長史，官職名。秦置，「三公」屬官，此處為王府的屬官。

何，實是大勢不利於我。」

「秦人守秦，有何不利？」

「將士心已散矣！」

「玩笑話！將士用命，與軍心何干？商君變法，秦一躍而成七國之首，不正是在重賞之下，人願死戰嗎？昔陳勝作亂，周文大軍叩關而入，我領刑徒二十萬迎戰，那刑徒又怎會打仗？還不是以利誘之。」

「兄長，時勢易矣，三秦絕非嬴秦。」

章平這句話，說得章邯一怔，過了半晌才嘆道：「我也知今日之勢，戰守都不似當年，然退路已無。素昔忍辱偷生，遭天下笑罵，今朝且做一回壯士吧！」

章平聞言，便默然無語，叩首退下，回營中招募死士去了。

章邯隨即喚了郎衛數名，親自上城，去查看防衛布置。見城頭各處，兵民雜錯，往來紛紛，都在忙著搬運木石，心中這才稍覺踏實。

來到南門附近，忽覺眼前一藍衫少年眼熟，定睛一看，原來是那乞丐。章邯便上前喝問：「你如何也在這裡？」

少年抬頭，見是章邯，便也一驚：「大王，你又如何在這裡？」

「何人教你上城？」

「嘻嘻，小人正在街邊睡覺，被里正抓來當差。」

「我問你如何便到了好畤？」

「小人被王爺趕出廢丘，一路北上，不正是來到此處？只是命不好，正遇上要動刀兵。」

章邯想想，便吩咐道：「你不用做工了，隨我來。」

將少年帶到南門城樓上，章邯便教他坐下，將口氣放緩問道：「你從實講來，是否漢軍奸細？我見你聰明伶俐，如何就上了賊船？若從實招了，便留在我身邊當差，可保你一個好前程。」

少年就嬉笑：「我潦倒至此，如何做得漢軍奸細？小人確是為母取水治病。一入秦川，便諸事不順，王爺休要再開我玩笑了。」

章邯仍是半信半疑：「赴瑤池，怕不止萬里。一路上關隘險惡，豺虎當道，你一個孺子，豈不是有去無回？」

那少年收了頑皮相，正色道：「人做事，在乎一念。成與不成，皆為天意吧。」

章邯聞此言，忽覺心中觸動，便對少年道：「權且信你一回，你也不必做這苦力了。我賞你五百文『半兩錢』，權作盤纏，盡速出城去吧。明日漢軍一到，圍困起來，沒有數月是出不得城的。」

少年一怔，便叩頭拜謝：「謝大王！我雖乞討，但不食嗟來之食。知大王宅心仁厚，有心助我，但旁人憐憫，就如嗟來之食，小人亦不能受。」

章邯大出意外，細細看了少年一眼，揮手道：「如此也好，快快出城去吧。瑤池雖遠，日行十里，熬得數年，也總有抵達之時。」

少年便起身挎起竹籃，望一眼城上的紛亂，忍不住笑道：「這刀兵勝負的事，倒是比瑤池還要飄渺了，大王還請自珍。」說罷，便下了城樓，出城去了。

章邯默立於城頭，見那少年遠去，漸沒入叢林中。忽覺他言行不似凡人，飄忽而來，杳然而去，所言亦莊亦諧，細品卻大有深意。天地間，竟有小兒聰慧如此，不亦近於仙人乎？想到此，便嘆了一聲：「孺子說得有理，所謂得失，僅在乎一念之間呀……」

就在章邯加緊布防之際，漢軍正按韓信謀劃，從陳倉拔營出發，疾行三日，直奔好畤而來。

好畤一帶，地勢略平，正是適於野戰的地方。韓信知章邯向來多詭詐，不會坐以待斃，於是就下令前軍，越近好畤，越要小心。

果然，漢軍方至好畤城下，尚未開始布陣，忽聞一陣金鼓齊鳴，城外的溝溝壑壑裡，隨即擁出無數雍軍。漢軍剛剛立定，未及拔劍張弓，便有章平率馬軍敢死隊殺出，蹄聲如潮，勢不可當。

這一陣鼓角驟起，直驚得渭水灘上鴉雀亂飛。而那漢軍將士，卻仍是不慌。一桿中軍大纛，在陣中緩緩豎起。韓信頭戴兜鍪[34]，一身紫袍精甲，在大纛下擊起鼓來，眾軍便開始徐徐布陣。

隨著鼓聲緩急，漢軍戰車與步卒迅疾分列，忽開忽闔，似有無窮變化。只見中間的士卒似有些怯戰，都緩緩向後退去，引得雍軍敢死隊直衝入陣。領頭衝鋒的章平正以為得手，不料，對方兩翼卻忽地包抄了過來。整個漢軍大陣，如同八爪章魚一般，層層捲攏，眨眼便將雍軍的五百馬軍包裹在內了。

這邊章邯望見，心裡暗暗叫苦，知道突襲計謀並未奏效，只恐白白折了章平。於是便挺起龍雀長戟，正欲下令全軍掩殺過去，卻見漢軍大陣，忽又層層敞開，將那殘餘的雍軍敢死隊吐了出來。那章平身被數創，血汙遍身，帶領了殘卒倉促奔回。

章邯正待布置弓弩手放箭，漢軍忽有樊噲、曹參當先，率領馬軍與戰車，呼嘯而來，後有步軍無數緊隨而來。只見那黑旗獵獵，漫山遍野，如同黑雲壓城一般。

雍軍的陣腳，霎時又動搖起來，前軍士卒被漢軍的氣勢嚇住，步步退後，將那中軍陣腳也給衝亂。章邯車駕在亂軍中左衝右突，拚死才攔住退兵。

---

[34] 兜（ㄉㄡ）鍪（ㄇㄡˊ），古代戰士戴的頭盔。

兩軍廝殺了半晌，雍軍死傷甚多，堪堪又要抵擋不住。章邯遂長嘆一聲：「天意難回了！」便命章平自率一軍，撤進好畤城中，閉門堅守，自己則引大軍撤回廢丘。

章平聞令，憤然道：「難道讓我在好畤等死嗎？不如今朝就死！」

章邯大怒：「胡說！事已至此，戰有何益？我引軍回廢丘，與你互為犄角。你只須閉門堅守，自會有援兵來救。」

章平望望兄長，眼中便有熱淚湧出，哀嘆道：「漢軍勢大，這一別，不知還能相見否？」

章邯便斥道：「說什麼喪氣話？昔我為堂堂九卿，臨危受命，不能身為國死，是我之不幸。既然已錯，便不可再錯。大丈夫慨然於世，死有何憾？豈能讓一個村夫笑話！」

章平見兄長絕無迴轉之意，只得領命，率部急退入好畤。章邯遂將龍雀長戟一揮，帶領本軍逃向廢丘去了。漢軍人馬也不去追趕，只把那好畤城團團圍住。

韓信帶領眾將，騎馬圍著好畤城轉了一圈，發覺城池雖然不高，但章平深得其兄薰陶，做事嚴謹，看這好畤的防務，可謂滴水不漏。城下有鹿角蒺藜遍布，城上兵民皆嚴陣以待，備好了滾木礌石。更有那民婦村姑，也都上了城，架起鍋來，燒好滾油沸湯。

韓信看罷，不禁沉吟起來：此城並非高牆壁壘，若強攻，有兩三日便可拿下。但漢軍初勝，貴在氣盛，如在小小的好畤城下折損太多，於士氣未免不利。於是命樊噲每日只在城下搦戰，祖宗八代地罵髒話，定要罵得那章平按捺不住，出城來決戰。

樊噲領命，便派了校尉劉賈，領了十數個大嗓門軍卒，每日去城下，頂了盾牌破口大罵。偏那章平不為所動，每日巡城不止，只是不出戰，似已看破了韓信的計謀。

罵了兩日，軍卒都覺力竭，城上兵民卻全不露頭，只顧添柴加火，把油鍋燒得通紅。樊噲沉不住氣，對韓通道：「這龜孫無論如何不出頭了。我看這小小好時，糾纏下去，忒不划算，不如大軍直撲廢丘，去端章邯老巢。」

韓信看也看了兩日，心中有數，便道：「勿急。從明日起，你白日照常罵，夜裡窺看動靜。如有哪一處火熄了，必是城上兵卒在瞌睡，這便是你立功的機會了。」

果然，城上兵民守了幾日，晚間就漸漸鬆弛下來。章平雖有嚴令，但晚間卻疏於巡城。夜深秋寒，兵民耐不得冷風，也就樂得躲在箭堞後面大睡，城頭只有幾個兵卒值守。

樊噲在城下看得真切，這夜，便與校尉劉賈一道，點起數十名「板楯蠻」健卒，帶了繩索、鍬鏤等攀城器具，朝城下摸去。到得塹壕邊上，見壕內水不甚深，便紛紛爬過壕去，砍開鹿角蒺藜，躡足來到城牆根，貍貓一般爬了上去。

此次，又是樊噲當先躍上城頭，發一聲喊，眾健卒便亂刀切瓜般地殺起來。守軍驚得魂飛魄散，喊一聲「漢軍進城了」，便紛紛竄下了城樓。健卒們殺散了南門守軍，打開城門。曹參早已率大軍埋伏於城外，見城門洞開，都歡聲雷動，一齊點燃火把，擁進了城，四處放起火來。

曹參分派各部，在城中廝殺了半夜。天明時分，漢軍攻破了雍軍最後一處壁壘 —— 縣衙。眾漢軍衝進縣衙大堂，見雍軍兵卒紛紛翻牆逃散，堂上唯餘縣令、縣丞，慌作一團。樊噲手起刀落，送這兩人一命歸西。轉過後堂，忽見屋頂尚有一人，眾軍便舉了火把來看，原是章平免冠跣足，手持長劍，正欲自刎。眾軍便欲登屋捉拿，樊噲卻喝道：「讓他去死！」

中郎將王恬啟衝在前面，見此情景，心存憐惜，便高聲呼道：「將軍欲死，竟是為了何人？」

章平冷笑一聲，應道：「我本秦將，守土至死，不為羞也！」王恬啟便又道：「秦若仁義，何至有今日？」

聞此一問，章平手中長劍砰然墜地，嘆了一聲：「亡國之臣，夫復何言？」不料此時，牆外忽有雍軍兵卒大喊：「將軍不可輕生，快跳下來！」

章平立時精神一振，翻身便跳到牆外。樊噲發一聲喊，眾軍便紛紛攀牆去追，卻見閭裡交錯，漆黑一片，哪裡還能見到蹤影？

王恬啟萬分沮喪，自責道：「早知如此，不該當了東郭先生。」

樊噲亦是恨恨不已，朝著夜色深處吼道：「你逃得了今日，也逃不了明日！」

廝殺了半夜，終將那殘兵肅清。至曙色微明，樊噲便分派了士卒各處去安民，又派劉賈去城外大帳稟報。

韓信得劉賈稟報，大喜，對劉邦道：「攻破好畤，等於斷了章邯臂膀，廢丘必成老賊死地！」

朝食過後，劉邦、韓信與眾將便騎馬進城，見軍卒都在閭巷救火，張貼安民告示，城內百姓安居如常，並無慌亂。

劉邦喜道：「大事定矣！」

韓信也笑道：「塞王、翟王，迄今尚未舉國來援，老賊已是無處可逃了。」

正行進間，忽見路兩旁觀者如堵，皆是百姓，都來看熱鬧。起初，百姓尚心懷惴惴，見漢王面貌和善，一老者便上前，攔住馬頭道：「漢王，秦民思漢久矣！」

眾人便都紛紛跪倒，口中齊呼：「漢王！漢王！」

劉邦縱是久經沙場，此時也是心頭一熱，險些落下淚來，便拱手對民眾道：「我劉邦今日回到關中，便不再走，各位請安心！」

那老者喃喃道：「如此，秦民可安了。」

劉邦心有所動，回首對眾將道：「關中民心若此，真乃我漢家根基也。」

眾人行至縣衙附近，恰好路遇樊噲。劉邦笑問：「夜半登城，為何如此之速？」樊噲答道：「『板楯蠻』勁勇善戰，攀登如飛，這好時城如何擋得住？」

「好！來日寡人將免巴人傜役，善待彼輩。」

「現城內已定，有賊部殘兵三千餘，都來請降。」

「哈哈，通通收納，編入軍中。我正愁兵少，老賊便送恁多人來！」

「只是遍尋城內，獨不見章平，讓他跑掉了。」

韓信在旁笑道：「章平不足為慮，樊兄今又先登城頭，才是可賀。」

劉邦也調侃道：「樊噲賢弟，你這樣子連連立功，如何得了？明日只得封你為將軍了。」

眾將都哄笑，樊噲便漲紅臉道：「怎麼？難道我不如將軍嗎？」

韓通道：「樊兄，你是國之重器，誰敢小視？我正有事要託付你，請即刻點起先鋒兵馬，去攻廢丘。拿住章邯，方為大事！」

劉邦便問：「大軍是否歇息一兩日？」

韓通道：「不可！章邯，窮寇耳，正宜一舉剿滅。可命盧綰留駐好時，安撫百姓。大軍午時即發，今夜就要圍住廢丘，不得令老賊流竄。」

劉邦便撥轉馬頭，急道：「何須午時？著令曹參等，領大軍緊隨先鋒部之後，立即開拔，不教老賊今夜睡得安穩。」

眾將道了一聲「得令」，便都各回本部集合人馬去了。

九月之初，章邯的殘兵喘息未定，大隊的漢軍便源源而至，將廢丘圍了個水洩不通。

這廢丘，在陳倉與咸陽之間，乃秦川要道上的一個重鎮。古城因年深歲久，牆垣上青苔密布，望之有不勝蒼涼之感。

章邯退至此處，殘兵只剩得數千，再也無力野戰，只得仗著城高，集起軍民死守城池。無論漢軍如何叫罵，城上只是充耳不聞。

秋陽高照之日，劉邦與韓信帶了衛卒數騎，繞城跑了一圈，看後都不禁咂舌。這廢丘，乃是依西周舊都而建，城高三丈，本就牢不可破。雍國定都於此後，章邯又調發民夫，將城牆著著實實地加固了一番，今日若想強攻，傷亡將不可估量。

再看那章邯，身高八尺，鬚髯如蓬，手執環刀挺立，望之恍如神將白起。劉邦一時想不出辦法來，便遣一校尉，單槍匹馬奔至城下，對城上大呼：「城上不要放箭，漢王恭請雍王說話！」

聽了城下喊話，章邯便冷笑一聲，答道：「教你家那亭長來吧，孤一人在此恭候。」說罷將手一揮，城上眾軍便都退了下去。傘蓋之下，唯章邯與一侍者站立。

劉邦與韓信便打馬上前，眾衛卒都挽盾持戟，緊緊跟定。到了能夠互聞聲息處，一行人便勒住馬韁。劉邦向城上拱手道：「沛縣劉邦，在此拜過大王。」

章邯便道：「恕不還禮，你有話請講。」

劉邦問道：「秦失其國，楚失其道，敢問大王為何人守城？」

章邯鼻孔嗤了一聲，反問道：「我本秦人，自守秦土，與你有何干係？你我雖有過交手，但畢竟同在戲水會盟，可稱舊誼。你不念舊倒也罷了，為何前來犯境？」

「天下共尊義帝。義帝曾有約，先入定關中者為王，我不過前來踐約而已。」

「項王與諸侯亦有約，各守其土，你今來犯境，豈非毀約？」

「不義之盟，人人皆可背之，恰如秦施暴政，諸侯攻之。你也曾背秦降楚，棄暗投明。然今日婦孺皆知，楚得勢之後，不義更甚於秦。坑降卒，屠咸陽，焚阿房，所過無不殘滅。你既為秦人，何以熟視無睹？」

「劉邦老兒，你若與項王有怨，自可去找項王討公道，我章邯守土自安，何時得罪過你？」

劉邦便冷笑：「找項王？有你雍王攔路，我何以出？項王也真是養了一條好犬！」

章邯也冷冷一笑：「漢王、雍王，皆是項王所封，我何以要允你借道？你頭頂這王帽子，何人所賜？你何以能在漢中苟活？君不記得嗎，鴻門宴上是曾經如何乞憐？」

「哈哈，我之封王，乃一刀一槍拚殺所得；不似大王，以二十萬降卒冤魂，換來一頂冠戴。」

此話一出，章邯便大怒，手指劉邦道：「我曾叛秦，笑罵任人由之；今若勸我叛楚，那是休得提起！守城之道，章某總比你更懂。我廢丘積粟，可食三年；城中兵將，皆為死士。你劉邦有膽量，盡可來取。」

劉邦也高聲道：「叛臣豈可言忠義？不要敬酒不吃，吃罰酒。那殷王司馬卬，前日便已給我來函，不日即將叛楚。識時務者，當如是。你若今日降了，或不失為諸侯，仍享尊榮；如若不降，城破之日，便是玉石俱焚。」

章邯便冷笑：「我好歹是前朝九卿，用不著聽一個鄉吏為我曉諭忠奸。」

劉邦道：「暴秦無道，農夫亦能揭竿而起；可惜你身居廟堂，卻視篡逆為正統，至窮途便乞降，羞也不羞？不要說他日無顏見始皇帝，就是見了二世皇帝，你這國之九卿，還能坦然嗎？」

章邯大怒道：「鄉野匹夫！秦末得失，哪輪得到你來品評？得意忘形如此，無乃陋巷小人乎，我與你更有何言語？老兒聽著：我活一日，廢丘便是一日不降！你儘管謀劃去吧，恕不奉陪，若再來狂吠，小心弓弩伺候。」

劉邦便仰天大笑：「匹夫一怒，天下也要裂解，況乎你個喪家之犬？教你的家人預備收屍吧！」說罷，招呼韓信，策馬回了大營。

入夜以後，廢丘城頭篝火處處，兵民巡邏不停，都是一派警惕。章邯統兵日久，老於戰陣，夜裡防範尤甚，城堞之上，口令、刁斗交錯於耳。每隔半個多時辰，他便要親自上城，巡視一回。那些逃回廢丘的雍軍殘部，皆是死硬之士，也都個個士氣高昂，令漢軍無隙可乘。

漢軍只得將城池圍住，入夜也不敢稍懈，唯恐雍軍前來偷營。城外荒野，但見營火如星羅棋布，徹夜不熄。

漢王大帳內，劉邦與諸將議事完畢，餘者散去，獨獨留下了韓信。劉邦道：「將軍，且慢歸營。近來幾日，鬱悶得很，隨我出去走走。」

兩人便來到帳外小丘上，見渭水灘上，沃野莽莽蒼蒼，橫亙於微月之下，有如潛伏爪牙之巨獸。漢軍步哨，錯落可見，都透著怵惕不安。

劉邦嘆道：「這個廢丘，如之奈何？章邯老賊，已是鐵了心不降，我大軍數萬，難道要在此守到師老兵疲？」

韓通道：「廢丘之固，非比尋常，章邯拒守，乃是抱必死之心。孫子曰『窮寇勿迫』，大王切勿抱強攻之念。」

「寡人爭天下，章邯是頭一個必得踢倒的拒馬樁！廢丘不克，大業難成。我意可捨卻萬餘人性命，教樊噲等人猛攻半月，砸碎那老狗的脊梁。如此，也可震懾天下。」

「大王，萬萬不可！兵法曰：『奇正之變，不可勝窮也。』拿下廢丘的辦法，數不勝數，不可拿士卒的性命做賭。我軍當下，貴在氣盛，萬勿被老賊以固守之法所折損。

他在城中，猶如在釜底，釜底游魚，其命可長久乎？」

「唔……」劉邦捋鬚片刻，若有所悟，「老賊已是困獸了，不用再理會他？」

「正是。章邯連敗兩陣，損軍大半，再無膽量與我野戰。他城中充其量有殘兵三千，我可以倍數圍之，其餘人馬，令眾將各領一萬，分頭去蕩平秦川各城邑，老賊只能坐看崩解。」

劉邦拊掌喜道：「將軍點醒我！就如此吧……不過，塞王、翟王若是來援，圍城兵馬不多，將如何應付？」

「那塞王司馬欣，原為長史；翟王董翳，原為都尉；二人秦末並無尺寸之功，皆為項王所扶植。昔年司馬欣為縣獄吏時，曾救過項梁一回，因此故，項王才徇私情封他為王。董翳則因力勸章邯降楚，方得封王。此二人，既無大志，又無奇才，都是腐鼠之輩。若有意援救章邯，幾日前就應發傾國之兵，然迄今不過草草派些兵馬應付。大王，此事微臣倒是敢下一注……呵呵！」

「賭個甚呢？」

「兩王不日就會有降書送來。塞、翟兩地，不戰即可入我囊中！」

劉邦大為興奮，撩起白狐裘，登高一步大笑道：「將軍，若真如你言，這白狐裘便也賞你！」

韓信謝過，似另有所思，繼而道：「微臣以為，大王的『約法三章』，方為姜太公釣鉤，釣得秦民對漢家死心塌地。我軍致勝，其實一非人算，二非將勇，只因百姓歸心也。」

「不錯不錯！前日讀張良贈我《太公兵法》，見有言：『同天下之利者則得天下』，正是此意。」

「大王，微臣明日便布置，各將分頭攻城掠地。夏侯嬰可在此主持圍城，我則隨大王在此壓陣。」

劉邦笑顏逐開，連連擺手：「將軍自去處分，我只坐享其成。」

從小丘下來，河灘夜風拂面，莊戶人家新麥上場，麥堆上有陣陣香氣襲來。劉邦嗅了一會兒，問韓通道：「你說，將來與項王爭鋒，底定天下，須得費時幾年呢？」

韓信答：「十年為限吧。」

劉邦不禁搖頭嘆息：「老矣，老矣！泗水湯湯，何日得歸乎？」

走近漢王大帳，忽見新任謁者隨何上前稟報：「塞王、翟王密使，聯袂來到，正在營門等候。」

劉邦遂放聲大笑：「將軍神算！隨何，你去安頓那兩位歇息，吃好住好，先冷落兩日再說。哈哈！」

夜幕四合，河灘泥土香氣四溢，正是鄉間的悠閒時分。韓信返回中軍大帳，見校尉趙衍巡哨路過，便命衛卒掌了燈，請趙衍到帳中小坐。

韓信所居的軍帳，陳設簡樸，除臥榻、軍械之外，僅有兵書圖冊，連几案也不曾設一座。趙衍坐下，見韓信疲憊，便勸道：「連日勞累，將軍請早早歇息。」

韓信搖搖手道：「今夜還歇不得，你取關中地圖給我。」

趙衍便取了輿地圖，在席上徐徐展開。衛卒在旁舉了燭火，照著韓信查看。

韓信此刻，並不似劉邦那般欣喜若狂。漢軍連勝兩陣，在廢丘圍住章邯，其勢之順，亦出乎韓信預料，但當初發兵之時，韓信只有擊敗雍軍之念，並未顧及其他。今晚見廢丘城下，兩軍似有膠著之勢，才感覺兩軍勝負，並未分明，眼下還遠不到安歇之時……

見韓信俯身凝視地圖，久久不語，趙衍便問：「將軍，有何難事？」

韓通道：「你看這秦地，真乃奇險！阻山帶河，四塞之地，足可以一敵百。若有甲兵百萬，天下何人敢犯？」

「正是。咱漢家先圖三秦，至為聖明呀！」

「可是章邯那老賊，固守廢丘，絕非一兩月可下。若久困，他在關中爪牙遍布，時時可襲擾我之腹背。若有一支奇兵，斷了我糧道，或將有大患。」

「將軍可是要剪除他羽翼？」

「當然。只是……尚不知如何下手。」

韓信的手指，在地圖上移來移去，反覆再三，忽然抬頭問道：「趙衍，依你之見，這雍國的山川形勢，可用個什麼做比？」

趙衍將地圖看了看，不得要領。韓信便用手觸地圖，從隴西至咸陽劃了一下：「你看這好似什麼？」

「一柄長劍？」

「對，也可謂長席一領，可舒可捲。」

趙衍便也俯身去看。少頃，恍然大悟道：「將軍，你是說……」他說著，做了個捲席的動作。

「正是。章邯躲在廢丘固守，此乃雍地之東。他如此排兵，是心存僥倖。一是希冀項王來救，二則拖住我軍在東。章邯尚有輕車馬軍一部，在壤鄉附近遊移；另有部將趙賁在郿縣一帶駐紮，均為強兵悍將。兩部若有異動，則我後方糧道必然不保，廢丘之圍也只得解了。」

「真乃老謀深算！目下，我軍正合從西向東掃蕩。」

韓信坐起，拊掌笑道：「我軍只須在郿縣、壤鄉一帶，尋得他這兩路兵馬，將其掃滅，然後由西向東，席捲三秦！即是說，從五丈原起，郿縣、壤鄉、岐山、扶風、槐里、柳中……至咸陽，逐一捲過，秦川便可定。留廢丘孤城一座，困殺這老賊。」

趙衍連聲叫好，忍不住摩拳擦掌道：「將軍，何日分兵？」

「明日即召眾將分派。」

「別軍明日即發？」

「當然。兵法曰『節如發機』，慢了怎行？」

「好！老賊只有坐困愁城了。」

初嘗操控全域性之柄，令韓信心中隱隱狂喜。兩月以來，大將軍之名，始終如山之重。他夙夜在公，謀劃軍務，不敢稍有懈怠。直至今夜，想好了平定雍地的方略，這才如釋重負。

兩人又議了半晌，趙衍便勸韓信早些歇息，韓信遂撇下地圖起身。

趙衍將地圖收起，便欲退出。韓信忽問道：「你來我帳下，已有多日，可還稱意？」

趙衍殷勤道：「軍前效力，當然是痛快。」

韓信便又問：「趙公，尚不知你投軍之前，做的是何等營生？」

「我本秦吏，在縣衙裡討口飯吃。秦傜役重於歷代，向時在衙門，做那催逼傜役的事，每每有所不忍。周文大軍破函谷關後，秦地動盪，官吏一逃而空，我便有意投義軍，不想周文旋即敗死，只得作罷。後見沛公軍入關，秋毫無犯，就去霸上投了軍。」

「哦，無怪你做事精細。」

「得將軍親炙，頗覺長進。」

「你看陳倉、好時兩戰如何？」

趙衍拱手讚道：「乃將軍神來之筆，下官衷心敬服。唯不知，兵法之精要，將軍究是如何習得？」

韓信答道：「草野之人，哪個不心懷異志？哪個不咒天道不公？但若僅止於此，不過與怨婦一般無二。若有大志，須苦讀不輟，亦須潛心研磨。」

趙衍聞之，遂感有大徹悟：「下官受教！無怪士卒看將軍，皆仰之若天神。」

韓信便笑道：「呵呵，過譽了，我豈不是成了怪力亂神？好，你也回去歇了吧。」

趙衍出得大帳，放眼一望，見廢丘城上仍有人影幢幢、燈火遊移，刀劍碰撞之聲隱約可聞。四野裡，是漢軍的軍帳連營，到處篝火搖曳。雖是夜色如墨，兩軍也是劍拔弩張。如此的圍城景象，兩月前的漢家兒郎，怎敢想像？

聽韓信指畫戰局，趙衍心中便有了底：看此情景，雍地指日可下！想想日前暗度陳倉之功，大將軍必不會忘，今後於他帳下效力，當前途無量。想到此，他心頭倍感踏實，點亮了巡夜燈籠，朝營中走去。

＊ ＊ ＊

次日，韓信集齊眾將，正欲議事，漢王忽派隨何來請。韓信不知何事，只得教眾將稍候，跟了隨何匆匆來到漢王大帳。

大帳裡，一縷煙裊裊而起，案頭放著展開的《太公兵法》，似有別樣的閒適，與營盤氣氛迥然不同。劉邦正閉目養神，見韓信進來，便挪了一下位置，請韓信坐於上座。韓信伏地一拜，道了一聲「不敢」，還是坐到客座去了。

劉邦道：「我請將軍來，是為塞王、翟王事。昨夜想了很久，這兩個傢夥派了密使來，卻未有降書呈上，莫不是要討價還價？」

韓信想了想答道：「臣之所見，也是如此。」

劉邦砰地拍了一下几案：「豈有此理！」遂站起身，背手在帳中徘徊，「將軍，如何打發這兩個混帳呢？」

韓通道：「兩王若是聰明，我出陳倉時，彼等就該自領兵馬，傾全力來助章邯。觀望到今日，籌碼全失，還有何價可討？何價可還？」

「就是。其蠢如豬！你意下如何？斬了密使，不理他二人？」

「兔死狐悲，兩王眼下正心懷忐忑，乃是情理之中事。我意不宜將兩王逼上絕路，與我作困獸之鬥。可暫時羈縻來使，教他們各勸主公來降我。」

「這兩王，是巧言說之便可降的嗎？」

「當然須得大軍壓境。可派出別軍兩支，一路直取上郡，一路直下櫟陽，兩王自會出降。」

劉邦便雙手一拍，喜道：「兩王若降，那便不可留半分餘地，土地財賦、兵馬人丁，盡皆歸漢。此二人，只留個塞王、翟王的空名兒罷了。」

韓信贊同道：「那是當然！兩王若降，就隨我軍中起居行動，算是養了兩位客卿吧。」

劉邦忽又恨恨道：「二人在秦為鷹犬，在楚為走狗，來我漢家，又養起來，真是便宜了彼輩！」

韓信便點撥劉邦道：「拒則身敗名裂，降則可保榮華。如此處置三秦，定使山東諸侯聞風喪膽，不敢逆我。」

「如此甚好。哈哈！密使我來對付，將軍可去點兵派將了。」

「眾將皆在我帳內，方才正要派將。」

「哦？將軍如何布置，說來寡人聽聽。」

韓信便將昨夜所思，一五一十稟告了劉邦。劉邦聽後大喜：「將軍梳理得清楚，寡人昨夜也想過，卻是一團亂麻。如此，各軍正午時就可出發。」

韓信見時辰不早，便告辭出來，急急趕回中軍大帳。眾將正等得心急，見韓信回來，便是一陣雀躍。樊噲劈頭便問道：「如何，要下令破城了嗎？」

韓信在主座坐下，示意眾人少安毋躁，便喚了兩名衛卒過來，將那關中輿地圖展開，高高擎起，給眾將觀看。

韓信問道：「各位，我軍與章邯，目下強弱如何？」

曹參道：「此次興兵，天人皆助，章邯已是勢窮力孤了。」

夏侯嬰也附和道：「漢王仁聲遍被秦川，故而我軍連戰皆捷，章邯雖不降，但已不足為患。」

韓信又環視旁人，見無人再言語，便又問道：「戰局果真無憂了？」樊噲倒是多了個心思，便道：「將軍要說什麼？」

韓信便一指圖上的廢丘：「漢雍兩軍，譬如兩巨人，頭腦皆在廢丘，相持不下。然漢軍有兩足，一足在好畤，一足在陳倉。」

樊噲道：「不錯。」

韓信便問：「再看雍軍，試問有幾足？」

眾將一驚，皆各自沉吟不語。少頃，酈商才驚道：「大將軍！這一說，倒是驚出末將一身冷汗來。原來雍軍之足，多如蜈蚣。」

眾將面面相覷，便七嘴八舌議論開來。

韓信笑笑，說道：「如此，便不可說章邯勢蹙。」隨後，便將平定雍地的方略，以捲席作譬，對眾將詳述了一遍。

眾將聽罷，都茅塞頓開，面露喜色。夏侯嬰道：「好好！看我漢家的捲席功夫。」周勃道：「隴西各縣，民強兵悍，尤為凶險。請將軍下令，末將願往征討。」

樊噲也嚷道：「我與你同去，殺他個人仰馬翻。」

韓通道：「好！孫子曰：『城有所不攻，地有所不爭。』隴西，即是我不攻之城。為何不攻？孤懸遠地，不足為害也。我所定『席捲三秦』之策，意在從郿縣向東，去其羽翼，拔其根基，使其油盡燈枯。現已獲大王首肯，今日午時即發兵。諸君若受命，當努力為之。」

眾將便都斂衽而起，踴躍請命。

韓信便分派道：「夏侯兄，請主持圍廢丘軍事，大王與中軍幕府亦在此坐鎮，大可放心。我軍大部，今日便要分兵西征，所留圍城兵馬不多，你務必謹慎，不可令老賊有逃竄之機。」

夏侯嬰應聲出列，肅立受命。

韓信又道：「雍軍今有輕車一部，在壤鄉一帶蠢動，欲拊我之背，此我大患之一。另有章邯心腹大將趙賁，現正駐軍郿縣，料亦不會束手待斃，此我大患之二。請樊噲兄、曹參兄、周勃兄同領別軍三萬，急赴郿縣，掃滅章邯所部輕車。然後再由西而東，沿渭水搜尋趙賁，一旦發覺，務必破之。」

樊噲、曹參、周勃神色肅然，均應聲領命。

韓信又道：「三位領軍在外，可相機分兵。自郿縣始，一路席捲而東，遇城即拔，一個不留，至咸陽會齊。攻取咸陽後，再返回廢丘。章邯之弟章平，從好畤脫逃，不知去向，也請務必留意。」

三將齊聲應道：「遵命。」

韓信又激勵道：「目下章邯已被我困牢，雍軍各部，群龍無首，正宜各個擊破，願諸君出馬，各樹奇功。」

眾將都欣然有喜色，樊噲更是與周勃、曹參擊掌相慶。灌嬰見沒有分派到自己，不禁情急，高聲嚷道：「將軍，把末將忘了嗎？」

韓信朗聲笑道：「便知你耐不住！聽令，灌嬰兄、酈商兄另有重任。著令灌嬰兄領別軍一支，直下櫟陽，逼迫塞王司馬欣來降。酈商兄領別軍一支，北趨上郡，逼翟王董翳來降。兩軍務守『城有所不攻』之旨，一路徐徐而進，直逼其都城，以迫降為要。」

二將領命，都喜不自勝。

韓信分派停當，便命衛卒收起地圖，然後對眾將道：「漢家興衰，繫於諸君，請各自回營，盡速點兵，午時一齊開拔。韓某將為眾兄弟把酒壯行！」

眾將群情激昂，都拔劍在手，山呼「領命」，然後與韓信作別，上馬回營去了。

韓信的「席捲三秦」之計，是統觀全域性的上等謀略，所慮無不確當。此計實施之後，深秋九月，三秦大地便處處是鐵騎縱橫、煙塵彌天。各方兵馬，犬牙交錯。不要說雍軍那一面，就連韓信的中軍大帳，也無人能對戰況瞭如指掌。

廢丘城內的章邯，見漢軍並不攻城，猜想韓信必已分兵各地，刈除枝葉，心中便是惴惴，但城外一箭之地就是鐵甲千重，與外界音信完全隔絕，他也只能聽天由命。

自從送走各路兵馬之後，韓信心中便了無牽掛，只等各路軍將的捷報。倒是劉邦對戰局有些放心不下。各軍臨行時，他曾囑咐再三，每下一城，務必派斥候及時回報。可是，半月過去，並無任何消息傳回。

春夏之時，三秦地界風調雨順，入秋即見今歲大熟。廢丘城外的鄉民便都喜不自勝，家家釀酒，村村祭祀。劉邦卻無心微服去同樂，只是派隨何去找了一位覡師，課了一卦。

那卜者看看，對劉邦道：「六五爻，晉卦，卦辭曰：悔亡，失得勿恤，往吉，無不利。」劉邦一字字聽下來，一頭霧水。卜者卻大讚是吉卦。

劉邦這才放了心，重賞了卜者，只一心等候佳音。

事也湊巧，就在占卜之後不過旬日，從韓信中軍大帳轉呈來的捷報，便接二連三，無日無之。秋高氣爽，暑熱漸消，劉邦心情頓然開朗，於大帳內鋪開輿地圖，逐一核對，梳理案頭日漸增高的羽書，直看得昏天黑地，終於弄清了各軍的殺伐行止——

樊噲、曹參、周勃這一路，三將率領別軍晝夜西行，果不負厚望，連戰皆捷。恰如韓信所料，在壤鄉之東，西行漢軍與雍軍輕車部迎頭撞上。三將揮兵大進，在壤東、高櫟之間聚而殲之。後又在郿縣附近尋到了趙賁軍，將其三面圍定。趙賁不支，率殘部向東奔逃。曹參、周勃率部急追，在咸陽以西將趙賁軍追上，大破之。趙賁趁亂逃脫，僅以身免，東奔而去。

樊噲則率軍一部，由西而東，攻城掠地，連破郿縣、壤鄉、岐山、扶風、柳中、槐里等城，將秦川逐次平定。

到九月下旬，樊噲、曹參、周勃各領其部，在咸陽城下會齊，合力攻城。咸陽經項羽縱兵焚毀，已殘破不堪，不費半日，漢軍即破城而入。

咸陽百姓，都額手稱慶。漢軍遂將咸陽更名為「新城」，由曹參率一部留守，樊噲、周勃則引兵返回。不料，樊噲、周勃剛離咸陽，潛蹤多日的章平忽又現身，糾合舊部突襲咸陽。曹參率部反擊，大破之，將章平生擒。

再看灌嬰、酈商兩路，分別向塞、翟都城出發，一路大肆耀武，沿途各縣皆望風歸降。兩軍分別行至櫟陽、上郡附近，司馬欣、董翳終於撐持不住，派使者送來降書。灌嬰、酈商入城後，即拔旗易幟，安撫民眾，行漢家之法。

灌嬰、酈商各自料理妥當，便帶著司馬欣、董翳返回。至此，韓信之謀，便告功成。除隴西、北地兩郡之外，三秦要地，盡被漢軍席捲而下。

秋分日，劉邦看過趙衍剛送來的軍書，心中踏實了，知塞王、翟王都已先後起程。往日如鯁在喉的三秦，轉眼煙消，前後僅費時一月，看來這個韓信，非同小可，實是不世出的一員神將！

他抬眼看看，趙衍尚在等候回話，便問：「你去大將軍帳下伺候，覺大將軍如何？」

趙衍答道：「昔商君有言，『明主在上，所舉必賢』。大將軍之才，可稱國士無雙，此乃大王的福氣。」

劉邦頗覺詫異：「哦，你也這樣說？那麼大將軍將兵，到底妙在何處呢？」

「下官親見他運籌軍事，萬事總先想到根本。」

「不錯！這本領，寡人不能及。」

趙衍連忙道：「哪裡？大王胸懷宇內，方攬得如此人才。亂世英雄輩出，如熊羆虎豹，須得聖明如大王，方能駕馭。」

劉邦一時就有些走神，恍惚了一下，方吩咐道：「我這裡無事了，你回去吧。聽說章平昨已押解到，你告訴大將軍，勸勸他，降還是不降，想清楚了。」

趙衍見無其他事，便叩首退下。

劉邦撫弄了一下案頭堆積的軍書，感慨頗多，不由得想道：韓信此人，恐不是大將軍之名就能籠絡好的，今後還要加倍善待。這便是所謂檻中之虎吧，駕馭得法，便是神將，倒是與章邯有些相類。今後任用，看來須多費些心思。

這時，隨何進來稟報：「兩王的起居處所，已準備妥了，新設了軍帳數頂，可安置兩王與其家眷、隨員。一應待遇，等同公卿。」

劉邦吩咐道：「這兩人，你要應酬好，兩人身邊的臥底眼線，也由你布置。我要的只是兩王的虛名，為我壯壯聲勢。」

「小臣明白。其實此二人如何思謀，大王全不必顧慮。」

「為何？」

「塞王、翟王，無非是前朝循吏，自從降了項王，便是在夾縫裡求生，為的是保全家富貴，與章邯絕不可同日而語。今既已收其土地人民，此所謂二王，便等同於行屍走肉。大王如在軍中寂寞，不妨喚來下棋解悶。」

「哈哈，你倒是刻薄！日前大將軍也是此見。」

「小臣愚見，不敢與大將軍比。」

「唔，倒沒看出，你還有些見識。今後要多多歷練，漢家初興，需用人的地方，怕是要多。」

「小臣當努力。」

隨何退下後，劉邦踱至帳外，見渭水灘上的新翻麥地，黑油油延至天際，心頭便覺舒暢。此刻雖還不能說天下在握，但這最初一步，已踩得很堅實。假以時日，天下縱有千萬頃這樣的良田，也終將歸於漢家。

九月末梢，廢丘被困已近一月，城上城下，都覺困頓不堪。章邯預感漢軍必會耐不住，或趁城中兵民疲憊，發起強攻，遂知會全城軍民，務必有所警惕。

果然，就在前幾日，曹參引軍從咸陽返回，漢軍聲勢大振。劉邦果如章邯所料，不耐煩起來，教各部備好衝車、壕橋與拋石砲，便要攻城。韓信不能勸阻，便也順水推舟，想試探一下章邯實力。準備就緒後，劉邦一聲號令，漢軍便在四門外一齊撲城。一時城上城下，殺聲驟起。

在南門外，樊噲督促軍卒，冒著箭矢堆起土堆，豎起一座樓櫓。人在樓上瞭望城內，各處虛實皆可見。漢軍有校尉登樓，以旗示意，三千「板楯蠻」遂萬箭齊發，箭鏃密如飛蝗，直射城頭。

因章邯平日督查甚嚴，守城兵民也早料到有這一天，都打起十二分精神，奮力拋下滾木礌石。有那漢軍雲梯，堪堪挨近，未等搭上城牆，城上就劈頭蓋腦一陣滾油沸水澆下來。攀爬的漢軍，立腳不住，都風吹瓦片般紛紛滾落。

樊噲耐不住，拋去兜鍪甲衣，赤膊持刀，發一聲雷吼，攀上三丈高的衝車，催動車輛抵近城牆，意欲跳上城頭，但未料守軍拋下火種，引燃了車上皮甲，霎時便有沖天火起。軍卒們死命護著樊噲逃下，所幸無險，只是眉毛鬍鬚全被燎焦。一日下來，城下漢軍死傷纍纍，寸步難進。

城上傷亡也是不小。那漢軍衝車，高於城牆，進退自如，宛如活動壁壘。車上藏有巴人弓弩手，居高弩射，箭無虛發，城上兵民稍不留意，便有中箭者翻身倒下。漢軍那拋石砲，更是隔空拋來巨石，驚天動地，如霹靂滾落，竟然將城樓頂蓋生生砸塌了大半。

激戰兩日，各有損傷。章邯卻是越戰越勇，布置兵民輪換上城，連婦孺也多有加入，晝夜不懈。

漢軍攻了兩日，士氣稍挫。第三日晨，便沒有了前兩日的喊殺聲。城上守軍遂高聲叫罵，一心要煞煞漢軍的銳氣。豔陽之下，卻見漢軍伏於土堆後，豎起盾牌，挽弓張弩，只是默不作聲。

見城外無端沉寂下來，章邯反倒心生警覺，不知漢軍要弄什麼花樣出來，便親自攜了一張雕弓，於城門之上巡視查看。

候了一整日，也無甚動靜，看看日頭偏西，才見對面有人影晃動。正狐疑間，忽聽對面樓櫓上，有漢軍校尉喊道：「大王請勿放箭，有故人前來相會。」

章邯放眼看去，見樓櫓上果然有兩人露頭，皆是峨冠博帶、錦繡衣袍。聽兩人張口喊話，方知是司馬欣、董翳。章邯心頭不禁一沉，心知塞、翟兩地，已是失陷了！

只聽司馬欣喊話道：「上將軍，別來無恙？下官這廂拜過。今漢王興起義師，弔民伐罪，為秦人報項王屠滅之仇，三秦百姓，望風歸順。我與董翳兩人，不忍見百二山河再遭兵燹，願化干戈為玉帛，遂於前日相約，欣然易幟了。」

董翳也道：「上將軍大恩，待我等如弟子，當沒齒不忘。今不忍見將軍坐困孤城，玉石俱焚，特來相勸。不如就此解甲，泯去恩仇，以換得秦地百年安泰。」

章邯聞言，不禁火起，大罵道：「豎子！章某何來爾等不肖弟子？既然派兵相助，臨事如何便倒戈？無廉無恥，屈膝事敵，居然還如此巧言，只恐爾等百代祖宗，在地下都要愧煞！」

司馬欣道：「將軍休要誤會。下官只望將軍審時度勢，擇路而行。今秦川數十城，皆豎漢旗；秦民簞食壺漿以迎，都慶幸山河更替，永珍刷新，我等豈能坐視將軍抱殘守缺？將軍高標孤傲，人所敬仰，然今日力有不逮，徒傷兵民性命：何不與漢王以兄弟相待，彼此輸誠，也好共襄大業。」

董翳也附和道：「外援不至，孤城日蹙。將軍今不如息兵，效法昔在洹水之南棄舊圖新，改投明主，也好贏得秦民世代感激。」

章邯怒不可遏，高聲喝道：「衣冠禽獸，無過於此！昔在洹水之南，為趙高所逼，報國無門，故而轉投項王。項王待我，並無猜忌，豈是趙高之輩所能類比？今沛縣無賴劉邦，擅開戰端，叩門掠地，我為自家守土，天經地義，又何來迂執？何來不智？何來不明大義？爾等惜命，寧願苟全，棄諸侯之尊而不顧，情願做劉邦門下走狗，豈知天下人並非都這般無骨。」

司馬欣忙道：「上將軍請息怒，下官寸心，蒼天可鑑。漢軍淩厲無前，早已今非昔比，項王分與我寥寥殘兵羸卒，怎當漢軍堅甲利刃之師？即便有心，亦無力回天。望將軍不咎既往，從弟子之請，臨淵止步，化敵為友，亦可惠及關中百姓。弟子今日泣血哀告，全為將軍著想，兵戈從來凶猛，回首尚有轉圜，請將軍三思。」

章邯聽也不聽，挽開雕弓罵道：「人間何世，出此悖逆之徒？昔為袍澤，念爾輩尚知大義。不想斧鉞之下，爾等良心全喪，形同狗彘，實不知人間還有羞恥二字。縱是你金玉滿堂，他人鼻息之下，可活得比我多二三日？章某不幸，生於末世，然君子之義未泯，既為諸侯，便只知家國，家國不保，死有何憾？你二人若再饒舌，定教你永世不得開口！」說罷，張弓便是一箭，直將司馬欣頭頂大冠射得粉碎。

城上眾人便是一陣喝采，也齊齊射出弩箭。樓櫓上漢軍連忙以盾牌擋住，兩王嚇得面如土色，跌跌撞撞下樓去了。

章邯見兩王果然叛離，不禁氣血攻心，一陣暈眩，幾乎要站立不穩。身邊軍卒，忙將他扶定。正要下城歇息，忽聞對面樓櫓上又有漢軍大呼：「大王暫留，有尊駕至親，前來叩拜！」

對面樓櫓上，眾軍卒一聲呼喝，遂將一人推出。只見那人囚首受縛，戰袍襤褸，境況甚是淒涼。

章邯便是一驚：原來章平已被漢軍所擒！

那章平也無言語，只是昂然而立。因事發突然，兩邊的軍卒都紛紛探頭，朝此處張望，戰場上頓然悄無聲息。

章邯心頭一陣劇痛，幾欲暈倒，強忍了忍，說道：「為兄害苦了你！」章平並不答話，只昂首望天。

章邯知章平必不會降，但心中定有鬱結，於是嘆道：「我家本為土著，身受國恩，貴為九卿，若不是趙高弄權，使我困於洹水之南，我或不敗。我若不敗，則秦必不亡。然事已至此，只有忍看國破，無力回天，此罪百身莫贖，千秋猶痛，都不必說了。只可惜你隨我降楚，已獲上卿，卻未享得幾日榮華，便遭此奇恥大辱。你若不平，或可自便。然我意已決，死亦不降沛縣匹夫！」

章平渾身一顫，仰天長嘆一聲，問道：「兄長，還有何囑咐？」

章邯霎時熱淚盈眶，緩緩說道：「昔年與弟在馬背嬉戲之時，尚歷歷在目，有如昨日。兄唯願光陰倒流，然可得乎？今盛時已逝，亂世未休，人安得圓……」一句未畢，竟幾欲淚下。

章平便急切道：「兄欲為項王而死乎？」

章邯勉強立穩，慨然道：「項王有道或無道，另當別論；然他待我，如待國士，我又何由要叛？我若降了劉邦，又有何利可圖？我若叛楚，則無異於賣主偷生，又將何顏以對天下？兄決意死國，義無再辱，吾弟則不必隨兄取捨。吾母尚在，幼弟年少，皆須託付於弟。想我章邯自領兵以來，殺周文、破陳涉、降魏咎、斬田儋，兵鋒所至，如獵狐兔，焉得不算大丈夫？秦亡之後，城狐社鼠皆趁亂而起，我羞與此類同活於當世，倘若就戮，便是成全，此生更有何憾！兩軍陣前，多說也無益，你且回去吧。」

章平聞言，忽地跪下，大呼一聲「兄長——」，便悲不能言。

章邯搖搖手，遂再無一語，迴轉身喝令眾守軍：「弓弩伺候！」

城上兵民聞令，都躍然而起，彎弓搭箭，對準了樓櫓。樓上漢軍兵卒，看看勸降無望，只得匆忙將章平帶下。

章邯挺立城頭，任秋風吹拂面頰，只覺五內如焚。

此時殘陽如血，染得廢丘城頭，紅紅的一片，似火海中的殘垣。城樓上的中軍大纛，經幾日激戰，中箭無數，已是乞丐衣衫般殘破了。

諸侯內鬥，天下崩離臨亂世

九月梢白霜驟降，千里楚地，一派蒼涼。然而在楚都彭城，卻無人感到有寒意。

自從五月中項羽咸陽凱旋，楚人無不歡喜騰躍。當年秦滅楚時，楚地家家顛沛流離，各戶都有子弟歿於戰場，楚人遂恨秦入骨。如今霸王焚咸陽，為楚人洩恨，赫赫暴秦，一朝覆亡，乃是何等快意！

當初大軍歸來之日，闔城百姓夾道以迎。城中父老結隊而出，向項羽獻上牛酒，民眾歡聲，響徹衢巷。數月以來，這股得勝的喜悅一絲未減，楚人只覺得天天都像是在過年。

項羽歸來，亦覺躊躇滿志，便徵調民夫，興建霸王宮室。楚民只知天下得太平，全係霸王恩德，都踴躍前來服徭役，不數月，王宮即告建成。

此外，項羽仍覺殺伐鬥狠的豪氣未盡，又派人在彭城南山上，壘土築起高臺一座，上有殿閣數間。每日項羽有閒暇，便偕美人虞姬，同至高臺之上，觀看騎士操演馬術。百姓遠望之，都極感欣羨，稱此高臺為「戲馬臺」。

戲馬臺雄踞於高丘之上，臺上翠柏森森，殿閣錯落，規制甚巍峨。南側有一半月形觀演臺。落成之時，正逢三秋，天清氣朗時節，項羽登臺檢閱馬軍秋操，城中萬民爭睹風采。楚之軍威，極一時之盛。

登此臺遠眺，可俯視江淮百里雲煙，彭城千門萬戶，歷歷皆在腳下，不由人不生出廓清天下之慨。此臺流韻千年，其飛簷斗栱，迄今仍有不滅的豪雄氣。

這日在戲馬臺下，官道兩側，處處有赤旗飛揚。一隊執鞭甲士從道上呼嘯而過，高聲傳警，直嚇得路人紛紛躲閃。

眨眼工夫，大道上便空無一人。諸色百姓都知道，這是霸王要來觀看操演了，便遠離大道，躲在一旁遠觀。

如此又過了片刻，見有五百名鐵甲騎士，騎清一色之白鬃馬，手持長戟，呼喝而來。呼喝之聲，雄渾威嚴，間雜著馬蹄踏踏，攝人心魄。騎士佇列之後，便是一輛「辟惡車」[35]。百姓們望見辟惡車，便知霸王鑾駕就在後面，都紛紛躍起張望。

果然，霸王車駕恰於其後緩緩而來，那車上的金鉞、華蓋，皆斑斕耀目，不可逼視。

西楚霸王項羽，乃是人間罕見之偉丈夫，此刻他一雙重瞳子[36]炯炯有光，傲然立於車中，儼如尊神。他身後的一位女子，便是虞姬了，一派風姿綽約，望之若仙人。楚地軍民，皆稱她為「虞美人」。

郎衛們簇擁著兩人登上高臺，在西院正堂憑欄立定。項羽雄視臺下，將右臂一舉，便是一聲雷霆之吼：「操演！」

臺下的數千名馬軍騎士，早已等候多時，此時便一齊應答，山呼海嘯，直達數里之外，驚起一片鴉雀。喊罷，數千勁卒便飛身上馬，操演起來。只見那馬隊縱橫開闔，迅捷有序，可知平日便是訓練有素。

偌大跑馬場上，立時就有無數驃騎，左右穿插，忽南忽北，看得人眼花撩亂。

見到如此場面，隨來的郎衛們就是一片喝采，然那項羽卻憑欄無語，只是一臉的悶悶不樂。眾人不知何故，皆不敢造次，唯有虞姬並不懼霸王，見夫君似有不快，便問：「大王，何故愁眉不展？莫非齊地之

[35] 辟惡車，前導儀衛車，因用以祓除不祥，故有此稱。
[36] 重瞳子，指眼睛有雙瞳孔，瞳仁中部上下粘連，宛如一個橫臥的「8」字。

亂，要攪動天下了？」

項羽頭也不回，只將紫色大氅朝後一撩，嗤之以鼻道：「田榮，齊地一匹夫耳！

寡人要他半夜死，他怕是活不到平旦。興兵倡亂，也就是盜賊的勾當，能亂得了三齊，如何就能攪動天下？」

「如此，大王還擔憂什麼？」

「我是惱恨那鼠輩劉邦。鴻門宴上，饒了他一命，在漢中方得喘息，便又倡狂起來！昨得河南王快馬急報，說劉邦見田榮作亂，便也心癢，竟敢發兵關中，侵奪城池。現已將章邯牢牢困在廢丘，又逼降了司馬欣與董翳。」

「啊？章邯也敗於他手？那關中豈不是失了！」

「正是。小人之心，實難猜度。」說到此，項羽便無心看那操演，拉著虞姬坐下，又憤然道，「天下方定，今又是烽煙四起，全是吃飽了生事。始作俑者，乃田榮老賊也，寡人非將他烹了不可！前月，陳餘在趙地、彭越在梁地，也都相繼叛楚，與田榮勾結，趕殺諸侯，真真蛇鼠俱出，鬼魅顯形，全不將我這霸王放在眼裡。」

虞姬便嫣然一笑：「夫君，普天之下，焉有敢與你爭鋒的？他們倒是也怪，仗已經打了三年，莫非還沒夠嗎？」

「爾虞我詐，人之本性也。若得天下太平，就要殺盡這般豺狗！」

「臣妾只知道，有夫君在，別家鐵蹄就踏不到楚地來。楚地百姓，秦末皆慘極，也該安穩幾年了。」

「說得好！」項羽便拔出腰間長劍來，在几案上拍得啪啪作響：「美人，若想安穩，須刀劍鋒利。與賊人打交道，不砍他頭顱怎麼成？有那善辯之士常言『恃力者亡』，不過是些腐儒之見，言之何用？千秋百代的事，就是一個殺！」

「我不懂，那田榮又如何了？無非是個假冒的齊王，怎能令大王如此動氣？大軍才歇息了幾個月，難道又要去管別家的事？」

項羽便笑：「美人身居宮中，居然也看得懂天下事？其實區區草寇，何所懼哉？只是不耐煩亞父[37]整日在耳邊絮聒。」

「夫君，那亞父范增，可是個好人。今日的討賊方略，還應多多就教於他。」

項羽遂將長劍收起，嘆口氣道：「倒也是。今春鴻門宴上，亞父就曾勸我殺掉劉邦，可惜叔父項伯心存憐憫，我亦念及同袍舊誼，未將他脖頸斬斷。養虎遺患，竟讓他成了氣候，到而今反要來傷我。若遵了亞父之計，怎會有這三秦之亂？」

正在此時，中郎將桓楚前來稟報：「亞父與虞子期將軍，在臺下有事求見。」

項羽便對虞姬笑道：「才說老鴉，老鴉果然又至。」遂吩咐桓楚，「可轉告亞父，臺上觀演，眾軍嘈雜，不便於議事，今晚寡人將去他府上求教。虞子期將軍嗎，請他上來吧，寡人也正想見他。」

那虞子期，乃是虞姬之兄，勇武多智。當年秦末尚未大亂時，項梁叔姪因事殺人，為避禍逃至吳中，因緣際會，結識了虞公與虞子期兄妹。虞姬後來便隨軍侍奉項羽，虞子期亦從軍征戰，如今已是軍中翹楚了。

須臾之間，虞子期便健步跨入西院，向霸王略一揖禮。只見他一身精製軟甲，紫袍當風，端的是一派風流倜儻。

項羽便招呼他入座，問道：「虞兄，所稟何事，有如此之急？」

[37] 亞父，項羽對范增的尊稱，意為尊敬范增僅次於父親。

虞子期神色肅然，拱手稟道：「大王，剛接到斥候急報，說劉邦已派了薛歐、王吸兩個將軍，率一支人馬悄悄出了武關。」

項羽一驚：「他要做什麼？」

「據報，此路漢軍正前往南陽，欲與南陽豪強王陵聯兵，往沛縣去迎劉邦眷屬。」

「哈哈！好大的膽子，敢來我鼻尖兒底下借路？那個草寇王陵，又是什麼來頭？」

「那王陵，原為沛縣大族，與劉邦以兄弟相稱。當年劉邦依附我軍而坐大，王陵不甘居其下，故未跟從，自己帶了幾千人馬，在南陽一帶游弋。」

「原來如此！斗筲小賊，不足為慮。不過劉邦所遣的這一路賊軍，倒是要擋他一擋，不要壞了我彭城的安寧。陽夏、扶溝一帶，我軍並無駐防，等於門戶洞開，這如何能行？此事容我與亞父商量。」

「大王，下官有一條好計，可教那劉邦乖乖退兵。」

「果真？你講來我聽。」

「此去劉邦家鄉沛縣豐邑，不過百里有餘，若是騎馬，晝夜可至。我願領五十騎勁卒，去把那劉邦眷屬盡數劫回，如此，既可斷了漢軍東來之念，也可藉以震懾老賊。」

「子期兄，此計甚好，先將那個老的抓來！你就去辦吧。」

虞姬卻在一旁插嘴：「夫君，你去捉人家父母妻子，臣妾以為不可。天下爭雄，乃大丈夫事，與那老弱婦孺並無關係。」

項羽遂挽起虞姬的手，笑道：「婦人之仁，真不可救藥。既然他可以背盟，就不許寡人棄義？好吧，想那劉邦畢竟與我兄弟一場，人倫道義，不可全拋。虞兄你便留意了，若逮到劉太公等，好生侍奉就是。」

虞姬掙脫手道：「那還不是一樣？『哀哀父母，生我劬勞』，哪一家沒有至親？又何忍牽連骨肉？無論交兵與否，總還要將心比心麼。」

那虞子期便斥責道：「軍國大事，聽大王處分！小妹無須多言。」

虞姬回頭看看兄長，便嗔道：「人家孤老婦孺，你一個大丈夫，怎麼下得去手？」

項羽便擺手道：「美人倒是怪了，今日裡，非要與寡人講王道。也好，就不必爭了，令兄去劫回劉太公，等於迎貴客到彭城。兵荒馬亂，將彼等家眷接來，未嘗不是一件善事。」

虞姬便扭過頭去道：「好，大丈夫的事，我不多嘴了！」說罷便朝遠處看去，不再作聲了。

虞子期領命走後，項羽對虞姬道：「美人如此心軟，如何應付得了人世險惡？我看天下最是欲壑難填的，便是人心。昔暴秦猖獗時，諸侯貴胄皆輾轉號啼，痛不欲生；我項氏叔姪拚得九死一生，滅了秦之一統，各復其國，令彼輩有了臉面，彼輩卻又相殺起來，哪裡還有個知足！」

虞姬笑道：「昔列子有言，『此眾態也，其貌不一』。這不為怪吧？凡泱泱人群，必有各色人等。大王，你怎能強求人家一樣呢？」

項羽便大笑，起身道：「不錯，美人贈我良言，寡人且謹記。今日就早些回宮去，不看操演了。那劉邦老兒，攪得寡人沒了興致。」

「夫君，我看你與劉邦相鬥，多虧有亞父出謀劃策，不然還不知要出多少紕漏！」

「哼，那也未必！」

回王宮的路上，項羽與虞姬均未乘車，只是各騎駿馬，並轡而行。

儀衛佇列走過官道時，仍如來時一般威嚴。只見路上塵頭起處，長戟密如叢林，寒光映日。那刀戟叢中，霸王與虞姬的披風，飄飛如幟。

路上彭城百姓望見，都紛紛擁上來觀看，歡呼聲隨之而起，甚囂塵上。

項羽面有喜色，揚手回應，一面便對虞姬道：「昔日始皇帝遊會稽，渡錢塘江，我與叔父一同觀看，曾放言：『彼可取而代也。』叔父只當我是狂言，而今怎樣？」

虞姬笑靨如花，答道：「夫君只管得意就是。臣妾以為，楚人今得解脫，歡呼雀躍，乃是真心擁戴，你受之亦無愧。稱霸之功，遺澤萬世，豈是那荼毒天下的秦始皇可比的？」

「哈哈，可知這霸業功名，是如何得來？乃是鉅鹿一戰，將天下都殺怕。」

「大丈夫鬥勇，殺就殺唄，但不要累及家眷，臣妾心軟。」項羽便仰頭大笑，頓覺一天的煩惱都無影無蹤了。

夜來人定時分，項羽帶了桓楚一人，微服騎馬，來到范增的大將軍府。守保全卒辨出是霸王駕到，都慌忙棄戟，伏地行禮。范府的家老[38]范延年聞聲迎出，大吃一驚，也連忙伏地拜道：「大王，我家主公尚在公廨，並未歸來，或稍後可歸。」

項羽納悶道：「亞父何事尚未歸？我進府內，且等他一等。」說罷便命桓楚守在門旁，自己走入府中，進了范增的書房等候。

家老范延年為項羽掌好燈，奉上了一盞滾熱的秋葵羹，便躬身退出。

定都彭城以來，項羽還是頭回造訪范增府邸。早就知范增起居清雅，今日從富麗堂皇的霸王宮來，更覺范府簡樸，連帷幕都未設定一幅，直如家徒四壁一般。

項羽便想道：昔日鴻門宴上，劉邦託張良餽贈玉斗，亞父怒而砍碎，

[38] 家老，家臣中的長者。

一絲也不痛惜，看來並非做作。這耄耋老者，古風尚存，對國事又忠心耿耿，實屬難得。雖常有逆耳之言，今後還須耐下性子多聽聽為好。

他見几案之上，有一幅范增手繪的四方形勢圖，便饒有興味地看起來。猛見楚國的北、西兩面，都有紅字標出亂賊所在，兵鋒指向，怵目驚心，頭便忽地漲大了。

想起五月以來的四周不寧，項羽便怒氣難平。秦滅後，項羽主盟於戲水，命諸侯罷兵，各就封國，原是開了太平盛世之端；卻不想那無情無義的田榮，因未封到王，便亂鬧了起來。

此次封王，是因功封賞。所謂的功，即是看滅秦之戰出力大小。項羽自認為分封甚公平，其操持之清白，天日可昭。可那些舊王族與梟雄，或是嫌封地貧瘠，或是怨封王無份，都四處妄言，說是霸王分封全憑親疏。遭此非議，項羽滿心憤懣，只無處可發洩。

田榮還不肯就此罷手，有意要給項羽更多難堪。當初反秦之時，梁地有江洋大盜彭越，在鉅野澤畔擁兵萬餘。秦滅之後，卻寸爵未得，當然心懷怨望。田榮見有隙可乘，便給了彭越一個「將軍」名號，令他在梁地作亂，從中攪局。

到七月間，趙地又生變故，秦末的兩位豪傑陳餘、張耳，互相攻殺起來，全不顧往日的兄弟之誼。

看看這分封以後的天下，怎一個「亂」字了得？無怪范增老翁近來，每日都嘮叨不止。項羽在燈下，將那范增繪的地圖看來看去，漸漸也理出了頭緒來：當下作亂的各路豪強，僅僅是占地為王，一時還跑不到楚國的地面來搗亂，是否要立即發兵征討？需要斟酌。各路作亂者皆為蟊賊，唯有劉邦、田榮兩家野心甚巨。如須討伐，該先攻哪一家為上策？也須今晚與亞父商討。

項羽正徬徨間，范延年手提燈籠，將范增引進了書房。項羽連忙起身，兩人互相拜過，范增便責備道：「大王如何微服前來？如遇刺客不軌，豈不要驚了大駕？」

項羽便大笑道：「寡人又不是始皇帝！在楚地，想必也無人想要刺我。」

「大王身負天下安危，總要小心才是。」

「亞父盡可安心，我與壯士桓楚兩個，即便百名刺客也近不了身！倒是這般時候了，亞父有何事在公廨淹留？」

「日暮時分，老臣從公廨歸來，恰好路遇鍾離眛將軍，便與他說了些話。」

「鍾離眛？有甚急事要吩咐他？」

「為韓信之事。」

「韓信？那個跑掉的執戟郎嗎？」

「正是。漢軍在關中大敗章邯，可謂今非昔比，老臣覺此中必有緣由，不敢大意。據聞，漢軍新拜大將軍者，即韓信也。此人在楚為執戟郎時，與鍾離眛互有來往。自他投漢之後，營中曾有傳言，說是韓信脫逃時，所持印信文書，皆由鍾離眛私相授受，但此事經老臣詳查，並無實據。我與鍾離眛今日相談，就是想探問這韓信的根底。」

項羽便輕蔑地一笑：「亞父所慮，過重了吧？韓信那豎子，不過胯下匹夫耳，焉有登天的本領？劉邦那裡，也實在是無一個上得了檯面的。」

范增則正色道：「老臣以為並不如此。鬼谷子有言：『君臣上下之事，有遠而親，近而疏，就之不用，去之反求。』說的便是遺漏了鼻尖底下的賢才，殊為可憾！」

項羽霍地起身，雙眼圓睜：「亞父莫非是說，寡人對韓信，就是『近而疏』了？」

范增也起身，神情執著，昂首道：「當然！早先韓信來投我軍，我見他面貌清矍，中有蘊藉，非為久居人下之奇才，便在尊叔父面前極力舉薦。然項梁君厭惡韓信面黃肌瘦，未予重用。大王掌兵之後，也仍未提拔，以至韓信鬱鬱寡歡，終投漢營去了。今與鍾離眛說起，那韓信確乎有些韜略，常與人言及天下事。劉邦那匹夫，自僥倖先入關之後，其志所在不小，今又遇韓信之才，就更是如虎添翼了。今日三秦已全入他囊中，此等匹夫，貪心不足，必有東向之志。臣甚為擔憂，來日壞我天下者，或正是劉邦與韓信！」

項羽便揮了揮袖，復又坐下：「哈哈！韓信，淮上小兒，實無足掛齒。就算那老吏劉邦，也無非是鄉下出來的一個怪才，我看他之所圖，不過關中而已。即便心懷異志，寡人手下只須將軍龍且[39]一人，便可令他出不了崤關！」

范增道：「劉邦雖出身下僚，然絕非草芥之輩。鴻門宴上，大王心慈，未取他頭顱，恐是大王生平最大之誤！將來，還不知要斷送多少江東子弟的性命，方平息得了他這禍亂。今章邯被圍，命在旦夕，臣以為，應從速發兵解救，勿使劉邦在關中坐大。」

項羽想到白日裡虞姬叮囑，口氣便緩和下來，說道：「劉邦肇亂，寡人並非毫不在意。進剿亂賊一事，今西有劉邦，東有田榮，兩者孰為重？今晚正要請教亞父。」

范增答道：「當然是劉邦。」

項羽卻不以為然：「我看田榮在我肘腋，左右勾連，唯恐天下不亂。

---

[39] 龍且，人名，此處「且」讀作ㄐㄩ。一般認為，《史記》所載「司馬龍且」之「司馬」，乃是官職，而非複姓。

這才是心腹大患，該當立剿，剷除禍首。」

范增遲疑片刻，緩緩捋鬚道：「也罷！事不宜遲，可在五日內發兵伐齊。」

項羽卻搖頭道：「大軍一動，牽連甚廣，將士們歇了不過才幾日，又逢歲首[40]將至，不宜操之過急。寡人之意，尚須靜觀些時日。」

范增便一驚：「那廢丘孤城難支，章邯豈非性命不保？如此，三秦藩籬將盡失了！」

「章邯被困，死生由命，就讓他自求多福吧。對他，寡人已是仁至義盡了。」范增聞言，便不搭話，起身繞室徘徊，久久不語。

項羽望見牆壁之上，范增的影子已顯佝僂，忽地就起了憐憫之心，便懇切道：「亞父今晚所言，甚為有理。我西面之韓地，迄今尚未復國，如復韓國，楚之西便有一屏障可倚，也好防範劉邦。此事明日便著人去辦。」

范增聞言，停住腳步，疑惑道：「那個留在彭城的韓王成？莫非要讓他就國嗎？」

項羽便輕蔑一笑：「韓王成，貴冑公子也，百無一用。將他降為穰侯之後，似也仍無長進，不如殺了算了。原吳縣令鄭昌，起兵後一直隨我左右，可堪大用。寡人欲封鄭昌為韓王，命他率勁卒一部，西去陽夏，復建韓國，以防劉邦東竄。」

范增聞之，精神便是一振：「哦？那好呀！韓司徒[41]張良今何在？不也在韓王府中？也一併殺了算了。」

項羽思考良久，方道：「那倒不必了！張良固然助過劉邦，然今日已歸韓。此人曾在博浪沙謀刺始皇帝，畢竟是個義士，殺之可惜。韓王成

[40] 秦用顓頊曆，以十月為歲首，至漢初仍沿襲。漢武帝時，改用太初曆，始以正月為歲首。
[41] 司徒，官職名。西周始置。在各代各國，職司與地位略有不同，此處相當於丞相。

一死，諒他也難成氣候，就隨他去吧。」

「此人多詐，務必看管好，勿使逃走，免得又成劉邦羽翼。」

「亞父所囑，寡人謹記。」

范增忽然又想起一事，便道：「說起韓王成，老夫又想起義帝。這孺子百無一用，已成我大楚霸業之贅物，不如遣人除之。」

項羽面露猶豫，遲疑道：「義帝為我叔姪所推舉，卻不思報恩，反而偏袒劉邦，令那老賊先入關。寡人早有除義帝之心。可是遽然除之，西楚恐負惡名……」

范增眼中，便有精光一閃：「大王可無須過問了，臣自會處置。」項羽想了想，說道：「那也好，須不露痕跡才是。」

兩人說話之間，只覺室內寒意漸濃，入骨入髓。范增忙喚來范延年，吩咐去取些炭火。吩咐畢，忽又想起，急忙道：「適才我見桓楚候在門外，如此天氣，豈可久立？」當下，便命延年去請桓楚進來。

項羽嘿嘿笑道：「那武夫，如何登得此等雅室？」范增便也一笑：「天下初定，不可虧待壯士。」

桓楚進得書房，伏地便向范增一拜，起身之後，便叉手西向而立。范增望望他，讚道：「果然壯士！」

說話間，范延年將炭火缽端來，又給各人上了滾熱的秋葵羹。范增忙招呼桓楚坐下，三人便一面烤火，一面議事。

炭火殷紅，微香四溢，不一會兒便將室內烘暖，項羽頓覺心曠神怡，不禁慨嘆道：「我輩九死一生滅秦，原想諸侯復國，萬民解縛，可享萬世太平，寡人與虞姬，也好去那虞山腳下攜手優遊。豈料人心不足，你爭我奪，都想在刀兵之下取利。攪得寡人費神，連此刻這般悠閒，也是難得的了！」

「所以，大王如欲滅齊，須傾國而伐，一舉而定，千萬不要再仁慈了。韓非子曰：『奸起，則上侵弱君。』大王豈是那無拳無勇的弱君？」

項羽渾身便一顫：「誠如亞父所言。」

范增嘆道：「今朝這一刻，關乎千年萬代，大王可不要再遲疑了。」

桓楚在旁插言道：「江東子弟，如有八百，便可教齊之蟊賊不敢猖獗。請亞父勿慮！」

范增這才釋顏一笑：「唯願如此。」

返回王宮的路上，時已宵禁，街衢空無一人。古時通邑大都，夜裡為防盜賊出沒，皆實行宵禁，巷口的柵欄落下，禁止出入。唯有三五更卒，在街頭值夜報更。

夜裡清寒，項羽與桓楚從范府出來，不由都打了個寒噤。桓楚手提燈籠在前引路，項羽騎馬在後，兩人只顧疾行。馬蹄嘚嘚，於空巷之中，更顯得清脆。

行不多時，忽見前面有一人騎驢，在陋巷中悠悠獨行。桓楚不由心生警覺，立刻拔劍在手：「大王，謹防刺客！」說罷，便急趨上前，要看個究竟。

桓楚趕上那人，拿燈籠照照，卻見是一老者，騎一匹瘦驢在趕路。

項羽也急忙打馬上前，見那老者雖不似歹人，然舉止卻有莫名的詭異，便與桓楚互看了一眼，跳下馬來準備盤問。

那老者葛巾布衣，鬚髮皆白，身背一副竹琴，似無甚可疑之處。只是他坐於驢背，面卻朝後，狀甚古怪。項羽於是便問：「太公，何處去？」

那老者也不慌亂，勒住韁繩，悠然答道：「家在陰陵，今欲歸鄉。」

「來彭城何干？」

「垂垂老矣，百病纏身，昨來彭城買藥，然市面凋敝，遍尋無果，只得連夜返回。」項羽聞言，不由心生憐憫：「此時宵禁，太公如何要獨行？」

老者瞟一眼項羽道：「偌大彭城，可有老夫一個住處？我不急歸鄉里，更往何處落腳？」

桓楚便道：「拿符牌來我看看。」

那老者便哂笑：「鄉野之人，哪有什麼符牌？只有里正出具的文牒，寫明了來處。」說罷，遞出了一根竹簡。

項羽接過來看，原來老者是陰陵縣爐橋人。文牒上，姓名、處所、事由、簽押都明白無誤，於是便問：「太公，城中夜行犯禁，為何更卒未加阻攔？」

「我一個老朽，即便有心做江洋大盜，也是提不動刀劍的了。」老者說罷，即朗聲大笑。

桓楚聞此言，也忍不住笑。項羽便道：「太公，雖然宵禁，夜間仍有強人出沒，我等還是送你一程為好。」說罷便騎上馬，與老者並轡緩緩而行。

行了幾步路，迎面走來一隊巡卒，遠遠喝問是何人夜行。桓楚也不答話，只將宮中燈籠高高舉起。那些巡卒望見大大的一個「項」字，便是一驚。近前細看，見是霸王微服夜行，都嚇得白了臉，忙退後肅立，目送三人走遠。

那老者倒騎在驢背上，正與項羽相對。項羽便問：「太公在陰陵世居幾代了？」

老者答道：「老夫並非陰陵人，原籍是在相縣，世代耕讀。秦末大亂時，縣城竟兩遭屠戮，百戶蕭疏，人民無以為生，只得與老妻遷至陰陵務農。」

項羽便一驚，勒住馬韁，一雙重瞳盯住老者問道：「相縣？那不是泗水郡麼！可識得劉邦？」

老者淡然一笑：「泗水郡人，焉有不識劉邦的？」

項羽便勃然怒道：「你果然是漢軍刺客！」桓楚也猛地用劍逼住老者，面露狠意。

那老者卻不懼怕，輕輕撥開劍鋒，跳下驢背，將竹琴取下來，說道：「老夫除此琴之外，身無長物，軍爺可以搜查。」

桓楚喝道：「如何就曉得我是軍士？」

「哼，大凡持劍者，便都以為能橫行天下。亂世裡，如此霸道的，若非軍士，便是盜賊！」

聽老者談吐不凡，項羽便喝住桓楚，問那老者：「陰陵來此，五百里有餘，若只是買藥，何不遣家中子弟代勞？」

這一問，直問得老者愴然神傷：「這也休提了！家中原有三子，一隨故將軍項燕抗秦，一被徵去驪山，皆有去無回，骸骨尚不知留於何處。家中僅餘幼子一人，與我一同侍弄稼穡。然終是耐不得飢貧，前一月投奔了彭越，吃酒啖肉去了。」

聽老者提及先祖項燕之名，項羽心中便一軟，無心再與老者計較，便道：「太公，提了我燈籠去吧，城門守卒見此物，必放你出城去。」

老者便深深一揖：「不必了。日不出，燃燈何用？」

項羽一驚，半晌才道：「老丈，人心不善，夜裡行路還須小心。」

老者便道：「昔曾聞孔子言，『子為政，焉用殺？子欲善而民善矣』。望能善待天下萬民，老夫在此謝過！」

項羽心裡驚詫，脫口問道：「莫非太公知我是誰？」

那老者也不理會，自顧坐上驢背，這才回頭道：「我非神仙，豈能萬事皆知？唯知橫行者得不了天下。」說罷，加了一鞭，便飄然遠去了。

項羽甚感震驚，良久，才喃喃道：「莫非是老子未死，又進了函谷關？」

當夜，范增送走項王，輾轉反側於榻上，聽著窗外的枯葉蕭蕭，竟整夜未眠。劉邦回軍關中之事，於范增看來，有如噩夢。當年入關之時，范增曾親見劉邦竟能巧扮聖人，忍住貪財好色之欲，駐軍霸上，無一兵一卒騷擾咸陽，便認定此人必為項羽的唯一敵手。

此等深藏機心之徒，必不會久安於其位，入夏以來，劉邦果然趁亂而起，與田榮遙相呼應，劫奪三秦。此前在鴻門宴上的卑躬屈膝，顯見得是權宜之計了。這匹夫，欲與項王分爭天下之心，已昭然若揭。

可惜項王對此全不在意，只倚仗江東子弟天下無敵，看輕了劉邦的本事。昔荀子曾曰：「以疑決疑，決必不當。」看那年紀彷若自己孫輩的項王，雖神勇無匹，然一遇事機，則猶疑不決，遲早要生出大禍端來。

可惱的是，項王身邊，盡是些魯莽之徒，並無一個能看得長遠的。項氏族人，各個都占據內外要津，其中稍有智勇的還好，有那昏聵如項伯者，便要壞事。若是他人，在鴻門宴上貽誤大事，足夠下油鑊烹幾回的了，然項伯卻安然無事。誠然，項王呼范增為「亞父」，待之如親尊，然楚營之內皆是項家天下，對項伯這類謬種，又能奈何？

范增想自己在家鄉居巢，飽讀經史，本可優遊林下以終天年。然亡國之恨，終究難以釋懷，恰逢秦末亂世，便起了經世之念，想要一展平生未竟之志。

當時見武信君項梁揭竿而起，氣象不凡，范增便前往薛城投奔，果蒙項梁重用。可惜項梁命中無福，輕敵而亡。這之後，范增也曾一度心灰意懶，但見那項羽英氣勃勃，尚有可為，念及項梁的知遇之恩，這才肯拚了死命地輔佐項羽。

幾年來跟從項羽征戰，死人見了不知有多少，才終成霸業，范增深感滿足。想那三皇五帝以來，耄耋從軍、暮年有為者，更有幾人？

了卻滅秦的心願之後，范增便視名節為至高無上，謝絕加官，也不提攜家鄉子姪，唯願青史留名。然而高興了才不過幾日，便見好端端的天下，又有春秋亂象迭起。數月來，范增食不甘味，只是怕天下萬一有所閃失，還談什麼名垂千古？

范增看目下時勢，如看日月之食，再明白不過。可是項羽卻渾然不覺，居然為憐惜士卒，就一再延宕征討叛賊之期，真真是豈有此理……

睡在隔壁的范延年，聽見范增半夜三更仍在嘆氣，便爬起來，熱了一缽「寒食散」端進來。

范增坐起，勉強喝了兩口，便嘆氣道：「我並非體弱，而是國事紛繁，憂心難解。今有一大事要託付你去辦，不可延擱。」

范延年忙叩首道：「亞父儘管吩咐，小人竭誠去辦。」

「那漢家劉邦，狡計萬端，不知目下在弄些什麼名堂。關中近況危急，河南王來信也是語焉不詳，故而寢食難安。今思之再三，須遣你微服遠行，去往關中打探一回。」

「小人從命，只是府中……」

「府中一應瑣細事，都交給長史去辦，你無須掛心。當初大軍離咸陽時，我已布下了若干眼線在民間，這就將姓名、處所都寫給你，到得關中，逐一探訪。將那劉邦近況、漢軍動靜、關中民情等，盡量打探清楚。」

「亞父放心，小人這就收拾行裝，明早城門一開，就出城去。」

「往返三千里路，你要辛苦了！多帶些錢去，如遇刁難，可以打點關節。」

「小人明白。」

范延年伺候范增將「寒食散」服下，便退了下去。

此家老，忠厚老成，乃范增的一位族人，年近五十，沉穩練達。自范增薛城投軍起，就隨侍左右，此事交他去辦理，范增極是放心。

待曙色微明時，范延年便打點停當，向范增道過別，出門上路了。

次日上午，范增乘車去公廨，走到半途中，忽見前頭有兵丁阻路，路旁可見百姓成群，都面露驚恐，紛紛交頭接耳。

驂乘急忙下車去打聽，少頃，返回來道：「稟亞父，是彭城尹與朝中廷理 [42]，正在前面穰侯府……哦，就是昔日韓王府內勘驗。昨夜，有強盜明火執仗，翻牆入室搶劫，連殺數人，將穰侯也給殺死了。」

范增大怒：「豈有此……」但話還未說完，便忽然想道：莫非項王已按昨夜所定之計，派人下手了？於是便命驂乘，去請廷理過來說話。

廷理得知亞父到來，急忙趨前，將案情對范增說了一遍。范增亦無心細聽，只是問：「韓司徒張良，亦在穰侯府中寄居，可還安好？」

「稟告亞父，昨夜歹人並未傷及張良，然府中長史報稱，張良於今日凌晨忽然離去，不見蹤影。下官以為，張良恐為盜犯內應，嫌疑甚大，應傳喚到案，現已著人在城內四處緝拿。」

范增不由一怔，遂草草應道：「哦，知道了，你忙去吧。」

那廷理退後一步，向范增揖禮作別。御者見問話已畢，便將馬車掉頭，猛甩了一鞭，疾馳而去。

路上，驂乘憤然道：「堂堂都城，怎的天天都有盜案？廷理衙門也未免太過仁慈了。」

范增神情憂鬱，並不搭話，只仰天嘆息一聲，自語道：「昔日放歸劉

[42] 廷理，楚國官職名，掌執法、刑獄之職。

邦，今又不殺張良，無乃婦人乎？優柔如此，我輩恐無葬身之地了！」

驂乘和御者聞聽，面面相覷，全不知亞父此言緣何而發。車行了數條街，忽聽范增吩咐道：「先不去公廨，轉道往鍾離眜將軍府。」

將軍府距此僅三條街衢，片刻即至。聞聽亞父來訪，鍾離眜連忙從室內迎出，立於中庭恭候。范增一見，便拽住他衣袖問：「鍾離將軍，楚或有大難，將軍願與老臣共赴國難否？」

鍾離眜不知此話從何說起，只是正色道：「在下生死已託付項王，有何事須辦，亞父儘管吩咐。」

范增使個眼色，兩人便進了密室，屏退左右。落座之後，范增也不寒暄，直截了當道：「今來，乃為義帝事。」

鍾離眜聽到「義帝」兩字，臉色就白了，知道事情重大，於是道：「亞父請講。」

「義帝在郴縣，不安於位，常懷怨望，或有大不利於楚，宜果斷除之。」

鍾離眜頓感不安，額頭出汗，猶豫道：「義帝，為天下所共尊……」

「恰是如此。今我北、西兩面，皆有騷亂，義帝若煽惑天下反楚，事將不可收拾。項王於此甚感不安，今有密令，務必除去。」

「可是……」

「將軍不必疑惑。義帝雖為已故楚王後裔，但秦末已淪為牧羊小兒，項梁將軍起事之時，是老臣主張從民間尋得，以為虛君，便於號令天下。今天下已定，義帝亦安享榮華，卻不思報恩，反多有怨望。田榮亂起，他若在郴縣遙為呼應，必將動搖我根本，故絕不可留。」

鍾離眜一凜：「亞父，須下官前往郴縣嗎？」

范增便笑道：「哪裡，殺雞焉用牛刀？你與九江王英布，平素交情如何？」鍾離眛鬆一口氣道：「英布與下官，情同兄弟。」

「如此，便請將軍派得力校尉一名，潛赴江南，密語九江王，只說是你得亞父密囑，項王要除義帝。事須做得不留痕跡，免為天下詬病。」

「項王為何不下密詔？」

范增便又笑道：「將軍迂執！此等事情，如何可留蛛絲馬跡在世上？」鍾離眛便心領神會：「九江王是盜賊出身，操持此事，易如反掌耳！」

「正是。所派校尉亦須前往衡山王、臨江王處，轉達此令。」

「九江王一人足可勝任，何必另囑他人？」

范增沉吟片刻，才答道：「此事關係重大，或有遲疑不決者，將貽誤事機。依老臣推斷，密囑三家，其中必有一家可遵令施行。」

鍾離眛這才恍然大悟：「亞父慎思，下官萬不及一。」

范增便起身告辭：「將軍，今日所議，天知地知而已。」

「請亞父放心，即使斧鉞加頸，下官亦不外洩。」

「還有一事。上柱國陳嬰，是國之重臣，目下在義帝左右為輔。須密囑九江王，切不可將他誤傷。」

「下官謹記。」

鍾離眛將范增送至門外。臨登車時，范增望一眼鍾離眛，忽又不經意道：「前執戟郎韓信，今春投奔漢營，現已為漢大將軍矣！」

「下官亦有所耳聞。」

「此前，朝中曾有流言，皆言韓信脫逃，是得將軍相助。我已查明，此事係子虛烏有。項王那裡，老臣已為將軍辯白，無須再掛心了。」

鍾離眛聞罷，悚然一驚，臉色白了又紅，半晌才道：「亞父之恩，下官沒齒不忘。今日事，鬼神亦不知。傳令之人，今日即可出發。」

范增含笑一揖，這才登車去了公廨。

後晌，范增從公廨返回，路過穰侯府，見府中已設定了靈堂，門前白幡繚繞，哀聲四起。旅居彭城的一眾韓人，聞韓王成暴薨，都感悲傷，絡繹不絕前來弔喪。

范增遂命御者將車停下，憑軾望去，見眾弔客神情憂戚，似內心有難抑之痛，便想道：韓王成雖非強者，但當初畢竟是首附項梁的一方諸侯，曾與張良同領一支羸旅，在韓地謀復國，與秦軍苦鬥多時，不能算作昏庸無能。如今卻不明不白死於非命，著實令人不忍。

這世上，大概僅有他范增知道，韓王成緣何而死 —— 項王忌恨韓王成，完全是因張良之故！

張良父祖數輩，皆為韓相。秦末亂起，張良立志復國，在下邳投了沛公軍。後劉邦領軍投項梁，張良便趁機向項梁提議，扶起韓王成，以圖復韓。之後，張良便隨韓王成在韓地抗秦，輾轉流離，頗為困窘。

正當此時，恰逢沛公軍西征咸陽路過，助韓攻下了十餘城。韓王成感念劉邦，遂命張良隨劉邦西行，以為回報。劉邦有張良從旁謀劃，才得以奪關斬將，先入了關中。緣此之故，項王竟遷怒於韓王成，戲水會盟後，六國中的其他諸侯均可就國，唯韓王成被項王扣押在彭城。

其實，劉邦之所以能搶先入關，皆因義帝有所偏袒，至於有無張良相助，結果都是一樣。然項王如今卻因惺惺相惜，不忍心殺張良，反倒讓韓王成做了個枉死鬼，實是匪夷所思。

因此范增想：項王畢竟年輕，做事常不能權衡輕重，此後與劉邦纏鬥，還不知要生出多少事來。

想到此，范增不由深深嘆了一口氣。望著韓王府的一片縞素，悵然良久，才吩咐御者道：「走吧，回府去。」

數日之後，虞子期帶領五十騎從沛縣返回，向項王稟報，此去撲了個空，並沒有逮到劉太公。

那劉太公，名叫劉煓（ㄊㄨㄢ），字執嘉，先前在老家沛縣金劉村務農，後移居豐邑城內，在中陽里安了家，以經商為生，攢下偌大一份家業。太公性素曠達，樂善好施，在本地頗有些人望。此次虞子期輕騎前來抓捕劉太公，事機雖密，但不知在哪個關節上，不留心走漏了風聲，功虧一簣。

當初劉邦帶兵離開沛縣，也帶走了家中孔聚、陳賀等二十二位舍人，家眷則託付給了留下的一位舍人審食其[43]。就在虞子期到達之前，審食其聞聽風聲，帶著劉太公夫婦、劉邦妻呂雉（ㄓ ˋ）和子女等親族，從豐邑逃至鄉下，先躲了起來。虞子期帶人遍尋閭裡，全不見劉氏親族蹤跡。

但此行也並非一無所獲，在沛縣，虞子期探得王陵之母尚在，便順道擄了來。項羽聞報，不由失望，教人將王陵老母帶上殿來問了幾句，發覺這老嫗居然略知詩書，便心生一計，吩咐中涓[44]，將王陵老母暫置於後宮，好酒好肉招待。

半月之後，正如項羽所料，新封韓王鄭昌率軍抵達陽夏，轉眼便將漢軍逐出了南陽郡，王陵等人退至南陽以西，與楚軍相持。之後便有一項王信使，從彭城快馬馳出，直奔南陽，暗中將一封信交給王陵。

王陵接密信閱之，大吃一驚，知老母已被項羽劫持，權衡再三，只得屈從。遂瞞過了漢將薛歐、王吸，派密使令狐橫前往彭城，與項王商談降楚事宜。

---

[43] 舍人，古代豪門大戶的門客或左右親信。

[44] 中涓，指君主親近之臣，如謁者、舍人等。亦作涓人。涓，潔也，言其在內掌清潔灑掃之事。

冬月下旬，令狐橫單人匹馬進了彭城，項羽得報，便在宮中設宴招待。席上，特請王陵老母東向而坐，以示至尊。

項羽笑對令狐橫道：「王將軍之母，即是吾母。自吾母至彭城，便住在宮中，無日不歡。」說畢，回頭看了看王母。

那王母神態怡然，全無一絲愁苦之狀，只微微頷首。令狐橫見了，便把心放下，拱手對項羽道：「大王義高於天，下官代王陵將軍，在此謝恩！」

「王將軍意下如何？」

「下官來時，已與我家將軍約好，待下官面見了太夫人後，即回報南陽大營，次日便可易幟。我部今有三千人馬，皆為南陽壯士，有萬夫不當之勇，願為大王效勞。

易幟之後，下官再來接太夫人歸營。如此措置，不知大王可否恩准？」

「哈哈，如此甚好。王將軍曾是沛縣豪雄，名震一方，寡人也曾多有耳聞，私心傾慕，不知為何卻投了那無賴劉邦？」

「時勢所迫，英雄亦有迷途之時，請大王萬勿怪罪。那劉邦空有仁厚之名，然兵疲將弱，素以巧取豪奪為長技，怎比大王坦蕩磊落？大王掃滅暴秦，英名蓋世，四海皆傾心臣服。」

項羽便大笑：「閣下是個會說話的人。今閣下已眼見為實，吾母身心俱泰，與在故里一般無二，可轉告王將軍放心來歸。倒是那劉邦，襲取了關中之後，是否有意趁勢東進，願閣下見教。」

令狐橫乍聞此問，不禁怔了一怔，隨後便答：「漢王劉邦，秦亡之前不過一鄉間小吏，目光所及，不出方圓十里。軍興之後，僥倖先入關中，見舊都繁盛，已是夢寐難求。下官猜度，漢王如能守住三秦，便可保他三代富貴，他怎肯拋捨頭顱，來捋項王的虎鬚呢？」

一番巧語，說得項羽仰頭大笑：「閣下之見，與吾意正合。劉邦固然貪鄙，但也要投鼠忌器吧？」說罷便起身，親執勺斗，為王母與令狐橫斟酒。

令狐橫連忙謝過。那王母也不言語，捧起酒樽，便一飲而盡。

項羽帶笑讚道：「豪傑之母，雄風亦同，姪兒在此恭祝太夫人安康多福。」飲罷一巡，項羽忽然想起，便問令狐橫：「漢軍上下，可畏懼寡人？」

令狐橫道：「我軍上下，對大王無不敬畏，誠因職司所在，不得不與楚軍相抗。」

「那劉邦，他也怕寡人嗎？」

「這個……依下官陋見，恐怕也是。譬如，三秦方定，漢王便急遣一軍，來聯繫我家將軍，欲往沛縣迎家眷。此舉，顯是對大王有所忌憚。」

「嗯，有道理。」項羽大喜，便命人再上珍饈美饌。

席間，鐘磬絲竹之聲，繞梁不絕。堂前美人歌舞，更是令人目眩神迷。那令狐橫縱是巧舌如簧之人，初歷此境，也只是恨一雙眼睛不夠用。觥籌交錯中，不覺便飲得半酣了。

此時，忽見王母從座中欠身，向項羽施了一個萬福：「鄉鄙老嫗，蒙大王盛情款待，不勝惶恐。吾兒何德，有勞大王延攬？即竭誠來效，亦不能報大王於萬一。老妾之意，令狐先生應速返陽夏，須臾勿遲，將大義對吾兒曉諭明白，及早擇路，方為萬全之策。」

項羽大喜，贊同道：「吾母明智，令狐先生可即返回。」

王母便離席而起，說道：「令狐先生，我來送你一程，有幾句話，要請先生轉告吾兒。」

那令狐橫雖貪戀楚都豪奢，但使命在身，只得起身，與項王告辭。項羽遂命中涓拿出黃金十鎰[45]，贈予令狐橫。

令狐橫叩首謝過，便手捧黃金走下殿去。那王母也隨令狐橫走下階陛，一手牽住他衣袖，似有話要囑咐。

行至御路之上，王母看隨侍的涓人不在近旁，便忽然泣下，囑道：「令狐先生保重，請為老妾傳話給吾兒，務必好好侍奉漢王。漢王是仁厚長者，生的是一顆仁心，知道憫民，終有一日可得天下。請囑吾兒，勿以老妾之故，懷有二心。人皆以仁義為顏面，豈能大難一來，便顏面掃地？妾意已決，將以死為先生送行！」

令狐橫聽得目瞪口呆，正不知如何應對，忽見王母伸手過來，抽出令狐橫所佩寶劍，往自己頸上便是狠命一抹！

遠處的涓人與郎衛見了，都一片驚呼。那令狐橫手捧黃金，攔擋不及，眼睜睜看著王母血濺衣襟，倒地不起。

這一幕，項羽在殿上恰好看得清楚，不覺驚出一身冷汗。階下眾郎衛一擁而上，將令狐橫逮住，推至項羽跟前。令狐橫心知大禍臨頭，伏於地上，只是叩首如搗蒜。

項羽便問：「老太婆說了些什麼？」令狐橫不敢隱瞞，一五一十轉述了。

項羽勃然大怒：「鄉野村婦，愚頑至此。受劉邦蠱惑，甘為奸邪，不奉正祀，其可憫乎？來人，將這愚婦的屍身烹了，讓她求仁得仁好了！」

郎衛們一聲「從命」，便在殿前架起銅鼎，灌滿了油，點燃木柴燒起

[45] 鎰（一ˋ），古代重量單位，合二十兩（一說二十四兩）。

來。此時令狐橫早已癱倒在地，語無倫次，只恐霸王一怒，將他也扔進這沸油鼎中。

項羽見令狐橫的模樣，遂冷笑一聲：「你起來，好好看著老太婆昇天，回去說與你家主公聽。與寡人作對者，終歸要化為烏有。縱是逃逸於四海，必也無所遁形！」

令狐橫聽得汗流浹背，股慄不止，連聲應諾下來。項羽遂一揮袖，命中涓在階陛之上擺好几案茵席，又命樂工奏起絲竹，便怡然坐下，觀賞殿前的裊裊青煙。

令狐橫驚惶萬狀，幾欲暈厥。好不容易捱到事畢，連那受賜的黃金也不敢要了，狼狽逃出楚王宮，連夜奔回南陽。

入了臘月，不見范延年返回，亦無音信傳來，范增的心緒便一天天焦躁起來，每夜都睡不安穩，只睜眼望著窗上的竹影搖曳。那枝椏，模樣詭異，狀似鬼魂徘徊於中庭。

楚之國運，成了范增最憂心的事。自從三秦失陷之後，他便有了隱隱的不安。楚之大業中，那些足可潰堤之穴，似在漸漸增多……

為此，他特地知會了掌軍政的司馬[46]龍且，凡有西面來的軍情、線報，務必要抄送到自己這裡一份。他要從那些零零碎碎的簡牘上，嗅出劉邦這狡兔的心思來。

當初范延年遠行不久，關中就有壞消息接踵而至。十月初，常山王張耳遭陳餘攻襲，兵敗國除，他不來投奔項王，卻跑去了劉邦門下。這個梟雄的選擇，堪可玩味，無疑助長了漢王的聲威。

十月末梢，又有河南王申陽，抵不住漢軍的軟硬兼施，降了劉邦。

[46] 司馬，楚國官職名，掌軍政和軍賦。商代始置，位次三公，與司徒、司空、司士、司寇並稱「五官」。漢武帝時，重置司馬一職，為中級武官。另設「大司馬」之職，為大將軍的加官。

那申陽，原是張耳的嬖臣[47]，當初率軍先攻下秦之河南郡，在黃河邊迎楚軍南下，故此項王賞給他一個王。前月張耳隻身投漢，沒有什麼作見面禮，想必勸降河南王便是他拿出的大禮。

申陽降漢，非同小可。其都城是在洛陽，距彭城不過千里而已；中間一馬平川，無險可守。此地如今歸了漢家，於楚來說，可謂劍指眉睫！

到冬月裡，情勢更為惡化。劉邦派太尉韓庶子信，率一支勁旅東出，襲破了陽夏，大敗韓王鄭昌。那韓庶子信，與漢大將軍韓信同名同姓，乃是故韓國的一位庶出公子，早早便投了漢。此人亦有相當見識，在故國頗具聲望，一到韓地，便有韓人望風歸附。

那鄭昌敗後，竟然也降了漢，劉邦便封韓庶子信為新的韓王，人稱韓王信。這個漢家卵翼下的新韓王，定都陽翟，隨即縱兵四出，韓地就此全失。

自此，彭城以西不足八百里處，便已成劉邦染指之地。

當初項王分封的十八諸侯中，現已有六位被劉邦或剿滅，或收服。天下三分，漢已據有其一。如此得寸進尺，怎麼得了？

范增每過十天半月，便在他親繪的天下形勢圖上，用紅筆圈去一大塊，失地之痛，如剜心割肉。他揣摩，劉邦還定三秦之後，並未揮師東向，然其東鄰各國的易幟，卻如秋風掃落葉一般。其謀略正如孫子所言，「如滾圓石於千仞之山者，勢也」。想那劉邦，豈是此等善謀者？即或他帳下的新銳韓信，亦不似胸中有此大格局。

究係何人在為漢營謀劃？范增一連想了幾日，忽然中夜坐起，以手擊榻——那張良從彭城潛逃，蹤跡皆無，定是重歸了劉邦帳下！

---

[47] 嬖（ㄅㄧˋ）臣，受寵幸的近臣。

他斷定，漢家如今這種「求之於勢」的謀劃，必是出自張良手筆無疑。眼下劉邦身邊，有了張良、韓信這一文一武，羽翼已成，勢難禁制了。悲乎項王，對此竟全無警覺，仍在猶豫不定，以為諸侯易幟不過是鄰人的家事。

范增不由長嘆一聲，心想，楚今後之命運，實難參詳了，只能祈求天佑。

數日之後，正是雪落江淮之時，范延年風塵僕僕趕回，累得幾乎癱倒。范增忙為他拂去身上雪花，教府中舍人煨了熱湯來灌下。延年稍稍恢復後，便道：「主公，小人一路馳趨，馬都跑死了兩匹，片刻不敢延擱。」

「路上可有驚險？」

「尚好。只是在咸陽，恰遇紀信巡城，撞個對面。他與小臣曾在鴻門宴上有過照面，見我眼熟，盯了我兩眼，所幸沒認出我來。」

「一路所見如何？」

延年急切道：「主公，劉邦野心甚巨，萬勿寬縱，否則楚運危矣！」說罷一陣暈眩，險些跌倒。

范增忙扶延年坐好，聽范延年細述。

果不出范增所料，張良逃出彭城之後，曾藏匿於韓地，十月中便潛入關中，漢王將他收在帳下，封了成信侯，並無實職，只管運籌帷幄。數月之間，漢軍便輕取河南諸地，不戰而收十數郡、降兩王。這些戰果，不單是出於張良計謀，而且張良還曾親往河南勸降了申陽。

而後，韓庶子信率軍入韓，亦是張良隨同前往。韓地城池，望風而降者甚多，均是張良搖唇鼓舌為之。

聽到此，范增便忍不住道：「縱虎歸山，果受其害！」便急問劉邦近來的動向。

范延年道：「小人聽關中各地暗潛遊士講，那漢王之心，可用八個字概而言之，即『厲兵秣馬，志在東略』。前月收服河南王與韓王時，劉邦曾隨軍出函谷關，進至陝縣。在陝縣，關外父老相率以迎，竟視漢軍為『王師』，夾道歡呼……」

未等延年講完，范增便陡起怒意，拿起案上一個碧玉筆洗，「砰」的一聲，摔了個粉碎：「無知愚民！今日之喜，便是彼輩明日之悲。秦行一統，而天下頓成囚籠；楚分天下，則是為萬民解脫。道理淺顯若此，何以對楚恨之入骨？」

范延年見主公震怒，遂不敢再述此事。以他之所見，秦民之所以擁漢，乃是因項王在新安坑殺降卒，太過殘暴，致秦民怨恨，轉而人心向漢。即便有賊寇反楚，亦願相助，況乎漢王是堂堂正正的諸侯……

延年便轉了話頭，又道：「劉邦因冬季雪大，不利於軍伍，便還軍櫟陽。近日又將漢之都城，從南鄭遷往了櫟陽。」

范增聞之一凜，不禁脫口道：「櫟陽？那不是秦獻公時的舊都嗎，他要做什麼？」

「因咸陽宮皆被焚毀，不堪再用，故劉邦將櫟陽舊宮收拾一新，作了漢家宮室。漢丞相蕭何亦遷入櫟陽，主持政令，蒐羅關中及巴蜀錢糧，以供軍資。」

「昔年秦孝公初見商鞅，便是在此城。劉邦豎子，莫非想效仿孝公開疆拓地？」

「然也。小人在關中所見，劉邦所為，無一不是王者氣象。他曾下詔令，放開秦皇苑囿，讓百姓耕作，以補稼穡之不足。又免去巴蜀及關中新附之地稅賦，推舉縣鄉三老[48]，安撫百姓。小臣與秦民談及世事，皆

[48] 三老，掌教化的鄉官。戰國魏即有三老。秦曾置鄉三老，漢增置縣三老。

曰今關中大安，自秦始皇登基之後，就未曾見過。」

范增似有所觸動，稍後又搖頭道：「又是張良、蕭何之謀！」

「還有，十月間，劉邦曾下詔毀秦社稷[49]，建漢家社稷，現已竣工。臣聞市井傳言，劉邦曾對大臣言，秦時僅有赤黃青白四帝之祠，與『天有五帝』之數不符，故自詡為黑帝，漢社稷便以黑帝為尊。」

范增大驚：「哦？是你親眼所見？」

「小人親眼所見。彼輩冬至祭享，就是在漢社稷內操辦，劉邦親受諸侯、百官稱賀，儼如帝王。」

范增霍然起身，望著窗外瑞雪紛紛，只是捋鬚不語。良久，才轉身問道：「關中還有何事？」

「主公，關中山河五千里，已落他人手中，看得小人心痛呀！原先尚有隴西、北地兩郡未降，前月，漢將酈商攻下北地，樊噲攻下隴西，現只餘一個廢丘，那雍王章邯還在苦守呢！」

「唉！章邯迂執，氣節可感天地，可惜項王卻不急。」

「前月，樊噲、劉賈等人，皆因軍功加了將軍。櫟陽城內，處處張燈結綵，鼓樂喧天，全不似蕭瑟寒冬。」

范增冷冷一笑：「燕雀之輩，所見者狹。天下之大，成敗尚無定論，有何可賀？」

隨後便吩咐延年下去歇息，他自己要好好理一下思緒。

次日一早，宮中來人傳項王諭旨，告知午時在戲馬臺有朝會。當時戰亂，西楚方興，朝會並無定時定所，規模亦很隨意，都是項羽興之所至，隨時來喚。

范增連忙將范延年所述，擇其要者，擬了一個節略。午時將至，便

[49] 社稷，皇帝、諸侯祭土地神與穀神之所，乃國之象徵。

披起一件敝舊羔裘，乘了車，冒著雪後清寒去了戲馬臺。

進了山門，拾級而上，臺上東院的正殿，便是朝會場所。范增見來的人裡，武將要偏多些。范增入座後，便有項伯、項佗、項聲、虞子期、龍且、季布、鍾離眜、桓楚、周殷、曹咎、周蘭等一干文武，陸續到來。

不多時，項羽與虞姬進了殿。兩人各披一領紫狐裘，皆是雄姿英發。眾人頓覺眼前生輝，都紛紛起身行禮。

落座之後，項羽也不客套，開門見山便道：「今日朝會，邀來諸君，要商議的是討伐田榮事。田榮作亂，已有多時，寡人已無可再忍。諸位是如何想的，盡可暢言。」

龍且頭一個忍不住，嚷道：「田榮五月即反，如何等了他七個月，大王還未動手？」

項羽便道：「他縱然擅自稱王，也還可忍，然此賊子野心忒大，擬與陳餘聯袂伐楚，故寡人絕不可忍！」

眾人便是一片憤憤之聲，都攘臂挽袖，紛紛請戰。

季布待喧譁過後，忽然問道：「大王，莫非放過劉邦不理會了？漢襲取三秦，又助韓庶子信奪去韓地，實過於囂張。」

項王道：「劉邦固然無賴，與田榮互為呼應，趁火打劫，然欲滅漢，須傾全國之力，不可兵分兩翼。寡人意已決，先滅田榮，再挾得勝之威，回軍滅漢。」

項伯拊掌讚道：「如此方略甚妥。」

鍾離眜卻似有疑慮，說道：「今韓已易主，等同歸漢，我彭城之西，再無屏障。如漢軍偷襲，不須旬日即可抵我城下。我軍如全力東出，則後方堪憂。」

項羽便笑：「天下有何人如此大膽，敢打到寡人彭城來？此不過杞人之憂。寡人之意，我軍如能席捲齊地，則劉邦必喪膽失魂，豈敢邁出函谷關一步？」范增這時便道：「老臣卻是為楚擔憂。」

項羽遂斂起笑容，向范增拱手道：「憂從何來？願聞亞父見教。」

「日前韓王成暴薨，韓司徒張良忽然隱蹤，老夫曾遣一得力家臣，遠赴秦地探察虛實，昨方從秦地返回，稱張良已潛回關中，又為劉邦軍師矣！」

項羽聞之，十分驚異：「此事當真？」

「那家臣絕不敢妄言。想數月以來，楚之西面並無大戰，然河南一帶，兩王卻相繼廢滅。此不動聲色之謀，依老臣猜度，均係張良所出。劉邦欲圖山東，已是昭然若揭。我軍即使枕戈待旦，也仍須防他重演『暗度陳倉』，況乎我全軍東向，彭城豈非正成香餌，引得漢軍來襲？」

龍且便拍案道：「莫非他有虎膽？」

范增瞟了一眼龍且，從容應道：「兵法曰，善用兵者，如常山之蛇，擊尾則首至，擊首則尾至。而我軍東向，深入齊地，有數十城須逐個拔除。設若漢軍襲我背後，則我首尾不能相顧，此乃兵家大忌也！」

龍且卻不以為然道：「亞父學問高深，然末將僅知道，壯士不容他人掌摑！」鍾離眛便笑道：「奈何左右臉頰，均有掌印了！」

眾人便一起哄笑。

項羽也並無惱意，隨著眾人笑笑，說道：「諸君可放言無忌。出兵乃國之大事，多議一議也好。」

周殷性素沉穩，此時便道：「亞父所言，也有道理。微臣以為，漢與齊這兩家，權衡利害，究竟哪一家為我之大敵，須有所分辨，方可定下出兵之策。」

范增便拿出寫好的節略摺子，遞給項羽：「家臣西去，探訪甚詳，大王可一覽。劉邦在關中，撫慰民眾，興建社稷，廣施教化，儼然是來日天下之主了。其心叵測，其志必在東略，數月來他棋枰上每落一子，必在我要害處，不可不防。」

項羽在座中讀了摺子，對范增道：「亞父有心了，難得如此詳盡。然劉邦乃巧偽人，行事一向如此，每至一地，必收攬人心，亞父若為此事而憂，無乃小題大作乎？」

「見微知著，豈是小題？劉邦在三秦的經略，大異於尋常諸侯，鋒芒所指，必是我西楚。那田榮不過一介武夫，盤踞齊地，等於占山為王。東西兩敵，孰輕孰重，豈不一目了然嗎？」

項羽便搖頭笑道：「亞父論事，無所不中；然此事還是揣度有誤。寡人昨日收到一封密信，乃張良自韓地來函，說的就是田榮、劉邦事。」說著便拿出一束簡牘，上留有火漆印痕，對眾人道，「張良密信曰，漢王未能稱王關中，耿耿於懷，今欲得關中，如約即止，不敢東向……」

眾人大感驚奇，接過密信互相傳閱。

項羽隨後又拿出兩份密劄，說道：「隨信還有兩份文牘，乃齊趙兩地互通的謀反書信。口說無憑，有文字為證。張良在信中稱，齊欲與趙並滅楚，囑我萬勿掉以輕心。正是此信，促我決意伐齊。齊趙，我毗鄰也；關中，遠隔山水也。田榮、陳餘，已磨刀霍霍，劉邦掠地，不過貪戀關中富庶。孰輕孰重，不亦分明乎？」

范增接過幾份密劄，細細看過，不禁滿腹狐疑：「張良自從潛回關中，即入劉邦幕中，是薑子牙一類人物，不單是參與謀劃，且親往韓地勸降。此信雖自韓地發出，但焉知不是受命於劉邦？真偽虛實，須細加辨別。」

虞姬此時從旁插嘴道：「臣妾看來，亞父所慮，怕是更周全些。」

龍且便嚷道：「然齊趙兩地，火已經要燒到眉毛了！」

項莊也道：「門前尋釁，已無可再辱！」

虞姬不以為然道：「辱不辱，是你等大丈夫的事。臣妾只知楚軍不過十萬，分派不了兩處使用。田榮一個蟊賊，僭越稱王，我看過不了數月，必將不戰自亂。那劉邦卻是梟雄，輕取三秦，對我已是虎視眈眈，我軍不可不防。」

項伯此時站起身，高聲道：「不錯。老夫以為，今大楚雖兩面有警，然齊趙乃心腹之患，而劉邦卻是遠在天邊，癬疥之疾也。孰輕孰重，人盡可察。那劉邦雖詐，難道能飛過這千里阻隔嗎？鴻門宴未除掉劉邦，固然令亞父耿耿於懷，但當時他曾嚇得半途退席而去，今日又有何依恃，敢來向西楚耀武？」

話音一落，龍且、桓楚、項莊等人便是一片叫好。

項羽便笑道：「今日所議之事，依寡人之見，可以定論了。寡人觀望齊地之亂，已七月有餘，實無可再忍。正月之初，我大軍須盡出，攻伐齊地，務求一戰而定。九江王英布那裡，寡人這就發信，召他率軍前來。楚之雄兵，在彭城消磨日久，也該重整旗鼓了。各位愛卿，即日伐齊，盡可一展身手，也好青史上留得一個大名！」

龍且又問道：「那陳餘小兒呢，如何打發？」

項羽道：「齊趙眼下尚未聯兵，暫不去理他。齊地若下，何愁陳餘？」

季布忽然想起，對項羽道：「可稟報義帝，向天下發一檄文，則我軍更為師出有名。」

項羽聞言，忽而沉默，半晌才說：「已得九江王報稱，一月之前，義帝在郴縣窮泉地方，被無名盜賊所擊殺。左右近臣，幾無倖免。」

眾人一聲驚呼，都面面相覷。唯范增與鍾離眛對視一眼，側了頭去，假裝無事。

靜默少頃，項羽才道：「義帝駕崩，實出意外。所幸輔佐義帝的上柱國陳嬰，大難不死，已逃至九江王處，不日即可返回彭城。」

龍且驚訝萬端，不禁脫口道：「九江王？莫不是他圖財害命吧？」項羽怒道：「此等大事，不要胡說！」

季布聞此噩耗，唏噓不已，遂問道：「須為義帝發喪嗎？」

項羽搖頭道：「義帝性命不保，國之恥也，發喪就不必了。寡人已命九江王，將他好生厚葬就是了。寡人與義帝，恩恩怨怨就此了結，我等還是專注西楚的大事吧。今日所議，大勢已見分明，克敵宜由近及遠，先滅田榮為上。」

眾將見有仗可打，大都踴躍相慶，唯季布、周殷等人沉默不語。

龍且拍了拍胸脯道：「大王焉用親征？只我與鍾離眛兩人領軍，平定齊地，如烹魚肉耳。」

項羽遂起身道：「不可！齊乃大國，入敵境，克城不易，非比兩軍曠野對陣，寡人決意親征。為防彭越馳援田榮，著令蕭公角領別軍一支，往梁地擊彭越。彭城僅留亞父、虞子期駐守。除此而外，各位皆隨我伐齊。正月吉日，剋期出發！」

眾將便紛紛起立，抱拳應道：「唯大王之命是從！」

項羽遂將紫狐裘向後一撩，指著窗外的雪景道：「諸君，如此河山，怎能辜負？與亞父相比，我輩都還算是少年之輩，尚需歷練。然天賜我韶華，亦賜我大任，必欲掃盡鼠輩而後快！」

眾將聞言，無不振奮，齊呼：「大王聖明！」

喧譁中，范增暗嘆了一聲，起身向項羽一揖，一語不發便跨出大殿去了。

正月初一，十萬楚軍集齊彭城，遍野盡是赤色旗幟、甲衣，聲勢極壯。項羽在戲馬臺上檢閱三軍，不覺志得意滿。唯有那九江王英布稱病未到，只派了一員偏將，領四千兵卒來助戰，頗令人不快。龍且便惱火道：「這英布賊子，有異心了嗎？」

英布原為鄉里惡少年，因犯法被刺字黥[50]面，人亦稱他「黥布」。後被調發修驪山陵墓，因不甘受淩虐，便逃到長江上做了水賊。秦末大亂，他與番陽令吳芮合謀，也拉起一支人馬來，投了項梁。之後英布在楚，每戰必為先鋒。咸陽分封時，項羽賞識英布之勇，便封了他九江王。

此次英布不來，戲馬臺上，眾將便是一片議論紛紛。項羽亦心有不滿，卻是一笑置之：「九江王功高，正當養尊處優，此乃人之常情耳。他來或不來，楚軍皆是天下無敵，此事毋庸再議！」說罷，回頭對范增道：「亞父，區區田榮，便不勞您老人家親往了，等我提回他首級來給你看。」

范增神色如止水，只是一拱手道：「大王無往而不勝，老臣並無疑慮。」

待到正月初，項王一聲號令，各路楚軍便分頭殺入齊境，摧枯拉朽。原以為田榮在齊經營多時，物產又足，須有一些硬仗要打。豈知那田榮不過是關起門來稱王稱霸，下屬文武，只知搜刮民財，欺下諂上。若無事時，儼然一泱泱大國，一遇楚軍入寇，則各處無不土崩瓦解。

那楚軍作戰，與各軍都有不同。將領們不大講究陣法，只憑一股狠意，士卒擊技與勇力都在各軍之上。遇戰，皆如狼似虎。可反覆衝擊而士氣不惰，遇戰況不利亦不潰散。

---

[50] 黥（ㄑㄧㄥˊ），古代刑罰之一，在臉上刺字並塗墨，以為懲戒。

此次楚大軍一動，便漫山遍野都是赤紅旗甲，如烈火燎原一般。那齊軍當年並未參與鉅鹿救趙，未見過楚軍這般氣吞萬里的凶猛，甫一開戰，即潰不成軍，只恨爹娘少生了兩條腿。

不數日間，楚軍便殺到了城陽。田榮倚仗一身悍勇之氣，率齊軍精銳也來至此城下，欲與楚軍決戰。但結果仍一樣，齊軍大敗，一哄而散，城陽亦被攻破。田榮只得帶了數百騎，落荒而逃，向北狂奔七百里，竄入鬲（ㄍㄜˊ）縣。

鬲縣，便是後世的平原郡。敗逃至此，也是田榮自己要尋死，仍不改暴戾本色，強令平原百姓納糧籌款，以充軍資。

那平原百姓，原就沒受過田榮什麼恩惠，今見他窮凶極惡，便都不買帳。商議之下，索性聚眾造反了，一時間糾集起萬餘人，將平原城團團圍住，一舉攻破。混亂之中，田榮竟被百姓棍棒齊下，活活打死。

田榮一死，齊地實際上便告平定，但項羽氣惱齊民跟隨田榮反楚，便下令縱兵焚殺。每破一城，必焚燒民宅，墮壞城牆。降卒一律坑殺，老弱婦女通通拘繫，肆意凌辱。

攻下城陽後，項羽將此前的一位舊齊王田假，立為新的齊王。這個田假，是在秦末田儋死後，由百姓推舉出的一位齊王，係戰國末代齊王之弟。當初在位不久，就被田榮逐走，奔至項羽帳下寄食，今日總算榮歸故里。

然而城陽百姓，皆不認這個田假，反倒懷念起故主田榮來了，擁戴田榮之弟田橫將軍，起兵反楚。那田橫，是個凜然壯士，在各處蒐羅殘兵餘眾，立誓復仇，一時竟得了數萬人。須臾之間便奪回了城陽，逐走了傀儡田假。

當時項羽正率軍攻城掠地，忽見田假狼狽奔至楚軍大營，一問緣由，不禁勃然大怒。他惱恨田假竟如此不爭氣，想想留之無用，便命人將田假暗中處死，即率大軍回攻城陽。

數日內，楚軍便將城陽團團圍住，幾十輛衝車四面裡攻打，人如蟻聚，箭如飛蝗。放眼看去，城陽就如火海中的一座孤島，不日即將被火舌吞沒，化為灰燼。項羽立於城下，躊躇滿志，想那田橫糾合的不過是些烏合之眾，怎堪楚軍這狂怒一擊？

然而攻了數日，城陽只是拿不下。原來，那城中軍民早被楚軍殺怕，心知一旦城破，則萬無生路，於是個個死命防守。城中百姓家家出人，戶戶納糧，合城同仇敵愾。楚軍健卒雖長於野戰，但在此堅城之下，卻是死傷枕藉，寸功未得。

項羽這日便騎了烏騅馬，帶了桓楚，繞城看了一圈。發覺各處守軍，都是拚死在守，那滾木礌石，下雨似的拋下，楚兵再善戰亦是抵擋不住。到得北門一處，忽然發現此處全是婦人把守，城上吶喊聲雖大，卻是鶯鶯燕燕。

項羽抬頭望去，見城上婦人老弱皆有，前僕後繼，奮力拋石，竟一絲兒也不讓鬚眉。於是便發怒道：「我西楚雄師，竟奈何不得婦人乎？」

隨後便調龍且營中死士數千，專攻此處，務求三日破城。項羽來了牛脾氣，每陣都身先士卒，背負搗土築牆用的木杵，衝至陣前，在城下壘起高臺放箭。一面又下令，聚攏雲梯車一字排開，蜂擁撲城。

哪曉得這一眾婦女，由田橫夫人帶領，皆抱必死之決心。楚軍的雲梯剛剛靠近，便有成桶的汙物潑下，臭氣熏天，令人幾欲窒息。未等楚軍稍作喘息，又有鐵鑊滾油兜頭潑下，直燙得楚軍哀聲連天，接二連三地滾下。

城下弓弩手見了，眼裡都冒出火來，眨眼便是萬箭齊發，城上婦女仍是冒死不退，倒下一個，便又立起來一個。連攻幾日，連項羽也有所悟：原來那婦女若不想要命，即是男子也莫可奈何。

見攻城不利，項羽便不免心內焦躁。這日，他實在不耐煩，便命項伯登上城外高臺，勸田橫速降。

高臺之上，眾軍士用盾牌將項伯護住，項伯引頸大呼：「楚左尹項伯在此，請你家將軍田橫出來說話！」

不一會兒，便見田橫一身勁甲，登上城樓，回應道：「我即田橫，有話便講。」

項伯便拱手道：「軍中未便行大禮，項伯在此拜過將軍。將軍大名，如雷貫耳，在下傾慕已久。今西楚方興，天下歸附，請將軍判明大勢，勿以卵擊石。如舉城來降，項王必讚將軍大義，封將軍為齊王，可保萬世富貴。」

田橫怒氣填膺，指著項伯罵道：「你說此話，無異於狗彘心腸！楚師無端入寇齊地，所過殘滅無已，婦孺皆屠，狠毒更甚於暴秦。爾等逆行，必遭天譴，我田橫興義師，便是要報國破家亡之仇。爾等倒行逆施，還想圖萬世富貴，豈非夢囈？喪盡天良之徒，還有何臉面來勸降？速去掘好墓穴，等著受死吧！」

項伯又道：「將軍豪氣可嘉，然人力難勝天意。如能息兵戈，開門輸誠，不失為齊之英雄。請勿疑慮。」

「胡說！應息兵戈的，是爾等禽獸！楚逆犯境，濫殺無辜，已是天人共憤，天下皆看清了爾等虎狼本性。我田氏，乃齊之宗室，世代傳國，樹堂堂正正之旗，不似爾等蠻邦鄙夫，趁亂竊國，妄稱霸王，實則草寇。你項伯亦是略知詩書的人，可知古往今來豈有以殺人而成大業的？回去告訴你那莽夫姪兒，若退兵而去，或可保得一個諸侯可做，若一意孤行，必為天下所共誅，落得碎屍萬段，死無葬所。」

「這個……將軍意氣用事了！令兄並非為我楚軍所害，而是齊之暴民所害。彼等暴民，全賴我大軍蕩平。今後，齊楚可為一家，渾然兄弟，何苦以軍民性命做賭？今降旗一豎，則萬民如釋重負；若大軍破城，縱然生民萬戶，皆頃刻煙飛，將軍也將罪無可綰，到那時便悔之莫及了。」

「屁話！我只知忠勇報國，邪不侵正。爾等要試我齊人鋒鍔，儘管拿頭顱來試。你家主公，滅得了王離、章邯，滅不了我匹夫田橫。流血乃軍伍本色，如何嚇得了慷慨之士？唯你這腐儒，才如鼠輩只知偷生。軍中是較量勇力的地方，你這老賊，無須在此多費唇舌了，滾下去覆命吧！」說罷，他將手中令旗一揮，城上便是一陣金鼓齊鳴，箭鏃亂飛。兵民混雜一處，搖旗吶喊，全無力竭之意。

項羽在城下看得清楚，氣得目眥欲裂，嚴令三軍輪番攻城，晝夜不息，不計利害也要攻下城陽。

當時范增未在軍中，見項王暴怒，眾將都不敢勸，只得不顧死傷，發力攻城。過了旬日，季布看看如此下去，徒增傷亡，於是便向項羽諫道：「頓兵於堅城之下，不是辦法。不妨四出掠地，克服齊之全境，或可令田橫絕望而降。」

項羽覺此計甚好，便留下龍且圍困城陽，自己親率大軍北進，直打到濰縣、緣陵、夜邑一帶。楚軍過處，城鄉又是一片火海。然戰局自此卻有所逆轉，漸漸地有利於齊國了。田橫在城陽，立了田榮之子田廣為齊王，齊民更覺前程有望，都在四處興起兵戈，與楚軍作對。楚每略一地，都須爭奪再三。

齊地戰事，竟一直拖延了下來，數月不見分曉。

血火廝殺中，堪堪已入三月，春暖花開了。不久有梁地戰報送還，說蕭公角一軍，為彭越所敗。項羽便更覺焦躁起來，細思自軍興以來，無有一戰有如此的無奈。

這日，項羽與項伯在大營中商討，已破各城如何派人治理。項伯便道：「殺人太多，齊民怨恨過甚，今後可略為寬仁。」

項羽怒目嗔道：「民乃賊也，不殺，何以使之懼？」

項伯卻搖頭道：「然民不可以屠盡，即便僅餘數千，彼等又可生生不息，如之奈何？若欲使齊地不復叛，則終須懷柔。」

項羽聞此話，不由想到那騎驢老者所言「子為政，焉用殺」，亦正是此意，心下便是一怔。那夜，或是老者即在有意諷喻？於是對項伯道：「也罷！寡人暫退一步，可令各軍，暫且封刀吧。」

正在此時，忽有謁者進帳，呈上文牘一件，說是殷王司馬卬有緊急軍書送到。

項羽心中一跳，預感不妙，忙拆軍書來看，原來司馬卬告急道：劉邦已舉傾國之兵，出臨晉關，渡河東來！旬日之前，魏王豹已望風而降，漢軍正分數路突入河內。司馬卬退守都城朝歌，料勢不能敵，亟盼楚軍來援。

項羽大怒，將那軍書狠狠擲於地上：「張良豎子騙我！」

項伯在旁，拾起軍書看了，亦是著急，嘆道：「這如何是好？齊地戰事膠著，分兵斷無可能。」

項羽想想，不禁怒氣填膺：「劉邦、張良，皆詭詐小人也。以詐術行世，騙千秋之名，世間不知多少豪傑，都將死在這班小人手中！然兵家恃勇而勝，豈能以詐術而決勝負？我偏不信邪，只一刀一槍與他拚個高低！」

項伯便勸道：「大王之志，天下皆知。如劉邦敢冒犯大王，如冰雪投入鼎鑊，管教他有來無回。只是眼下困局，如何脫得出來？」

項羽便如籠中困獸，在帳中來回踱步：「若我回軍，則攻齊功虧一簣，此萬萬不可。想不到那劉邦老兒，真的就敢背後插刀！如今，只盼得殷王能多撐幾日了。」說到此，項羽瞪了項伯一眼，「當初，你也是主張對齊用兵的，今日如何？爾等眼光，還不如虞姬一個女流⋯⋯唉！若聽信亞父之言，鴻門宴上動手，早便一了百了，事情何至於此！」

項伯聞言，更加惶恐，不住地擦汗。又想了片刻，建言道：「或者，大王可速回軍，防守彭城？」

「回軍？笑話！劉邦莫非有吞天的膽子，敢來犯我楚境？我只擔憂司馬卬那廝，守不住朝歌。」

「老臣有一計，可遣使者，同來人一起赴朝歌，詐說我楚師不日就要還軍，直抵朝歌，教那殷王不要慌亂。殷王聞此，必會死守朝歌。」

項羽心知這不過是自欺欺人，然別無良策，也只得依了。

項伯正想去派遣使者，項羽卻叫住他：「那殷王，去年八月便有意叛楚，幸得寡人派了都尉陳平，去把他阻嚇住了。那陳平回報說，殷王已安撫好了，萬無一失，寡人還賞了陳平二十鎰金呢。若殷王今日再叛，寡人就要把陳平那個廢人給烹了！」

項伯聞言，驚得一顫，手上的軍書便嘩的一聲墜地。他望望項羽，見那滿腮髭鬚賁張，蘊含怒氣，似正在朝外噴火。

項羽掃了一眼項伯，冷笑道：「國之重臣，臨陣卻計無所出！去教那龍且與鍾離眛二將軍，各領兵馬五千，一去定陶，一去鉅野，成掎角之勢，扼住劉邦東竄之路。兩地距齊甚近，一日便可至，他二人今日就走吧。」

「唉，各領五千兵馬，當得何用？」

「震懾而已！莫不成，劉邦真敢前來犯境？」

項伯這才恍然大悟，忙拾起地上軍書，唯唯而退。

待項伯走後，項羽越想越氣，一腳踢翻几案，怒罵道：「庸人，庸人！滿坑滿谷，如何恁多庸人！」

彭城慘敗，漢王倉皇渡泗水

時值漢王二年（西元前 205 年）春三月，劉邦親率大軍突入河內，順利如有天助。東征之初，劉邦便有諭令傳檄各地，凡舉一郡或率萬人來歸者，即封萬戶侯。這一帶平川豐饒之地，官民都不忍見生靈塗炭，郡縣遂望風歸附。漢軍聲威，立時震動半個天下。

劉邦一路收降，軍伍如滾雪球般壯大，堪堪已有四十萬之眾。平川道上，只見黑旗黑甲的漢兵，遮天蔽地而來，宛似前不見首、後不見尾的一條巨龍。

那殷王司馬卬坐困都城朝歌，日夜盼項王發兵來救。可是直到將那北飛大雁望斷，也不見有片羽飄落，只得閉了城門死守。向日從三秦遁走的趙賁，此時降了司馬卬，充作主將，統領城防事宜。

這等角色，哪裡擋得住漢軍滔滔洪流？大將軍韓信略施小計，便教先鋒灌嬰在朝歌城外，以老弱之兵示弱，引得趙賁率軍傾城而出。灌嬰引軍退了不遠，一個回馬槍殺來，殷軍只顧撿拾漢軍遺落的旗幟甲冑，猝不及防，一時便大亂。

未等亂軍全部退入朝歌，灌嬰軍早已追到，一鼓作氣便殺進了朝歌，將那殷王司馬卬俘獲。唯有趙賁狡詐，脫去甲冑，混入亂兵中，往楚地去投項王了。

進占朝歌後，韓信又遣曹參率一支人馬，趁勢向東攻下了修武。至此，彭城已在漢軍刀鋒下不遠處了，旬日可至。

劉邦鬆了一口氣，自忖出關以來，不費什麼力氣就連降三王，可謂順乎天意，全無阻礙，便命全軍在修武這地方稍作休整。

自定都櫟陽之後，漢家初具興國規模，君臣上下便有些脫略行跡，不似從前那樣拘謹了。劉邦雖不是混世的聲色之徒，但當了多年鄉間小吏，也不能免俗，競逐聲色這一雅好，當即復發，此次出兵，大營裡便攜帶了些妖嬈婢女。時令正是桃紅柳綠，劉邦倍覺神旺，閒來無事，便教身邊兩個婢女伺候洗腳。

這日在修武大營，劉邦正在優哉游哉地洗腳，忽有謁者隨何來報，說已降殷王司馬印來見。

劉邦正洗得上癮，也不起身，便吩咐道：「召他進來吧。」

司馬印身著便服，滿心惶然，正不知是禍是福。進得大帳，見劉邦這個架勢，倒是吃了一驚。但兵敗被俘，不死已屬萬幸，更有何尊嚴可言，便伏地恭謹拜道：「臣司馬印覲見大王。」

劉邦揮揮手笑道：「哈哈，司馬兄，殷王！別來無恙乎？」

司馬印誠惶誠恐道：「大王，休再提什麼殷王不殷王。臣原為趙王歇手下裨將，因緣際會，受項王之賜，浪得虛名，怎敢與大王稱兄道弟？」

「你不提我倒還忘了，當初我沛公軍攻下潁川，恰逢司馬兄也要渡河南下，與我爭搶入咸陽之功。你我二人，還險些兵戎相見呢，哈哈！」

「慚愧！微臣當初實不知天高地厚。漢王天威，臣怎敢冒犯？當初在黃河相遇，遙望大王營壘，威儀赫赫。臣思之再三，不得不退避三舍。」

「不錯，你倒是有些眼力。罷罷，那些恩怨，今日都不必再提了。兄深明大義，今日歸了漢營，便是一家人。孤已經吩咐下去了，兄之諸侯王待遇，一仍其舊，絕不委屈了你。既然歸漢，便與孤家同心，與那項王爭個高下，不知司馬兄可否有志於此？」剛問罷，劉邦忽覺自己的模樣未免不雅，便揮退了兩個婢女，穿上鞋履，整好衣冠，要聽司馬卬如何答覆。

司馬卬未料劉邦能如此懇切，心頭便一熱，答道：「大王寬仁，臣當奮身圖報。況乎霸王殘暴，已惹得天下洶洶，今日伐楚，正如昔日之討秦，臣豈能無動於衷，置身事外？」

「那好，就請司馬兄去河內各地，招降舊部，重整兵馬。待大軍休整幾日，你便與寡人合兵一處，也好共用天下。」

「謝大王厚恩。天下大勢，臣也是了然於胸的，並非隨風轉蓬之輩。今降了大王，更絕無二心。」

劉邦忽然想起，便叮囑道：「既成一家，司馬兄可不必拘謹。前已有塞王、翟王、常山王、河南王、魏王相繼來歸，多半都隨軍而來，就在大營起居。你若無事時，便可與之常來往，飲酒下棋，不亦樂乎？」

司馬卬答道：「軍務緊迫，不敢言喜樂。塞王、翟王，當初是因降了才得王，故而可放心作樂。鄙人不才，卻是一刀一槍拚來的王，只知大丈夫合該戰場上死！容臣下招降了舊部，為大王爭得些臉面再說。」

「也好，司馬兄倒是爽快人！我等作樂的日子，將來還多著呢，目下就有勞司馬兄奔忙一場了。」

司馬卬領命，便叩謝退出。

劉邦看他出去，對侍立在旁的隨何嘆道：「這司馬卬，人倒也踏實。所謂『慷慨之士』，說的就是此輩吧。與塞王、翟王那些牆頭草相比，大為不同。天下之士若多類此，我將省卻多少心思！」

隨何便道：「項王暴虐，大王仁慈，諸王當看在眼中。」

劉邦喜不自勝，於是屈了指頭算道：「寡人今已有六王在手，還有那趙王歇、代王陳餘，寡人也已遣使召他們來助，漢家勢大矣！那項王，身邊只得江南三王算是盟友，如今又各自按兵不動，天下將屬誰，便無須再問了。」說罷，便喚婢女趕快端水上來，繼續洗腳。

隨何見帳中無事，便告退出去。不一會兒卻又引了副將魏無知進帳，叩首道：「項王帳下陳平，從楚營逃出，來投大王。」

劉邦便大笑：「那陳平，也來投我了？鴻門宴上，與他曾有一面之交，只記得他儀表堂堂，好個美丈夫。你見過了？」

魏無知稟道：「陳平與臣早年即有舊交，昨已問過他投漢緣由，似並無詐欺。臣素知他抱經世之才、挾奇謀之術，若大王能用，置之帷幄，不久必建奇功。」

「哦？你說與我聽，如何他要來投漢？」

「去年八月，殷王聞大王回軍關中，立即呼應，欲舉兵叛楚，項王便命陳平領數千兵馬前來河內，欲以武力震懾，阻嚇殷王，勿使其叛楚。然陳平並未用兵，僅憑三寸不爛之舌，即嚇住了殷王。今殷王復又叛楚，歸順我漢家，項王大怒，便欲烹了陳平。陳平聞風，派人把那往日的印綬、賞金送還給項王，隻身仗劍，渡河來投我。」

「美丈夫也有如此眼光？如今我劉季，可不是在漢中蝸居那時了。天下英雄，眼看他一個個來投，真是快哉！」劉邦大笑不止，吩咐道，「寡人洗腳，正在興頭上，莫教他攪了我的雅興。隨何，你去將陳平先生安頓好。夕食時候，有那近日來投的一干人等，都請來，寡人一併宴請。」

隨何領命，便與魏無知一道退下了。

當日後晌，劉邦在大帳賜宴，與七位最近來投的賓客共進夕食。此時劉邦已從韓信歸心的事上得了經驗，知道有志之士慢待不得，於是鄭重更衣，著漢王錦袍赴宴，態度甚恭。

席上有張良、韓信作陪。二人昔在楚營，都與陳平相熟，於是三人執手問候，言及往事，都不勝感慨。

待眾人落座，劉邦便舉爵勸酒道：「寡人求才若渴，眾壯士來投，正中我下懷。昔我得張良、韓信，已如有天助；今又得七位英豪，豈非龍添鱗爪，欲騰於天了？哈哈！我舉大軍伐無道，用得著諸君的地方甚多。諸君前程，不必掛慮，今朝可暢懷痛飲。」

眾人由衷感激，都舉爵盛讚漢王功德。劉邦便擺擺手道：「謀大事，諸君請陳言務去，這些歌功頌德的話，今後可全免。寡人與諸君，兄弟也；爾等入漢營，即是歸家。」

一席話，竟說得眾人熱淚漣漣。席間即有一人起身，感泣道：「海內志士相率反秦，豈是為前門驅虎、後門迎狼？那楚霸王橫暴天下，無人敢當。唯大王敢捋虎鬚，興義兵東來，天下何人不敬佩？今我輩來投，非為前程，乃為大義耳。」劉邦聞言，哈哈大笑，連飲三爵以賀眾人。

酒宴不覺便有了一個時辰，劉邦看看眾人已盡歡，便道：「今日時辰晚了，各位可就客舍歇息。」

眾人皆伏地叩謝，獨有陳平不拜，霍然起身道：「大王，臣為謀大事而來，所言不可過今日！」

劉邦一怔，見陳平一身白袍，長身美儀，其風姿飄逸，絲毫不亞於張良，雖不是頭一回見，也仍如驚鴻一瞥。當即便笑道：「陳平兄，果然並非徒有其表！那麼……好，散席後就請留步，寡人今晚與你作竟夜長談，如何？可不要學當日韓信，一賭氣跑掉了。」

韓信便朝陳平拱手道：「陳平兄，既入漢家，凡事須耐得磨。兄今得大王禮遇，遠勝於弟在漢中籌糧那時了。」

眾人便一齊發笑，都紛紛向陳平敬酒。

是夜，劉邦換上便服，屏退左右婢女，與陳平燈下對坐，帳外只留隨何聽候傳喚。

劉邦先謝道：「鴻門宴一別，寡人念念不忘。當時全賴陳平兄與項伯全力維護，寡人方得逃生。竟不知兄在楚營並不得意。」

陳平便道：「項王待我倒也不薄，只是他剛愎自用，不聽勸諫，反喜聽讒言。遇事不順，便苛責屬下。我這裡一肚子好計謀，全成了廢柴。」

「哈哈，項王量小寡恩，一貫如此。兄此次從楚營來，可還順利？」

「逃離楚營，倒無驚險。只是渡河時，險些丟了性命。」

劉邦一驚：「怎麼說？」

陳平便細述道：「臣昨日乘舟渡河，不想那艄公數人，看我衣冠楚楚，疑心我腰間藏有寶貨，欲在中流將我謀害。我見彼等神色不對，便脫去衣袍，裸身助他撐船。彼等水賊見我腰間空空，除男人胯下那『寶貨』而外，一無所有，遂收起賊心，臣方得安然渡河。既渡河，臣連那袍子也不敢要了，狼狽逃來漢營……」

劉邦忍不住哈哈大笑：「大丈夫，此事不為恥。兄之機敏，正與寡人相同！」寒暄既畢，便又促膝向前，低聲道，「寡人要聽你談正事，有何言相告？」

陳平斂容道：「漢王今來此地，距彭城僅有咫尺之遙，其間無一屏障，何以大軍逡巡於此，半月不進？」

劉邦捋鬚思謀片刻，方答道：「唯慮孤軍不可深入。待稍後，即與諸侯聯兵而進。」

陳平便從懷中摸出一卷絹帛祕圖來，交予劉邦道：「此乃我離楚營之後，憑記憶所繪。彭城一帶山川形勢、駐軍防務，盡在此圖中，大王可一覽。楚軍十萬，傾國伐齊，此良機千載難逢，大王還猶豫什麼？」

「陳兄高明，然我今出函谷關，連收三王，項王能不警覺乎？如回軍擊我，將何如？」

「項王行事，從來不留餘地。若他防備陛下，便不會貿然伐齊；今既伐齊，必心無他顧。聞大王東出，他至多遣一支別軍來阻嚇，豈能盡數班師呢？」

劉邦便打開祕圖來看，看了片刻，忽而拍案叫絕道：「陳平兄，你果然是秀外慧中。此圖，你今晚就好好與寡人講解一番。」

陳平稍有遲疑，而後叩首一拜，慨然道：「臣毅然投漢，只為能一展生平之志。」

「這個……兄在楚營，項王給你個什麼官做？」

「都尉。」

「那麼好，寡人今亦封你為都尉。一來，典護軍，掌將校任免與調遣；二來，做我親隨，換下周緤，由你來做我的驂乘，以備隨時顧問。」

陳平忙伏地謝恩。

劉邦便一揮手，教他不必客氣：「魏無知說你有經緯之才，果不其然。今夜，寡人便與你定下攻彭城大計。」說罷，便朝帳外喚道，「隨何，寡人今夜不睡了，你自去歇息吧。」

這一夜，兩人談到時近平旦，陳平方告退。劉邦將他送至帳外，大笑道：「我漢家，今日有兩位出謀劃策之士了，且都美貌如婦人，此豈非天意乎？」

劉邦定下了取彭城大計，興奮異常，天明後亦不歇息，立即寫了手諭，教隨何送至太尉幕府，著令將陳平的任命向各軍下達。

晨操過後，一眾將軍看到任命狀，不禁大譁，皆有不服之心。周勃對眾人道：「陳平何人？楚之逃卒也，大王何以抬舉若此？未知本領高下，便與之共乘一車，還要監護我輩老將，天下哪有這等道理？」

眾將也是一派憤恨之色，紛紛攘臂不服。

到午時，隨何有事去周勃營中，聽到眾將七嘴八舌，群情洶洶，連忙回來向漢王稟報。

劉邦聞報，只是一笑：「沛縣舊人，迄今仍一無長進！寡人當初，險些放跑了一個韓信，今日便絕不再錯失陳平。」自此，全不理會軍中議論，對陳平越加優厚，還賞了他一些金錢，充作日用。

陳平就任之後，即協助劉邦整軍。所有部署皆代為處置，命令甚嚴。幾日下來，軍中聞陳平之名，都覺悚然。

見陳平地位巋然不動，便有人開始趨奉，而沛縣諸人則更加不服。如此過了些時日，眾將實在耐不住，便推了周勃、灌嬰去向劉邦進言。

這日，劉邦正在閱讀陳餘來信，忽見二將闖進帳來，不覺詫異。

只聽周勃怒氣沖沖道：「陳平雖美如冠玉，然肚裡有何貨物，實不可知。臣等聞他昔日居家，曾亂倫盜嫂……」

劉邦愕然：「什麼盜嫂？」

灌嬰插言道：「即是與嫂子胡來。」

「哦，果真？這又如何？」

「此人詭詐多變，實難從一而終。昔日事魏王咎，為人所不容，於是逃亡歸楚；歸楚後又不稱意，於是歸漢。今大王賜他如此高官，令掌護軍，無乃太過抬舉乎？臣聞陳平舉薦諸將，出賄金多者，可得好官職；出賄金少者，便無好差。陳平若此，豈非一副小人嘴臉？臣看陳平，乃反覆無常之徒也，願大王詳察，勿為奸宄所惑。」

劉邦聽了，不覺有所觸動，便揮手道：「此事寡人已知，待詳察後再議，你們下去吧。」

二將走後，劉邦便叫了魏無知來，劈頭蓋臉責問道：「你舉薦陳平，人卻道陳平盜嫂納賄，可有乎？」

魏無知倒也不慌，只鎮定答道：「盜嫂一事，所謂緣何，臣實不知。臣與陳平，無事不談，他家事臣亦盡知。陳平少喪父母，與兄嫂同居，其兄見他好學，便獨力躬耕，任陳平四處遊學。其嫂不忿，甚忌陳平。有人曾謂陳平：『你家貧，食的什麼竟如此肥美？』其嫂便恨恨道：『所食無非糠麩耳。有此小叔，還不如無！』其兄聞言大怒，遂休掉了那婦人。所謂盜嫂，不知何出，只怕是千古奇冤了。」

劉邦便撫膝笑道：「原來如此。且夫……嫂便不可盜嗎？那納賄之事怎講？」

魏無知答：「確有此事。」

劉邦便有了怒意：「那麼，你說他是賢人，又是何意？」

「臣之所言，乃陳平之才能；而陛下所問，乃其人之德行也。即便他守信有如古之尾生、賢德有如古之孝己，然卻不曉爭戰勝負之術，陛下要他又有何用？今楚漢相爭，臣舉薦的是奇謀之士，足以利國家而已。至於盜嫂、納賄，又有何妨呢？」

劉邦沉吟半晌，才道：「你說的有道理，然細節不堪，大節還可信乎？」

「臣聞陳平少時，恰逢鄉里社日[51]，鄉人推他主宰分肉，所分斤兩甚為公平，父老皆稱善。陳平便道：『嗟乎！倘若我陳平來宰天下，亦如這分肉一般！』以臣觀之，此即為大節。」

「竟有這等事？好，你先退下，待我當面問他。」

[51] 社日，古代百姓祭祀土地神的節日。

待魏無知退下，劉邦左思右想，仍覺此事不甚妥當。前日一高興，賞了陳平高位，然一旦所託非人，若半途叛漢而去，豈非要貽笑眾人？於是即喚了隨何，兩人都著便服，騎馬去了陳平大帳。

走近陳平軍帳，猛見門口衛卒面熟，劉邦急忙下馬仔細打量，心裡便奇：「此人為何如此酷似張耳？」然心下卻明白，張耳此時正遠在趙國，輔佐趙王歇掌國，不可能來漢營為陳平執戟。

饒是如此，劉邦還是情不自禁朝那衛卒一躬，險些就要動問「張兄久違了」。那衛卒見漢王如此客氣，竟然手足無措，慌忙伏地還禮。

那軍帳中，陳平正與兩名校尉商談，見劉邦突然進帳，兩校尉都神色慌張，連忙退下了。陳平便起身，恭請漢王入座。

劉邦也不客氣，坐在陳平案前，看看帳內陳設，果然有不少豪奢之物。又隨手翻了翻案上書籍，見都是《老子》、《管子》之類的黃老之書，心下便暗道：「這個書生，倒不迂腐。」

陳平望見劉邦神色似略有不豫，心裡也猜中了七七八八，於是叩拜道：「陛下蒞臨敝處，必有指教，臣洗耳恭聽。」

劉邦想想，便直截了當道：「寡人今來見都尉，是有一事不明，特來請教。先生早年事魏，有始無終；後事楚，又叛離而去；今又從我，可耐得幾日？有信用者，能如此三心二意嗎？」

陳平聞此言不善，便知有人在劉邦面前進了讒言。此類事，他平生所遇甚多，便也不惱，只心平氣和辯解道：「臣早前事魏王咎，魏王不聽臣言，故而離去，轉事項王。哪知項王更不信任高士，所用之人，非項氏一族，便是妻兄妻弟，有如開夫妻店一般，哪裡有治天下的氣象？臣在楚營，便聞大王能用人，故而來歸大王。臣已向大王講明，項王昔日所賜黃金，臣已全數奉還，渡黃河而來，又險遭水賊劫掠，係裸身入漢，不受賄金，今又何以為生呢？」

劉邦聞言，面色便稍緩，但仍搖頭道：「圖大事者，貪財又有何用？」

「臣正是為大事而來，故而不拘小節。臣之謀劃，如有可採用者，大王便可用之；如無可用者，大王近日給臣的賞金，都分文未動，可原數封還官庫，臣只乞求退居林下，優遊卒歲好了。」

劉邦一下便怔住，心裡將陳平的話掂了一掂，忙擺手道：「先生高義，非村俗者可及，算了，勿與他人賭氣了。近日寡人只忙於軍務，忘了先生實已一貧如洗。此事寡人且記下，今後兄之吃喝用度，便可無慮了。」

陳平一笑：「眾口鑠金，人皆不可免。臣陳平，生來就是箭靶，無端被讒。做事或直行，或詭道，總聽不到人家一句好言語，日久倒也慣了。」

劉邦便大感尷尬，忙扯住陳平衣袖道：「先生萬勿萌生退意，與項王爭高下，正有賴於君。我沛縣舊部所言，乃婦人之心也。彼等只配為寡人牽馬執鞭，何如先生之高致？寡人已知錯了，先生可寬恕乎？」

陳平慌忙下拜道：「不敢，不敢。」

劉邦便一指案上書籍道：「先生所喜黃老之言，正與寡人相同。同氣相求者，天地間亦難尋一二，小事便不用計較了。」

陳平連連叩首道：「謝大王知遇之恩。」

劉邦告辭走到帳外，又見那衛卒，便問陳平：「你這左右，怎的如此貌似張耳？」

陳平掩口笑道：「前日巡查各營，見此卒相貌酷肖常山，幾不辨真假，便收來做親隨。每日恍似常山為微臣執戟，不亦有趣乎？」

劉邦遂大笑：「你這書生，就是好強。可記得老子曰：『強梁者不得其死』？」

陳平辯道：「臣亦聞老子言，『強大處下，柔弱處上』。故有此安排。」劉邦叱了一聲：「鬼才！」便上馬而去。

從陳平大帳回來，劉邦心中便已有數，即命隨何速擬任命狀，加陳平為護軍中尉，掌考核全軍功過賞罰，另有厚賜一筆，亦不在話下。

眾將見了陳平新的任命下來，都似兜頭被澆了一瓢涼水。心下便叫苦：每進一言，陳平便加官一級，如此下去，還了得嗎？於是，皆不敢再言。

劉邦受陳平鼓動，心有所動，便起了直搗彭城之念。只怕錯失了良機，天下就再難屬劉。然自思軍興以來，尚未與項王交過鋒，勝負實難預料。躊躇之間，便召張良來詢問。

張良應召來到帳中，聽了劉邦的一番謀畫，又俯身在陳平所繪的祕圖上看了半晌，方道：「臣雖略知天下大勢，然全從強弱之勢上分辨，軍旅之事則一竅不通，此事恐還須詳詢韓信。」

劉邦便笑道：「子房[52]兄，昔日為我謀燒棧道之計、離間楚與齊趙之計，都何其精妙！今日如何便膽小起來？」

張良便答：「《周易》曰，遇敵，或鼓或罷，最可憂的是位不當也。大王之德，令天下歸服，故而進兵以來，所向披靡。現正值彭城空虛，統天下之兵擊彭城，看來並無不當。然楚國大軍在齊，一旦回攻，我將如何應付？」

「子房兄所慮，唯此一節嗎？」

「然也。」

[52] 張良，字子房。

「我兵多，他兵寡，有何憂之？」

「強勢非為兵多之故。楚乃善戰之兵，我乃雜湊之兵，不應以數目多少而論強弱。」

「我以有道伐無道，豈能言弱？」

「兵家較量，唯在謀略。有道而無謀，也不免大敗虧輸。想那春秋之時，宋襄公乃無道乎？」

見張良固執己見，劉邦無奈，只得嘆一聲道：「那好，兄且歇息，待我面詢韓信再說。」

送走張良後，劉邦便命隨何去喚韓信來見。待韓信一進大帳，劉邦便拉住他衣襟，邀其坐下，拱手道：「出關以來，無堅不克，直教寡人喜出望外。大將軍用兵，真乃天下無雙。」

韓信忙客氣道：「此乃勢也，微臣不敢掠美。關中形勝，居天下之高處；大王弔民伐罪，亦居道義之高處。居此高位之勢，滾滾而下，何人能當之？」

「誠然！說得好！我軍既蓄勢已久，可否於今日破襲彭城，一舉拔除那項王老巢？」

韓信聞言便不語，也似那張良一般，將案頭那幅祕圖看了又看，半晌才道：「戰，危事也，不可不察其危。孫子曾以水上投漂石為喻，言石漂水上，是為借勢；然漂石之力亦有盡時。我軍一鼓作氣，連下河東、河南、河內這『三河』，勢已達於鼎盛。不若休兵一年，待齊楚相爭、兩敗俱傷之後，再興兵伐楚為好。」

「哈哈，將軍如何也膽小起來？今我已降服關內外六王，所收兵馬，連寡人都不知究竟有多少，總有四十萬之眾吧，怎能言勢將盡呢？往昔在漢中，我漢家兵馬僅四萬有餘，將軍便力勸我東征；今日膽量，如何反不如弱小之時了？」

「蕞爾三秦，焉能與項王相比？項王勇猛，縱橫天下，我軍從未與之一戰，不得不慎。昔年我在楚營，深知其彪悍。今漢軍擴充甚猛，人馬雜亂，尚待操練年餘，或可能與楚軍相持。漢家之生死，皆繫於與楚一戰，大王請慎思而行。」

劉邦見韓信有所退縮，胸中反而起了莫大雄心，睨了韓信一眼道：「將軍莫非擔心不敵項王，會壞了你一世英名？若畏懼楚軍強盛，寡人還可召陳餘相助，以趙、代之兵南下擊楚。那楚軍本就陷於齊地，難以脫身，縱是分兵來救彭城，又焉能以一當十？」

「大王，今燕趙梁齊，皆與楚為敵；我何不蟄伏年餘，坐看他成敗？」

「將軍目光短淺了！一旦楚軍滅齊，必聲勢大盛，當時他再掉頭來擊我，我倒是騎虎難下了，不若趁他無暇西顧，便一舉墮滅彭城。彭城乃楚之根本，他根本一失，則大勢去矣！」

見劉邦攻彭城之意已決，韓信便不再言語，只是微微搖頭。

劉邦捲起祕圖，笑道：「膽小不得做將軍，你這將軍，倒是如何做的？今吾意已決，日內即赴洛陽，彼處地廣物豐，極利大軍雲集。待人馬聚齊，便剋期出征。將軍若有疑慮，可領別軍一支，在洛陽為我應援。記得昔日在漢中，將軍曾言寡人將兵之才，不過十萬而已。明日寡人就要將兵四十萬，為將軍前驅，踏破那彭城給你看！」

韓信慌忙伏地謝罪：「微臣戲言，不可當真。」

劉邦便向韓信一伸手：「把你那柄漢王劍交還寡人吧，有此物護佑，有何敵不能克？」

韓信忙解下漢王劍呈上，又道：「大王，須防項王突然回軍。」

劉邦便哂笑：「方才張良也有此言，君子本應無畏，如何都膽小如兔了？將軍請放心，陪著你用兵數月，寡人看也看會了，自會小心。」

旬日之後，劉邦便下了號令，漢軍從渡口平陰津，南渡黃河，抵近中原重鎮洛陽。早已歸漢的河南王申陽，帶領群臣與地方父老，郊迎三十里，焚香跪拜。漢王車輦在此處停下，劉邦下得車來，與申陽寒暄了幾句。見早前歸降了申陽的陸賈，竟也在出迎佇列中，不禁就大笑：「陸賈兄！國之辯士，不想居然被別人說服了。然江河萬里，終要歸海呀。今後，兄便隨我左右，可不要再跑了！」

陸賈滿面羞愧，伏地謝罪不止。

劉邦便令申陽君臣騎馬，隨在車駕行列之後，浩浩蕩蕩向洛陽城出發。

洛陽曾為秦三川郡的郡城，當年沛公軍西征，即是在此城下，擊殺了李斯之子李由。而今重返故地，劉邦便覺有一股豪氣沖天。

此刻劉邦身著紫袍，頭戴天平冠，按劍而立。他身邊，驂乘陳平一襲白袍，執戟肅立，有如玉樹臨風。道旁洛陽百姓，早熟知沛公大名，今望見劉邦車駕如此堂皇，都驚為天人，紛紛跪於道旁，山呼萬歲。

劉邦洋洋得意地對陳平道：「當年秦王出關滅六國，也不過如此吧？

陳平笑答：「大王明日，還將受彭城百姓歡呼，那才是得意！」

「先生在楚營，可見過如此場面？」

「託大王之福，寒門如我，今生能如此，實有轉世再生之感。」

「咄！寡人不要聽這些馬屁話。今我軍開進洛陽，如箭在弦上，即日便要直下彭城，再無止步的餘地了。然寡人日前徵詢張良、韓信之意，兩人卻都曖昧不明，實教人不放心呀。」

「大王勿慮，兩位所憂，無非是怕楚軍回擊，難以抵擋。人都道彭城乃四戰之地，無險可守，其實不然。項王定都彭城，必經高人指點，絕非小兒見識。臣看那彭城，三面環山，獨有西面為一馬平川。我軍他日就是從西面攻入。他項王如欲從齊地反撲，則彭城三面之山，皆為屏障。」

「哦？此一節，寡人還真是未曾想到。」

陳平便面露得意之色：「此即老子所言，『國之利器不可以示人』。另外，彭城還有一奇：東北西三面，又皆環水，分明是以汴水、泗水為池，唯南向可通車馬，何人敢言其易攻難守？」

劉邦便驚異道：「那他日如何攻得下？」

「若楚大軍現下麇集彭城，則我軍唯有望洋興嘆；然他卻空城而去，實乃天意也！」

劉邦遂撫膝大嘆：「如此，我更有何懼？」

如此一路說話，堪堪將近洛陽北門，道旁歡呼聲越加震耳，劉邦環視左右，頻頻揮手，忙個不亦樂乎。

忽然，前導車隊停止不進，前面人聲喧譁，似有人攔道滋事。陳平一驚，忙將長戟在車軾前一橫，準備護衛劉邦。

此時前驅隊內一名校尉，飛馬來報：「前頭有數十名鄉老，望塵攔道，要見大王。」

劉邦這才放下心來：「原是民要見官，真嚇煞人了！就喚他們來見吧。」

不一會兒，只見有三十多位本地老翁，來到劉邦車輦前，伏地跪拜，口誦恩德。劉邦便朝那領頭的一位問道：「老丈，姓甚名誰，何方人氏呀？」

那蒼髯老者答道：「小人乃洛陽新城三老，敝姓董，翹盼大王日久，今率眾鄉老來見，乃有一言相諫。」

「原是董公三老，久仰久仰！不知父老們有何事指教，都請起來說話吧。」眾鄉老便都起身，那董公便突兀問道：「大王在秦地，可曾聞義帝駕崩？」

「哦？此事當真？關山阻隔，只有風聞而已，不能坐實。」

「去年十月，義帝在郴縣冷泉，被一夥無名強人所弒，遺骸棄置蒿萊，備極慘痛！大王可想過，何人恨義帝如此？長沙郡百姓皆心知肚明，紛紛傳言道：乃是項王暗囑英布，假扮強盜而為之。」

劉邦聞言，臉色就白了一白，連忙跳下車來，扶住董公道：「寡人孤陋，實不知此情，公可細細與我道來。」

「義帝寬仁，與世無爭。為項王所放逐，已是淪落蠻荒了，何人還會嫌他礙眼？除項王更無他人！人言『順德者昌，逆德者亡』，項王弒主，為逆天之賊，天下應共討之。不知大王率軍數十萬，來河南有何貴幹？」

「實不相瞞，正欲與項王爭個高下。」

「古人云：『明其為賊，敵乃可服。』向日大王與項王共事義帝，君臣有序。今項王弒殺義帝，大王豈能熟視無睹？今大王來此，卻師出無名，無非欲與項王爭尺寸之土。你這漢軍，義又何在？理又何在？名為楚漢不兩立，實皆為掠地爭利之幫夥，豈有高下之分？諸侯及百姓，緣何要拒項氏而迎漢家？」

一番話，說得劉邦冷汗直冒：「哦呀！如之奈何，請先生教我。」

董公道：「以老夫之見，何不令三軍素服，為義帝發喪，將項王弒主一事，傳檄昭告天下。老夫又曾聞『兵出無名，事乃不成』，大王若以此之名東征，天下必將共仰之，事又何愁不成？大王之功，在此一舉。將來青史之美名，堪比上古三王了。」

劉邦連連頷首道：「久不聞大雅之論，足令人汗顏！若非董公，寡人險些入了迷途。寡人便遵董公之言，即傳檄天下，為義帝發喪，召天下諸侯，人無分親疏，地無分南北，共討叛逆，定教他項王成涸泉之魚。」

董公便深深一拜：「山東諸國之民，曾苦秦久矣。今暴秦雖亡，復又見楚之凶頑，創傷纍纍，何日是個盡頭？故六國百姓，皆翹首盼望有聖人出。我輩今日叩馬攔道也正是為此。」

劉邦便感慨道：「聞長者一言，勝過讀書三載呀！敢問老人家高壽？」

「小老兒無才，八十有二。」

「呀！看你精神還健旺，何不投軍，為寡人之左右手？」

那董公便笑道：「草野匹夫，死期將至，還談何仕進？老夫當年曾耳聞沛公事蹟，感念大王在秦約法三章，為一代仁德之君，唯願大王終成天下之主，永除秦之苛政，則萬民有福了。」

劉邦心頭一熱，眼淚都險些流出來，忙吩咐陳平：「你安頓好這些長者，各賞白米一石、絹一匹，派員護送歸家。」

陳平領命，便下車來招呼眾鄉老，那一干人等都紛紛拜謝，老淚縱橫。

入洛陽城後，劉邦未及喘息，隨即齋戒三日。三日後，便在洛陽南門外搭起了義帝靈堂。劉邦親率百官出城，為義帝發喪致哀。

這日，數百文武官員皆免冠，袒露右臂，一身縞素，跪伏於義帝靈前，嚎啕大哭。三軍將士皆以白布纏頭，列陣致哀，一時哭得天昏地暗，引來洛陽民眾觀者如堵。

百官致哀畢，陳平即登上高臺，高聲宣讀漢王告諸侯書：

天下共立義帝，北面事之。今項羽放殺義帝於江南，大逆無道。寡人親為發喪，兵皆縞素。悉發關中兵，收三河士，南浮江漢以下，願從諸侯擊楚之殺義帝者。

文告宣讀完畢，三軍又是一陣號哭，震天動地。

劉邦對董公諫言的妙處心領神會，把這哭義帝的場面盡力做足，一連舉哀三日，轟動天下。其實那義帝，不過是個懵懂少年，至死都不免渾渾噩噩。但劉邦在此時，倒也想起他許多好處來：「若不是義帝命沛公軍先行西征，我劉季哪裡能奪得『先入定關中』的美名？」如此一想，真也就悲從中來，越發哭得傷心了。

這場大戲演畢，不消幾日，劉邦便獲齊王廣與彭越回函，均稱願欣然從命，與劉邦聯袂擊楚。唯有陳餘回函多了個枝節：請漢王立誅張耳，則趙、代兩國便無二心，願從漢王伐楚。

閱畢陳餘的回函，劉邦卻是犯了難：「張耳，吾兄也，勢蹙投我，殺之實為不忍。然陳餘可統趙、代兩國兵馬十萬，拒之亦是不忍。」

左思右想，沒有辦法，只得召陳平前來商量。

陳平便道：「陳餘之兵，不可拒之；然張耳之義，大王亦萬不能負。只得將那陳餘騙了，誆說已殺了張耳，哄他出兵就是了。」

「不見頭顱傳去，他陳餘怎肯相信？」

陳平將那眼珠轉了兩轉，忽然問道：「大王可還記得臣下那名衛卒？」

「哦！」劉邦立即領悟了陳平之意，卻不由沉吟起來，「這個麼⋯⋯」

「如今，只得捨小義而成大義了，且借那衛卒的頭顱一用。」

「那兵士也是無辜，千里迢迢，從軍隨我到此。」

「大王，婦人之仁，萬不可存。那士卒，只須厚待他家眷就是了，多給些錢財，以為安撫。」

劉邦嘆了一聲：「也罷！此事須你親自操辦，萬勿走漏風聲。我這裡只教張耳兄易裝別居，避一避人耳目就好。」

「大王可無慮，此事世間再無第三人知。」

「那衛卒，姓甚名誰？」

「他名喚鄭勇。」

「家中可有兄弟？」

「有，其弟鄭忠，也在我漢軍吃糧，現為軍候[53]。」

「那好，就將那鄭忠拔為郎中，為我親隨，統領侍衛。」

「這……有些不妥吧。」

「有何不妥？世上人心皆同。以功名利祿籠絡之，便無一個疑人。」

君臣二人謀妥後，陳平便叫來兩名校尉，給那衛卒胡亂安個罪名，一刀砍下頭顱，用錦函裝了，遣使飛遞趙國。陳餘收到這個贗品，也難辨真假，於是慨然應允出兵。

劉邦得報大喜，當即召集群臣，議定了開拔日期。議畢，便教韓信檢點了所有兵馬，得知竟有五十六萬之多！

劉邦嚇了一跳：「兵馬如此之眾，如何籌糧，倒成了大事。」

韓信便建言道：「可致信蕭丞相，令他速從關中運糧。另，我軍一入楚地，便是敵國，不必顧惜，可就地徵糧，多多益善。」

劉邦覺此言有理，遂放下心來，將那出兵線路、各部配屬布置妥當，這才來到河南王府，召那幾位諸侯王來，通報出兵之事。

劉邦端坐上首，睥睨座中，見六位諸侯王都十分恭謹，一派低眉順

[53] 軍候，漢軍低級官職名。各部之下設曲，五百人為一曲，帶隊為軍候。

眼的模樣，心中便頓感得意，拱了拱手道：「寡人討逆公告，現已呈送各位，想必也正合各位之意。至昨日止，我已集齊兵馬五十六萬，大軍不日將起程，不知諸君可有心與我親征？」

那六位諸侯王歸漢之後，尚寸功未建，白白享受著漢王的尊崇，心下正自不安，聞言便爭相表白道：「漢王義舉，乃千載未有之盛事，我輩豈能坐視？願從漢王軍前效力。」

劉邦便朗聲大笑：「伐楚大業，眾望所歸也，豈是諸君從我？而是我從諸君也。諸位既願不避鋒鏑，親征上陣，便請河南王申陽、魏王豹、殷王司馬印各領本部人馬同行。其餘諸王，則在中軍為我顧問，如此可好？」

諸王便都叫好。塞王司馬欣拱手道：「漢王功德，堪比商湯周武，我輩欣逢盛舉，可贏得百世美名。」

「哈哈，塞王，迷魂湯就無須灌了！明日出征，不比巡遊，諸位須冒死奮進。寡人以為，魏王豹乃五代將種，精通兵事，統軍事宜便交由魏王豹排程。諸王兵馬，皆一律換上漢軍旗幟，以便辨識。」

諸王對此並無異議，紛紛大放豪言，頗有滅此朝食之意。正在此時，謁者隨何上殿來報：「代王陳餘、趙王歇遣使從趙都城信都來，言趙、代大軍十萬，不待我軍發動，便已越境南下擊楚了，聲勢甚大。」

劉邦聞報，拊掌大笑：「如此再加上韓王信、齊王廣，漢家麾下便是十王伐楚，項王的天下，也該傾覆了。」

這時節，正是春日晴和，劉邦命卜者算了一個吉日，即布置誓師出征。

誓師之日，劉邦披掛整齊，立於演兵場的高臺之上。演兵場上，齊集了中軍的四萬人馬，皆是漢中舊部，一路殺來，每戰皆捷，士氣正在盛時。

劉邦見狀，躊躇滿志，拔出漢王劍，指天誓道：「王於興師，修我戈矛，與子同仇！」眾軍都齊聲隨誓，聲震九霄。

誓畢，劉邦執劍對眾軍道：「我天下義軍五十六萬，今順乎天意，討逆伐楚。為義帝復仇。漢家立國，志在取天下、治萬民，大業可否成功，就在此一戰！彭城距此，路途千里，眾兒郎須不避辛勞，晝夜兼程，力拔彭城，克竟全功。」

眾軍聞言，都血脈賁張，山呼萬歲。劉邦揮一揮手，接著又道：「兒郎們隨寡人一路征戰，九死一生，寡人心知其苦，必不負眾人。那楚地繁華，富甲天下，端的是個好地方。待破了彭城，楚宮的子女財帛，允眾軍任意拿取，絕無禁忌。生為大丈夫，有此一戰，不亦幸乎？」

眾軍又是一陣攘臂歡呼，幾近癲狂。誓師完畢，各營便分頭忙碌起來。

四月末梢，劉邦頒下號令，命韓信領一萬兵馬留駐洛陽，與關中蕭丞相相呼應，守牢後方。命曹參、樊噲、周勃、灌嬰率部北出燕趙，與陳餘合兵一處，為北路之軍；劉邦自率夏侯嬰、盧綰、司馬欣、董翳、司馬卬、張耳、申陽、韓王信、魏王豹等，領大部聯軍直接東向，為中路軍。另遣薛歐、王吸、王陵等一路，為南路軍。三路大軍剋日起程，分兵合擊，約好在彭城之下會齊。

出征那日，洛陽城四門大開，漢家將佐二百員、兵馬數十萬，從城中浩浩蕩蕩穿過，向東而行，腳步踏踏如山搖地動。城內萬人空巷來觀看，只見塵頭起處，甲兵如蟻，旌旗蔽天，百姓都不禁瞠目結舌。

此時，千里之外的彭城，尚不知將有大戰將至，歌舞昇平一如往日。唯大將軍府中，范增憂心時局，數夜未眠，常於深夜起身，獨在中庭徘徊不止。

自項羽率大軍赴齊地之後，范增便教彭城守將虞子期下令，向西派出探馬五百里，遇警即報。春日以來，聞聽漢軍已攻下河內，楚之西翼至此全被剪除，范增就更覺不安，一刻也不敢鬆弛。

日前彭城守軍又得報，說項王已派龍且、鍾離眛兩將軍，各領五千兵馬，開赴定陶、鉅野兩地，拱衛彭城。范增看罷軍書，仰天嘆道：「唉，國事何如兒戲也！」

但他仍心存僥倖，想那定陶、鉅野一帶，均為楚軍當年鏖戰之地，虎威猶在，盡人皆知。劉邦縱然蒐羅了數十萬蝦兵蟹將，莫不成真有豹膽敢踏足楚地？於是，便將范延年喚來，囑他輕裝簡從，速赴定陶一帶打探。西線軍情究竟如何，定要從實報回，萬勿報喜不報憂。

范延年領命，便帶了幾名家僕，馳馬向西北而去。

范增放心不下，又親往守城大營面見虞子期，急切問道：「西北面有警，顯見劉邦居心叵測。今河內已失，彭城不啻為漢軍刀俎上之魚肉，將軍有何打算？」

虞子期亦是一臉焦慮，答道：「亞父當日所言，今竟然一一應驗！我彭城，僅有區區老弱殘兵五千餘，漢軍若來，如何守得住？我已快馬飛報項王了，唯願項王能從速回軍。」

范增便是一頓足：「羽書飛馳，一萬封也不頂用。如今齊楚戰事，正相互殺得眼紅，項王哪裡肯退兵？」

虞子期便面露絕望：「莫不成我輩只有殉國了？」

「說什麼笑話！老夫今來，是為奉勸將軍從速準備。萬一漢軍殺至，我百官、典籍、宮中珠玉寶貨，不可喪於敵手，須護送撤往齊地大營。」

「亞父，你是說……彭城不能守了？」

「守，我輩便成涸泉之魚。」

虞子期便凜然道：「那好，下官這就去打點，免得到時倉促無措。」

果然，數日內，便有范延年身邊家僕連連來報，漢軍在修武小駐之後，便轉道洛陽，已集齊四五十萬之眾。那劉邦又會同諸侯，公告天下，為義帝發喪三日。

「天將墮矣！」范增心中哀鳴，便急忙收拾好了行囊，又將家眷打發回鄉去隱匿了。

這日黃昏，又有家僕飛馬來報：漢軍五十六萬，從西北傾巢而來，連破煮棗、外黃兩城。因煮棗軍民頑抗不降，漢軍樊噲所部破城後，盡屠全城。劉邦領軍進至外黃，收留了彭越軍三萬人，對彭城已成泰山壓頂之勢。

范增再也坐不住，連忙打馬馳往城中大營，滾下馬鞍，不待通報便闖入，拽住虞子期衣袖，急問道：「煮棗、外黃已失，將軍可知？」

虞子期正在帳中急得團團亂轉，見范增來，忙出示軍書一封，慌張道：「適才得龍且將軍流星急報，定陶前日已被曹參、夏侯嬰攻破，這可如何是好？」

范增聞言大驚，竟一下頹然倒地。虞子期慌忙來扶，又急喚兵卒端上熱水來，給范增灌下。

舒緩少頃，范增臉上漸漸有了血色，想起剛才在路上，見彭城的街衢之上，勾欄瓦舍，仍是遊人如織，全不知將有大禍降臨，不覺就心痛：「數年基業，將毀於一旦了。」

虞子期便安慰道：「亞父莫慌！龍且與項佗兩位將軍，已奔回彭城，正在半途中，鉅野亦尚有鍾離眛將軍死守。」

范增緩緩搖頭道：「無濟於事了……」

虞子期扶范增坐好，兩人便在燈下商量應急之策。忽見衛卒前來通報：「亞父家老范延年求見。」

范增見范延年竟然尋至此地，便心知不妙，急喚召入。只見那范延年蓬頭散髮、滿身血汙泥漬，踉蹌撞進帳中，叩首便道：「小的遵命前去打探軍情，親見那漢軍鋪天蓋地而來。大軍過處，遍野稼穡，頓成爛泥！數日之前定陶城破，前日，鉅野亦失。漢隴西都尉酈商大軍殺入，小人於鉅野城破時逃出，鍾離眛將軍被亂軍裹挾，去向不明。」

范增聽了，微微苦笑，反倒是鎮定了下來，問虞子期：「將軍身邊親兵，得力者能有幾何？」

「五百有餘，尚能一戰。吾可與此城共存亡！」

「唉，事已至此，死有何益！請將軍速去宮內，接虞姬出來，切勿驚動他人，免得眾人聞訊慌亂，人馬雜遝，到時反而逃不出去了。老夫家眷盡已遣散，死生只我一人，別無牽掛。我是勸將軍莫失了虞姬，到時如何向項王交代？」

虞子期不由滿心悲憤，應道：「下官領命，這就去辦。亞父，你也不必回府了，暫且棲身營中，萬一有不測，也好與下官一同退走。」

次日淩晨，龍且、項佗率兩千敗軍，從定陶狂奔五百里，進入彭城。市井百姓，這才知大事不好，霎時就亂將起來，商舖關門歇業，居民亦絡繹逃難。

龍且為楚軍第一猛將，他一入城，虞子期便將守城要職讓與他。龍且便集合了殘部與城內各軍，看看約有七千人。如此兵力，堪當何用？且城內守軍，多半是只配燒飯、養馬的老弱。龍且便搖頭嘆息，只得打起精神來，布置防禦。

那彭城百姓，原以為西楚開國，定帶來萬世太平，哪知才及一年，滅頂之災將至，頓覺惶惶不安，一日之間，逃散甚多。龍且見民心如此，怕動搖軍心，便下令關了四門，命城內各里正，將那坊間丁壯盡數蒐羅，驅趕上城，以作困獸之鬥。

時交五月立夏，劉邦大軍陸續開到碭郡、蕭縣一帶，逼近了彭城。漢軍過處，難以分清佇列，只見四處旌旗蔽天，兵戈如林，看得楚民無不心頭震恐。

這五十餘萬人馬，互為應援，聲勢甚壯，個個都想搶入彭城發橫財。渡汴水時，三軍爭渡，各不相讓。若偶有一軍士落水，部伍中便大聲喧譁，毫無忌憚，將佐竟不能禁制。

待渡過汴水，不等號令發下，眾軍便爭先趨進，將那彭城團團圍住，蟻聚般向城頭攀爬。堂堂楚都，如今竟如羔羊入了狼群一般，怎能招架得住？任龍且在城頭往來奔突，呼喝指揮，亦是於事無補。

漢軍殺聲震天，勢如狂潮一浪浪捲來，鼓譟了不到一日，便將彭城西門、南門相繼攻破。龍且當時正在北城，望見西門「楚」字大旗被砍落，不由長嘆一聲，便騎馬從走馬道疾奔下來，直趨城中大營。

在轅門，恰遇見虞子期同虞姬、范增騎馬奔出。幾人稍事商議，便帶了五百親兵，直奔東門。趁攻城漢軍不及防備，打開城門，殺開一條血路，衝了出去。奔至泗水之濱，幸得亭長早已有備，徵集了數條民船聽候急用。數人便與眾兵卒上了船，倉皇渡河而去。

范增立於船頭，回望煙火四起的彭城，一時竟悲不自勝：「天意乎？天意乎……」

正值范增一行向北狂逃之際，有一支長龍似的馬軍，銜枚掩旗，從官道上相向而來。

原來，漢軍攻陷定陶之後，項羽便在城陽附近大營接到急報。看罷龍且飛傳來的羽書，項羽勃然大怒，一掌拍下去，險些將几案砸斷：「劉邦老兒，欺人太甚！」

案上膏油燈被這一掌打翻，帳內頓時一片漆黑。適逢桓楚在側，連忙重新將燈點燃，只見項羽僵倚座中，目眥欲裂，只是按劍不語。周殷、項伯、項莊等人聞訊趕來，見項王這般狂怒模樣，皆不敢作聲，只呆呆侍立帳中。

項羽心頭，正自倒海翻江：那諸侯作亂，倒也罷了。想不到小人胃口竟如此之大，倒要來吞天了！當年所謂的十八諸侯，誰家不是拜我所賜，才撈得個諸侯王做？如今劉邦檄文一出，竟有十王一齊打出反楚旗幟！老賊背盟犯境，拿下定陶，顯見得就是志在彭城，越發猖獗得沒有邊了。

最可惱恨的是，若以堂堂正正之陣，一萬個劉邦也無膽量與他項羽對壘。可那老兒，卻偏偏選了田橫倡亂的當口攻入楚境，正是要趁火打劫。

往日亞父對此已有預料，但項羽當時只想，那沛縣村夫何來此膽？因此不以為意。如今五十餘萬漢軍齊入楚境，鐵蹄驚破好夢，分明是西楚之奇恥大辱！

想到此，項羽髭髯皆張，霍然起身，低吼了一句：「劉邦老兒，不斷你脖頸，我誓不為人！」

這一聲虎嘯似的怒吼，直驚得眾人肝膽欲裂。季布、桓楚、項莊等將領，連忙跪下請戰。項羽只是舉手示意眾人靜默，又思忖了半晌，才喝了一聲：「抬我長槊[54]來！」

衛卒們連忙抬來長槊，又七手八腳為項羽披掛整齊。項羽這才環顧

---

[54] 槊（ㄕㄨㄛˋ），古代兵器，即長矛。硬木製成，槊柄長約六尺，槊頭呈圓錘狀。槊分為步槊、馬槊兩種。此處為馬槊，亦稱「丈八長矛」。

了一眼眾人，下令道：「只須季布、丁公隨我，發軍中精騎三萬，銜枚掩旗，即刻起程。」

桓楚便躍起道：「末將亦願往。」

「你等只在這裡專心攻打，不可鬆懈。」

項伯放心不下，便道：「定陶既失，我軍退路便已斷。今西面煮棗已失，東面鄒魯、瑕丘，都有樊噲所部出沒。今大王率區區三萬人，將欲何往？」

項羽便有一腔無名怒火上湧，斥道：「住口！我欲何往，無須爾等操心，只要多學些亞父的聰明便好！」說罷持了長槊，邁出帳門，翻身跨上了烏騅馬。

不多時之後，這一支馬軍就奔出營門，不見旗幟，不聞人聲，只聞馬蹄急驟，頗有一股詭異之氣。

那彭城距城陽並不遠，馬軍兩日便可到，但漢軍已將退路遮斷。項羽便率軍向東，避開了南面定陶的漢軍，取道魯縣，從雜亂無章的漢軍中，尋路穿插而過。半路正遇鍾離眜被酈商殺敗，逃遁於途，便收作一處，繼續前行。過魯縣之後，這支奇兵，才又悄無聲息地折向南方，奔胡陵而去。

如此狂奔旬日，所過之處，正是楚國北部疆域。這一帶，被那樊噲領別軍一支，攪得天翻地覆。路上逃難的人眾，不絕如縷。項羽路過的胡陵，恰是劉邦家鄉豐邑附近。日出後不久，馬軍前隊忽然一片喧騰，原來是恰好捉住了逃難的劉邦家眷十數人。

項羽得報，在馬背上仰天大笑：「賊子，這便是你的報應。」便命人速帶上來審問。

那劉太公，眼下一個兒子雖貴為漢王，但並無分文送回家中，即是片紙隻字也未見到一個。太公一家身處楚地，只得掩門閉戶，但求無禍。近幾日兵荒馬亂，鄉里富戶紛紛逃亡，那舍人審食其，亦帶著劉氏全家老小避亂在外，不想正被楚軍截住。家眷中一男一女兩個孩兒，被亂兵一衝，早不知去向了。

劉太公與呂雉被拉到項羽面前，項羽便喝問太公：「你子劉邦，受寡人恩惠，得封漢王。那老匹夫不安分守己，反而侵奪關中，攻入楚境，大逆無道至極。犯了此罪，當誅九族，你還有何話可說？容你等再活幾日，待我捉到劉邦，當一併烹了，教你父子骨肉不分！」

那劉太公哪裡見過這等場面，早嚇得汗流浹背，伏地請罪道：「豎子無知，老翁我亦管教不得呀。」

項羽哂笑一聲：「蠢材。」便教軍士將劉太公等收押於後隊，待日後處置。

又走了不到半日，迎面便遇見范增、虞子期一行，狼狽逃來。虞子期慌忙下馬稟道：「漢軍已破彭城，我等兵弱，實無力守住。」

虞姬、范增等也下馬相見。虞姬再也把持不住，竟放聲大哭。

項羽心如刀絞，嘆道：「悔不該未從亞父所諫，遭此暗算，天下人皆恥笑我矣！」

龍且便伏地請罪道：「臣實無能，唯乞一死。」項羽便問：「只見你等幾個逃出，宮中如何？」

「宮中寶貨美女，盡被擄去矣。」

「哇——」項羽氣得險些墜下馬來，以手撫膺半晌，才緩過一口氣來，吩咐道，「路上險惡，你等不必逃了，都隨後隊走吧。龍且將軍請隨我來。」說罷便大喝一聲，催軍急進。

全隊又疾馳了一日一夜，到次日晨，丑末寅初，三星已斜，堪堪將要抵近彭城了。鍾離眜策馬追上項羽，不無擔心地問：「城下必是漢軍雲集，我軍將如何撲城？」

項羽頭也不回道：「繞過彭城，全隊隨我走！」說著將馬頭一撥，便率隊往彭城之西的蕭縣斜插過去。

這一隊騎兵，綿延約有十里之長，在處處是漢軍的楚地穿插，竟然暢行無阻。楚民路遇此奇兵，不見有旗幟亮出，只道是諸侯軍侵掠過境，都遠遠避開。雖有漢軍遊哨也曾遠遠望見，但誰個能想到，楚軍竟能自五百里外從天而降？

待大隊到得蕭縣地面，天還未亮，只見前面有九營漢軍駐紮。看軍帳數目，約有十萬人之多，顯是在此守護彭城至洛陽通道的。

在漢軍看來，楚軍威脅，只應來自北面，此地安頓九營，不過是一著閒棋。因此個個都放心大睡，連崗哨也未設一個，營中唯有更燈高掛，似半睡不醒模樣。

項羽便將手一擺，傳令下去：「都不許喧嚷，全隊悄悄圍攏過去，只管砍殺。」龍且大惑不解：「大王，如何跑到這裡來攻？」

項羽冷笑一聲道：「劉邦他做夢也難料，寡人將從西面來攻。先滅他九營，再撲彭城。」

候了片刻，待全隊陸續抵達，項羽便打了個響亮呼哨。哨聲驀地刺破靜夜，騎士們聞聲，便一抖馬韁，疾風驟雨般捲向了漢營。

那漢軍在帳中被驚醒，只聞馬蹄如潮而至，隨即就有長矛葦叢般紛紛刺來，頓時驚得一片哀號。

楚軍三萬騎士，心懷失地之恨，馳驅了兩夜一日，都恨不能將漢軍一口吞下。此時頓如開閘之水，無可阻攔。黑暗中並無一聲吶喊，只揀著那徒步奔跑的，悶聲盡情砍殺。九營頃刻間便成鬼域，處處可聞劍戟聲與漢軍的哀鳴。

不費一個時辰，十萬漢軍幾被殺盡，在夢中便做了鬼魂的，不知凡幾。偶有僥倖脫逃的，都四散而去。

此時天已熹微，滿眼可見漢營狼藉一片，全不成樣子。龍且來回殺了幾趟，不由精神大振，對項羽道：「如何，這就去取彭城？」

項羽這才稍解心頭之恨，長出一口氣道：「辱我者，當死如雞狗。」當下便將長槊一揮，高聲喝令，「兒郎們，亮出旗幟，與我去取彭城。」

眾騎士遂猛發一聲雷吼，潮水般向彭城撲去。

此時劉邦正在楚王宮中，擁著宮中兩個姬妾，在臥榻之上宿醉未醒。

初進城之日，漢軍上下皆欣喜若狂。就連抱定滅楚之志的劉邦，也恍似在夢寐之中：這大勝，來得太容易了！未過旬日，就連破龍且、鍾離眛兩軍。原想在彭城之下必有一場惡戰，卻不料守軍半日之內便做鳥獸散。所謂西楚雄霸，也不過爾爾。

破城之日，眾軍擁進楚宮哄搶財貨。陳平大急，忙奏請劉邦：「請大王盡速下令彈壓，否則怎麼得了？」

劉邦只揮揮袖道：「軍士所圖，不過這些金銀財寶，就隨他們去吧。」而後想想，陳平所諫也有道理，便喚來曹參，吩咐道，「蕭丞相不在，三軍全無規矩。楚宮中財寶，如此亂搶也是不好。著你親領中軍一部，將那財寶打理清楚，分發各部，不可有所偏私。眾軍隨我征戰，都不要虧待了。」

曹參問道：「大王總要留一些才好。」

「你斟酌辦吧。」

「宮中那些女子、涓人，該如何處置？」

「這個麼……通通都給寡人留下。」

曹參領命而去，揀那奇珍異寶留下給漢王，其餘楚宮財物，只一夜工夫，便被搬運一空。有那搶不到宮中財物的兵卒，便沿街揀了大戶哄搶，一時鬧得天翻地覆。

次日陳平又奏報，有士卒劫掠民財。劉邦只得下令：眾軍掠財，楚之達官貴人不論，然不得騷擾平民富戶。又令各部解散休沐，任由開懷痛飲，只須不上街劫掠便好。

劉邦與一干重臣住進楚宮，日日置酒高會，將那楚都名士也都邀進宮來，一同歡會。城中有一位名儒叔孫通，曾為秦朝文學博士，在始皇面前當過差，秦末在薛城投了項梁。今見劉邦率軍浩蕩而來，如王師入城，便領弟子百餘人前來投漢。劉邦見之大喜，當即拜為博士，收在軍中。

樊噲此時亦在彭城之北連連得手，率別軍一支橫掃楚境，將那楚軍完全隔在了齊國。攻下薛城後，樊噲便派了中郎將王恬啟、繒賀，飛赴彭城報捷。劉邦得報，更是大喜。

王恬啟稟道：「日前攻煮棗，城內兵民抵死守城，我軍傷亡甚重，樊將軍一怒，城破後，便將煮棗屠了城。樊將軍特遣末將向大王請罪。」

劉邦便笑罵：「這個無腦的屠夫！不過，屠就屠了吧，下不為例。」

「謝大王開恩，我等這就返回去覆命。」

劉邦望望王恬啟，笑道：「小舅呀，你二位不必那麼辛苦。北方今已肅清，便無須返回了，就留在彭城，為寡人護駕吧。」

這日，正在酒酣耳熱之時，劉邦忽然想起，便對陳平道：「前日進兵途中，張良隨韓王信去了陳留，踏勘新都。今寡人身邊謀士，何其少也！那酈食其、陸賈不亦隨軍來了嗎，怎的不見？」

夏侯嬰稟道：「兩人自洛陽出兵之時，就一直在我處。昨日曹參那裡，送了幾車楚宮典籍過來，兩人漏夜清點，顧不得來吃酒了。」

「趕快請來，寡人與兩位夫子有要事相商。」

多一會兒，夏侯嬰便將兩人帶到。劉邦笑對酈食其道：「如此盛會，豈能少了你這『高陽酒徒』？」

酈食其謝道：「臣高陽賤人，老而無用，恥在閭裡充任監門吏，做守門犬。蒙大王恩典，貴為國士，已怡然知足矣。今楚宮典籍，堆積如山。天下不久即將歸漢，此即為治國寶典。昨日至今，臣與陸生忙於整理，無暇他顧。」

「儒生就是不知輕重！這等事情，他日再忙也不遲。兩位趕快入座，寡人有事要請教。」

劉邦又喚來陳平，與三人共飲了一回，便道：「出兵之日，張良、韓信都曾勸寡人，要防項王從齊地回軍。今日我身邊，唯有爾等三位乃國之謀士，喚你們來，須為寡人出謀劃策。」

陳平便道：「出兵之日，哪裡會想到彭城旬日便克？故而張良、韓信有此慮，也不為怪。如今項王深陷齊地，彭城一失，其軍心必然瓦解。他若奔回，則我軍以逸待勞，可一舉殲之。」

酈食其不以為然，反駁道：「陳中尉將此事想得容易了。楚軍精銳，分毫未損，若他全軍南下，我軍須得打起十二分精神來應付。」

陸賈則獻計道：「瀔水、泗水環抱彭城之北，乃天然屏障也，若遣重兵置於沿岸，則可拒楚軍於兩水之北。」

陳平便笑道：「樊噲將軍領別軍三萬，已盡掃鄒魯、瑕丘，昨日得報，其前鋒已進至薛城，楚之全境皆易幟矣！二位大儒，可以放心了。來日我大軍從彭城北上，便是楚軍土崩瓦解之時，還談何回軍？」

酈食其搖頭道：「來日決戰，勝負尚未可知，可置之不論；然北來之敵，卻不可不防！」

陸賈思忖片刻，又道：「依老夫之見，數十萬軍滯留城內，總是不好，不若將半數部伍置之城外，以為拱衛。若項王勇於回軍，則我軍可於城外與之決戰。」

陳平便道：「城外城內，都是一樣。依臣之見，若要做得萬無一失，可在城西蕭縣布下十萬人馬，護住我糧道，則他項王縱是天神下凡，也奈何不得我。」

劉邦聽了一陣兒，也理出了一個頭緒來，拍案道：「就如此吧。以十萬兵馬駐紮蕭縣，以保糧道；其餘大軍皆大半置於城外，有警即出。」

陳平即拊掌讚道：「諕矣！此為萬全之策。」

劉邦便喚來隨何，命他去向三軍總領魏王豹傳令，如此這般分派布置。隨何從劉邦這裡取了虎符，便急急去了魏王豹大營。

陸賈此時恭維道：「大王善於納諫，遠勝過項王獨斷；今楚漢之爭，僅此便可窺勝負。」

劉邦朗聲笑道：「昔日韓信看低寡人，說我只能將兵十萬，今寡人將兵五十六萬，且應付裕如，史上能如此者，怕也是寥寥吧？」

酈食其卻搖頭道：「昔商周牧野之戰，紂王之兵七十萬，武王之兵僅有五萬，然商紂之敗，就在頃刻。故兵多，不應以為恃。」

劉邦一怔，隨即瞪視酈食其良久：「老儒，寡人豈是商紂乎？」

酈食其忙叩首道：「古今之理皆同，請恕臣直言。孔子曰：『臨事而懼，好謀而成。』今各軍都在狂飲濫嫖，臣深以為懼。」

劉邦便忍俊不禁：「老儒，又來廢話！我軍旬日便攻下彭城，即便縱酒幾日，又有何妨？過幾日再收斂也不遲，那項王能插翅飛來嗎？」

陳平忽然插言道：「在臣看來，酈生可以謀國，然不宜謀兵事也。」

「哈哈，正是此理。」劉邦說罷，便不再議，只顧招呼眾人喝酒。

之後數日，楚王宮內，自然仍是夜夜明燭高燒，歡會達旦。劉邦將那隨軍帶來的咸陽女子，全都遣散了，只將那楚宮嬌娃左擁右抱，宛似置身天堂一般。

這日，正睡至平旦天光，隨何突然闖進寢宮，也顧不得榻上三人都正赤身裸體，便急急喚醒劉邦：「楚軍馬軍數萬，已經踏滅蕭縣九營，衝向彭城來了。」

劉邦睡眼惺忪，一時回不過神來：「什麼楚軍？哪裡有楚軍？」

「項王親領數萬騎士，東出蕭縣，前來撲城了。」

劉邦慌忙喚姬妾一邊伺候穿衣，一邊問道：「蕭縣？當真？那項王如何能飛來？」

再聽宮牆之外，已是一片人聲雜遝，大呼小叫，劉邦便知情形有異，忙教隨何幫忙束好甲冑，提了劍問道：「眾將何在？魏王豹何在？」

話音剛落，昨晚棲身宮內的夏侯嬰、曹參、周勃、灌嬰等將，都一擁而進，紛紛亂嚷道：「楚軍已至，大王快走！」

「慌什麼，都昏了麼！那五十六萬大軍何處去了？」劉邦定了定神，便吩咐道：「曹參、周勃，速去城外魏王豹大帳，助他調兵，在城外與楚軍決戰。灌嬰率精壯騎士，護衛好酈食其、陸賈等一眾文官。陳平、夏侯嬰隨我，這便登車出城。」

眾將擁著劉邦剛出西門，便見數十萬漢軍剛剛披掛好，正在九里山下亂糟糟地布陣。中軍大纛下，魏王豹連兜鍪都來不及戴，只聲嘶力竭地對左右下令，顯見得是亂了章法。劉邦冒火，正待驅車前去責備，忽聽前軍一片驚呼：「楚軍來了！」

漢軍自出關以來，所過皆望風而降，不覺便成了驕兵一支，又在彭城安逸了數日，更是鬥志全喪。楚軍聲威，為天下所知，漢軍原就有所畏懼，今倉促上陣，望見楚軍赤旗捲地而來，能不魂飛膽喪？前軍發了一聲喊，便都一哄而散，潮水般朝著那城北曠野逃去。

前軍一動，中軍便不能支，跟著也向後退卻，魏王豹彈壓不住，反被裹挾著後退。中軍大纛一退，全軍皆望見，哪個不想快跑，數十萬漢軍頓成潰逃之勢，繞過九里山往東北退去。

車駕之上，劉邦手搭遮陽一望，只見遠處塵頭大起，楚軍馬隊正如火龍般倏忽而來，其勢詭異，銳不可當。此時漢軍正是兵不見將，將不見兵，望見楚軍逼近，只顧扯開腿逃命。有那想逃回城內的，卻見城內也有亂軍正在逃出，只好都向城北擁去。

劉邦這才如大夢方醒，從天上跌至了地面。眼看自家的無數兵卒，倒曳戈戟，狼奔豕突，他便知：數月以來的榮耀，不過是沙上樓廈，今已崩頹了。對手項羽在鉅鹿所獲的無敵聲威，絕非他劉季能與之相抗的。

情勢危殆，再不容猶豫。劉邦只得教夏侯嬰狠命策馬，隨眾軍也向城北逃去。眾將各自騎馬，緊緊護衛在後，只恐萬一有個閃失。

楚軍清晨偷營剛剛得手，士氣正盛，此時又見都門外有大股漢軍，便都狂怒萬分，刀矛齊下，左劈右刺，直殺得幾十萬漢軍自相踐踏，丟盔棄甲。九里山下，隨處可見漢軍所攜旗幟、軍械、珠寶散落一地。

此次漢軍潰退之慘象，堪稱空前絕後，以至於一千多年後的《水滸傳》中，仍載有歌謠云：「九里山前作戰場，牧童拾得舊刀槍。」歌中所悼，便是此役。

那漢軍好似逃命的羊群般，被追得魂飛魄散，忽見前頭有㶟水、泗水兩條大河攔路，插翅也難飛越。眾軍望著那滔滔河水，心知死期當至，當下便都喧譁起來。隊伍略頓了一頓，後面就有楚軍如狼似虎地殺到，可憐那無數漢卒，只有河邊十數條船，哪裡能搶渡過去？各個哭爹叫娘不及，只得冒死往河裡跳。楚軍見有天助，更是煞氣沖天，一波又一波地迭次衝擊，寒光閃處，刀劍落下，不知有多少漢軍立時便身首分離。如此不過一個時辰，竟有十數萬漢軍被趕下了滔滔穀水，餵了魚鱉。殷王司馬卬見頹勢難挽，領部下數千與楚軍作拚死之鬥，不旋踵即被楚軍斬殺於陣中。

餘下逃得快的另一半漢軍，見勢頭不對，皆朝西南山地奔去。殘軍攀過山地，逃至靈璧地面，正在慶幸總算逃出，冷不防又是一條睢水攔在前面，其水勢凶猛，更甚於穀水與泗水。眾漢軍一陣哀鳴，只得止住腳步，匆忙結陣自保，欲與那追來的楚軍作拚死之爭。

劉邦心知再戰亦是無益，便喚過夏侯嬰道：「你識得項王，快去陣前與他講和。就說我軍尚能一戰，但情願止戈息兵，退回關中，今生永不犯境。」

夏侯嬰領命，便撇了兵器，獨自駕一乘戰車，來到項王大纛之前，雙手舉過頭頂，高聲喊話，要與項王講和。

那項王聽到，便拍馬而出，抵近戰車，以長槊逼住夏侯嬰護心鏡，怒目圓睜斥道：「早知如此，何必當初？鼠竊狗偷之技，只能哄得那些鄉人。我楚之天下，乃一刀一槍拚得，可欺乎？可罔乎？豈是村野詐術可以掀翻的？若劉邦希求活命，須得寡人這條長槊答應。滾回去告訴那老兒，說寡人念及兄弟一場，可給他留個全屍！」眾楚軍便揮劍舉戟，一齊起鬨，怒罵劉邦無賴。夏侯嬰見無轉圜餘地，只得調轉車轅，悻悻奔回漢陣。

項羽見漢軍逃不掉了，更是如惡神附體，殺心陡漲。數月以來所受的羞辱，一齊在胸中爆發，誓要把這些庸眾斬殺乾淨，令世人再不敢忘恩負義。遂怒喝一聲，挺起長槊，便一馬當先朝漢軍衝去。那些楚軍騎士，都奮身跟上，長戟短劍交相砍殺。楚之彪悍騎兵，成群踏入漢軍陣內，有如巨象踏入禾田一般。漢軍雖在絕望中拚死反擊，但怎能擋得住馬蹄來回踩踏，眼見得一尺一尺地被擠向河裡。睢水之濱，霎時便是一片哀聲震天。

項羽殺得興起，挺槊躍馬，疾呼道：「劉邦賊子何在？活擒此賊者，賞金二十鎰。」楚軍隨即一片歡呼，衝擊勢頭更猛。漢軍諸將見絕無生路，便都作了決死的準備。曹參、周勃擦去臉上血汙，拔劍在手，對眾殘軍大喝：「背水一戰，有我無敵。前進者賞金，退卻者殺無赦！」殘餘漢軍，只得結成團陣，抵死拒敵。

此時天低雲暗，睢水邊有蕭蕭風起，吹送著吶喊與劍戟鏗鏘之聲，飄於曠野，十里之外皆清晰可聞。

廝殺了近一個時辰，漢軍終於支撐不住，頃刻便崩潰，任那前面是萬丈深淵，也要跳下去逃命了。經此一退，又有十數萬漢軍，活活被趕下了河去。睢水北岸，頓染成血海，河中屍積如山，睢水竟為之不流！

魏王豹是聯軍主將，早被楚軍團團圍住，脫身不得，魏王豹身被重創，倒在車中奄奄一息，眼見得就要陷沒於陣中。殘餘衛卒死死護住魏王豹戰車，劍戟殺伐之聲，聞之令人驚心。

漢王車駕左右，眾將皆被衝散，全不見一個蹤影，護衛軍卒僅剩千餘人而已。就在一丈開外，楚軍重重圍了三匝，眼見得插翅難逃。劉邦被逼得幾欲發狂，回頭看看驂乘陳平，只見陳平臉色慘白，六神無主，手中長戟早已失落。

「吾命休矣！」劉邦哀鳴一聲，持劍在手，命夏侯嬰策馬作最後一衝。偶一抬頭，忽見霸王大纛，如同火樹擎天，鮮紅刺眼，劉邦眼前便恍似一片血海，跟著人就踉蹌了一下。陳平連忙伸手去扶住。劉邦遂重重嘆了一聲：「陳平兄，我等都小看了項王，今日就將這頭顱交出去吧。」

陳平哀告道：「大王，切莫如此呀！」

劉邦只充耳不聞，以衣袖緩緩擦淨劍上汙痕，似有自刎之意。陳平見勢頭不對，忙拉住劉邦衣袖不放。

夏侯嬰驚得連忙將車停住。此時車旁正有數將隨侍，其中王恬啟、陳武[55]、陳涓、繒賀、奚涓等人見狀，也急忙高聲勸阻。周緤更是飛步跳上戰車，將劉邦死死抱住，大呼：「天可塌，大王不可死！」

正在這命懸一線之際，忽地從西北方吹來一陣大風，席天捲地，眨眼便是一片黃塵蔽日。其風之烈，甚為古怪。其所過之處，飛沙走石，牆倒屋頹，連百年老樹也被摧折。楚軍目不辨物，人馬不能站立，陣腳便大亂，只顧自相踐踏。

此風即是所謂「罡風」，從天直落，無物不摧。漢王車駕上的傘蓋，喀啦一聲即被折斷。劉邦頭戴的皮弁，也被吹上了天去。

劉邦被吹得頭暈目眩，心中卻一陣狂喜：「此乃天助我也！」遂急命夏侯嬰驅車向西奔逃。

絕處逢生，即在此時 —— 南北皆有河流阻攔，東面是海，活路只有向西一條。

夏侯嬰本就是善禦者，此時更是使出渾身解數，將車駕趕得飛也似的快，馬踏亂軍，一路衝撞，逆風跑出了十數里，終於突出重圍。

劉邦猶自驚魂未定，回首看去，身後尚有數十騎侍衛相隨。片刻之後，狂風漸消，後頭又是一片塵頭，有數百楚軍騎士正策馬追來。劉邦望望隨從，便對奚涓、繒賀兩將道：「你二人為寡人斷後，來日必為爾等封王。」

---

[55] 陳武，史籍亦作「柴武」。漢初將軍，自薛城從沛公軍，後封為棘蒲侯。

奚涓、繒賀二將，情知此乃生死關頭，都慨然領命，調轉馬頭便向來敵殺去。陳平望望二人背影，便嘆道：「二將此去，便不知死活了。」

劉邦叱道：「何時還多愁善感？夏侯兄，快逃便是！」

返身迎敵的那二將，縱然驍勇，但怎能擋得住數百楚軍，車駕只跑了數里，後面又見有大隊楚軍追來。來者顯是認準了劉邦車駕的，眨眼便有數騎衝到了前頭，將車攔住。為首一將大喝：「漢王休走，項王尋你多時。」

隨侍的陳武、陳涓諸將情急之下，都怒目賁張，持戟挺劍。中涓周緤、徐厲等亦不打算再活了，赤了臂膊，準備要拚命。

劉邦看去，見來將是楚營的丁公，便起了個念頭——這位丁公，往日亦曾是項梁麾下，與劉邦同為僚屬。劉邦此刻，便想以舊誼感化之，於是肅容斂氣，深深一揖：「丁公，久不見矣。兩賢何必相難哉？」

丁公乃季布之舅，由此而入楚營，不過是個尋常將佐，爵位僅為縣公，乍見名震天下的漢王如此抬舉，一時竟受寵若驚，只是暗喜，不知如何應對。

此時兩邊的軍士劍戟相向，皆都靜默，耳畔只聞戰馬的喘息聲。

僵持良久，丁公才道：「今日之事，奉項王之命，臣不敢妄自違命。」

劉邦坦然道：「君若放鄙人一馬，來日開疆得地，必不忘君。若君不憐我，必欲趁我孤弱而縛之，則我劉季又能作何想？當束手就縛，以成全丁公。」

那丁公看看劉邦，頭上冠冕已失，髮束散亂，滿面塵灰，一副落拓之態，忽就起了憐憫之心。沉默片刻，便將手中長戟收住，勒馬退了兩步。其部下軍士見此，也都收起劍戟，讓開了大路。

劉邦知丁公已高抬貴手，便鬆了口氣，又深深一揖：「丁公高誼，鄙人今世不忘，容來日再謝！」

夏侯嬰聞言，驅車便走，一路狂奔，終得逃脫了楚軍的追蹤。行到日暮時分，後面僅有繒賀一人趕了上來，滿身血汙、數被創傷，泣告道奚涓已然戰歿。

劉邦登時流淚道：「天不亡我，乃漢家有奚涓、繒賀也。」

殘陽之下，眾人互相看看，個個都面似鬼魅，忙去溪邊將臉上血汙洗淨。想想白日的慘敗景象，猶自後怕。

如此疾行了一程，堪堪已逃到了泗水郡地面，夏侯嬰忽然想起，便道：「何不北上豐邑，將太公與嫂夫人順便迎回？」

劉邦想想，不禁赧然：「唉，彭城一夢，何其速也！家翁與我四載不見，竟未及迎回。好，這便去吧。」

入夜，路過一荒村，一行人不敢貿然入村借宿，只偷拿了些稻草捆來，在那曠野中權且安歇。眾軍卒採來葵藿、掘來芋頭，用兜鍪煮了吃，算是充了飢。隨何便請劉邦、陳平等人脫下血染的戰袍，教軍士拿去溪邊略做漂洗，又點起篝火來烘乾。

劉邦倚著稻草捆，披衣而坐。眼目剛一闔上，就恍似看見楚軍赤旗逼面而來，又似見水邊有無數蝗蟲般的屍骸，不禁悲從中來，嚎啕大哭：「可憐三十萬兒郎，就這般去了！司馬印兄竟活活戰歿，教我如何向天下交代？」

陳平便勸道：「大王休要悲傷，成敗之數，乃天定。依臣看來，我軍今日逃出的，應有十萬之多，過幾日，都會回歸的。」

劉邦流淚道：「寡人大言炎炎，傲慢輕敵，妄自與項王爭雄，只道是義高於天，必獲完勝。豈知征戰就如弈棋，劣手怎能輕勝高手？悔不該不聽張良、韓信勸諫，枉送了兒郎們這許多性命。」

陳平先前也是力主取彭城的，此時亦愧悔交加：「臣有大罪。」

劉邦喟然嘆道：「你哪裡有罪？罪在寡人！寡人大愚，曾讀《太公兵法》多遍，卻忘了一句『根深而本長』。我漢家之根，尚不深也，你我君臣，都須耐下心來。取天下，畢竟不是烹魚呀。」

「是，臣當力戒浮華。」

「取彭城，沒錯；錯在忘乎所以。那項王，乃古今第一勇士，豈是我倚賴兵多將廣便能擊敗的？」

「大王所言，是為至理。」

「唉，以三十萬條性命，才換來此理，無乃太過乎？」劉邦說罷，又險些泣下。陳平大慚，只能連聲嘆息。

隨何侍立在側，見兩人越說越沮喪，便勸道：「與楚周旋，來日方長，大王請早些歇息，有王恬啟等諸將警戒，盡可放心，」

正在這時，忽有軍士喊道：「有奸細！」

王恬啟便霍然躍起，帶著陳武、陳涓、繒賀等眾將去追。周緤猛地掀翻剛煮好的一鍋葵藿羹，跳將起來，與徐厲一左一右，將長戟交錯護住漢王，不一會兒，軍士們押著一長髯漢子來到篝火前。

劉邦抬眼看去，不由大驚：「美髯客！」忙喝退眾軍士，向來人施以大禮。夏侯嬰在旁見了，也是一驚，連忙整衣施禮。

那美髯客也還以大禮，拜過，便笑道：「泗水畔諸英雄，今日氣象大不同了。」

劉邦赧顏道：「兄長休提。愚弟魯鈍不才，致有彭城之敗，到死也要愧煞人了。」

「劉兄客氣了。數年來便有耳聞，知你等已成大事，鄙人唯有敬服。

偶遇不利，何足道哉？」

「數年不見兄長，無日不念，不知又雲遊去了何方？」

「當日別了諸位，東行到了琅琊，看天海無涯，忽覺人生不能窮盡萬里，漫漫長途，終有盡頭處，於是便欲折回，返鄉去做個荒村野老。卻不想天下就亂了起來，山河阻隔，有家而不得歸。待到世事稍靖，才得間道而行，欲輾轉回鄉。方至楚地，又逢劉兄兵至，地方上一日三驚，我亦倉促避亂，不意在此巧逢劉兄。」

劉邦便感嘆：「兄還是奇崛一如往昔，在下自愧不如。」說著便抽出佩劍來，用衣袖拭了一下劍鋒，「兄當年慷慨贈劍，弟時時以此鋒鍔自勵，然終究志大才疏，初試鋒芒，便一敗塗地。如今，想做個田家翁而不得了。」

美髯客便仰頭大笑：「兄何必頹喪，曾不聞老子言『善建者不拔』？事有不成，必是因建樹不周。那滔滔東海，也非幾瓢便可舀乾的。早年在泗水濱，我曾與兄大言天下事，今日只覺自家當日虛妄。兄等乃曠世豪傑，興兵濟民，匡扶天下，方為君子正途，可不要半途而廢。」

劉邦連連擺手：「壟畝老吏，做不來大事了！不如跟你去躬耕林下，圖個快樂。」

那美髯客便正色道：「劉兄順天應人，已奪得半個天下了，為何還要妄自菲薄？人生一世，最難的就是成大事，即是英雄豪傑，也須有時勢相稱，天不予，人奈何？縱有一身屠龍術，也只能終身陷於草莽。劉兄能趁勢而起，操弄天下於股掌中，遂了生平的山河之志，真是要羨煞我了。」

「哦？兄既然有如此胸懷，何不與弟等攜手，共圖一番大業？」

「做大事，亦須乘興。興盡便覺意態蕭索，百事不想再為了。若數年前聞兄長邀約，我當捨命相從。然此數年之間，人世紛擾，在下我又看破了許多。暴秦雖亡，世道卻全不是往日之所期，正所謂遠道不可至焉。人力渺小，所求多屬徒然，我還是歸耕壟畝為好。」

「兄還是要棄我而去呀……」

「劉兄以仁德為本，從者如雲，不缺少我這一個。」

劉邦惘然若失，嘆道：「當年我輩勇於舉事，緣於兄在泗水濱激勵之語，今稍能馳騁於天下，不意兄卻急流勇退了，可惜可惜！」

「弟以為，人間至福不是位高，而是如願。劉兄揭竿而起，橫絕天下，以草莽布衣而創萬世基業，自是豪雄。弟隱沒山林，遣光陰於壟畝，無負無累，亦有樂趣。道雖不同，愜意卻無二致，不知比那委屈終身要強多少倍。」

「然兄不能同行，終是惘然。」

「哪裡！老子曰：『執大象，天下往。』劉兄若是執掌了天地之柄，何愁才俊之士不來歸附？只是，兄今與強者爭天下，須耐得纏鬥，務以兄之所長，削磨他之所短，天長日久，強弱自然易勢，可萬萬急躁不得。」

劉邦聞言，內心大起震動，拱手謝道：「兄長一言，令在下茅塞頓開。今日之辱，當是弟逞能所致，來日當低首下心，將這殘局從頭收拾起。」

經美髯客這番相勸，劉邦始覺稍有振作。眾人圍坐篝火邊，披一身幽涼夜氣，覺這荒野小憩，倒是別有一番意趣。

劉邦與美髯客聊起泗水亭往事，都慨嘆當年是何等豪氣干雲。那陳平、王恬啟、繒賀等在側，聽了也不禁神往。

陳平道：「聞客人數語，實獲我心。列子曾曰：『天下有常勝之道，有不常勝之道。常勝之道曰柔，不常勝之道曰強。』彭城一戰，驚心動魄，在下方知大言當不得飯吃。我漢家欲勝項王，當以柔克強，從容圖之，萬萬急不得了。」

劉邦遂大笑道：「經此一戰，陳平兄也算有了難得的歷練。這柔的功夫，正是陳平兄平素之所長，來日便看你如何施展了。」

看看夜已漸深，那美髯客便從容起身，向劉邦一拜：「遍地刀兵，此地亦不靖，諸位英雄還須多加小心。在下這便告辭了。今日偶遇，幾如夢寐，今生恐再也無此奇緣。今日別過，願兄等大業早成，眾生也好早些享太平。」

劉邦一驚，滿心惋惜，然已知美髯客稟賦異常，志不在此，縱是萬般不捨，也只能起身相送。

美髯客拱手道：「各位請留步。諸兄皆經天緯地之才，其事也必成。來日青史上留名，何其壯哉！弟亦生於秦末板蕩之世，且先悟於劉兄，然則一事無成，終成百代寂寂無聞之塵土。兩相對比，弟不勝欣羨之。」

劉邦便有黯然之色：「兄退後一步，便是家園；我等退後一步，則是粉身碎骨，或負千秋盜賊之名，豈能與兄之灑脫相比？」

那美髯客卻道：「劉兄，唯其如此，方得魚化為龍，子孫萬代亦不做凡夫！方為正途！」說罷，朝眾人又是一揖，便飄然而去，隱入了夜幕中。劉邦與眾人目送其遠去，皆撫膺嘆息，悵然良久。

次日晨起，隨何悄悄潛入附近村莊，向民家索要了些熱粥熱飯，給眾人胡亂吃了，便匆匆上路。好在楚地正值兵荒馬亂，楚民見到這一小隊人馬，都避之唯恐不及，也無人來問。

如此連走兩日，到了第三日平旦，終於回到豐邑老家。放眼看去，只見市井荒蕪，城郭殘敗，炊煙斷絕。老家中陽里，街市上竟不見一個人影。

劉邦見故里純樸如故，一草一木都熟悉到入骨，不由便傷感起來：想那軍興四載，做了許多光宗耀祖之夢，卻萬沒想到，今日歸鄉，竟是如此狼狽！

到得自家門口，劉邦下車來看，卻見庭院一片死寂，幾根木條將門釘死，讀門板上寫的告示，才知竟是被縣衙封了門。所幸告示上只說「反賊眷屬皆竄去」，想那老爹與妻兒，必是由審食其帶著逃命去了。

正在惆悵間，夏侯嬰忽道：「遠處有不明之人，正探頭探腦，大王還是快走吧！」

出得豐邑，一行人想到，定陶或還在漢軍手中，便急匆匆向西奔去。一路之上，但見逃難百姓不絕如縷。夏侯嬰眼尖，忽然發現前面的兩個幼童，不正是漢王的一兒一女嗎！

原來劉邦的公子劉盈、女兒魯元[56]與家人失散後，相依為命，輾轉於途，不想恰好撞見劉邦一行。夏侯嬰急忙將車停下，抱了兩個小兒上車。兩小兒飽受驚嚇，一路啜泣，忽見到已略覺陌生的阿翁，都破涕為笑。劉邦見到自己的至親骨血，亦是高興，便急問太公與呂雉下落。兩小兒卻茫然不知。

載上小兒走了不遠，忽見後面又是塵頭大起，遠遠有一隊楚兵追來。王恬啟回頭望望那旗幟，不禁大驚：「是楚將季布追來了。」

原來項王在睢水河畔未尋到劉邦，知是趁大風之際逃脫了，便遣季布、鍾離眜各領五百騎分頭去追。季布一行尋到泗水郡，偵得劉邦蹤跡，便一路追了過來。

---

[56] 劉邦女兒名字不詳，後為魯元公主，故《史記》稱其為「魯元」。

劉邦大急，催促夏侯嬰加鞭快走，夏侯嬰掄起鞭子，狠命策馬，車又飛也似的跑起來。跑了數里，拉車的四匹馬因連日馳驅，力漸不支，車速便緩慢了下來。劉邦頻頻回望，見追兵越來越近，不覺焦急萬分，一迭連聲地催促夏侯嬰。

夏侯嬰縱是馭馬聖手，當此關頭也是無奈：「馬疲，臣技只此耳。」

劉邦看看兩個小兒，忽然來氣：「天不滅我，然小兒女欲滅我乎？」說罷，一腳便把兩小兒踹下了車去。陳平攔阻不及，不覺驚呼：「大王，這如何使得？」

夏侯嬰回首看見，也不言語，便猛地將馬勒住，跳下車去將兩個小兒抱回。如此行了不遠，劉邦不禁又怒：「無用贅物，留之何益？」說罷，一腳又將兩小兒踹下車去。

夏侯嬰不忍，復又停車，將小兒抱上車。兩小兒見阿翁如此凶狠，都驚得大哭，只死死抱住夏侯嬰不放。

如是三回，劉邦終於暴怒，拔劍在手，喝道：「夏侯豎子，看我斬了你！」

夏侯嬰也不理會，將劉盈、魯元抱上車後，只徐徐而行，待兩小兒抱緊自己後，方才策馬疾行。

劉邦怒火頓起，破口大罵不止，其間，有十數次欲舉劍砍了夏侯嬰。夏侯嬰裝作不知，頭也不回，只顧趕車。陳平在旁看不下去，便苦勸道：「大王，若無夏侯兄，我輩何人能疾行如此？」

劉邦想想，只得大罵三聲娘，將劍收起。

那夏侯嬰早在沛縣做小吏時，便是馭車好手，此時更是將車趕得急如流星。如此狂奔了半個多時辰，天色漸黑下來，後面楚軍擔心遇到大股漢軍，便不再追了。

劉邦這才鬆了一口氣，罵道：「小兒累贅，險些誤我大事！」

夏侯嬰卻道：「季兄，我輩打天下，不就是為了兒女嗎？」

劉邦一時詞窮，只得將怒氣壓下，嘴上卻是不讓半分：「昏話！兒女可再生，頭顱可以再生嗎？」

一入定陶地面，眾人便覺出，戰氛並不似泗水郡那邊明顯，田間農人，皆稼穡如常，一行人這才放下心來。

此時已入夜多時，眾人都覺飢渴，便想尋個落腳處。見前面隱隱有兩三燈火，知是一鄉間莊院。一行人便上前叩門。不多時，見一老翁拄著木杖，出來開門，後有一家童提燈照明。猛見是一夥軍爺叫門，不禁愕然。劉邦連忙下車，恭敬施了一禮：「老丈，在下一行，趕路至此，欲借貴府歇宿一夜，望長者垂憐。」

那老翁打量劉邦，見他玉帶紫袍，不似常人，便延入莊內，將眾人及車馬安頓好，又命童僕趕緊備飯。

待入得正堂坐下，老翁便拱手問道：「將軍乃何處公子？看尊容氣度，酷似王侯，然何故到此地來？」

劉邦見老翁面善，知是本分莊戶人，便答道：「我乃漢王，自關中來，與項王交戰不利，迷失道路，誤至貴府，有擾清靜了。」

那劉邦曾兩次領軍過定陶，鄉野之民，無人不知其大名。那老翁聞言，慌忙伏地下拜道：「大王仁德，天下歸服，老夫不知是尊駕光臨，失禮了。」

劉邦忙將老翁扶起，問道：「尊丈貴姓？是何方人氏？農桑之業可還好嗎？」

「老朽賤姓戚，世居定陶，耕讀為生，迄今已有五世了。秦末以來，此地屢經刀兵，百業蕭條。鄉鄙小民，只不過圖個苟活罷了。」

劉邦便嘆了一聲，又問：「兵荒馬亂，不知令郎可好？」

老翁答道：「老夫曾有一子，秦末喪亂，在軍中戰歿了。今只有一女，年已及笄[57]，尚未出閣。」說罷便喚女兒戚姬出來，拜見劉邦。

劉邦見那小女子，雖然服飾粗陋，卻也饒有韻致，一時便痴了，眼睛發直。

夏侯嬰在側，忍不住輕咳了一聲。劉邦才回過神來，忙向老翁致謝：「在下避難至此，蒙長者垂憐，不勝感激。」

「哪裡！大王仁聲滿天下，老夫請還請不來呢，今日乃蓬蓽生輝呀。我且去囑家人重整酒席，要好好款待。」

這一晚，劉邦一行才算吃上了一頓飽飯。那戚姬善解人意，含羞斂衽，為劉邦等人執壺斟酒，又殷勤照顧劉盈、魯元，一桌人皆其樂融融。

吃到酒酣耳熱時，劉邦愁雲頓開，豪興復萌：「項王今日偶然得手，然天下萬民皆厭之，少待時日，寡人必有天下。」

老翁道：「大王之相，貴不可言，料日後必有萬世之福。」

劉邦眼睛眨了眨，忽然便問：「我看令愛十分懂事，不知是否已經許配？」

那老翁見多識廣，知劉邦之意，當下便答道：「小女尚未許字人家，前者曾有相士看過，言及小女將有大貴。今大王駕臨寒舍，如小女得以侍奉大王，當是應驗了此言，不知尊意如何？」

「哈哈，這、這怎麼敢當……」劉邦又瞄了一眼那戚姬，更覺此女美豔不可方物，忽然就手足無措起來。

---

[57] 年已及笄（ㄐㄧ），古代特指女子滿十五歲、到了可以盤髮插笄的年齡，即為女子成年。笄，簪子。

陳平便勸道：「大王，此乃天予，如何不取呢？」

劉邦支吾兩句，便又道，「罷罷，長者既有此美意，寡人卻之不恭，唯有領受。那麼，就在此指月為誓，我當終身善待令愛，與之共用榮華。」

那戚太公連忙教戚姬拜謝，劉邦喜上眉梢，忙解下腰間玉帶，以作定禮。戚姬滿面含羞，接了玉帶，又深深道了個萬福。

此時夏侯嬰再也耐不住，起身便走。劉邦詫異道：「夏侯兄，何事？」

夏侯嬰道：「白日多載兩小兒，車駕便不勝負荷，今夜更要好好修一修了。」

劉邦明知其意，也不便於發作，只得打個哈哈掩飾道：「忙的甚？坐下飲酒！」

陳平暗中拉了拉夏侯嬰衣裾，夏侯嬰只得坐下，低頭喝起了悶酒。戚太公便命戚姬進屋去，重新梳洗打扮，再來伺候漢王。

酒過三巡，戚太公問道：「大王此行，欲往何方？」

「定陶縣城為我軍所據，今擬往定陶。」

「不可！定陶漢軍，前日已遁走，城內雖尚無楚軍，然已有楚縣公回城理政。大王此去，豈非自投羅網？」

「果真？幸得尊丈指點。」

「老夫聞知，下邑尚有漢軍一支，將軍者姓呂，兵勢甚壯。前日有一斥候路過，曾借宿敝舍，對老夫談及此事。」

「哦？下邑？那不正是呂澤將軍⋯⋯」劉邦脫口道出守將姓名，卻忽而將後半句嚥了下去。原來，那呂澤乃是劉邦的妻兄，漢軍早先往征彭城，途中攻取了下邑，曾分兵一支留駐，即是呂澤所部。

得此消息，劉邦大喜，便對眾人道：「下邑，芒碭山所在，乃是寡人舉義之地，必可護佑我再起。」隨即又問夏侯嬰：「此去下邑，幾日可到？」

「要四五日。」

「那好，明早便折往下邑。車若要修理，你便去修吧。」夏侯嬰負氣道：「不修了！待壓垮了再修。」

劉邦聞之，狡黠一笑，也無怪罪之意。

當夜，主客相敬，把酒盡歡，敘了許多古往今來的事。至夜深時，由戚太公將諸事安排妥當，那戚姬便與劉邦合衾同寢了。

熄燈之後，曠野寂靜，唯聞蟲聲唧唧，人恍似到了蓬萊之境。在這荒村僻野，能有此等奇遇，連劉邦也覺甚不可思議，轉瞬便把那刀光劍影全忘掉了……

背水一戰，太行驚雷斷勝負

翌日，劉邦帶著眾將與戚姬，辭別戚太公，便趁著晨霧未散，向南急趨下邑。途中，忽見斜刺裡有一彪人馬趕了過來，隱隱可聞大聲呼喝：「漢王慢行！」

劉邦幾日來已成驚弓之鳥，忙抓住夏侯嬰腰帶問：「為何如此奔逃，仍甩不脫楚軍？」

夏侯嬰也是一驚，回首望了望，忽而一笑：「是韓王旗幟，莫非張良趕過來了？」劉邦引頸翹望，見為首一白袍書生騎在馬上，果然是張良，便急令停車等候。

張良策馬趨近，跳下馬來剛要跪拜，劉邦便朝他伸過手去：「子房兄，什麼時候了，還要多禮？趕快上車來。」

待張良上得車來，劉邦緊挽住他手，忍不住泣下道：「寡人不聽卿之言，致使有今日之辱！」

張良忙安慰道：「臣聞彭城兵敗，恐大王有失，急率部前來接應，一路皆聞敗報，不勝惶恐。知下邑所聚漢軍甚多，疑大王在此，不意途中竟然相見，豈非天意乎？今我軍雖敗，然所幸三河尚未動搖，大王請速往下邑，聚攏殘兵，再作打算。」

話畢，兩下便合兵一處，繼續南下。這日，終於望見下邑城外的漢營了，眾人歡呼一聲，便疾馳抵近。衛卒見是漢王一行駕到，又驚又喜，連忙開門迎入。

見駐守漢軍旗幟整齊，軍容甚壯，劉邦這才放下心來，以手拊膺道：「馳驅數日，幾欲累成一攤泥了，今日總算歸家。」

那下邑營中，幾日來已有曹參、酈食其等人奔逃而來，此時聞報大喜，忙擁出大帳來迎。呂澤當先伏地跪拜，恭請漢王更衣沐浴。

劉邦擺擺手道：「大事尚未議，此等小事急什麼？」遂跳下車來，招呼隨從都下馬，解下鞍韉來，令眾臣圍坐成一圈議事。

眾人不明何事竟如此之急，只得都坐下。劉邦蹲踞於鞍韉之上，對眾人道：「項王勇猛，我劉季萬不能敵，彭城之敗，非為偶然。這一路上，寡人已想好，願將關東之地讓與他人，與天下豪雄共擊項王。但不知天下誰個能與我共濟大事？」

夏侯嬰納悶道：「如此，退回關中即可，何必與豪雄共分天下？」

陳平便一笑，插言道：「那項王不死，我漢家何以安身？」

劉邦即頷首道：「不錯！且睢水之敗，乃寡人平生之奇恥大辱，為報此仇，關東又算得什麼？」

夏侯嬰便怏怏道：「如此，微臣便沒有話說。」

張良想了片刻，問道：「大王可是想好了？」

「為滅項王，在所不惜。今吾意已決，子房兄也不必多言了。」

「既如此，也罷。依臣之見，九江王英布，乃楚之梟將，近來與項王有隙，項王東征齊地，天下都知唯英布按兵不動，此即為可用之人。另有彭越在梁地，曾與田榮相約反楚，也是一個能分天下的梟雄。此二人，可以急用。再有一人，便是韓信。漢王手下大將數百，唯韓信可託付大事，獨當一面。大王果欲讓出關東之地，可讓與他三人。如此，四方同心戮力，楚即可破也。」

劉邦聽了，思忖少頃，便一拍膝蓋讚道：「子房兄高見！與我共天下者，無他，唯此三人也。」但想想又愁悶起來，「彭越與項王有不共戴天之仇，可為我所用；韓信為我大將軍，也自不待言。此二人，寡人可招之即來，然英布那廝，乃項王的股肱之臣，何人能說動他背楚呢？」

眾人一時便都緘默。

劉邦轉頭問酈食其道：「狂夫子，君能否？」

酈食其搖頭道：「臣與英布舊日無私，無從置喙。且此公桀驁不馴，素受項王恩寵，恐不易說服。」

劉邦便焦躁道：「什麼漢家？文武數百，竟沒有一個能當大事的！」

此時侍立在旁的隨何道：「小臣願為大王效勞。」

劉邦回頭望望，笑了笑，便又叱道：「軍國大事，開不得玩笑！」

「小臣絕無戲言。小臣籍貫六邑，與九江王算是有些淵源，願前往六邑去勸降，如不成，不過是捨卻小臣一顆頭顱；若成功，則可為大王建百世之功。」

「當真？……好，你既然有膽量，就帶呂澤麾下二十人前往。見機行事就好，成或不成，務要保住頭顱回來。」

「小臣隨大王日久，如何勸說諸侯，聽也聽會了。」

劉邦便大笑：「好個隨何，有長進！彭越那裡，也由你在中涓指派一人前往勸說。先籌辦去吧，稍後擇日出發。」

隨何領命，便自去提點布置了。

劉邦這才將車上的戚姬喚下來，引見給營中諸人，眾將略感驚異，都起立施禮。劉邦一笑，對呂澤道：「大事議畢，可以洗洗澡了吧？」

如此在下邑大營歇了幾日，果如陳平所料，失散的漢軍殘部聞漢王在下邑，都陸續來歸。連日來，已有周勃、灌嬰等歷盡千辛萬苦，先後歸來。劉邦與眾將相見，都恍如死後復生，執手涕泣不已。

經詢問，劉邦方知：有幾路諸侯在潰敗之後，已叛漢歸楚。塞王司馬欣、翟王董翳趁亂脫逃，投奔了楚營。代王陳餘攜趙王歇引兵回趙，發覺劉邦竟然以假張耳的頭顱哄人，一氣之下也叛了漢。漢營除殷王司馬卬戰死之外，尚餘魏王豹、河南王申陽、韓王信三人，仍追隨左右。

眾將談及諸侯王叛去，都切齒痛恨。劉邦歷經了生死之變，倒是豁達了許多，揮了揮手道：「寡人大敗，不能保人家性命，跑就跑了吧，無須理會。且將這筆帳記下，落井下石者，總不得好死。」遂教人厚賞了魏王豹與河南王申陽，以安其心。

這一日又有王陵歸來，進帳便伏地大哭：「前日得報，太公與嫂夫人、審食其外出避難，均在亂中被楚軍擄去，留作人質矣！」

劉邦吃了一驚，呆了半晌才道：「兄休要悲傷，令堂昔日在楚，為漢家捨生取義，此仇亦是我劉季之仇，來日必報。今家父等又被項王所拘，諒他還不敢加害。縱是項王橫暴，那項伯、范增亦須顧忌天下非議，必不會殺家父，此事容徐圖之。」

此後旬日間，劉邦在下邑收攏敗軍，堪堪又得了五萬兵馬，聲勢復壯。連那博士叔孫通，也蓬頭跣足，率百餘弟子徒步尋蹤而來。顯見得天下歸心，一如既往。劉邦便與張良、陳平商議，如何收拾殘局。

張良道：「我軍新敗，項王必不會罷手，不知何時還會遣馬軍來襲。此地離彭城太近，似可後移，以為防範。」

陳平亦道：「子房兄所言極是，成敗不在一城一地。楚軍勢大，我軍須避其鋒芒，應尋得一座大城固守，暫且與項王中分天下，容後再說。」

劉邦也深以為然，便率軍退至碭縣，在碭縣又得樊噲引軍來歸，漢軍這才士氣稍振。因有彭城輕敵的前車之鑑，劉邦還是不敢大意，又引軍退至虞城，方才止步。遂吩咐隨何，速往六邑說服英布叛楚。另劉邦早在舉義之時，便曾與彭越聯手，合兵會攻昌邑，兩人交誼甚厚。此時，劉邦知這位老友可以救急，便又急忙派人與彭越聯結，命他襲擊楚後方糧道。

看看已布置妥貼，劉邦這才引軍退至滎陽城內，徵發民夫加固城池，準備固守此城，與楚相抗。

進了滎陽城後不久，韓信也從洛陽領軍來會合。從彭城敗退下來的眾漢軍，望見「大將軍」旗幡，都歡呼雀躍，士氣為之大振。劉邦見之，更加信服張良所言「與之共天下者，唯三人也」之論，以為是千金不換之謀。

劉邦與韓信在城內行宮相見，想起當初拜將時的傾談，都不勝感慨。劉邦道：「將軍來此，寡人便放心了。一次戰敗，終身膽怯，我日日唯恐楚軍又來。」

韓通道：「項王素好名，又輕慢天下豪傑。此次大勝，必沾沾自喜，以為漢家脊梁從此折斷，因此斷不會全力來攻，大王可無慮。」

劉邦滿面愧色道：「寡人不納忠言，自覺統軍之才堪比將軍，終致睢水受辱。唉，休提了，幾乎喪命！」

「大王亦不必自責，強弱互易，乃兵家常事。我漢家平定三秦之後，便是有十個項王，也奈何不得我了。今我軍據有關中，根深蒂固，雖彭城得而復失，但終究二分天下居其一。他項王即便渾身是膽，也不過一員猛將而已，東衝西殺，浪得虛名，豈如我漢家得地利、獲民心？日後我漢家方略，就是與他纏鬥，十年八載，終可見個分曉。」

「好好！將軍今後，不可再退避不前了，要與寡人共進退，且需獨當一面，為我分擔。」

「微臣所有名位，皆大王賜予，當捨命以報君恩。凡有征討攻伐的事，大王儘管驅遣。」

劉邦大喜，遂拉起韓信的衣袖：「將軍，你隨我來看。」

兩人便相偕登上滎陽城頭，劉邦指著遠處塵頭道：「那便是楚之馬軍斥候在耀武。此次彭城之敗，就敗在我無馬軍。那楚軍幾萬騎士倏忽而來，倏忽而去，著實是嚇破了寡人的膽。」

韓信便哈哈大笑道：「大王，楚軍多為江淮之人，哪裡會有什麼精銳馬軍？天下騎士之勇、戰馬之良，當首推關中。我漢軍素無馬軍，唯有傅寬將軍帶了千把騎士，當然吃虧。今可挑選原秦軍騎士五千名，編成我漢家馬軍。有此一軍，便可馳騁山東而無敵。」

劉邦雙目大睜，炯炯有光：「果真？軍中有何人善騎射，可做我馬軍統領？」

「李必、駱甲，此二人可當此任。」

「哦？這二人是何等來歷？」

「皆為秦地重泉人，係原秦軍騎將，投我漢軍已有些時日了，我為治粟都尉時便與之相熟。兩人皆精熟騎射，長於治軍。有此二人，不出旬日，我漢家便可有天下頭等馬軍。」

「甚好！莫非此為天助？寡人便拜二人為騎將，統領馬軍。」

韓信一時卻沉吟起來：「……亦有不妥。此二人本是秦降將，驟為我軍騎將，恐眾軍不服。請大王另派一員大將為主，此二人為輔，事則可成。」

劉邦便笑將起來：「當初拜韓兄你為大將軍，不亦為破格？」

韓信微微一笑，只道：「今日事急矣，不可有萬一之疏漏。」

「我看眾將之中，唯灌嬰年少勇武，寡人加他為中大夫，統領馬軍，以為主將；李必、駱甲為左右校尉，以為副將。你看如何？」

「大王聖明，如此便可無慮了。我漢家馬軍如練成，可縱橫千里，直搗楚地之腹心，斷其糧道，亂其後方，日後大有可施展之處。」

「此正為寡人之意！自今日始，馬軍即為我軍之中堅，配屬大將軍統轄。此外，也要給他們一個大大的好名號，不如就叫『郎中騎』，以示籠絡。」

「好名字！郎中，宮府之侍衛也。如此，騎士們當更加用命。」

劉邦遂仰天大笑道：「文有張良，武有韓信，我漢家還愁何事不成？」

韓信連忙一躬謝道：「韓信不才，哪裡能與國師並論？」

「好，此事你即去辦吧。」說罷，又解下漢王劍授予韓信，「此劍，還是由將軍你佩戴，寡人佩之，恐不祥。此後滎陽一帶防務，盡由你統管。即便是這天下，也由你與寡人共用。」

韓信慌忙伏拜道：「謝大王隆恩！」

君臣將大事議畢，韓信正欲退下，忽有守城軍士來報：「城西有數萬大軍，正鋪天蓋地而來。」

劉邦臉色便是一變：「項王又殺到我背後了？」

兩人便急趨西門，登上城樓眺望，只見遠天塵頭大起，人馬雜遝，喧聲可聞。劉邦急命四門緊閉，各軍嚴陣以待。待遠處大軍漸近，這才看清楚了，盡是漢家旗幟。為首一將，疾馳到城下通報，原是劉邦堂弟劉賈率隊前來。劉邦這才知道：此軍之來，乃是蕭何聞聽彭城之敗，恐劉邦兵員不濟，便打破慣例，將關中二十五歲以下、五十六歲以上男丁盡行徵發，編成新軍，由劉賈壓隊，調來增援滎陽。

劉邦便大笑道：「原是蕭丞相送了大禮來！快打開城門，將援軍好生安頓。」

劉賈將新兵名冊交予韓信，待清點無誤，便自回關中去了。韓信翻驗名冊，愕然發現蕭丞相之子、蕭氏族屬十數人，也盡在冊中，當下便去新兵營中探望，果真都在，心中大感蹊蹺。

待與劉邦一說，劉邦也是一怔，嗣後會心笑笑，說道：「丞相這人，到底是老成。」韓信納悶兒，翻著眼睛想了想，忽然領悟：「原來如此！」

君臣兩人對視一眼，都搖頭笑笑。劉邦便道：「丞相將子弟、族屬盡數送來從軍，又蒐羅所有男丁送至滎陽，只為證明他絕無反心。老蕭與我是何等牽連，我又如何能疑他？只是有了君臣之別，便也要用些心機了。」

當日，適逢王恬啟統領宿衛當值，正按劍立於漢王身後。劉邦與韓信所議，皆聽在耳朵裡，不由插言道：「別人能反，獨蕭丞相不能反！」

劉邦略略驚詫，問道：「小舅何出此言？」

「田中有瓜，若是同藤所生，何來異心？」

「哦？」劉邦望望王恬啟，大笑道：「至理，至理！這個話說的，才像個舅舅的樣子。」

正當此時，滎陽城內，處處騰起了喧譁。來援新兵雖多為老弱，但因感激漢家安邦濟民，皆有赴死報效之心。援軍進城之後，與那從彭城敗回的漢軍之間，多有兄弟、叔姪之親的，見面都大為欣喜，全軍歡呼不止。漢軍自此，堪堪已聚攏了十餘萬，聲勢大振，已不亞於當初出關之時了。

又過了幾日，劉邦正與張良、陳平、韓信、酈食其等人議事，忽有探馬來報：「魏王豹率本部人馬歸國，前日一過河，便以重兵截斷河口，在平陽傳檄天下，叛漢聯楚。項王已派了項佗為魏相，助魏反漢。」

劉邦大驚，憤然道：「這個魏豹，日前不是說老母有病，乞假省親去了嗎？此等豎子，欲叛漢，便大大方方叛去好了，竟要拿老母之名來騙人。真是世道不古，豚犬都會說謊了！」

韓信甚感奇怪，說道：「那魏王豹，雖經彭城之敗，然仍隨大王左右，不曾擅離，如何今日便忽而叛去？」

劉邦意氣難平，罵道：「真真混帳一個！寡人看他始終跟隨左右，只道是並無二心，來乞假探母，豈有不准之理？何曾想到，這世家名人之後，也是滿口的謊話。」

韓信想了想，恍然大悟：「大王，必是項王派遣奸細前來，說降了魏王。」

「唔！將軍所言不錯。前月十一路諸侯聯兵，征討彭城，教那項王丟盡了顏面。如今他將我的手段學了去，也在籠絡諸侯了。魏豹叛漢，非同小可，若他發兵南下，則輕而易舉可斷我關中通道，這又如何是好？」

「大王勿急！那魏王豹不過一個侯門子弟，徒有虛名。微臣願領軍前往平陽，將他一鼓盪平。」

陳平便道：「臣以為，可先不必發兵。大王待魏王仁至義盡，他之叛離，也是見我漢家今日勢蹙，故生出勢利之心。今我軍自彭城歸來，甲士無不疲勞，炎天暑熱，不宜輕動，可命一善辯之士前往勸說，令其回心轉意，也好免去刀兵之勞。」

劉邦聞言，連聲稱妙。當下便問酈食其：「寡人欲勞駕老夫子一趟，前往魏都平陽，勸魏王豹回頭，夫子以為可否？」

酈食其慨然道：「微臣與魏王有舊，願以大義說之，必使其迷途知返。」

劉邦大喜道：「愛卿若以舌上功夫，勸得魏王豹回心轉意，寡人便賜你魏地萬戶。」

酈食其忙伏地受命：「臣不敢，千戶即可。」

待酈食其銜命前往魏都後，不過才幾日，那楚營一支馬軍果然耀武揚威來攻。

原來，項羽在彭城得手，便看輕了漢軍，此時又想沿襲舊計，命季布領五千精騎，長途奔襲滎陽，指望一夜間獲勝。

正如韓信所料，項王此時因齊地紛紛復叛，足踏泥淖，故未曾全軍出動。

此次楚軍輕兵前來，本以為漢軍不堪一擊，但時勢已與一月前大不相同了。當時漢軍在彭城，驕奢輕敵，全無防備，因而一觸即潰。而此時新編成的漢家「郎中騎」，則多為勇武彪悍之秦人，與項王有不共戴天之仇，上陣全無恐懼，唯有報仇雪恨之念。因之在滎陽一線，楚漢兩軍之強弱，便有了不易察覺的變化。

那楚之馬軍衝到滎陽之南的京亭、索亭，一心想重睹漢軍兵敗如山倒之景象，卻不料從滎陽方向忽然衝來一支漢家馬軍，通身黑甲，人高馬大，直驚得楚馬軍措手不及。

楚馬軍於匆忙之中掉頭不及，瞬時陣形便被衝亂。新編的漢軍「郎中騎」，剛得了這個隆寵無比的身分，都急於立功報恩，見了楚軍分外眼紅，在京索一帶馳騁衝殺，三戰三捷，將楚馬軍殺得丟盔棄甲。

較量了幾日，季布見得勝無望，只得率殘兵遁去，兩軍便在滎陽以東僵持了起來。

灌嬰得勝回城，劉邦大喜過望，扯住韓信的衣襟，對眾將道：「昔日拜將，諸兄弟多有不服，今日如何？韓大將軍，果為漢家神將，郎中騎編練不過旬日，便有此功，我漢軍雪恥之日，不遠矣！」

韓信便道：「郎中騎僅僅五千，便收今日奇效，來日應增至萬名，必無敵於天下。」

劉邦遂大笑：「好，寡人便廣招燕人、胡人與樓煩人，為我騎射精銳。日後亡命於途者，將不再是我劉季了！」

郎中騎首戰告捷，劉邦大大鬆了一口氣。一月以來，一路屢遭驚嚇，此時鬆弛下來，忽覺遍體不適。這日，便召了韓信來交代：「有你大將軍在此，滎陽一線便固如天塹，想那楚軍已無力踰越。今寡人不適，暫回櫟陽將息，前方軍事便託付將軍，並任你為左丞相，打理前方軍政。如魏王豹來降便罷，不降，則將軍可引軍攻之。」

古時自周至秦漢，都是以右為尊，韓信所獲這「左丞相」之職，便是「副相」的意思，顯見得劉邦已視他為蕭何之下第一人了。韓信內心一喜，忙伏地拜謝，隨之諫議道：「河東魏王，燕雀而已，待秋涼再滅不遲，大王請放心將息。那廢丘還有一個章邯，應著意滅之。如此，三河以西的半個天下，便盡屬漢家，從此後顧無憂，大王也好一心謀楚了。」

「哈哈，那老賊，寡人未曾有一日忘記。此次回櫟陽，寡人將帶樊噲、曹參、周勃同行，便是要拿下那老賊。」

「那好！臣在此便再無牽掛，一心督軍。」

韓信受命督軍之後，日日操練不止，務使士卒不再懼楚。嚴責之下，果有成效，漢軍的士氣逐日高漲，已將那彭城慘敗淡忘了。

且說那酈食其受命說服魏王，心知事關重大，遂不敢怠慢，星夜馳往平陽，入魏宮求見魏王。

魏王豹此時早被楚國密使說動，執意叛漢，見了酈食其，知是來勸降，便只一副冷嘲面孔給他看：「故人遠來，是為說客乎？白首老儒尚勞碌如此，寡人自愧不如了。」

酈食其一揖道：「在下前來，非為漢家之謀，實為故人之交。言或謬妄，大王不聽就是了。」

魏王豹笑笑，叱道：「蘇秦張儀之輩，皆是這一套言說。好吧，你有話便說，不要囉唆了。」於是便焚起一炷香來，閉上眼睛聽酈食其陳說。

酈食其正欲搖唇鼓舌，不料魏王豹忽然睜開眼睛，冷冷道：「你也休要說了！大丈夫，何人願瞧別人家眼色？寡人不才，終是世家出身。他劉邦不過一鄉村鄙夫，偶一得志，便將我等諸侯群臣呼來喝去，如使奴僕。稍不如意，則汙言穢語罵個不停，全無尊卑禮節。你這高陽酒徒忍得，寡人我卻忍不得。人生一世間，如白駒過隙，能自主一日便是一日，我實不願再去見他了。」

酈食其道：「大王此言差矣！漢王雖不拘小節，然仁心厚德，為天下所共推。今與楚相爭，成敗之數，連小兒亦能看清。大王既已投明，何又返身投暗？如此反覆，可是致福之道？何不仰賴漢家大業，以保萬世富貴？」

魏王豹便大笑道：「故友雖是大儒，所論也不過書生之見，無非是想尋個明主，吃一碗飽飯而已！前日有一相士，曾為我後宮薄姬看相，言其可母儀天下。既然寡人姬妾可母儀天下，寡人豈非有望做天子了，又何必仰人鼻息呢？」

「術士之言，如何可信？」

「那麼，蘇秦張儀之言，便可信乎？」

酈食其見魏王對劉邦積怨甚深，不是空口白話便能說服的，只得辭別魏王，怏怏而歸。

這日，劉邦正在打點行裝，忽有衛卒來報：「酈食其先生從平陽返回。」

劉邦便道：「他一人回來，諒是那反賊魏豹不肯回心，就請老夫子進來吧。」

酈食其風塵僕僕進了行宮，滿面愧色拜道：「臣有辱使命，那魏王豹抵死不肯從。」遂將勸降始末，一一複述。特別言明，因魏宮卜者說那薄姬將「母儀天下」，故魏王豹死不肯降。

劉邦怒道：「什麼母儀天下、父儀天下？反賊愚頑，一至於此。莫非有恃無恐乎？」

「臣無能，說不動這朽木。」

「老夫子，這不怪你。你說說，如今楚漢相持，勝負未定，為何魏王豹不肯從我？莫非他判定了天下必歸楚？」

「倒也不是。魏王豹對微臣講，他後宮有一薄姬，曾找人看相，說是將來可母儀天下，故而魏王豹不肯屈居於大王之下。」

劉邦一怔，回味了片刻，才大笑道：「什麼母儀天下！他的人，他的國，不出數月，就都是我囊中之物。這個魏豹，做的什麼千秋大夢？」笑罷，又問酈食其道，「他果然有如此美姬？」

「不錯，臣在魏宮親眼所見，端的是儀態萬方。」

「就是那個……薄姬？」

「是薄姬。」

「好也！屆時，命韓大將軍將這美人也一併擒來，讓寡人也消受一回。你與我說說，他以何人為主將？」

「柏直。」

「此人無非乳臭小兒，何能當我韓信？那麼他騎將又是何人？」

「馮敬，乃秦將馮無澤之子。」

「唔，此人雖賢，然仍不能當我灌嬰。他步將又是誰？」

「項佗。」

「這個項佗，不是定陶的楚軍敗將嗎，如何能當我曹參？今我伐魏，可無慮了，老夫子以為如何？」

酈食其道：「就請大王下令，命大將軍韓信攜曹參、灌嬰二將，前去伐魏。」

劉邦便笑道：「老夫子，此行是否有所悟？讀萬卷書，也不如會舞槍弄棒。魏豹他要吃罰酒，唯有韓大將軍能伺候他。此事不急，寡人要回櫟陽歇息幾日。待秋後天涼，再來為魏豹備罰酒吧。」

＊　＊　＊

六月末梢，天氣漸至酷熱，劉邦越發地撐不住了，便帶了戚姬與一兒一女，由樊噲、曹參、周勃領一支精兵護送，奔回了櫟陽。

此次出兵僅三個月，旋起旋落，劉邦再見到蕭何，竟恍如隔世。君臣見面，都唏噓不已。劉邦道：「蕭公，虧得有你在關中維持，寡人才可進退自如，否則真如喪家之犬了。」

蕭何連忙道：「哪裡！平定三秦，東出臨晉，這都是大王定下的方略，微臣不過料理些錢糧雜務，何功之有？」

劉邦大笑，拍拍蕭何肩膀道：「丞相謙遜了！漢家根本，就在關中，這還是你為寡人謀劃的。今我雖敗歸，但元氣未傷，這便是丞相的大功，將來定要畫像置於廟堂，令子孫萬世感念之。」

蕭何惶然道：「這哪裡敢當？」

寒暄已畢，君臣兩個便坐下來，將那內政之事商議了一番。

劉邦問道：「關中平定，將至一年了，境內民心究竟如何？」

蕭何便答：「十個月來，每略一地，便仿秦制設定郡縣，派員治理，迄今民心大順。今春大王東渡黃河，半有天下，臣在關中，則興修漢家宗廟、社稷與宮室。如此外王內聖兼舉，關中以西，我漢家已漸成一統。臣以為，既然要問鼎天下，便要有王天下的氣象，如今漢家已有此氣象，何愁民心不歸？」

劉邦頷首道：「丞相說得有理。漢家興國，至今尚未立太子，寡人便將劉盈立為太子吧，免得小民疑懼觀望。」

蕭何便叩首道：「此乃安萬世之舉，臣為大王賀！」

劉邦開懷大笑道：「你這老吏，又來拍我馬屁！這關中的民心，還不是丞相為我爭來的？寡人索性將人情做到底，大赦境內有罪之人，令秦民感恩戴德，都願做蕭丞相治下的順民。好了！奉承拍馬的話，無須蕭公你來講，留給關中百姓去講好了。近來，可曾有什麼不如意之事？」

蕭何面色便一沉，嘆息道：「政事無慮，然天公不作美。今春大旱，關中各地災情甚重，農家顆粒無收，幾近民不聊生呀。」

「哦？」劉邦一驚，忙問道，「百姓可以食薄粥度日否？」

「有薄粥倒好了！今關中大飢，臣正急得無可如何。日前下郡縣巡訪，見貨價騰貴，米一石貴至萬錢，馬一匹貴至百金，草野之民，無以為生，已是人相食、餓殍遍野了！」

「啊？」劉邦驚得面色一白，急問道，「商家為何無平價米可糶？」

「商家貪利，都趁機囤積，哄抬米價。櫟陽城內，為一口食而破家者，比比皆是。官倉存糧，須供給軍需，一粒也不敢動。臣計無所出，只得以三牲六果祭天，祈福禳災。」

劉邦急得跳了起來：「拜老天有何用？春苗無收，老天能為你下穀雨嗎！」

蕭何不禁愕然，漲紅了臉問道：「大王之意……難道要派兵丁四出，向商家索糧賑災？」

劉邦復又坐下，捋鬚半晌，沉吟道：「不可不可！秦民歸順不久，如此強索，豈不是與商家為敵嗎？商家若離心，則關中更不可收拾了。」

蕭何長嘆一聲，幾近哽咽道：「臣前次徵發民間老弱，以充援軍，貧民都踴躍投軍，全是為了一口軍糧活命呀。」

劉邦面色便分外黯淡，想了想又問道：「巴蜀年成如何？」

蕭何道：「巴蜀倒是無虞，今年是大熟之年，然連月用兵，鎧甲弓矢所費甚多，府庫亦無錢去巴蜀糴糧。」

劉邦便將案一拍：「移關中饑民至巴蜀就食，並墾荒種糧，以解倒懸。」說罷便起身，仰頭嘆息道，「蕭公，我等君臣，不可在此坐而論道了，這就與寡人下郡縣去看看。唉！人相食，餓殍遍野……如此，漢家還要這天下有何用？」

次日，丞相府下了移民令，不數日間，關中饑民數萬，便由各縣官府送往巴蜀去了。民間糧商聞漢王歸來，也怕官府一怒之下強徵糧食，遂不敢再抬糧價，市面上又見到平價米，秦民自是感激不盡，劉邦在櫟陽、咸陽等地巡行一遍，見災情雖重，但閭裡風氣尚稱祥和，百姓各安其位，遂對關中吏治大為滿意，狠狠誇了蕭何幾句。

蕭何拱手謝道：「臣不敢居功。秦地安寧，皆因漢家以大義治國，百姓皆服。」

劉邦便冷笑一聲：「你我都是老吏出身，這種話你也信得？所謂大義，即是能吃飽飯，且吃得安穩。若吃不飽飯，大義便是狗屁！」

蕭何聞之瞠目，一時竟不知所對。

劉邦便指點著那街衢民居，又道：「你看那些富庶人家，都有後倉，關中便是我漢家後倉，錢糧人丁，皆由此出。寡人即是受十方諸侯來拜，遍地頌聲盈耳，也不過是虛浮門面，抵不得踏踏實實一碗米。」

蕭何頓時面紅耳赤，囁嚅道：「臣知道了。」

劉邦畢竟是起自民間，對升斗小民的柴米油鹽、喜怒哀樂，皆了然於心。關中災情如此，劉邦覺芒刺在背，不啻又一次睢水大敗。輾轉思慮了數日，便有詔令頒下，將前朝始皇帝遊獵用的千畝上林苑，撤去防衛，任百姓進入，隨意開墾，以解民困。又下令將監牢刑徒通通釋放，令其各歸其鄉，務農自新。

安置災民事畢，劉邦這才有了閒暇工夫，在櫟陽舊宮召見中樞臣僚。此時漢家方興，三公九卿尚不齊全，有的只有屬官，而無主官，然在此濟濟一堂，亦頗見氣象。

劉邦見到盧綰，分外親切，執手說道：「數月不見，關中全賴諸兄支撐。漢家今日已見規模，沛縣故舊當論功行賞，明日封太尉，非盧兄莫屬了。」

盧綰喜形於色，連說：「不敢當，不敢當。」

劉邦見柱下立有一人，面貌陌生，然其舉止頗有風範，便問左右是何人。蕭何連忙代答：「此乃張蒼，原為前朝侍御史，現亦在朝中掌監察糾劾，甚是得力。」

劉邦便道：「怪不得。直立如松，是個做官的樣子！我軍在關東略地，新置郡縣現也奇缺幹員，張御史明日可隨我赴滎陽，暫去軍中效力。」

張蒼忙伏地拜謝。

劉邦哈哈一笑，對眾官道：「前方廝殺，頗為吃力。爾等在關中雖也辛苦，然畢竟無性命之憂，故諸君尚須多多努力，待天下息了刀兵，方能過上太平日子。」

眾官伏地齊聲感恩。劉邦興致越發上來，命少府在側殿開筵席，大宴群臣。半日中，君臣觥籌交錯，盡興方散。

酒宴過後，劉邦回到寢宮，頗覺心神不寧。蕭何在旁道：「太常寺現已有了太卜，不如喚來課一卦，便知吉凶。」

劉邦瞇眼想了想，便道：「也可。」

少頃，蕭何將一白髮老叟引至寢宮。劉邦斜倚在榻上，懶得起身，只示意左右為老叟賜座。

老叟坐下，劉邦見他鬚髮皆白，頗有仙風，不禁起了敬畏之心，忙坐起問道：「請問先生尊姓，是何方人氏？」

那老叟答道：「臣小姓許，名終古。世居太乙山。」

「太乙山？老人家可識得『四皓公』嗎？」

「認得。是那東園公、夏黃公、綺里季、角里，四位先生與在下平素頗有交往。」

「漢家方興，連先生亦願前來效力，不知那四皓公能否下山？」

許終古便連連搖頭，笑道：「是微臣終未脫俗吧。那四皓公，絕非濁世之人也，恐不是利祿名位所能打動的。」

劉邦道：「原來如此。看來寡人是無福一睹真容了。」

寒暄畢，許終古便擺起香案，從懷中摸出卦筒來，朝香案拜了一拜，口中唸唸有詞，開始起課搖卦。

三搖已畢，劉邦問：「如何？」

許終古看了片刻，解道：「九二爻。卦辭曰：『需於沙，小有言，終吉。』此為需卦的一個『既濟』卦。沙中行走，終不是那麼容易；小有雜議，然終究是吉。」遂向劉邦叩首賀道，「大王，此卦極好。占於軍事，可謂無不利。」

劉邦聞聽不是大吉，略感失望。許終古便一笑：「大王自舉義起，征戰至今，瀕死而生者有幾回？」

劉邦道：「鴻門宴，彭城之敗，算是兩回吧。」

「可見世間事，必多磨難。大王可聞『三折肱而成良醫』之說？」

「有耳聞，那又怎樣？「

「如有三折肱，則天下必屬劉。」

劉邦怔了半晌，方才有所領會，大喜道：「許公有大智，數語便如撥雲見日，此恩雖萬金不足以報答，這裡且受寡人一拜。」說罷便要跪拜。

許終古大驚，連連叩首道：「大王，使不得！臣乃草野之人，信口開河罷了。唯大王好德，項王恃力，今中原競逐，孰昌孰亡，連關中孺子亦不疑。臣只是不知陛下還有何疑慮？」

劉邦大笑，遂命少府厚賞了許終古。

占卜之後，或是因心情甚好之故，劉邦渾身病痛竟然全消。遂喚來蕭何、盧綰、樊噲、曹參、周勃等人，指點著地圖道：「關中諸事已畢，唯有章邯這老賊，仍在廢丘做困獸。寡人帶爾等兄弟回來，便是要為老賊送終。」

樊噲大喜道：「章邯被困十月有餘，不戰不降，真氣煞人也。季兄只管下令，拚得幾千條性命，我等也要拿下廢丘！」

劉邦狡黠一笑：「孤城一座，人困糧絕，不必傷到兒郎們性命。大將軍已為寡人獻了破城妙計，爾等到時再看。」

君臣將那軍事議定，蕭何便奉命去籌軍糧。至七月梢，萬事俱備，劉邦加盧綰為太尉，總領全國軍事；加曹參為假左丞相[58]，統領關中之兵。君臣一行，率大軍來到廢丘城下，與圍城兵馬會合一處，準備攻城。

那廢丘城下，目下是劉賈領軍在圍。昔日劉邦、韓信圍廢丘時，已在城下挖出無數溝塹，將城死死困住。城南還有樊噲當初領兵築起的高臺，晝夜可望見城內動靜。其臺之巨，儼若城池，如今漢兵都喚它做「樊噲城」。

廢丘四面皆山，圍城漢軍遍布各隘口，即使是城內兵馬僥倖突出，也必被漢軍圍堵。因此，章邯縱有翻天覆地之手段，十個月來，也只能眼巴巴地做困獸。

見城上軍伍旗幟仍然嚴整，劉邦便道：「這老賊，端的是有些骨氣，為項王死守此城，至今不悔。卻不知項王用他，鷹犬而已。迂執之人，終究還是看不透那梟雄心機，竟要無端做個陪葬。」

曹參也感慨道：「事有非常，人亦有不可理喻。入歧路者，棒喝也是難醒。」

劉邦想想，便道：「章邯總還是個將才，待寡人再勸他一勸。」說罷，便與三將騎馬奔至城下，躲在樓櫓之後高喊，「我乃漢王劉邦，東征大勝歸來，恭請雍王出城，也好盡釋前嫌，共襄國事。」

那章邯在城上早看得明白，立即答話，仍是中氣十足：「劉邦老兒，你一日不講假話，便活不得嗎？什麼東征？哄得了別人，卻哄不過我。你勞師遠征，以卵擊石，想必是輸光了家當，狼狽逃回的吧？若是大勝，那彭城仕女如雲，你怎能捨得歸來？這區區廢丘，又何勞你親自來督陣？我章某堅守此城十月，不見漢軍攫得寸土，今日你又多了什麼本事，可儘管用來。」

[58] 假左丞相，即代理左丞相。

「雍王謬矣！你坐困愁城，可見到項王有一兵一捽發來？項王之心，童叟皆知，偏是你居高堂之上，獨獨就看不清楚。人各有期許，不可劃一，然雍王拋棄身家性命，寧為獨夫守節，卻是可惜了。」

「哼，此時來說這虛言浮語，又有何用？若有膽量，便放馬過來，縱然廢丘可破，你卻擒不到一個活章邯！」

見章邯一如既往地死硬，劉邦便不再喊話，對眾將慨嘆道：「章邯老兒若在戰國，或可為荊軻、聶政。日後我所封諸侯，還不知有幾個可愚忠至此的？」

樊噲發怒道：「老賊之弟章平，今尚在櫟陽囚繫，不如解來城下，當著老賊的面，砍頭祭旗！」

劉邦望望城上，搖搖頭道：「孤臣孽子，倒也可憐。不要難為章平了，待他養好傷後，放他歸鄉去吧。」

周勃耐不住，問劉邦道：「韓大將軍有何攻城妙計？」

劉邦便用手朝前面一指，眾將隨著看去，見那廢丘城近旁，有一條大河，名曰白水，由西北滔滔而下，匯入渭水。劉邦便道：「見那繞城之水了嗎？稍待幾日，便教老賊翻作魚鱉！」

過了幾日，漢營安堵如故，毫無動靜。章邯見劉邦並未來攻，便有些起疑，不敢放鬆。

這夜，暴雨如注，城上人馬皆難以行走。章邯知漢軍必不能來，正待歇息，忽聞南門外一聲巨響，城南一大段城牆，竟於頃刻間轟然傾頹，有滔滔洪水排山倒海般湧入，聲勢駭人。

暗夜中，王府外立刻喧譁一片，章邯奔出去看，見洪水已淹沒了南城，將那人畜屋舍，盡皆席捲而去。城內兵民，亂作一團，呼救聲此伏彼起。

章邯心知不妙，急忙點起數十名親兵，蹚水直奔城北的高崗處。再回頭看時，洪水已漲至丈餘，無數民居，盡化作點點孤島。

原來，是夜樊噲奉劉邦之命，領軍至城南白水邊，將上千沙囊投入水中，致河水壅塞，不得暢流，全部倒灌進了廢丘城內。待城牆頹倒，曹參便一聲令下，千餘名板楯蠻從缺口泅水而入，殺聲震天。

章邯正驚疑間，卻見洪水忽又退去，原是城外漢軍已將沙囊掘開，河水復歸其位。水退後，更有大股漢軍高擎火把，從四門殺入。古城此時，陰慘宛如末日。眼看陷落在即，章邯哀嘆一聲，便欲率殘部東逃，暫去桃林塞，再作打算。卻不料經洪水一沖，部伍已全部潰散，哪裡還能尋得到人影？

不消片刻，章邯所暫駐的高崗，便被漢軍團團圍住。章邯身邊親兵拚死護衛，奈何岡下箭矢如雨，眨眼間親兵便被射得如刺蝟一般，紛紛倒地。

漢軍趁勢一擁而上，火把高照，刀劍齊出，逼住了孤零零的一個章邯。

章邯耳聞滿城哀聲，悲憤難抑，跌足道：「一世英名，竟為鄙夫所害。天有眼乎？吾死不瞑目矣！」說罷拔出佩劍，直指上蒼。

眾漢軍為章邯聲威所震懾，不覺都向後退了一退，不敢冒犯。不想那章邯只是長嘯一聲，便猛地揮劍自刎。漢軍將士一時怔住，動也未動，只見那章邯魁梧身軀晃了兩晃，如魏闕斷壁，轟然倒下。

四面漢卒舉著火把圍攏來，見章邯死了，都一片歡呼，劉邦、盧綰亦聞訊趕到。劉邦拿過火把來照照，以足尖踏住章邯屍身，笑道：「當年若能殉秦，老英雄何至於此？」說罷便命盧綰教軍士將章邯盛裝入殮，就在這高崗上好好葬了。

黎明時分，大雨停歇。漢軍遂大索城內，俘獲了幾個章邯部將，有呂馬童、季良、季恆、孫安等，都押來跪在了劉邦面前。

劉邦睨了眾人一眼，問道：「主公死了，爾等降也不降？」

「降，降！」幾人皆伏地叩頭。

劉邦冷笑了一聲：「都是不能隨主公去的！呂馬童，你主公項王尚在，難道你也降嗎？」

呂馬童不敢抬頭，只答道：「漢王仁德，呂某願從明主。」

劉邦便一甩衣袖：「罷了！恩恩怨怨，都休再提了。曹參，降將便交予你吧，好生調教，為我漢家出力。」

八月秋涼，劉邦論功行賞，以樊噲灌廢丘有功，遂將長安附近的杜縣改為樊鄉，賜予樊噲做食邑。另曹參亦有大功，則賜予寧泰一帶為食邑。二將之名位，自此更加顯赫。

昔日教人寢食難安的雍王，終化為塚中枯骨，劉邦心頭的這口惡氣既出，便將那雍王之號廢掉，將雍地一分為三，改置中地、北地、隴西三郡，又改廢丘為槐里，關中氣象為之一新。

看看境內已大定，劉邦便留下太子劉盈監國，蕭何輔之，囑二人好生安民，一切可便宜從事，不須上奏。又調劉賈駐守桃林塞，作為關中的屏障。

劉邦則帶著眾將，重返滎陽，要一心謀楚了。進得滎陽城內，他見前方漢軍已操練得有模有樣，不由心中大喜，遂命韓信為主將，曹參、灌嬰為副將，領一支精銳前去征討魏王豹。日前剛編練好的郎中騎，也由灌嬰一併帶去。

劉邦囑咐韓通道：「此去乃別軍一支，渡河後再無應援，務必謀而後動。可知會上黨太守任敖，從旁照應。此人乃我沛縣故舊，必會全力相助。」韓信拜謝道：「大王心思細密，臣當與沛縣舊部輸誠相待。」

「那便好！寡人當年起事，家中二十二位舍人皆棄商從戎，征戰至今，軍功尚不顯。今將軍北上，便將那孔聚、陳賀等人也帶了去吧，日後有功，也好加為將軍。」

「臣謹遵命。」

韓信領命後，心中暗自慶幸：從此便可獨當一面了！當下便點起兵馬，浩浩蕩蕩地來到黃河西之臨晉關。

前次漢軍出關，正是由此地渡河東去。今日魏軍翻作敵軍，隔河與漢軍相拒。魏大將柏直，即坐鎮於對岸的蒲阪。

漢軍甫至，便在河邊蒐羅了一番，卻只得了民船十數條，遠不敷用。黃河湍急，所獲民船簡陋破敗，欲渡大軍可謂難上加難。柏直隔河看得清楚，在心裡冷笑，只命魏軍備好弓弩，嚴陣以待，料定漢軍插翅也難飛過河來。

這日，韓信在河岸駐馬看了片時，不禁心生躊躇，想這滔滔河水，若無舟楫之便，如何得渡？難道這東征首戰，便要被個渡口難住了？

此時他身邊有一校尉，名喚高邑，正持劍護衛，見大將軍滿面愁雲，知是由這河水而來，便道：「末將家鄉居於水畔，自幼習水，有一計，無舟亦可渡河。」

韓信精神便一振：「哦？是何計？」

高邑跨前一步，將他之計謀，略述一遍。韓信聽罷，大喜道：「無名小將，居然可立此大功！來日封侯，必有你高邑之名。」

回到大營，韓信便喚來灌嬰，命他發動本部軍士，起造木罌。灌嬰一時摸不著頭緒：「將軍，何為木罌？」

韓信便道：「可知民間所用的甕嗎？將甕捆縛成筏，便是木罌。將那士卒所用的槍矛，捆紮成方格，一格一甕，連線起來，便成大筏，既可渡軍士，亦可渡軍械。」

灌嬰恍然大悟，回營後，當即督軍建造。不過兩日，數百木罌便告完成。韓信卻下令將木罌都交與曹參所部，只教灌嬰引軍一萬，將那河邊民船都插滿旗幟，徹夜擂鼓，作勢將要渡河。彼岸的柏直見了，不敢大意，下令全軍遍布河岸，終夜不眨一眼，生怕漏過一個漢軍。

這邊，韓信卻與曹參親率精兵兩萬，帶著那些奇形怪狀的木罌，急趨上游的陽夏。

待漢軍到得陽夏，見此處河水更急，兩岸連一條船也尋不著，對岸魏軍只道是天險在此，萬夫莫開，竟然連步哨都未設一個。曹參望見對岸情景，不禁大為嘆服，連聲大讚韓信之神機妙算。

韓信縱馬躍上高坡，英氣勃勃，宛若天神。眾軍備好器械，肅立河岸，如萬支弓弩皆拉滿了弓弦。只見韓信屏息良久，忽將令旗一揮，士卒便都放了木罌下河，用刀劍做槳，奮力划動，不消半日，便都渡過了河去。

這兩萬漢軍，一路竟如入無人之境，進至東張這地方，才見前方有魏軍營盤。漢軍士卒疾行一路，早就手癢個不住，此時不待令下，便一齊掩殺過去。魏將孫遬見勢不好，奪路便逃，眨眼便不知了去向，餘眾也一哄而散。

小勝之後，漢軍趁勢進抵安邑城下，將城團團圍住。城中的守將王襄，見己方兵弱，難堪大用，急得連連派出斥候，向平陽求援。

那魏王豹正在平陽提心吊膽，只恐蒲阪渡口有什麼閃失，忽聞漢軍從北方殺到，不禁魂飛天外，急忙命柏直領軍回防平陽，自己則親率一軍北上，欲救安邑。

然未及魏大軍趕到，安邑便被漢軍攻下，守將王襄亦被生擒。魏王豹不知此情，仍急如星火地北上，行至曲陽這地方，恰與漢軍迎頭撞上。

漢軍哪裡會把這魏軍放在眼裡？一陣鼓鳴之後，韓信、曹參便揮軍大進。魏軍全無歷練，不等接戰已陣腳大亂。魏王豹見勢不妙，撥馬便逃。全軍見主帥已逃，便也跟著狂奔。

漢軍在後急追不捨，直追到了東垣這地方，終於趕上，將魏軍死死圍在核心。魏軍士卒見沒了生路，只恐枉死在這曠野之上，便都紛紛棄甲投戈，伏地乞降。

魏王豹見大勢已去，嘆了口氣，便也下馬伏地請降。那曹參衝到前面，一把揪住魏王豹的衣領，提將起來，破口罵道：「漢王待你如同兄弟，為何要臨陣叛去？如此首鼠兩端，就不怕汙了你世家的名聲？」

魏王豹也不求饒，只說：「我自去向漢王乞死，與你等無干。」

韓信便一笑，命曹參放了魏王豹，溫言相勸道：「陣前請降，豈有死罪？魏王還是跟我等一道，收降魏地，如此將功折罪，再往見漢王不遲。」

魏王豹想想，亦是無奈，便一揖道：「雖生如死，更有何求？魏某從大將軍之命就是。」

漢軍連戰皆捷，越發氣盛，遂一路南下，進抵平陽城下，與從蒲阪渡河而來的灌嬰合兵一處。

魏大將柏直登上城頭，見魏王豹已被漢軍擒住，頓時六神無主。魏王豹在城下喊了幾聲，柏直便面色慘白，扭頭望望國相項佗。

項佗知大勢已去，嘆了一聲，道：「柏直將軍請便，我自潛出城去，回彭城覆命。將軍不殺之恩難忘，今生若有幸，或可再會！」說罷便喚了親兵，下城易裝，趁亂逃去了。後項佗潛回楚地，項羽頗賞識他膽略，命他做了掌軍政樞要的柱國，鎮守彭城，此為後話。

柏直又猶豫了片刻，終無勇氣殉國，便下令守軍開門迎降。漢軍正等得不耐煩之際，忽見城門大開，都踴躍歡呼，鼓譟著一擁而入，直衝進魏王宮，將那魏王豹的父母妻子也一併俘獲了。

入城次日，曹參、灌嬰等將，便攜上魏王的降書，分頭去招降各地的城邑。各城守軍，勢單力薄，都樂得不戰而降，先後紛紛易幟。不出一月，魏地五十二城，便告平定。報捷羽書從魏國各地傳回，韓信大為高興，下令將魏地置為河東郡，就地選官。

這日，韓信看看諸事已了，便喚了趙衍，到自己帳中飲酒。趙衍在軍中歷練多日，此時頻獲擢升，已成了韓信心腹，聞韓信邀約，便攜了一樽從魏王宮掠來的美酒，進了大帳。

趙衍將盛酒的龍虎樽放上案頭，韓信便笑：「君王器物，將軍也敢擅用？」趙衍道：「自有農夫陳勝稱王，大丈夫，便何人做不得諸侯王？」

韓信素喜趙衍胸有大略，遂屏退左右，招呼趙衍坐下對飲。此樽酒，乃上好的宮中醴酒，才飲過數爵，二人便覺微醺。韓信乘興問道：「經略魏地一月，你有何心得？」

趙衍答：「兵家曾言，『將在外，君令有所不受』。如此打仗，方才痛快！」韓信望望帳外，沉吟不語。

趙衍便又道：「彭城之敗，我軍大半折損，然日前在滎陽整軍，不過才數日，楚軍便拿我無可奈何。以下官觀之，大將軍似宜獨當一面，少些牽絆才好。」

「吾也正有此意。平陽大捷，不日即將班師。一旦返回滎陽，萬事又由不得我了。」

「大將軍何不請命，北出燕趙，以建絕世之功？」

「燕趙外強中乾，易於建功，我倒是早有所謀。只是尚未想好：人生一世，究竟是位列三公好呢？還是做個諸侯王好？」

趙衍雙目炯炯，直言道：「漢家定鼎，就在今後數歲間。或一統，或兩分，漢王都將大封諸侯王。與做大將軍比，自是做諸侯王更快意些。」

韓信想到朝中那些沛縣舊人，個個驕橫不可一世，便嘆道：「朝中之事，多有掣肘，確不如做諸侯王痛快些！」

趙衍又低聲道：「況且天下也未見得只有兩分，三分天下，亦是可能的。」韓信聞言色變，厲聲喝道：「呔！此話不許再提！」

「末將知罪，不再提就是了。」

「明日，你押解魏王一行返滎陽。到時稟明大王：我欲北上平定燕趙，與滎陽互為呼應。待掃平燕趙，再東略齊地。屆時便可就近出奇兵，輪番攻楚，斷其糧道，擾亂其軍心。」

趙衍大喜，似有話想說，卻又嚥下，只應道：「下官此行，定不辱使命。」

韓信便笑道：「今日酒中之言，皆為戲言耳。」趙衍也笑將起來：「那是當然！」

劉邦此時高臥滎陽，心裡踏實得很。這滎陽，乃是中原一座重鎮。在秦始皇時，便是三川郡的郡城，位居要衝，占盡地利。北面為廣武山，城南有一條索河。西邊之虎牢關，直通洛陽、長安；東則有早年魏惠王開鑿的「鴻溝」，引入黃河水，再從此處東去如淮水，有舟楫之便利。自古以來，此地便為兵家必爭之地。陳勝王舉義時，吳廣率軍一部攻到此地，卻頓兵於堅城之下，三月而不能克，最終殞命於此。

至為緊要的，是在城北之敖山上，秦曾建有一座糧倉，名曰「敖倉」，倉內廣積軍糧。此時漢軍在敖倉與滎陽之間，修了一條甬道，道旁築高牆作掩護，以保滎陽的軍糧輸運。如此一來，滎陽城就更加堅不可摧。但是如今，韓信帶了精兵前去伐魏，留守的漢軍與楚軍相抗衡，便覺有些吃力。劉邦無法，只得將後方的盧綰、劉賈也調來滎陽助守。

滎陽城下，成了楚漢相峙的膠著處，常有楚軍鐵騎往來，叫罵耀武，又數次破襲漢軍糧道。劉邦不能忍，打開城門去迎戰了幾回，但都被楚軍占了上風。看看技不如人，劉邦只得忍了，下令閉門不戰。

這一月裡，劉邦每日無心謀大事，只管坐看軍卒在校場操練，巴望著韓信早些得勝歸來。

這日，謁者來報，有趙衍一行在轅門叩見。劉邦一驚，忙傳趙衍進中軍大帳，開口便道：「趙衍，到了大將軍帳下，你今日甚有出息了。此行伐魏如何？為何不見大將軍凱旋之師？」

趙衍拜道：「託大王洪福，大將軍伐魏，已獲全勝。魏地凡五十二城，皆望風而降。今大將軍特遣下官歸來，有奏書呈遞大王。」說罷，便將韓信所寫的奏報遞上。

劉邦剛看了幾句，知道魏地已無所慮了，便滿臉都是喜色：「好好！魏國既除，就分置為河東、上黨、太原三郡吧，都交給蕭丞相去打理。寡人側翼，從此太平，再無後顧之憂了。」

趙衍叩首道：「大王請覽畢，大將軍還有所請。」

「唔？這個白面書生，如何不速速回軍，難道還嫌官職小嗎？」劉邦嘀咕一聲，便又埋頭看奏摺，看罷大喜道，「大將軍既有意北伐燕趙，寡人如何能不允？三分天下，就是賜給他一分，亦是理所當然。他打算新增多少兵馬？」

「再添三萬即可。」

「唉，難啊！此前盧綰、劉賈已分兵一部南下襲楚，滎陽一帶的防務，原本就很吃緊呢……」劉邦不禁沉吟起來，半晌才道，「也罷。恰好蕭丞相發來的援兵尚未動用，就讓他們接防滎陽，換下來的精銳，寡人這便給大將軍派去。滎陽這裡，有寡人在，尚可勉強支撐。趙衍，你可回稟大將軍，在魏地稍事休整，便可相機北進，軍中一切，皆由他便宜從事。」

「謝大王！」

劉邦此時才猛然想起：「那個不知好歹的魏王豹呢？」

「奉大將軍之命，末將已將魏王豹及家眷一併解來，現在轅門之外待罪。」

「哈哈，這個吃罰酒的傢夥！宣他進來吧。」

「遵命。」

「哦，且慢！」劉邦忽然想起，便問道：「魏王豹家眷中，有一位薄姬嗎？」

「有。此次也一併解來了。」

「那好，去請魏王豹一行進轅門，寡人出帳迎接。」

在中軍大帳外，魏王豹一見劉邦，慌忙攜家眷跪下，口稱謝罪。

劉邦搶步上去，單膝跪地，將魏王豹扶起道：「魏王何必見外？你我兄弟一場，偶有齟齬，算得了什麼？今日你幡然來歸，便仍是我兄弟。」

魏王豹道：「臣罪當誅，謝大王不殺之恩。唯願做一布衣，躬耕林下，再不與聞廟堂之事。」

劉邦執了魏王豹的手道：「哪裡話？魏王英年有為，正是建功樹勳之時，既迷途知返，後必有大業可期。你就與我同在這滎陽軍中吧。寡人祖上，亦是魏人，一脈相承，你我豈止是情同兄弟？待殺敗了項王，你我同享天下。至於家眷麼……」說著，便瞇眼去瞟魏王的身後。

魏王忙將父母妻子向劉邦一一引見。待輪到薄姬上前施禮時，劉邦眼前一亮 —— 果然是個國色天香的美人，不禁就恍惚了一下：「哦……哈哈，好！依寡人之見，前方戰事頻繁，魏王家眷恐不便留在此地了，寡人擬派一支人馬護送至櫟陽，由蕭丞相照看，必萬無一失。魏王吾兄，你的家眷，便如我的家眷一般，請不必顧慮。」魏王與家眷們都喜出望外，忙伏地稱謝。

安頓好了魏王，劉邦便召來文武重臣，商議伐燕趙之事。眾臣聽了趙衍詳述伐魏獲勝的經過，又聞韓信擬北伐燕趙，都一派雀躍。

張耳在漢營當了多時客卿，更是耐不住寂寞，自告奮勇道：「大王，陳餘乃忘恩負義小人，欺我仁義，奪中國土。幸得大王仗義收留，不然我豈不是要輾轉於溝壑了？不但如此，那廝趁天下諸侯伐楚之際，竟要取我頭顱！故此，我在漢營無一日思茶飯，只想如何復仇。今韓大將軍伐趙，乃天賜良機，弟請命前往，隨同大將軍伐趙，一雪前恥！」

劉邦便哈哈大笑：「張耳兄，你這是公私兼顧了。不過，人有私欲，方能成大事，我焉有不從兄請之理？那就請張耳兄親率援軍赴平陽，與韓信會合。」

張耳喜極，叩頭謝恩不止。

劉邦便道：「好了好了，張耳兄還客氣什麼？你的仇家，便是我的仇家；將來寡人之天下，便也是兄之天下。」

見張耳略有疑惑，劉邦便道：「兄長子張敖，近來可好？」

冷不防有這一問，張耳怔了一怔，才說道：「犬子無才，大王問他做什麼？」

「哈哈，素聞貴公子才德兼備，寡人早有留意。我那小女，在豐邑老家，尚未許配人家，今日寡人就與張耳兄定下兒女親，不知兄意下如何？」

「這個……」張耳慌忙伏地拜謝，「不敢當，不敢當。小兒無才，萬不可辱沒了金枝玉葉。」

「兄說的什麼客氣話！好了，自今日起，你我便是親家翁，你總該不疑我劉季之誠心了吧？」

群臣聽了，都笑個不住。

劉邦卻是不笑，只慨嘆道：「蒼天終是不負我劉季！此去兵精將勇，看來逐次平定燕、趙、代、齊，不在張耳兄與韓信的話下。待到你二人得手，便可向南襲擾楚地，斷其糧道，使之首尾不能相顧，天下則可圖矣。只是那隨何前去勸降英布，卻遲遲不見回音，教寡人好不心焦。若老夫子在南邊亦得手，則項王三面受敵，疲於應付，寡人雪恥的日子也就到了。」

陳平便道：「大王且寬心。此為子房兄神機妙算，假以時日，勢必功成。我軍只須背倚敖倉，扼守滎陽，那項王遲早是大王俎上的魚肉。」

劉邦看看陳平，忽然笑道：「你只是哄寡人開心！一刀一槍地殺敵，談何容易？陳平兄如此氣壯，莫非忘了彭城丟盔之時了？」

眾人便又是一陣哄笑。

陳平把臉繃了一繃，也忍不住笑道：「文臣怯陣，不足以為恥也。」

劉邦斂了笑容，又吩咐張耳道：「韓信，乃寡人之左右手，望張耳兄亦等同視之。」

張耳高聲應道：「豈敢違命！」

「去告訴韓信大將軍，攻下魏趙兩地，即置郡縣，永為我漢家疆域。寡人從櫟陽來，帶了張蒼等幾位幹練之才，均可為地方郡守，此次也隨張耳兄赴軍前效力。」

張耳領命，遂拜謝而退。

在魏舊都平陽大營，韓信迎到了引軍而來的張耳，設了酒宴為張耳接風。席上，韓信大喜道：「趙、代原是大王舊地，今大王親來助我，不啻猛虎下山，看那陳餘如何招架？」

張耳只謙遜道：「在下來助將軍，不過暫充副將而已，將軍萬勿呼我大王，直呼其名即可。否則，張某將何顏以對將士？」

韓信便道：「常山王為秦末首義之士，我韓某不過一晚輩，禮數是定要講的。既然如此，在下便以兄相稱。此次伐趙，不知張耳兄有何高見？」

「我恨不能明日就砍下陳餘頭顱！」

韓信哈哈大笑，端起酒爵敬道：「兄果然豪俠！你我且痛快飲一回。」

酒至半酣，韓信又道：「燕趙之地，我看今日已無甚豪雄，不過只倚仗陳餘一人而已。」

「不錯！只須攻滅陳餘，北地諸國，可席捲而下。」

「然弟以為，剿滅諸國，不如先易後難。陳餘自封代王，卻並未就國，一直未離趙王歇左右。現下鎮守代國的，只是他的丞相夏說。夏說，黃口小兒也，吾輩可從這代國下手。若一舉滅代，燕趙必聞風喪膽，餘事皆不足慮。」

張耳卻道：「我只要……」

韓信不容他講完，便揮手笑道：「張耳兄，勿急！復仇之事，只在旦夕之間。你我二人聯袂，可稱天下無敵。不在一月內取得陳餘頭顱，還有何顏面以對天下？」

張耳半信半疑，望望韓信，只得應允：「也好，唯大將軍之命是從。」

韓信遂又大笑，將爵中的酒一飲而盡，以空爵向張耳示之：「兄只管抖擻精神。一月之內，此物必換成陳餘頭顱！」

酒足飯飽之後，韓信便喚來曹參、灌嬰，四人就在帳中議了半晌，將那伐代之事一一鋪排妥貼。

韓信囑道：「曹將軍，今日這平陽城內，我軍堪堪已聚齊六萬，漢家精銳盡皆在此。滎陽一線，恐只能勉強支撐。我軍一日不勝，大王便一日不得安生，故北伐之事，宜速不宜遲，不可有一刻延誤。待拿下北地四國，漢家也就有了萬世基業。」

曹參聽了，心中凜然，於是抱拳道：「將軍令下，末將必拚死向前。」

時值漢王二年閏九月，秋蟬高鳴，草黃馬肥。韓信在平陽點起大軍，大張旗號北上，以曹參為前鋒，韓信自將中軍，張耳、灌嬰為後應。兵鋒直指代國都城代郡。曹參親率漢軍前部，晝夜不息，轉眼之間便兵至閼（ㄩ ˋ）與。

這閼與地方，究竟在何處，後世爭論不休，迄今未有定論。此處距代郡不過數十里，漢軍紮下營來，便大張聲勢，每日鼙鼓如雷，驚得代郡城內日夜不寧。

那監國的代國丞相夏說，偏是年輕氣盛，不能忍受這鼻尖兒下的挑釁，遂點起城內兵馬開赴閼與，欲與漢軍一決高下。

兩陣對圓之後，曹參親擂戰鼓，發起攻擊。漢軍挾滅魏之威，哪裡把這區區代軍放在眼裡，都踴躍奮進。然廝殺了才不過片刻，忽聞主將曹參鳴金收兵。那漢軍經過韓信訓練，只知令行禁止，便不問情由，立刻偃旗息鼓，朝後退去。

夏說在陣前看到，不禁哈哈大笑：「韓信匹夫，技止此耳！」便號令全軍放馬追去。堪堪追了二十來里，眼見得山高路險，前面漢軍卻連個人影也不見了。夏說不免內心忐忑起來，正猶疑間，忽聞一聲吶喊，左右兩邊山林間，猛然殺出張耳、灌嬰兩路漢軍來。

一驚之下，夏說情知上當，急忙分兵抵擋，卻見前面奔逃的曹參所部，早已回頭殺來。一霎時，三面漢軍漫山遍野，衝入了代軍大陣，直將那代軍衝得七零八落。夏說這才知人上有人，天外有天，慌忙掉轉馬頭朝代郡狂奔。

曹參豈能容他竄走，將令旗一揮，漢軍便撒潑似的緊緊追趕。追到鄔東這個地方，將夏說殘部團團圍住。一陣廝殺過後，代軍非死即逃，只撇下夏說孤家寡人一個。漢軍一擁而上，將他擒了，推至曹參跟前。

曹參手執長刀，於戰車上哂笑道：「如此小兒伎倆，何敢與漢家天兵相抗？還不跪下降了？」

那夏說卻也是條好漢，雖兵敗，卻有不撓之志，將脖頸一挺道：「我與漢家無冤無仇，爾等興兵來犯，卻不知究竟為何故？」

「小兒不知大道理！我漢家順天應人，弔民伐罪，要向項王討還公道。你家主公陳餘卻出爾反爾，臨戰叛降。我興兵來此，就是來問罪的。」

「笑話！項王在東，你為何不東去？欺軟怕硬，匹夫所不為也，你堂堂漢家，為何偏要做這等齷齪事？你那主公劉邦，龜縮在滎陽，不敢去惹項王，卻只敢來欺侮我小國，還有什麼臉面談順天應人？」

這一番話，著實惹惱了曹參：「無知豎子，一敗塗地還要巧言強辯，真是活得不耐煩了！」遂掄起長刀，大喝一聲，一刀將夏說斬於車下。

眾軍見了，都一片歡呼，接著又搖旗鼓譟而進。那代軍折了主將，哪還有心思守城，不過半日工夫，漢軍便攻下了代郡。

韓信在眾將簇擁之下，進了城門，立即遣人張貼告示安民，又遵漢王之命，將代地置郡設官，劃入漢家。如此，在城中歇了幾日，正欲籌劃東擊趙國事宜，忽有滎陽信使持漢王書信來到。韓信展卷一看，面色便有些不好，對張耳、曹參等眾將道：「楚軍勢大，滎陽城內我軍精銳已全數北來，恐有空虛之虞。看來，須得曹參兄、灌嬰兄領大軍回防滎陽，以安大王之心。我與張耳兄則在此另行募兵，稍加訓練，以備伐趙。」

曹參便有些猶豫：「將軍，我等此去，將全部精銳帶走，伐趙之事，恐將付之東流了。」

韓信拍拍他肩膀道：「曹參兄，儘管放心去。這代地之民，原也是彪悍的，我與張耳兄在此稍加訓練，即可當精銳之師。那陳餘腐儒，莫要高看他了，當年背信棄義逐走張耳兄，不過是用了偷襲之計。今我與他堂堂正正對陣，陳餘之死期，怕是挨不到冬至日了，曹參兄自回滎陽去便是。」

眾將聞此言皆笑，那張耳臉紅了一紅，也跟著笑起來。

曹參遂與灌嬰耳語幾句，又拱手道：「大將軍獨當一面，實為不易，現灌嬰所部郎中騎，可留兩千名在此，助大將軍一臂之力。」

韓信大喜道：「如此更有何愁？二位可放心回援。」

曹參、灌嬰率大部漢軍撤走後，韓信便在代郡城內廣張告示，招募丁壯從軍。代地民風，本就好勇，那市井中的無賴惡少、店鋪夥計、販夫走卒等，見了告示無不心動。數日之間，漢軍便募得丁壯數千，加之先前俘獲的代軍，堪堪也有了萬餘兵馬，對外號稱五萬，倒也似模似樣。

韓信心中有了底，便拿出看家本領，親臨校場，督練新軍。旬日之間，便把這一支新募之兵調教得有模有樣了。

按秦曆，十月歲首，舊符更新。漢家新闢的這一片疆土，處處都有新年的喜氣。韓信便與張耳商議好，軍心如此，氣不可洩，最好就在十月裡殺出太行山去。

那邊廂，陳餘與趙王歇早已得報，知漢軍斬了夏說、滅了代國，都甚感震悚。陳餘急調傾國之兵西進，號稱二十萬，死死扼住井陘（ㄒㄧㄥˊ）口，以防漢軍東出。

這井陘口，乃是太行山東面的一條通道。陘，乃是山崖筆直的斷口，形似關門。所謂「井陘」，便是因四周山高，唯此處低窪似井。看地名，便可知此地有何等險峻。

大軍欲走此路去趙地，只能是魚貫而過。如今，有二十萬趙軍扼守於口外，陳餘便再無所慮了，諒那漢軍插翅也難飛過。

韓信在代郡耳聞此事，不禁心驚。遂不敢怠慢，喚了趙衍來，教他領十數名斥候，微服潛入信都，務要把趙國虛實打探清楚。

此時在趙王歇帳下，有一位擅奇謀之士，乃是趙國名將李牧之後、廣武君李左車（ㄐㄩ）。這位李左車，頗有乃祖之風，對漢趙兩方的優劣看得一清二楚。這日，趙王歇與陳餘召集文武百官議事，李左車便慨然出列，在堂上侃侃而談：「韓信渡河而來，虜魏王，最近又在閼與喋血惡戰，擒夏說，風頭甚健。韓信以張耳為輔，顯見是意在滅趙。如此餓虎之師，乘勝遠涉千里，其鋒萬不可當也。」

那趙王歇，不過是個飽食終日的庸君，賜給了陳餘一個「成安君」的封號，將軍國大事盡皆託付了陳餘。陳餘也知趙王歇的斤兩如何，朝中所有大小事，便當仁不讓。聞李左車此言，陳餘便是一怔：「哦？以廣武君之意，我堂堂趙軍，就只能豎起降幡了？」

「非也。老子曰：『明道若昧，進道若退。』方才臣所言，只是講了韓信的明處。他縱是神將，亦有他的昧處。」

「昧處？你說來聽聽。」

「軍糧，便是他漢軍的昧處。成安君必曉得那井陘之道，崎嶇險阻，車輛不能並行，騎士排不成行列。漢軍來犯，遠行數百里，不用多想，那糧食也定是放在後面的。閣下若能撥給臣三萬兵馬，臣便可出奇兵，間道而行，繞至漢軍隊尾，截留其輜重。閣下則可在口外深挖溝，高築壘，堅守營盤而不與其戰。」

「這又能把他怎樣？」

「他前不得戰，退不得歸，遍地又無糧可掠。如此不出十日，韓信、張耳之頭，便可送至閣下案頭。請成安君留意臣之計策，否則，我君臣必為韓信、張耳所擒！」

趙王歇在昏昏欲睡中，聽得君臣都將被擒之語，忽地就是一激靈，忙問陳餘道：「成安君，事若如此，吾輩將何以處之？」

陳餘瞟了趙王歇一眼，冷笑一聲道：「我陳某不才，然為儒者也，舉義兵，從不用詐謀奇計。兵法曰：『十則圍之，倍則戰。』今韓信之兵，號稱數萬，實不過數千，遠涉千里來擊我，已是疲憊之師。我有二十萬大軍，圍也將他圍死了！此區區小敵，若避而不擊，日後若來大敵，又將何以應付？今日若被韓信嚇跑，恐諸侯都將笑我膽怯，以後動輒來犯趙境的，怕就多了！」

陳餘大權在握，又擅論辯，如此一講，趙國群臣無不隨聲附和。朝堂之上，頓時響起一片「滅此朝食」之聲。陳餘便拿出了他的聚殲韓信軍之計，欲退軍十里，讓出井陘口，誘敵深入。李左車見君臣昏聵若此，也只能一臉黯然，不再言語了。

卻說那趙衍領了韓信之命，帶了十餘名斥候，分頭潛入趙都，專找豪門權貴的家老、司閽，巧言結納，賄以重金，欲打探趙國君臣的應對之策。那些家僕，個個見錢眼開，然而一提及軍國機密，卻都三緘其口，生怕惹禍。

趙衍結識了李左車家的一個司閽，送上了北地罕見的楚國金版，約他到食肆吃酒。那司閽雖收了重金，卻不來赴約，放了趙衍的鴿子。

這日，趙衍一人在食肆裡自斟自飲，頗覺沮喪。忽聽得鄰座有人在大聲議論朝政，便轉頭看去，卻見一夥趙國高官的紈褲子弟，正在縱酒放歌，席間談起朝堂上君臣議政，就如他們自己親歷的一般。趙衍心裡一動，便端了酒爵湊過去，通名報姓，意欲結識。此時趙衍正裝扮成秦地客商，衣飾豪華，那班闊少也不疑有詐，三言兩語之間，兩下裡便打得火熱。

在食肆裡猜拳行令地鬧了半晌，趙衍便將朝堂上李左車與陳餘之爭，打探得一清二楚。回到逆旅館舍，趙衍放心不下，又密囑同來的斥候，分頭去各個食肆，大張耳目，多探些消息回來。三兩日間，各處的消息陸續傳回，果然都一般無二。那趙國的權貴子弟，多不把趙王歇放在眼裡，對陳餘倒是有所敬畏，以為有成安君在，趙之天下便無人可撼。趙衍坐實了傳聞，這才換了行裝，騎馬潛行回到代郡，向韓信覆命。

韓信得知李左車的計謀未被採用，心中大喜，便又問趙衍：「那井陘口，趙軍可築起高壘？」

「不見。趙軍只在口外約十里之處，築了一處營壘，都在磨刀備箭，似欲與我軍在口外一決雌雄。」

韓信便一笑，也不再問，厚賞了趙衍，隨後便與張耳商議：「陳餘迂腐，果不出我所料，兄盡可高枕無憂。然事不宜遲，遲則生變，我軍明日就東下井陘口吧。」

張耳當然高興，但細思之，卻又心生狐疑：「井陘口，乃死地也。我區區萬餘新兵，如何能與他二十萬大軍廝殺？」

韓信便笑道：「鬼谷子曰，『善變者，審知地勢，乃通於天』。一個井陘口，如何就將兄嚇住了？我就是要在這地勢上做文章。」

張耳知韓信胸有大略，便也不問，欣然同意，兩人就分頭去勒兵點將。韓信吩咐下去，徵發城內裁縫、巧婦，晝夜不休，趕製了兩千面黑邊赤旗，其上繡有斗大的「漢」字，交與部伍中的騎士攜帶。士卒們驚異大將軍何以改換了旗色，卻不敢多問。

月中，趁著新歲喜慶未消，韓信一聲號令，萬餘漢軍便拔營向東，迤邐而行。出得葦澤關，便是奇險無比之井陘古道。

軍卒們在山谷中左右張望，都紛紛咋舌。此處果然是天下險塞，一邊是峭壁劈面而立，一邊是千尺深壑，望不見底。軍卒們戰戰兢兢走在路上，唯恐失足跌落。韓信抬頭望去，見有古松盤根於懸崖之上，勢若騰龍，不由也是心悸。暗想那趙家君臣真是蠢極，若依李左車之計，在此安排伏兵，古道必成漢軍墳墓矣！

那張耳更是顧盼左右，張皇不已。韓信回頭看見，便笑他：「兄何其膽小！斥候早已探明，古道之上，絕無一兵一卒。若趙國有伏兵在此，休要說三萬，即便是三千，你我二人怕也斷無生路了。」

「出井陘口，尚有二十萬虎狼窺伺，你教我如何不懼？」

韓信便以馬鞭朝前一指，笑道：「只須出了此口，趙家即有百萬大軍，亦不過羊群耳！」

張耳聞言，半信半疑，便不再言語。

如此緩緩走了一日，眼見得寒鴉歸巢，暮色四合，離井陘口尚有三十里遠，韓信便命軍士停下，就地歇宿。當初在黃河邊獻木罌之計的高邑，此時已被韓信擢拔為將，留在中軍伺候。韓信這時便將高邑喊來，如此這般吩咐了兩句。

高邑得令，即持戟立於近旁，紋絲不動。韓信解下了盔甲，尋得一塊平地，以馬鞍做枕，倒頭便睡，聽到張耳在身邊唉聲嘆氣，也不去理會。

睡到半夜，侍衛的高邑抬頭看看天，見三星恰升至頭頂，於峽谷縫隙中閃閃爍爍，便走過去輕拽了一下韓信的戰袍。韓信忽地一個魚躍，站起身來，即傳令全軍，整裝待發。

一陣口令迭次傳過全隊，前後便是一片劍戟撞擊之聲。當此眾軍紛紛起身之際，韓信喚了騎都尉靳歙（ㄒㄧˋ）過來，命他率郎中騎兩千人，各人手持一面赤旗，從小路直插趙營側後的萆（ㄅㄧˋ）山，居高瞭望趙營。又密囑靳歙道：「稍後我引軍接戰，先詐敗，趙軍見我奔逃，必空營來追。你見趙軍走遠，便率輕騎奔入趙營，拔除他旗幟，遍插我漢家之旗！」

早些天，靳歙也曾疑惑這赤旗有何用，如此一聽，便心領神會，立刻率馬軍而去。

韓信遂又喚來騎將傅寬與隨軍待命的張蒼，命他們將乾糧分發給各部軍士：「先教兒郎們權且充飢，待今晨破趙，全軍再大會朝食。」

兩將聞之瞠目，覺難以置信，然見韓信並無戲言狀，便不敢多問，只佯作相信：「諾！」

待眾軍囫圇將乾糧吃罷，韓信便對傅寬、張蒼道：「趙軍已先占了地利，在半山腰築起營壘，讓出水畔大片曠地，意在誘我冒進險地，好趁勢擒之。因此之故，他不見我大將軍旗鼓，便不會來擊，恐一擊之下我先行退軍。爾等可放心率萬人先出井陘口，至綿蔓水之畔，背水列陣。」

那綿蔓水，在口外之南，與趙營相距甚遠。傅寬、張蒼不知韓信是何用意，心裡惴惴，只得硬著頭皮率軍前往布陣。

那邊趙軍探馬聞聽綿蔓水畔一片嘈雜，便潛行來探，見曙色熹微中，漢軍大隊人馬竟背水列陣，不由都指指畫畫大笑：「是何小兒統軍，無乃尋死乎？」

陳餘此時也披掛好，一派雄姿英發，坐鎮於壁壘之中聽候消息。聞探馬回報，在水畔未見到有韓信旗幟，陳餘便納悶，弄不懂這支漢軍到水邊去做甚，只是嚴令各軍不得擅動，繼續探聽。如此，兩軍便遙隔數十里，各擂戰鼓，都知今日將有一場惡仗要打了。

待得平旦時分，紅日出山，韓信才率數千中軍，豎起大將軍旗幟，金鼓齊鳴，堂堂正正開出井陘口。韓信軍到得口外曠地，便面對趙營列好了陣。

陳餘在壁壘上看得清楚，幾不能信這幾個兵馬就敢來搦戰，不禁大喜過望，叫道：「韓信送死來了！」正欲揮軍而出，又疑韓信後有伏兵，故而只放了一半兵馬出營。號令一下，有十餘萬趙軍從營門一擁而出，雜遝紛亂，全不成隊伍，都一心想擒住韓信。

韓信見此，便對部眾高呼一聲：「今日決戰，非生即死。有斬一將者，立封為將！」中軍聞令皆凜然，其部人數雖少，卻因主帥親自監軍，故無不以一當十。趙軍雖眾，亦難得手。兩軍大戰良久，忽見韓信軍中陣腳動搖，士卒紛紛棄甲曳兵而退，連那「大將軍韓」的中軍大纛，也被拋在地上了。

陳餘在陣中，見韓信、張耳各乘戰車倉皇退去，便將長劍一揮，奮力疾呼：「趙家兒郎，建不世之功，便在今日了！」

此時的陳餘，一襲大紅戰袍，銀盔銀甲，倍顯英武異常。趙軍望見，不由視之為神人，都歡呼雀躍，朝前奔去。

前面的韓信軍兵，卻越發混亂起來，把那旗鼓、兵甲棄置一地，只顧朝南面的綿蔓水畔逃去。留在營內的數萬趙軍望見，只道是今日得勝了，都一片歡呼，不等軍令便空營而出，也去搶奪那漢軍旗鼓。騷動之中，竟將趙王歇也扶上車輦，一起推了出來。

韓信、張耳率部奔逃了數十里，來到水畔，傅寬、張蒼遠遠望見，忙指揮眾軍敞開陣門，將韓信部眾迎入。兩兵會合後，漢軍都知此時身處死地，斷無逃生之路，便只得返身死戰。那趙軍前僕後繼，如潮而來，但就是不能得手。

且說在萆山上潛伏多時的靳歙，望見趙營果然空了，立率兩千騎士縱馬下山，馳入趙營，將那趙軍的藍邊紅旗盡行拔去，插上了兩千面漢家赤旗！

那綿蔓水畔，兩軍纏鬥了多時，陳餘看看不能取勝，才嘗到漢軍厲害，也知便宜是占不到了，只得下令回軍，待來日再作商議。

眾趙軍昨夜為防漢軍偷襲，幾乎一夜未眠，今日一早又戰得疲憊，聞聽鳴金收兵，都巴不得一步便奔回大營。待行至營壘近處，才覺有些異常，但見營門緊閉，滿營遍插紅旗，似比平日多出了數倍。仔細辨認，那旌旗，竟不是趙家的藍邊赤旗，而是不知來歷的黑邊赤旗。

風過處，旗上有大字顯露出來——兩千面旌旗，竟是兩千個「漢」字！

那些簇新赤旗，迎風飄舞，豔若紅霞，於山林中耀出一片絢爛之色。趙軍將士無不大驚，不知有多少漢軍占了大營，又疑心趙王歇已被擄去了，頓時大譁，紛紛四散逃命。陳餘雖大聲喝止，又親手斬了幾個逃兵，但頹勢已不能禁。

正在混亂時，忽見韓信、張耳率漢軍從背後追來，又聞營壘內一陣吶喊，靳歙也率兩千騎士奪門而出，兩下裡便將趙軍團團圍住，放手砍殺。原為生擒韓信而留的曠地，現卻成了趙軍的葬身之所。

張耳蒙失國之辱，已忍受了一年有餘，此時不由精神大振，催動戰車衝到了前頭。韓信見了，會心一笑，忙喚過趙衍來，叮囑了幾句。趙衍聽罷，急忙策馬追上張耳，跳下馬來高聲稟道：「大將軍詢問將軍閣下，陳餘與將軍曾有舊誼，今日將如何處置？」

張耳冷笑一聲：「陳餘這小兒，本來事我如父，為奪一個諸侯王的冠帶，竟欲取我頭顱！如此狂徒，豈能忍之？亂世人心，不可說了；翻友為敵，便是天下死敵！」

趙衍躬身答道：「下官明白了。」說罷便上馬，反身覆命去了。

韓信聽趙衍稟明，微微一笑，便急喚傅寬、張蒼聽命，命兩將各領五百精騎，不問其他，只要帶回陳餘的頭顱來。

再說那陳餘，眼見得曠野之上，趙軍數目遠多於漢軍，卻被殺得四散逃竄，仍不明白究竟錯在了哪裡，只得且戰且退。忽見有兩彪漢軍，個個精騎銳甲，直奔他的中軍大纛而來。慌亂中，陳餘的車右不知何時已跌下了車去，不見蹤影，唯有御者死命趕馬奔逃。

跑了數里，御者回頭望去，見漢軍仍緊追不捨，不覺絕望，忙對陳餘道：「將軍，速與我互換衣甲，隨亂軍逃命去吧！」

陳餘悲憤滿腔，怒喝道：「昏話！子路[59]尚知正冠而死，我豈能不如子路？」御者無法，見三面皆是漢軍圍來，只得驅車向南狂奔。

傅寬、張蒼所率騎士盯住陳餘車駕，窮追了近百里。一路上，陳餘殘部屢遭截殺，散失殆盡。堪堪跑到了鄗（ㄏㄠˋ）縣地面，忽見有一條泜（ㄔˊ）水阻路，大浪滔滔，便是再也無處可逃了。

陳餘遂棄劍於地，悲嘆道：「昔劉邦水濱之敗，竟成我之覆轍！」

那傅寬部下百餘精騎趕到，一擁而上，將陳餘逼至泜水邊。陳餘本是儒將，毫無蠻力，眨眼之間便被亂軍殺死。傅寬聞訊趕到，下馬驗明了屍身，一刀砍下頭顱，便同張蒼領軍返回了。

那韓信、張耳在趙軍廢壘之內，剛剛收攏了降卒，又招呼眾軍朝食，正忙得不亦樂乎。見傅寬、張蒼引軍返回，韓信便對張耳笑道：「將有大禮餽贈吾兄了。」

但見傅寬疾馳上前，遠遠便擲出一個包袱，「砰」地落於張耳腳前，張耳俯身一看，遂仰天大笑道：「小兒，居然也有今日！天道不欺呀，到底是誰取了誰的頭顱？」笑罷，便向韓信請命，要親自去擒拿趙王歇。

韓信搖頭道：「兄仇已報，此功就讓與部下吧。」

話音剛落，只見靳歙帶了一隊騎士，押解著一個俘虜奔來。至近處，眾人才看清，那俘虜，原來正是趙王歇。

未及半日，趙王歇即從君王淪為階下囚，精神幾近崩潰，至此尚未

---

[59] 子路，即仲由，字子路。春秋末期魯國人，孔子得意門生，勇武有力，重然諾，後為衛國大夫孔悝之家宰，在內訌中被殺。死前猶扶正頭冠，大呼：「君子當正冠而死！」

回過神來。韓信問了他幾句，他也只默然不語。韓信見此，不由便心頭火起，斥罵道：「這等諸侯，該是何樣的豬狗？」便喝令左右，將趙王歇推出轅門斬首。

兵卒行刑完畢，提回首級覆命。韓信冷冷看了一眼，吩咐道：「且將兩首級裝入函中，待攻入信都，再傳回滎陽報功。」說罷，又命軍卒廣張告示，曉諭軍民，無論何人勿得傷害廣武君李左車，有生擒李左車送營者，必賞千金。

此後數日，漢軍四出，趙地全境傳檄而定，全不費一點力氣。韓信遂率大軍，浩浩蕩蕩開入信都，檢點戰果，安撫百姓。

踏入信都城中的趙王宮，只見魏闕高聳，處處畫棟雕梁，壯麗非凡，倒讓韓信吃了一驚，對張耳道：「這宮殿，莫非是兄當年基業？弟今日方知，趙地物阜民豐，遠勝秦地矣！那趙王歇，倒也享了幾日好福。」

張耳也甚是唏噓，感嘆道：「我在時，哪有如此堂皇？」

韓信左右望望，見宮中新年燈綵尚未除去，此時正似為漢軍慶功，不由心花怒放：「罷罷！你我一路勞頓，今日就破個例吧，不住大營了，且在這王宮裡歇息一夜。」

正說話間，忽有趙衍來報：「有百姓在閭裡捉到了李左車，已綁縛了送來。」

韓信大喜，搶步迎出，命以賞金打發了來人，便親自為李左車解縛，拱手賠禮道：「委屈先生了！先生便是吾師，今請上座。」

那李左車重回往日熟悉的朝堂，百感交集，只暗想：若陳餘採納了間道之謀，今日則是自己為韓信解縛了，如何會有亡國之辱？想到此，不由深深嘆息一聲，在主座東向而坐，默然無語。韓信也不在意，待李左車坐下後，便面西而坐，執弟子禮甚恭。

此時便有各路將佐紛紛前來，獻上首級、俘虜，都齊聲向韓信稱賀。

這一仗從黎明出動，到殺敗趙軍二十萬，時辰尚未過朝食，漢軍此勝，簡直不可思議。就連傅寬等一班沛公舊部，也看得眼花撩亂，不由對韓信欽敬之至。致禮完畢，那傅寬忍不住，便直通通地問：「將軍，兵法曰『右背山陵，前左水澤』，今將軍卻令下官反其道而行之，背水而列陣，這是為何？那萬餘新兵，餵鳥兒都嫌不足，將軍卻敢稱『滅趙會食』，我等原是不服的，然卻大獲全勝，我等至今尚似在夢中。請問將軍，此乃何術？」

韓信遂仰頭大笑：「傅將軍，早知你會有此一問，如何忍了這許久，才來張口？此術，就在兵法之內，諸君何以視而不見？兵法曰『陷之死地而後生，置之亡地而後存』，便是此道理。且今日出師，部伍皆為新補士卒，我尚無恩於他們，便倉促上陣，正是所謂『驅市井之民而戰之』。如此，便須置之死地不可，務使士卒人自為戰，若給了他們些許生機，不逃光了才怪，如何能指望此輩為我所用？」

眾將聞言，便都恍然大悟，忙伏地叩拜：「好計！非我等所及也。」

韓信忙示意眾將起身：「哈哈，自家人何必客氣？想我韓信，昔以『胯夫』二字名世，潦倒街巷，多虧漢王不棄，委以重任，方能有今日場面。爾等隨我出臨晉關以來，這諸侯王的殿堂，已坐了三回了，豈非時勢乎？漢家運祚，正如日方升，我看諸君只須用命，封侯封王，大約也是指日可待的事。」

眾將聽得血脈賁張，都一聲呼喝，拔出劍來，將那立柱砍得叮噹作響。李左車見了，便忍不住老淚奪眶，暗中只是搖頭嘆息。

韓信用眼角瞄見，便轉身向李左車一揖，恭恭敬敬問道：「在下欲北攻燕、東伐齊，請教吾師，如何才能獲全功？」

李左車欠了欠身，推辭道：「臣聞『敗軍之將不可以言勇，亡國之大夫不可以圖存』。臣乃敗亡之虜，何足以參酌大事？」

韓信又施了一禮，徐徐而言：「在下聞之，昔年，百里奚居於虞國，而虞國亡；赴秦國，而秦國稱霸天下。此天壤之別，並非百里奚在虞為愚、在秦則智，而是君上用與不用、聽與不聽之故。若成安君當初聽了你的計謀，我韓信輩，怕早已被擒多時了，哪裡還能在此侍奉足下？」見李左車仍是木然不語，韓信便又拜道，「晚輩乃誠心問計，請閣下勿推辭。」

李左車看了多時，覺韓信雖然狂傲，但畢竟是大將氣象，井陘口一戰，謀劃之綿密，疑為天人，不由人不服，於是便道：「臣聞『智者千慮，必有一失；愚者千慮，必有一得』。故而狂夫之言，聖人亦擇而用之，將軍權當老臣就是狂夫吧。」

「哪裡？吾師笑談了。」

「不過，只怕老臣之計，未必足以為將軍所用，今冒昧進一言，願效愚忠而已。以老臣觀之，井陘之戰，兩軍高下已見分曉，陳餘素有百戰百勝之計，然一念之失，便身死泜水之上。而將軍連月以來虜魏王，擒夏說，一舉而下井陘，未及朝食便破趙軍二十萬眾，名聞海內，威震天下。今趙地農夫聞趙軍潰敗，皆以為死期將至，各家棄稼穡而不顧，狂吃濫飲，聽天由命。凡此種種，皆為將軍之所長也。」

韓信聽得詫異，不由大笑：「有這等事？那倒是要好好安撫一下了。」

李左車接著又道：「然此戰之後，貴軍師老兵疲，實難再用。欲以此疲敝之兵伐燕，來日必頓兵於堅城之下，欲戰，則力不能持久，日久則愈顯敗相，終不免矢盡糧絕。如此一來，不僅弱燕不服，齊亦擁重兵守境以自保。將軍勢必與燕齊相持不下，則劉項之爭，自是勝負難料。凡此種種，則是將軍之所短也。臣雖愚，也知善用兵者，不應以短擊長，而應以長擊短。」

韓信起先尚不以為意，聽到此處，心頭不覺一震，後背頓時冷汗淋漓，遂正襟危坐道：「吾師所論，確是切中要害，我將如何是好？」

「老臣可為將軍獻上一計：不如按兵不動，鎮守趙地，撫卹孤寡。趙民必然感恩，爭相攜牛酒前來勞軍。待眾軍飽食之後，將軍可令部伍佯作開拔之勢，刀劍出鞘，震懾燕人。然後派善辯之士，持尺幅之書赴燕，詳述漢軍之強，則燕不敢不降。燕既降，便可遣使赴齊曉諭，齊必也聞風而從。屆時縱有智者，亦不能為齊獻計矣！如是，則天下事皆可圖也。如此用兵，便是所謂先聲奪人，而後以實力迫之。」

堂上眾人，都聽得無不瞠目，韓信不禁鼓掌道：「好計，好計！韓某自投軍以來，縱橫天下，迄今未聞有如此高論者。名將之風，畢竟不衰呀。」

李左車便道：「姑且妄言，不足為憑。老臣曾著有兵書數冊，來日不妨供將軍一笑。」

韓信遂起身施禮，謝道：「先生所著《廣武君》，堪稱國師之論，在下早有耳聞，來日定當焚香拜讀。吾師請不必客氣了，今起就留我幕中，代為策劃，在下也好朝夕聆聽指教。」

李左車於座中笑而不答，算是默許了。

眾將見韓信平素傲岸不羈，今日對李左車竟如此恭敬，不由都吃驚。此後，漢軍中便口耳相傳，兵卒都知李左車有這「國師」美名了。

韓信聽從李左車之計，立即調兵遣將，佯作伐燕之舉，又修書一封，命趙衍飛馳送至燕都。那燕王臧荼，本是個武人，得知趙軍覆滅經過，便知韓信厲害。雖楚漢之爭尚未見分曉，但韓信大軍已壓境，生死即在頃刻間，哪容得他討價還價。閱畢招降書後，臧荼當即善待趙衍，親筆寫了回函一封，略述敬畏之心，約定不日將親赴信都，當面呈遞降表與戶口冊簿。

數日之後，韓信得趙衍攜回燕王信函，閱罷，喜得拍案道：「大事已定，可向漢王報功了！」

趙衍侍立於案邊，卻低低提醒了一句：「將軍忘了做諸侯王的快活了？」

韓信聞言，臉色便一變，忙斥退左右，對趙衍道：「我何嘗一日得忘？莫非今日便可向漢王求封了？」

趙衍道：「下官以為，此勝雖大，然亦不可貿然求封，須得漢家有了因軍功封王之先例，再徐圖此事不遲。」

韓信搖頭道：「漢家封王？不易啊。」趙衍便道：「張耳將軍可為王。」

「他？」韓信猛然醒悟，不禁大喜，「不錯不錯！」

韓信遂起身，負手在大帳中踱步良久，猛地又道：「趙衍，你隨我鞍前馬後，功勞不小，就留在趙地為官好了，我不日即向漢王舉薦。」

趙衍料不到韓信有此種安排，也未及細想，便伏地拜謝。

次日，韓信便邀張耳騎馬出城巡視。兩人來到滏水之畔，駐馬遠望，見城郭宏偉，天高地闊，韓信就故意感嘆道：「山河如畫，合當在此歸老！」

此話說中了張耳心病，激得他心神不寧，不由長嘆了一聲。

韓信趁勢便道：「弟不才，然已將完璧歸趙，兄何不就此稱王？」張耳一驚，忙擺手道：「使不得，使不得！」

「兄名聞天下，世所稱賢。昔為常山王，實是趙國之主，今復位為趙王，有何不可？」

「漢王待我，恩重如山。今宿仇已報，我焉能得寸進尺？」

「天若有所予，人豈能拒之？弟以為，趙歷來為大國，不宜置為郡縣，正當以趙地為張耳兄封國。弟今日便致信漢王，一為告知漢王，我軍下月即移駐修武，臨黃河之北為滎陽應援；二為懇求漢王，請封張耳兄為趙王。我雄兵十萬隔河為漢王後盾，漢王必准弟之所請，兄臺也就不必推辭了。」

張耳大驚，瞠目直視韓信良久，方深深一揖：「將軍大恩，張某當沒齒不忘。」

韓信將馬鞭一揮，哈哈大笑道：「張耳兄客氣了，見河山而不動心，豈是大丈夫耶？」

滎陽獻身，紀信代死留忠義

這日，在滎陽城頭，劉邦正遙望楚營旗幟，愁眉不展。忽有近侍來報，說韓信與隨何同時有書信遞回。這兩處動靜，正是劉邦日夜之所思，聞報不禁大喜，忙接過信函，先拆開韓信的手書來看。

知韓信旬日之間便平定了燕趙，且傳回了陳餘、趙王歇頭顱，劉邦心下便有一塊大石落地，但又見信中為張耳求封趙王，不禁就沉吟起來。

侍立在側的張良，見劉邦皺起眉頭，便問：「韓信那裡如何？」

劉邦便將信函遞給張良。張良閱罷，喜道：「恭賀大王！魏趙燕逐次平定，天下便有了三分之二。韓信用兵實為神奇，齊地亦指日可待。自今日起，項王便已處下風，斷難反手。」

「然韓信為張耳求封，此封不比塞王、翟王，是為實封。此例若開，天下土地豈非將被諸侯封完了？」

「大王勿憂。與平定燕趙相比，封王之事不足道也。大王之敵手，唯項王一人而已，今若除去項王，何人能與大王爭天下？況且日前事急，大王不是欲以滎陽以東讓出，分與天下豪傑嗎？」

劉邦被提醒，恍然大悟：「幾乎忘記了，如此就准了他吧。」稍後又道，「韓信來信，還保薦了多人，寡人擬以張蒼為常山郡守、趙衍為河間郡守，也算充作我的耳目。不過，那韓信該如何加封呢？」

張良道：「韓信加官可緩之。若加到了頂，需他出力時又將如何？來日欲攻齊時，再加他趙之相國不遲。」

劉邦想了想道：「有道理。」接著又拆閱隨何來信，閱罷，喜極而起：「英布也入我彀中了，項王危矣！」

原來，隨何一行二十人微服潛行，費時半年有餘，一路涉險來到九江國都六邑。到得王府門前，才敢換上漢家服飾，自報家門，請典客[60]通報求見。英布得報，吃了一驚，費了好一番躊躇，才派一名治膳食的太宰出面，將一行人留居於客館，酒肉招待。如此一連三日，毫無應允晉見之意。

隨何此來欲建大功，豈能耐得住如此冷落？於是對太宰道：「在下奉漢王使命，冒死前來謁見大王，大王卻託故不見，迄今已過三日，唯有朝夕飲宴，莫非我等是沒見過酒肉的嗎？」

那太宰頗覺尷尬，連忙否認：「哪裡哪裡？我家大王，實在是忙。」

隨何便更不客氣：「你家大王，偏安淮南一隅，有甚可忙？他不見我隨何，無非是以為楚強漢弱。其實，此等謬見，正為我出使之緣由，九江王何妨撥冗與我一晤，容我當面陳說正誤。若說得對，豈不是正中他的下懷？若說得不對，可將隨何等二十人梟首棄市，以明爾等背漢向楚之志，豈不快哉？」

一番話，說得那太宰惶恐不已，連忙回稟英布。英布聞報，頗覺這漢使是個人物，便下令召見。

隨何見了英布這等梟雄，亦面不改色，劈頭便道：「漢王特遣臣下出使，不為他故，只奇怪大王何以獨與楚親？」

英布知隨何必為說客，然他此時並無意背楚，便故意虛與委蛇：「寡人對項王，是北向以臣事之，何來親與不親之說？」

隨何便微微一笑：「大王與項王同列為諸侯，而大王卻北向以臣事

[60] 典客，秦置官職，掌邦交與邊陲部族事務。漢武帝時改為「大鴻臚」，唐以後職權歸入禮部。

之，必是以為楚勢強盛，足可以國相托。然此前項王伐齊，身先士卒，頗為不易。大王理應盡發淮南之眾，為楚軍先鋒。然臣聞之，大王僅發四千人以助楚，若是真心北面稱臣，竟能如此敷衍嗎？昔漢王大軍入彭城，項王在齊回軍不及；大王與彭城近在咫尺，理應大舉淮南之兵，與漢王戰於彭城之下。然大王統萬人之眾，卻無一兵一卒渡淮，只袖手觀其成敗。若真心以國相托者，能如此嗎？」

英布被問得尷尬，立即變色道：「漢使休得無禮，揣摩寡人心跡，無乃多事乎？」

隨何卻亢聲辯道：「不然！大王此舉，乃是空名向楚，實為擁兵自重，臣以為萬萬不可取！大王之所以不背楚，不過以為漢弱而已；然楚兵雖強，天下卻皆視其為不義之師。今漢王已收服諸侯，退於滎陽、成皋。兩城深溝壁壘，堅不可摧，又有巴蜀之糧順水源源而下。楚軍若從齊地回軍來攻，須入敵國八九百里，運糧於途，又談何容易？漢軍若堅守滎陽、成皋不退，則楚進不得攻，退亦不得解脫，故而楚兵不足為懼。」

英布聽得入神，面色不覺緩和下來：「閣下以為楚軍不能勝，然寡人卻以為，天下無人可以破楚。」

隨何道：「誠然，唯漢一家，不足以與楚相爭。然楚若滅漢，則諸侯因唇亡齒寒之故，必來相救。楚雖強，一虎亦難敵群狼。以此觀之，楚不如漢。今大王不與漸強之漢交好，卻託庇於危亡之楚，臣不免為大王擔憂。」

英布似有所心動，但仍有疑慮：「我淮南之兵，數萬而已；若與楚為敵，豈非飛蛾投火？」

隨何便笑道：「這個，臣自然知曉。以淮南之兵，哪裡便可以亡楚？事乃另有機竅 —— 大王若背楚，項王必被淮南遲滯，遲滯數月，則漢家已得天下矣！此乃天賜機緣，臣懇請大王提劍而歸漢，漢王必割地以封大王！屆時，大王之疆域，又豈止是淮南一隅？漢王派我出使來此，便是為大王獻此計，請大王三思。」

這隨何，在劉邦身邊歷練了多時，竟練得辯才無礙，堪比戰國縱橫之士，今日身負使命，有進無退，更是將話說得淋漓盡致。英布素日行事，僅憑本能而已，從未以此眼光來看楚漢之勢，聽隨何一說，不由心動，遂起身離座，向隨何拱手道：「寡人願奉漢王之命。」

隨和也還禮道：「如此，臣深為大王幸甚，再無須為楚背負惡名了。」

英布遂將隨何送出大殿，忽而想起，便附耳道：「今有楚使亦在，動靜皆察，故而此事暫不宜洩漏。」

隨何一口允諾，拜別了英布，回到館舍，靜候英布擇日傳檄反楚。

不料過了數日，九江王宮中卻全無動靜。隨何等得心焦，給了太宰賄賂以打探消息，這才得知，原來有楚使一行，此時也住在城中，每日必謁九江王，催淮南之兵盡速援楚。隨何得了消息，不敢怠慢，急忙闖進九江王宮。見楚使正在宮中，坐於英布下首侃侃而談，隨何一急，便排闥直入，一屁股坐在楚使上座，高聲道：「九江王業已歸漢，楚有何依憑，竟敢催淮南發兵？」

英布萬沒想到隨何會如此，不禁滿臉驚愕。那楚使見隨何著漢家衣冠，出言咄咄，以為英布早已投漢，不禁大驚而起，奪門便逃。

隨何遂向英布道：「事已談妥，何必猶豫再三？可立斬楚使，免得他回報項王。如有萬一，大王亦勿慮，可疾奔歸漢，與漢軍合兵一處。」

到此時，英布已是無路可退，只得吩咐手下諸人：「聽漢使之言，這便起兵擊楚吧。」遂下令殺了楚使，而後傳檄天下，舉兵伐楚。

隨何便派人將這喜訊飛遞回滎陽，自己則留下，助英布參謀軍事。

劉邦知隨何得手，心頭緊繃之弦便鬆弛下來，日日置酒高會，又找來兩個頗有姿色的婢女，時常高臥洗腳。

陳平此時已晉升亞將，參與軍事，卻常是憂心忡忡。他勸諫劉邦道：「韓信、英布兩處，固然可搗項王之背，然兩處均不足以與楚相抗。今楚失燕趙、九江，必有反撲，滎陽或危矣！」

劉邦哂笑道：「陳將軍膽子之小，如何越發像個婦人了？那楚軍長於野戰，短於攻城。我一個下邑城，便拖住了項王，況乎滎陽、成皋！」

不料，此話才說了不足一旬，各地果然吃緊起來。滎陽一線，楚軍攻勢漸強，各城漢軍紛紛叫苦，劉邦只得飛檄韓信，命將趙軍降卒盡數發來滎陽，又命韓信立即伐齊，以直逼楚之側後，攪亂他後方。但韓信卻回信說，楚軍屢出奇兵襲趙，他與張耳往來奔波，疲於應付。今趙降卒已赴滎陽，趙地漢軍僅萬餘，防楚尚且不夠，如何還能分得出兵來伐齊？

劉邦閱罷韓信回函，知是韓信或想稱王，不欲伐齊，便是在討價還價。然以軍功封王，劉邦卻輕易不想開此例，又不知如何才能調遣韓信，只能連聲嘆氣。

過了幾日，英布那裡也傳來敗報。原來項王正督軍攻下邑，聞英布反叛，不由大怒，即命項聲、龍且分兵去攻九江。英布倚仗勇武，率部與楚軍連戰幾場，互有勝負。不意數月間，楚軍連連增兵，聲威大震。那英布所屬九江兵，原在楚營時專為先鋒，所向無敵；今忽而背楚，軍士都不免氣短，頗有同室操戈之感，久之便不甚用力。英布因之漸漸難支，一場大敗過後，九江遂告瓦解。

英布無可奈何，欲引殘部奔漢，又恐行跡暴露，為楚軍追殺，只得拋下殘部不管，與隨何兩人易服換裝，抄小路奔至滎陽。

到得漢王行宮，隨何先進去通報了，出來喚英布入見。英布新遭敗績，人地兩失，心頭不免惴惴，一心想得到漢王嘉勉，權作安慰。不料入得行宮後，一路簾幕低垂，曲曲折折，竟走到一間內室中來了。抬眼一看，只見劉邦正箕踞於臥榻之上，兩邊有婢女伺候洗腳。

英布吃了一驚，不禁滿腔火起。想往日在楚營，終究是項王麾下第一猛將，何人敢如此慢待？今背主來奔，卻遭此羞辱，當下便冷了臉，勉強忍住氣屈身行禮。

劉邦似未留意英布心緒，只笑道：「將軍別來無恙乎？九江情勢，隨何已稟明寡人，將軍可先安頓好，來日路途安靖了，便將眷屬也接來。」

見劉邦只是隨口漫問，並無厚賞之意，英布萬分懊惱，險些氣閉，當下手按佩劍，就想拔劍自盡。

劉邦仍是不察，只顧顛三倒四地說話，顯是宿醉未醒。英布心中暗嘆一聲：「如此庸主，也值得為他死嗎？」遂應付了兩句，就告辭出來了。

隨何在外面迎住，見英布臉色不好，心下便明白了幾分，忙道：「大王休得懊喪。漢王為人，一貫如此，小臣常被他無端羞辱，也要起些爭執呢。請大王且先安頓下，再做計較。」

不一會兒，便有典客出來，引領英布前往館舍就宿。到得住處，見屋宇宏敞，陳設堂皇，竟如漢王規制一般，英布便感大出意外。館中早有一班侍衛、從官，垂手恭立，備極殷勤。再一問，所用飲食車輿，俱與漢王相同，英布這才釋然，對隨何道：「我方才見漢王傲慢，曾大悔，不該輕信你巧言，自取其辱，險些就要拔劍自盡了呢！」

隨何便笑：「漢家另有規矩，與楚不同，將軍稍後便知。」

果然不多時，張良、陳平等故舊，便相偕前來館舍中探望。諸人請英布就上座，命僕役擺上筵席，彼此敘舊。見席上美饌，聞所未聞，諸人亦執禮甚恭，英布頓覺愜意，方知漢王籠絡之術，並不在言辭之間。

翌日，英布入見漢王稱謝。劉邦此時早已清醒，已知自己有失怠慢，便對英布好生嘉勉了一番，辭意懇切，竟與昨日判若兩人。英布心中感激，當下便道：「大王待我，情同兄弟，不比那項王，徒以空言籠絡。臣於江湖上出身，素重恩義，今既遇明主，便甘願效死。」

劉邦便命他遣人去召舊部，多多益善，以便合力拒楚。英布領命，即差使者潛去九江，招降舊部親隨。不久，使者歸來，果然帶回九江舊部數千人，並向英布稟道：九江軍盡為項伯所收，英布妻子等一干家眷，也已被項王斬盡殺絕。

英布聞此噩耗，不由頓足大哭，當即奔入行宮向劉邦請命，欲率舊部入楚擊項王。

劉邦聽了不由怔住，忍不住潸然泣下：「項王慘毒，竟至於此！」唏噓了半晌，便勸英布道：「國仇家恨，你我相同，然將軍舊部多散失，白手又如何擊楚？現下楚軍勢強，萬事只能徐圖之。寡人這便撥與你萬餘兵馬，暫去助守成皋，任是潑天的家仇，也須來日再報。」

英布這才知劉邦處事，內裡還是相當厚道的，遂感泣不已，受命前往成皋去了。劉邦包抄楚地的打算落了空，只能在滎陽城內苦挨，忽然心生不祥的預感，想到今後的日子怕是要不好過。

到了漢王三年（西元前 204 年）正月初，情勢果然急轉，眼見得滎陽城外，楚營的軍帳日漸增多。這一日，有斥候從城外奔回，向劉邦急稟道：日前項伯剛從淮南來增援，將九江降兵全數帶來，城外楚軍猛增至六七萬了。令人大駭的是：項王也已親臨城下楚營，不日即將督師攻城！

劉邦得報，慌忙登城，從城上望去，見楚軍數目確已逾往日數倍。冬日原野上，十里連營，幾成汪洋大海！

看那楚營內旌旗林立，煙塵蔽日，劉邦大叫一聲：「吾命休矣……」一語未畢，竟然暈厥了過去。

然未承想，一連過了幾日，並不見項王來攻，像是他只在營中打瞌睡。原來那項王昔日在齊、在下邑，均是攻城不利，心中已知楚軍攻堅不如野戰，此次便另有圖謀。他探得漢軍糧秣皆由蜀地運來，就囤積在敖倉，敖倉已成滎陽的命脈，於是派鍾離眛領了萬餘兵馬，專去破漢軍運糧甬道。

漢營也知糧道萬不能失，早已有重兵護衛。那敖倉是由周勃鎮守，曹參則率遊兵相助，兵力本不為弱；然運糧甬道綿延四十餘里，漢軍豈能沿路作列隊防護？鍾離眛看準漢軍這一軟肋，便引軍殺向滎陽側後，神出鬼沒，屢破甬道，打得周勃焦頭爛額。

甬道一被阻斷，滎陽糧草便立時不濟，兵卒不由都恐慌起來。劉邦正要遣大軍去助周勃，不想此時項王卻不再瞌睡了，拔營而起，將數萬大軍列於城下，困住東、北、南三門，唯留一個西門無兵。

劉邦看看這布陣，便窺破了項王的肚腸：此舉乃是想把漢軍從滎陽逼跑。滎陽一失，則中分天下的格局便被打破，楚軍目前勢大，漢軍只能步步後撤，最後退回關中了事。

斷糧道而困敵，這豈不是當年破章邯的戰法嗎？這一番布局，頗不似項王一貫的意氣用事，而是要重演破秦的故伎了。想到當年秦二世的素服出降，劉邦不禁打了個寒顫。

眼下之漢軍，則是戰不能戰，逃不能逃。若狠狠心將韓信大軍撤回，則平定燕趙頓成一場白忙。劉邦為此，連日寢食不安，腳也沒有心思洗。苦思無計之餘，只得召酈食其前來問計。

劉邦道：「楚軍勢大，你我君臣坐困愁城，事若不濟，我等皆授首矣！先生可有妙計，可略挫項王的氣焰？」

酈食其答道：「大王素視老臣為腐儒，然腐儒亦不能終日白食。臣下早有一計，定可分楚軍之勢，使其應接不暇，滎陽之圍便也順勢可解了。」

「哦？先生又大言乎？說來寡人聽聽。」

「昔商湯滅夏桀，仍封其後人在杞國；武王滅商紂，仍封其後人在宋國。此為何？豈是為了仁義嗎？否！乃是為前朝存續一脈，使其不至怨毒入骨，心生反意。哪裡會像暴秦，滅六國，又禁其祀祖宗。六國後人，無立錐之地，能不反乎？今大王若能復立六國之後，則六國必爭相擁戴大王，甘為臣屬。那楚國又豈敢與天下為敵？必收斂氣焰，俯首來朝。」

劉邦於窘迫之中，似落水者抓住一根稻草，來不及辨其為何物，便以為有用。遂大喜道，「好計，好計！可命鑄工馬上鑄印，還要煩勞先生，潛出城去，各處走上一趟，尋得六國後裔，皆復其王位，令其佩印便是。」

酈食其見漢王激賞其計，甚為得意，忙趨出行宮，布置刻印去了。

印尚未鑄好，恰巧張良有事來見漢王，逢劉邦正在進食。劉邦一見張良，便舉筷叫道：「子房來得正好，正有事要說與你聽！適才有客卿為我獻一計，足可挫楚軍之氣焰。」

張良也很高興，於食案對面坐下，問道：「計將安出？」

劉邦便將酈食其之計相告，然後問：「子房兄以為如何？」

張良聞言，面色立變：「誰為陛下出此計？陛下大勢危矣！」劉邦不禁愕然：「為何？」

張良道：「想那天下之士，拋妻子，別故舊，來跟從陛下征戰，實指望來日功成，能封得咫尺之地；今若復立六國後裔，則彼輩更有何地可封？眾豪傑必大失所望，各返故鄉，自謀其路去了，還有何人來為陛下爭天下？況且，除非楚不強，楚若強，則六國新立之王，又焉能不俯首事楚？陛下如何能令其臣服？若用此謀，陛下大勢去矣！」

劉邦不服氣，反問道：「上古之時，分封天下而治之，其樂也融融。如何周武王做得，我便做不得？」

張良便取了案上一把筷箸，放下一根，問劉邦一句，那武王當年文韜武略如何如何，大王你可能做到？言出箸落，計有七根筷子砰砰放下，劉邦竟無一言能對。張良便一笑，不再說話。

劉邦不由僵住，將口中飯食一下噴出，指空大罵道：「酈食其，你個豎儒，險些壞了你阿翁的大事！」說罷，急命左右跑去傳令，將那所鑄的六國印璽全數銷毀。

此時，酈食其正做著授印六國的美夢，心想此等盛事必可上史書，我酈某或將萬世留名。不料，謁者隨何匆匆跑來，傳達了漢王的毀印之令，酈食其一臉的得意便僵住，頹然坐下。左思右想，也不知此事是如何忽然告罷的，只得閉口不言。

如此楚軍久圍不退，漢王帳下文武，竟都一籌莫展。劉邦著急，便問計於張良，張良亦覺無計可施，只勸劉邦沉住氣。勉強又過了十幾日，劉邦終於忍不住，凡有臣下來奏事，必破口大罵「廢物」，直罵得人人避之不及。那酈食其打聽到封六國之議，觸犯了劉邦禁忌，更是惶悚不安，遠遠見了漢王車輦，立刻躲避。

劉邦萬般無奈，只得喚了隨何來，吩咐道：「諸臣不能為寡人分憂了，還須你跑一趟，赴楚營與項王議和。滎陽以東，寡人就不要了，盡與項王。如何講，你自去斟酌，只哄得他退兵便罷。」

隨何心知此乃與虎謀皮，也只得硬著頭皮領命。遂登上城頭，向楚軍喊話：「今有漢王使者隨何，出城去與你家大王議和，諸君可稍退，請勿傷害！」

城下有楚軍將領聽見，將令旗一揮，楚軍便稍作退卻，讓出了城門。隨何便將馬鞭一揚，單騎出城，直奔至楚營求見。

項王在帳中見了隨何，遂冷笑一聲：「那劉季又有什麼花樣？」

隨何恭謹答道：「漢王原與陛下係同門兄弟，並肩伐秦，有如孿生。後封到漢中，地遠人稀，不免蹇促，遂有東歸之志。今漢已據有三秦，便無復他求，唯願與大王以滎陽為界，中分天下，並收回韓信之兵。如此兩家刀槍入庫，共用天下，豈非樂事？」

那項王也正焦頭爛額，聞聽此言，心下就是一喜，便瞟了一眼身邊的范增。

范增會意，他見劉邦於窮途之中尚不老實，欲施緩兵之計，便大感氣憤，拿起所佩玉玦朝項王示意。

項王一見，頓時想起鴻門宴往事，心下也明白了，便問隨何道：「你這小臣，姓甚名誰呀？」

「在下名喚隨何。」

「哼，好一個隨何！伶牙俐齒的，可惜隨錯了主人。寡人看劉季本心，恐不在中分天下，否則不會去踹寡人的彭城老營！今日窮途末路了，才想起來告饒，無奈太遲乎？你回去稟報劉季：若要息兵，便速回漢中，所侵掠諸侯之地，盡皆吐出，再來與寡人言說『共用天下』！」說罷，將袖一拂，便入帳後去了，不再露面。

隨何無法，只得回到滎陽覆命。劉邦聽了，默默無語良久。適逢陳平在側，於是轉頭去問陳平：「天下紛紛，究竟何時能定呀？」

陳平便道：「我只知，楚漢相爭，漢家獨能生出勝。那項王只不過待人恭謹有禮，故天下廉潔好禮之士多願歸附；但於論功行賞之時，項王又頗吝嗇，故士人也有不願附楚的。大王你則反之，待人傲慢少禮，故高尚之士多不來附；然大王每於封賞之時，出手大方，有那貪利無恥之士便多來歸漢……」

劉邦便截斷他道：「此事我亦知，便是有那盜嫂的，我亦接納了！然寡人只教你獻退楚兵之計，你說這些有何用？」

陳平臉紅了一紅，接著道：「臣下說的正是此事。大難當頭，無人可用，便是大王之憂。」

「那麼好，今後寡人便也學學那腐儒，說話客氣一些便是。」

「如此甚好，若大王待人有禮，且出手大方，集兩者之所長，則天下轉瞬之間便可定。」

「你說得容易！項王那裡，終究是人才濟濟。」

陳平便將頭一昂道：「否！大王你看那楚營，可助項王與漢為敵的，屈指可數，無非亞父、鍾離眛、龍且、周殷之流。此乃項王的骨鯁之臣，難於策反，然卻可以離間。大王若能捨得金[61]數萬斤，拿去行反間計，離間其君臣，定有收效。項王性本猜忌，心存多疑，我只須稍一用間，且看他如何自相殘殺吧。一旦他內亂起，我便趁勢而擊，則破楚又有何難？」

劉邦聽罷，不禁轉憂為喜，對陳平道：「哈哈，這好計謀，果然是貪利無恥之士才想得出！區區之金，何足惜哉？此事就交由你去辦吧。」說罷，便命隨何傳令給內史，提出金四萬斤交予陳平，任其使用，如何支付一概不問。

---

[61] 漢代以前，中國黃金產量不多，僅楚國掌握了煉金技術。故而先秦典籍中的「金」，多指銅。

陳平得了這金，不由大喜，暗想有這許多錢，還有何事辦不成？便是一座太行山，也可掀翻了。當下便喚來幾名得力校尉，教他們改換了楚人裝束，或扮商人，或扮士卒，想法混進楚營去，見人散財，也散播些流言出去。

如此不過幾天，楚營中便謠諑紛紛，無非是說鍾離眛等人埋怨功多賞少，不得封王，便生了投漢滅楚之心云云。

這無端之風吹進項羽的耳朵，果然有用。項羽無事尚且猜忌，聞此訛言，頓生疑心，於是寧肯信其有，漸漸疏遠了諸將。那鍾離眛等人察言觀色，知是受到猜疑，憤懣之餘不由心灰意懶，也不作甚辯解，只是萬事都不大用心了。

此間唯有范增一人，受項王信任仍然如故，兩月前剛封了歷陽侯。然他日日催促項羽攻滎陽，竟也說得項羽起了疑心，不知范增是否也成了線人，鼓動攻城就是為消耗楚軍兵力。項羽猜疑了幾天，心頭放不下，索性派了一名使者，攜手書前往滎陽城，約漢王三日內單騎出城議和。

陳平聞報，拊掌大笑道：「只怕你不來，來了就好！」當下疾奔入劉邦行宮內，如此這般叮囑了劉邦一番。

那楚使入了城，向漢王遞上手書。劉邦依陳平之計，便佯作醉酒，接過項王手書顛倒著看了看，胡天海地扯了幾句，便倚在臥榻上睡著了。楚使萬分訝異，卻也不便多言。此時張良與陳平進來，將楚使引至園內館舍安歇，命庖廚備好筵席招待。

不一會兒，便有那一班僕役，將無數美饌端上來，盡是雞豚牛羊。那楚使看見，心下不免詫異：我一個小小的使者，何勞漢王以「太牢[62]之饌」款待？

[62] 太牢，古之帝王祭祀社稷時，牛、羊、豕（ㄕˇ，豬）三牲齊備為「太牢」。

趁庖廚還在上菜，張良、陳平便陪著使者說話，殷殷問及亞父起居如何。那楚使不明其故，只是一一對答。

陳平便又問：「今亞父可有手書來？」

楚使更加摸不著頭緒，脫口道：「我非亞父所遣，乃是項王使者。」

陳平便驚道：「我以為亞父遣使，原來是項王使者！」遂與張良相顧一眼，面露尷尬。兩人也不言語，立即起身而去。

楚使正在詫異間，忽有數個僕役上來，將桌上美饌一撤而空，此後多時，館舍中便不見人蹤了。那楚使一早進城，過了午時卻連朝食還未進一口，早餓得飢腸轆轆。如此又苦捱了半晌，才有小卒進來，端上一些飯菜。那楚使看去，卻是些葵藿、蔥蒜之類，原先那些膾炙牛羊，影子都不見了。

楚使不禁心頭火起，直欲發作，但礙於禮節只得忍了。不料嘗一口菜，卻不知是放了多少天的，已有了異味。喝一口酒，卻是過了時的酸酒，味同陳醋。楚使再也壓不住火氣，拂袖而起，招呼也未打一個，就上馬馳出城去了。

奔回大營，那楚使便向項羽將一日所見詳加稟報。項羽聞言大驚：「老匹夫亦有異心耶？」忙叮囑使者勿外傳，便將此事裝在心中了。

說也湊巧，范增恰在此時進帳來見，又催促項羽發兵攻城，說道：「劉邦據有滎陽，諸侯便猶疑觀望，不肯附楚。久之天下必然分崩，再難收拾。」

項羽對范增存了戒心，便好似未聽見一般，只將那案上一塊美玉撫來撫去。

范增看在眼裡，便沒了耐心，將那美玉一把奪過，棄置一旁，憤然道：「從前鴻門宴不殺劉季，今日看，豈不正是養癰遺患？今若不破滎陽，便又是放劉季一馬，楚地又將數年不寧，大王還猶豫什麼？」

項羽倒也不怒，只冷冷道：「亞父年歲大了，說話太容易。破這滎陽城，不知要折損我多少兒郎，豈是下棋那般快活？」

那范增是何等聰明，自投奔楚營以來，從未聞項羽如此說話，當下就一凜，知是項王聽信讒言，有了猜疑之心，便大怒道：「老臣追隨大王日久，自以為忠心可對蒼天；然人老便不中用，連尺短寸長也弄不清了。好在天下事已大定，大王可好自為之。臣也無他願，只想乞賜骸骨，回鄉終老便是。」

項羽沉吟片刻，便也不挽留，只道：「亞父既已意決，明日便可起程。好在由此去彭城，路上倒是安寧。」

范增搖搖頭，禮也不施一個，轉身便走了。回到本營，立即吩咐范延年，將項王日前所封的歷陽侯印綬，完璧送回。

范延年聞主人要回鄉，甚覺突然，心下便頗感不安。他勸阻道：「主公，項王喜怒無常，我等不是司空見慣了嗎？不妨且忍他一忍。」

范增傷感道：「他人可疑，我不容疑！你無須多說了，待收拾好細軟，便與我同回彭城。」

至夜深時，忽聞門外有人叩門。范延年將門打開，一位壯士倏忽便閃身進來，原來是桓楚。

桓楚白日裡聞聽亞父竟然辭官了，內心不勝驚訝。忙跑去問項王，項王只是不耐煩，教他勿管閒事，便知定是范增直言犯上，遭了貶黜。想想范增素日待人寬厚，桓楚便心中不平，趁夜色來范府看望一下。

此時范增已經睡下，見桓楚進來，便要起身。桓楚連忙攔住，勸慰道：「亞父，大王脾氣如此，你且忍耐幾日，稍後我與弟兄們將面諫項王。你哪裡就能走？」

范增便擺擺手道：「將軍之意，老夫領了。只是這朝中事情，爾等武夫難知其中奧妙。老夫從軍四載，已成天下少見的怪物，若再不辭歸，必將為天下笑。」

桓楚聽得難過，幾乎要哽咽起來：「然楚之大業，怎能少了亞父……」

范增便笑笑，囑咐道：「將軍休作婦人善感。楚之大業，全賴爾輩，今後還須好好輔佐項王。」

桓楚又問：「不知亞父何日歸鄉？弟兄們是定要為你餞行的。」

范增沉吟片刻，便道：「還須勾留數日，不忙。你且回去歇息吧。」桓楚嘆息數聲，想想無奈，只得告辭走了。

翌日晨起，范增便喚來延年，吩咐立刻出發。延年大驚，問道：「眾將不是還要為主公餞行嗎？」

范增道：「休得為他人招禍！你去民家買一輛馬車來，你我二人這就上路。」

范延年遵囑出門去，向民家買了一輛簡陋的柴車回來。范增便喚過府中一眾家僕，講明事由，分發了一些錢財，各自打發了。家僕們都不忍離去，但看看范增面色鐵青，毫無轉圜之意，便只得含淚各奔西東了。

范增又命延年，將那大將軍府中一切物品盡皆棄置，只攜了幾件行李在身邊。由范延年執鞭駕車，兩人便上了路。

初上路之時，范延年慮及路途遙遠，怕范增日久受不住，便頻頻催馬。范增卻道：「勿急，且慢行。」

原來范增仍心存僥倖，以為項王只是一時氣惱，消氣後必會遣使來追。不想踟躕走了數日，大營那邊人影也不見一個來，這才知項王心中猜忌，已難拔除。

此時正值四月初，鶯飛草長，春光正好，范增內心卻是一片蒼涼。回想數年來隨項王奔波四方，為奪天下費盡了心機。只巴望早日滅漢，為項王爭得個混一宇內，自己也好安享榮華，含飴弄孫。不料項王刻忌，竟連老臣都懷疑起來了。如此的一個局面，若滎陽久圍不下，則楚之天下，必為漢家所奪。自己若在項王身邊，劉邦那詭計，倒還逃不過一雙老眼去。可是如今⋯⋯萬事難料了！

想到數年心血，一朝將付之東流，范增便如萬箭穿心。白日裡倚在車上，只是悶悶不語；晚間在逆旅投宿，也只顧在孤燈下長吁短嘆。

想那范增已年逾七十，怎禁得起如此顛簸？日夜愁思之中，便有寒熱侵身，病了起來。范延年不敢怠慢，便加緊趕車疾行。走了數日，范增忽覺背上奇痛，夜裡到了逆旅中，教范延年掀開他衣服看，背上竟然生了一個惡瘡。范增也不在意，只是勉力挺著，一心想早些回到家鄉。

范延年看得心酸，便道：「主公，你以老邁之年出來投效，如今是這個樣子，如何在家鄉安居？那項王，也未免太過寡恩了！」

范增嘆了一聲：「人生在世，榮辱皆有定。老夫從軍，乃是依從本心，不計成敗，因此也無須埋怨他人。只可惜武信君創下的大業，只怕是苟延不了幾年了。」

范延年便道：「他人山河，隨他人擺布去好了。主公如此憂心，這世上，可有幾人能領情？你老人家且放寬心，我們儘早回居巢就是。」

此次范增回鄉，輕裝便服，百姓竟無人認出。沿路官員知范增去職失勢，都不大留意，因此范增過境，官府一無所聞，便也無一人前來迎送。那世態炎涼，看得范延年心如寒冰。

最苦是那背疽一天天發作起來，愈見增大，人只能日夜俯臥，疼痛不堪。這日走到碭郡地面，劇痛又甚於往日，范增一日裡便昏迷三次，漸不能支。范延年心裡著急，不知所措，遂求告路邊的鄉村郎中，買了些金創膏敷上去，也不見效。

只聽范增氣喘吁吁道：「此去向北二十餘里，有一蒙澤鄉，是為莊子故里。吾師楊真人在彼處為莊子守墓，已有多年，他必可救我。」

范延年便急忙驅車前往蒙澤鄉。到得鄉里，向路人打聽，果然都知楊真人居處。經人指引，主僕倆來到一處名喚青蓮村的小村。尚未進村中，便見村東南有一口古井，井旁一白髮老叟正在取水。

范增轉頭看去，猛然叫道：「那便是，那便是！」

范延年連忙過去，向老叟恭恭敬敬施了一禮，講明瞭來此尋訪的原委。

那楊真人便擔了一擔水走來，一副仙風道骨，雖年逾八十，卻是健步如飛。范增欲爬起來施禮，那楊真人連忙喚住，放下水桶，上前撩開范增衣服，看了看背疽的情形。

范增忍不住痛，大呼道：「先生救我！」

那楊真人也不作聲，只舀了一瓢清水，遞給范增道：「此井為莊子煉丹取水處，井水清洌，可致神清氣爽，你且喝幾口。」

范增將水喝下，楊真人便挑起扁擔，反身欲走。范延年連忙攔住，懇求道：「楊太師，請救我家主人一命！」

那楊真人轉過頭來，淡淡說了一句：「逆天行事，不可救藥了！」說罷，邁開腳步，三步兩步便隱沒於柳叢之中了。

范延年還想追去，卻見范增擺手道：「不……不必了。此乃天意，天意呀！」

此夜，主僕兩人宿於蒙縣一家逆旅中，孤燈昏暗，宿處卑溼，似再無其他住客。范延年見范增神情似有所恢復，便為他擦了臉，洗了手足，扶他睡下。暗夜裡，只聽范增忽又呼痛，漸漸地竟陷於譫妄了，只不斷呼喊：「楚之將亡，何人可救……」

范延年大驚，忙起身掌燈來看，見范增已是氣若游絲，知道熬不過去今夜了，便立在榻邊守候。此時看窗外，暗夜如磐。鬼影般的樹叢中，有幾隻鴟鴞夜鳴，顯得詭異之至。范延年越加心傷，想想就淚流不止。

如此捱到五更時分，范增大叫一聲，背疽崩裂，血流不止，竟遽爾氣絕了。

范延年想到亞父竟是如此末路，不由悲從中來，撫屍嚎啕不止。店家被哭聲驚醒，掌了燈來查看，見此狀，也只能自認晦氣，遂與范延年一道，為逝者洗淨了身子，換了衣服。

待到天明，范延年急去縣衙報了喪信。那縣公聞報，也是唏噓不已，親赴客舍幫助料理，差人買來一口薄棺，將屍身草草入殮。范延年便將棺木置於車上，告別縣公，匆匆奔回居巢去了。

且說項羽在滎陽城外大營，忽一日，得蒙縣縣公加急遞報，稟告說范增病故於本縣地面，心中就是一震。項伯此時恰好在側，接過呈文來看了，不免起了兔死狐悲之情，只不停地抹眼淚。

那項羽呆坐半晌，想起往日亞父種種勸諫，多半言中，且並無夾雜私意，便突生懊悔，拍案怒叫道：「中了劉邦那廝詭計，害我股肱也！」

項伯止住飲泣，哀戚道：「范增固然迂執，然追隨大王多年，不曾離去，無乃忠良之至乎？此次變故，定出於陳平詭計，欲剪我羽翼、除我忠良，致大王為孤家寡人也。」

項羽便嘆了一聲：「如之奈何？人死不能復生，何人可補范增之缺？」項伯想想，提議道：「范增之忠，應通令褒揚，以激勵我軍士氣。」

「叔父又迂腐了！此乃劉邦、陳平害我，寡人一時不察，只得將這苦水咽下。若大張旗鼓褒揚，豈非昭告天下我項某有眼無珠？唯有遣人攜重金赴彭城，著令地方厚葬了事。」

「也只能如此了。賢姪，你雖貴為霸王，威震天下，但為叔我還是要勸你一勸，今後行事，應三思而行。」

項羽便瞪起了眼睛：「你也不過只長我幾歲，如何便處處充長輩？那范增生前，也未曾聽你說過他幾句好話！此老之事，休得多言了。范增辭官之前所囑，克服滎陽為奪天下之關要，乃是至理，你我今後便盡力遵行之。」

項伯受了奚落，亦不敢多言，只道：「亞父病故，眾將必物傷其類，也須好好安撫才是。」

項羽道：「這個我自知。亞父多年為寡人軍師，今日既病故，你便接替上來，多想些有用的主意，勿再放虎歸山了。」

項伯領命，唯唯退下。

項羽這才召鍾離昧來，好言勸慰道：「日前軍中流言甚廣，將軍請不必在意，安心便好。」

鍾離昧知項王已有悔意，便道：「亞父忠心事國，為我等楷模。流言者，顯係漢王伎倆，他若不中傷此等人物，難道還能中傷那三心二意者嗎？」

項羽聞言略一怔，半晌方道：「卿所言甚是。今後我等君臣，都不要互相猜疑了，遵亞父之囑，拿下滎陽，活捉劉邦那賊，方為正道。明日起，攻城之事便由你來統領。」

鍾離昧聞命精神大振，遂領取了兵符，自去調兵布置了。

再說那劉邦得楚營線報，知范增一命歸西，不禁大喜，對張良、陳平道：「一餐飯，即除去我心腹大患，又省卻我多少兒郎性命！陳平兄出此計，堪為絕世之才。」說罷命厚賞陳平，又叫來隨何，吩咐今日起不必再赴楚營講和了，只守著這滎陽與楚軍相拒。

那張良在旁，卻是悶悶不樂，劉邦怪之，問道：「子房兄，范增死了，如斬去楚之首腦，如何不樂？」

張良憂心忡忡道：「待項王醒悟，其報復必烈，我軍不得不防。」

劉邦哈哈大笑道：「范增在時，尚不能奈我何，何況他做了鬼呢！」遂不在意，又喚來婢女洗腳取樂。

不料，次日晨間，便有城上守將周苛、樅公來報，原先西門外的楚軍，人數寥寥，不過虛應故事而已；然今早大軍雲集，四門皆是圍得鐵桶一般了。

那周苛原為泗水亭吏卒，跟從劉邦遠在芒碭山起事之前，其忠直素為劉邦所重。就在盧綰晉升太尉前後，周苛亦加為御史大夫，此時正受命統領滎陽城防。

他稟報方畢，彷彿應驗一般，四門外便一同響起喊殺聲。劉邦急忙率眾人登城看去，只見遍地楚軍有如紅蝗，正不要命地擁向城下，豎起雲梯、撞車。更有那楚軍主帥鍾離眜赤裸肩背，與軍士一道背負黃土，築版壘土。不消半日，城外便矗起壁壘座座，弓弩手遍布其間，將那羽箭潑水似的往城上射來。

劉邦與眾臣急忙藏於盾牌之後，氣不敢出。聞聽那四野沖天的殺聲，劉邦變色道：「素以為楚軍不擅攻城，今日如何似癲狂發作了一般？」

張良便道：「昔項王與范增意見不合，攻城與否在猶豫之間，故楚軍從未認真攻城。今范增死，項王有所醒悟，以攻陷齊地數十城之經驗，來撲滎陽，我軍能撐得過十日，便是僥倖。」

劉邦捶胸呼道：「寡人又小瞧了項王！」

片時過後，楚軍又將數尊拋石砲推近，朝城樓上拋石。巨大礌石從天而降，聲若奔雷，煙塵蔽日，直驚得漢軍心膽俱裂。劉邦與眾臣忙頂著盾牌，彎腰奔下了城頭。

回到行宮，劉邦留下張良、陳平議事，嘆道：「老子曰，『慎終如始，則無敗事』。

我與楚軍在滎陽相拒一年，本是高明之策，日前項王親來督師，我便應退。不知慎終，迂執如故，遂今日成甕中之鱉，卿等有何妙計解脫？」

陳平搖頭道：「前日西門楚軍不圍，尚可遁逃；如今四壁合圍，唯有御龍而飛，方能逃生了。」

劉邦白了陳平一眼，叱道：「卿便去捉一條龍來，可否？」遂掉頭去看張良，張良也只是面有憂色，計無所出。

劉邦只得仰天嘆道：「今曹參、周勃皆在敖倉；韓信、張耳隔河而望；灌嬰郎中騎則在京索一帶警戒。如今城內外音訊斷絕，何人可來救我？」

張良道：「大王不可絕望，如今只有堅守以待變。」

劉邦嘆口氣道：「此前櫟陽宮太卜曾有言，說寡人與楚鬥，須三折肱方能成良醫，鴻門宴與彭城，寡人已有過兩折肱，險些死過兩回。如昨日開西門遁逃，則萬事大吉，如今這一回，唯有聽天由命了。」

接連數日間，漢軍不分晝夜，拚死守城，都覺筋疲力盡。因糧道斷絕，城中軍糧堪堪將要告罄，看撐不了幾日了，軍心便動搖起來。劉邦見不是事，忙召集文武商議，坦言道：「寡人傲慢，此次又著了項王一道。漢家命脈，繫於一線，各位今可暢所欲言，如何能得解脫，即使是雞鳴狗盜之計也不妨說來。」

張良道：「今晨臣冒險上城觀望，見楚營有糧車源源開至，想必是彭城運來了軍糧。如此一來，我軍更加勢急，若諸君無所獻計，明日只好相會於黃泉之下了。」

那樅公乃地方官出身，精通農桑，便獻計道：「近日糧荒，可令軍民挖野菜、殺馬匹度日。另可令百姓在房前屋後種菽，待綠葉長出，便可充軍糧，與楚軍相拒數月，也是可以的。」

張良道：「緩不濟急啊！我日夜憂思，乃是怕楚營有人為項王獻計，將那城外滎水堵塞數日，再行決口，令洪水滔滔湧出，我輩便成章邯第二了。故此，解脫之道須在一二日之內想出，否則晚矣！」

那眾武將都是上陣殺人不眨眼之輩，待到須出主意時，便面面相覷。劉邦揮揮手道：「罷罷，文臣束手，武人又能有何妙計？明日我等君臣便一道赴死去吧！」

那樊噲便十分不忿，躍出一步道：「大王何必說喪氣話？兵來將擋，水來土掩。大不了城破，我揹著大王逃走便是。」

劉邦拂袖斥道：「你無須多嘴！」

隨之便有紀信出列道：「武將固然愚直，然臣等已將生死置之度外。滎陽城明日如有不測，末將願粉身碎骨以當之。」

陳平一直無言，絞盡了腦汁在想計謀，此時見紀信出列，心裡就是電火光石地一閃，猛然說道：「臣有一計，可救大王。」

眾人便一齊將目光投向陳平。劉邦也道：「到底是文臣多智，你說吧。」

「上古春秋，曾有齊景公與晉交戰失利，被晉軍追殺。御者田父大義彌天，與齊景公互換了衣服，代景公被擒。後齊景公卒成霸業，田父之名亦流傳於今。臣以為，今日解困，唯此一途。可從眾將中選一相貌酷似大王者，扮成大王出城詐降。楚軍聞之，必放鬆戒備，大王便可趁亂逃出城去。」

樊噲便大呼：「這有何難？我去便是了。」

夏侯嬰在旁哂笑道：「樊將軍，你那相貌，只可充個山大王而已。」眾人便是一陣哄笑。樊噲面子上掛不住，便要翻臉，眾將連忙勸住。

劉邦不語，只以目注視張良。眾將見了，也都靜候張良發話。張良思索片刻，一擊掌道：「陳平兄好主意！」

劉邦遂連連搖頭道：「不可不可！楚軍多如牛毛，無論哪位兄弟扮作寡人，此去都是踏入鬼門關，寡人實不忍就此折一手足。此事如可行，不若選一小卒充任。」

陳平便抗聲道：「大王糊塗！你可借得小卒一顆頭顱用，卻借不到一個活人可以去替死。若那小卒臨陣畏懼，脫逃而去，則此計將滿盤皆輸。」

眾將聞言，知是生死的關口到了，無可再退，一時便都默然。

陳平順勢便道：「板蕩之時，忠勇尤為難得，我以為諸將中必有大勇。爾等可互相看看，何人相貌酷似大王？」

眾將正互相打量時，只見紀信跨前一步，高聲道：「酷似大王者，非紀某莫屬。臣願代大王往楚營詐降。臨陣如有半步退縮，天雷殛之！」

眾將一看，果然紀信相貌酷似漢王，平素因相熟便無人注意，滿堂立時一片驚嘆之聲。

劉邦連忙起身道：「不可！昔日鴻門宴遇險，紀將軍已有過捨命親隨。今若令紀將軍冒此大險，寡人即使可脫身而去，心又如何能安？」

紀通道：「大王勿慮。末將乃武夫一個，或生或死，皆輕如纖塵。若滎陽城破，也一樣是死。能替大王履險地而死，榮莫大焉，豈可權衡得失利弊？」

劉邦想起芒碭山舊事，悲從中來，哽咽道：「我劉季，以草野出身，能打下這半壁河山，全賴諸君扶持。這種事，實教寡人下不得手啊！」

紀信便憤然道：「我漢家，起自芒碭山草澤，坎坎坷坷至今，莫不成今日讓人一網打盡？城破之日，必是玉石俱焚，與其到那時與大王同死，還不如今日便死更痛快些！」說罷，便拔出佩劍來，就要自刎。

眾將大驚，急忙上前將紀信抱住。紀信涕泣道：「弟不過捨一微賤之命，便可令諸君護送大王一同遁去，保住我漢家元氣，豈不是大大的划算？來日休說這滎陽一城，即使那始皇帝當年萬里河山，也都將屬漢家，弟若以一死換得這眾人前程，不亦快哉？不亦偉哉？」

眾人聞言，無不唏噓。劉邦走下來，垂淚與紀通道：「願蒼天有靈，佑我兄安然無虞。萬一有什麼山高水低，則令堂令尊、兄之妻子兒女，皆為我劉季骨肉親眷，扶養至百代千秋。將軍之忠勇，亦定會載於國史，留名千載。」

紀信便收了劍，慨然道：「自芒碭山落草起，臣便不曾有活著回鄉之念，今日死國，不正是死得其所嗎？」

陳平見勢，便提議道：「既然如此，諸君便可速回營準備快馬。今夜紀信兄出東門詐降，我等則從西門護送大王出逃。詐降事宜，還請紀信兄留下，子房兄與我還要籌劃一番。」

劉邦道：「也好！事已至此，各位就速去準備吧。」

眾將便上前，一一與紀信作別。那樊噲、夏侯嬰等與紀信交誼深厚，都萬般不捨，執手良久。周苛早年與紀信同為一伍，是從血泊中一道滾出來的兄弟，心知此即為生離死別，猛可便仰天吼了一聲：「如何不得同死？」便掩面涕泣而去。

當下張良、陳平向紀信交代甚詳，將詐降事宜安排得天衣無縫。陳平又執筆寫了一封致項王的降書，召隨何來，命他馳入楚軍大營求降。

隨何持降書進了楚營，見到項王，伏地便拜，泣曰：「漢王被圍，計無所出。知大王天威難拒，遂不敢以關中自守，情願請降，解甲歸田，唯願項王開恩免誅，則為漢家君臣之大幸。」

項王閱罷降書，覺文字之哀戚，前所未見，不禁便大笑：「劉邦老兒，竟也有今日？隨何，為如此的主公當差，不亦愚乎？其實，無須老兒他來求降，我軍細作早已探明，城中糧食，僅夠三數日而已，不降又能如何？不過，既然降了，我豈有誅殺之理？留老兒一命，隨時還可敘舊。哈哈，不知你家大王，擬何時出城來降？」

「今夜子時，即開東門出降，請貴軍稍作避讓。」

「好說！你覆命去吧，屆時寡人與你家主公說話。」

待隨何離開楚營後，項羽即喚來季布、鍾離眛，告知漢王出降事，下令知會各營，子夜時分須在東門外嚴陣以待，一俟劉邦車駕出來，即遣士卒四面圍攻，勿使走脫。須將其綁縛。待平旦時分在三軍之前梟首，以振軍心，並告慰亞父在天之靈。

季布、鍾離眛得令，都鬆了一口氣，將大部軍卒調至東門外等候。

到當日夜半，滎陽城東門轟然敞開，一隊人馬迤邐而出。城外楚軍見了，都齊呼「萬歲」，一擁而上，高擎火把便要砍殺。卻見那前頭的漢軍隊伍，皆為婦人，雖身著鎧甲，手執兵器，而實不能一戰。

楚軍正感納罕時，只聞隊中有婦人高喊道：「我等皆婦女也！城內無衣無食，死傷枕藉，無力再守。今奉漢王之命，開門迎降，望軍爺萬勿傷害。」

眾楚軍這才放下心來，都擠上前來觀看。但見那婦人隊伍，足有兩千人之多，婷婷裊裊，魚貫而行。如此長蛇陣，行至幾近四鼓，尚未過完。楚軍士卒生平從未見過此等奇景，哄傳遠近，直惹得北、南、西三門外的將士也奔過來看。

那婦女隊中，老少參差，自是媸妍有別。圍觀的楚軍看得痴了，都只顧嬉笑評說，一時眾聲喧譁。季布、鍾離眛心下覺得蹊蹺，然亦不明漢軍此乃何等把戲，只是勒馬死死盯住東門，只待劉邦出來。

那劉邦此時，卻是早與大臣、近侍十餘人，勁裝結束，跨上了快馬，打開西門疾馳而出。唯留下周苛、樅公守城。因潛逃不宜人多，另有魏王豹、韓王信等，則留下襄助守城。

劉邦率一行人出得西門，見四下裡竟無一個楚兵，心中就暗讚陳平有奇智。他回頭望一眼城樓，悽然道了一聲：「紀信兄，來日見吧！」便揮鞭打馬，與眾臣一起狂奔起來，轉瞬即隱入夜幕中去了。

再說東門之外，楚軍眼巴巴看著一隊隊婦女搖曳而過，堪堪天將黎明，方見後面有軍士列隊而出，各個手執旌旗羽葆，緩步走來。如此又走了許久，才見隊伍末尾處，一輛戎輅車，黃絹披覆，堂皇富麗，由兩排執黃鉞的軍士簇擁而出。

此車六駿並轡，黃蓋高矗，轅馬左軛插著一桿大纛，犛尾蓬勃如火。若不是漢王，何人可得如此威儀？

眾人正驚異間，忽聽得御者中氣十足地呼喝道：「兵盡糧絕，黍離之傷。今逢吉時，漢王出降——」

那圍觀的楚軍，已是如潮湧至，先後爭睹。自江東八千子弟兵跟從項梁反秦以來，迄今已殺伐了多年，經歷過無數刀山血泊，眼見得漢王已降，兵戈將息，都心潮激盪，情不自禁狂呼起「萬歲」來。季布、鍾離眛見漢王如此窮途末路，也就未下令綁縛，只聽任眾楚軍簇擁漢王車駕，行至楚軍大營轅門外停下。

項羽此時早已升帳，只待漢王前來叩拜。卻見那「漢王」端坐於車駕之上，既無言語，亦不下車，形同木偶一般。

項王得報，便是怒從心頭起，親自出轅門來看。卻見那「漢王」仍是端坐不動，聲響皆無，不覺心中起疑，喝令兵卒拿了火把來照。一看之下，方知受騙，不由大怒，一把扯下車上黃絹，問道：「你是何人？劉邦那老兒現在何處？」

車中假劉邦這才開口道：「我是大漢將軍紀信。」

項羽怒道：「劉邦無賴，言而無信，躲到哪裡去了？直是個本性不改的沛縣潑皮！你竟敢冒充漢王，欺騙寡人，就不怕碎屍萬段嗎？」

紀信仰天笑道：「我家漢王，仁聲滿天下，為諸侯所共尊，豈能降你這不仁不義之徒？漢王昨夜，已安然出滎陽，回關中去了。來日必集義師，與爾等決戰。霸王若有先見之明，不妨輸誠於我漢家，尚可保得榮華富貴，若一意執迷，必落得死無葬身之地！」

項羽氣得咆哮如雷：「潑皮，瘋了！狂悖至此，可活乎！」遂命人將火把扔向假漢王的戎輅車。

轉瞬之間，車上飾物盡皆著火。然則在一片火海之中，仍能聽到紀信的高聲詈罵，「篡逆」、「賊子」之聲不絕於耳，直教那楚兵聽得心驚膽顫。

此一節著實令人慨嘆。紀信捨身救主之忠勇，可稱名震千古，漢以來百姓對之膜拜不已。古滎陽城遺址（即今古滎鎮），迄今仍有「紀信廟」一座，香火不斷。

待項羽燒死紀信後，方才想起下令搶占滎陽城。眾軍聞令，都紛紛掉轉頭，然來到城下一看，卻早已是四門緊閉。曙色之中可見城上列滿漢軍士卒，氣勢極盛。未等楚軍回過神來，轉眼便有矢石滾湯拋了下來，教人無法近前。

項羽便叫來季布、鍾離眛罵道：「士卒無知，難道你等肩膊上也未生出頭顱？活活又教那廝跑了！限令三日，拿下此城，否則你二人皆提頭來見我！」

哪知那守城的主將周苛，非同尋常。他原為泗水亭卒，在沛縣隨漢王舉義，資歷極深，現又與蕭何、盧綰同列為漢家「三公」，德高望重。漢王一行脫身後，周苛便與樅公集合城中軍民，曉以利害，以大義相激勵。城內人皆知楚軍一旦破城，定會啣恨屠城，因此都狠下心來，與其城破被屠，不如戰守而死。

一時城中軍民便上下齊心，百姓拆房舍以作滾木礌石，軍士殺馬匹以充軍糧，連婦孺也輪番登城助戰，竟將那滎陽死死守住。楚軍每日攻打不休，徒增傷亡，不要說三日，即使幾個三日過去，也寸步未進。

這日楚軍稍歇一日，魏王豹便趁空上城，見過周苛、樅公，便去那堆堞後窺望。見楚軍連營數十里，旌旗如遍地野火燎原，心知城破是遲早之事，面色便稍顯陰沉。俄頃，他回頭問道：「城中糧食，可支撐幾日？」

那樅公答道：「詐降那夜，百姓趁亂逃逸不少，故城中糧食，勉強還可撐持半月。」

「半月之後呢？」

「擬發動軍民剝樹挖草，暫充軍糧，總之不能束手。即便做了那餓殍，也強於被屠。」

魏王豹是金枝玉葉出身，聞言便搖頭道：「若逼迫得緊了，還須為眾兒郎想個退路。」

周苛望了望樅公，便道：「魏王放心，城在我在。萬一城破，亦有我精兵為閣下護駕。」

魏王豹便不再言語，下城去了。見魏王遠去，周苛便對樅公道：「這魏王是何人？反覆之小人也！此前就曾叛漢，若今日再私通楚軍，則此城明日即不保。」

那樅公會意，即提議道：「不如誘殺之，免得為我後患，將來若是漢王怪罪下來，由下官一體擔當便是。」

周苛便笑：「哪裡要你樅公出頭？周某忝為御史大夫，殺個叛賊，還是擔當得起的。」

二人便計議好，詐請魏王豹至大帳議事。魏王豹不疑有詐，欣然前來。剛剛講了兩三句，周苛便猛然起身，拔劍直指魏王道：「叛賊，今日受死吧！」揮劍便向魏王砍將下去。

魏王豹急忙閃身，致劍鋒稍偏，但也負了重傷，不由驚怒道：「如何自相殘殺？混帳，本王如有叛心，你等尚能安坐至今乎？」

周苛斥道：「既然曾叛，便無信用，自辯又有何益！」說罷，便是又一劍砍下，結果了魏王的性命。

魏王豹伏誅之後，被暴屍閭巷。闔城軍民聞之，無不氣壯，在城頭對楚軍百般辱罵：「內奸已除，何以亡我？」

項羽聞報，知魏王豹枉死，也是哭笑不得，罵道：「愚夫若此，天可賜福乎！」

且說劉邦一行夤夜出城，即向北而奔，趟過齊腰深的汜水，僅一個多時辰，即奔至成皋南門下。樊噲在城下高呼開門，守卒聞聲大驚，忙喚醒主將英布，舉燈驗明來人，急急開門放了進來。

劉邦入得城來，點驗隨行人等，並無一人走散，連那酈食其雖顛得老骨支離，卻也跟上來了。除張良、陳平、樊噲、夏侯嬰、酈食其等一干重臣，還有近侍諸將王恬啟、繒賀、陳武、陳涓等隨駕，不由便大笑：「各位將軍，我等君臣，如何只有亡命的緣分？來日封侯，也只得封你等各位亡命侯了。」

一行人在舊虢宮安頓下，劉邦便命英布速向滎陽派出斥候，嚴察楚軍動靜。眾人剛卸甲歇息，樊噲便急喚軍士上些熱粥飯來。

待熱粥端上來，轉眼間便被眾人一掃而空。夏侯嬰放下碗箸，問劉邦道：「如何？大王欲在成皋拒守？」

劉邦白了夏侯嬰一眼，嗔道：「區區成皋，豈能在此作繭自縛？楚軍若追來，你我又將如何？」

樊噲便問：「明日又向何處去呢？」

劉邦道：「夏侯兄，亡命侯之號，今日唯你名副其實了。去為寡人找一輛車來。天明之後便出發，回關中。」

眾人一驚，繼而面露喜色。張良輕嘆道：「若無蕭丞相，我輩即便想落草為寇，也不可得了！」

英布卻甚感不安，問道：「滎陽尚不能守，我成皋何以當之？」

「不怕！楚軍若來，英布兄亦可撤守。」

「難道大王在河東苦撐一年，就此便撒手了？」

劉邦哈哈一笑，拍了拍英布肩膀：「只要我等命還在，城可失而復得，兵亦是同樣。寡人亦知今日一去，三河一帶十萬漢軍，就只有眼睜睜地看著星散了。然漢家根基在關中，又豈是十萬兵可比？寡人稍事休整，即刻便返回河東。」

英布仍是愁眉緊鎖：「如此失而復得，得而復失，何日可望功成名就？」

劉邦便撩起戰袍，指點著身上創痕道：「你看寡人，與楚相鬥，身被大創十二，箭矢貫通者有四；然命還在，項王能奈我何？昔年項王分封，何其威武，我等蝦兵蟹將唯有仰視而已；然苦鬥三載，寡人愈挫愈奮，曾襲取彭城，中分天下。你說，孰為強，孰為弱？孰可為明日天下之主？」

英布經此開導，茅塞頓開：「臣明白了。」

果然，待劉邦一行撤走後，那項羽見滎陽一時攻不下來，便發兵來攻成皋。英布得了斥候探報，知紀信被焚死，楚軍正集結欲來攻，嚇得三魂出竅。他既無膽量、亦無顏面再見舊主，更不願做紀信第二，便打開南門，率城內數千漢軍向南逃去，但求離項羽越遠越好。

再說那劉邦一行千里馳驅，回到櫟陽，自有蕭何打點好一切。劉邦果不背前諾，當即下令徵發關中丁壯，旬日便集結起十萬新軍，席不暇暖，即欲誓師開赴函谷關，援救滎陽。

張良、陳平見此，皆面有憂色，陳平勸諫道：「如此頻繁征戰，關中百姓不得休息，將何以堪？」

劉邦便道：「與項王纏鬥，須無日無之。楚軍千里遠征，人困馬乏，甚於我數倍。我若勞頓，彼輩便更不堪。曠日持久，必有勝負。」遂不聽勸諫。

這日劉邦在櫟陽宮中，正與陳平議事，忽聞新晉謁者僕射隨何來報，有儒者轅生求見，欲就伐楚之事建言。

劉邦忽地想起酈食其之迂腐，便拂袖道：「不見！聽儒者之言，不如閒聽蛙鳴。」隨何便賠小心道：「那轅生亦料到大王不願見，已有言在先。」

「嗯？他如何說？」

「那位轅生道：『漢王若拒見，則明年此時，關中定是處處可聞楚語了。』」劉邦不覺怔住，繼而哈哈大笑：「又是個狂徒！好吧，喚他進來便是。」

那轅生上得殿來，卻見是一位白衣秀士，倜儻飄逸，頗有美髯客之風。劉邦見了，不敢輕慢，連忙賜座，即和顏悅色問道：「先生何以教我？」

「關中徵丁，直鬧得雞飛狗跳，大王真是要往援滎陽嗎？」

「正是。滎陽為我爭天下之關要，不能輕失。」

「往日渡河東去十萬軍，皆善戰之兵，日前回來了多少？」

劉邦臉一紅，竟不能答，稍緩才問道：「先生之意是⋯⋯」

那轅生即道：「以老練之師，尚不能與項王敵，何況新徵之農家子？」

劉邦聞此數語，知是高人，遂斂容正襟，拱了拱手道：「請先生指教。」

轅生便道：「以在下觀之，大王視項王為天下唯一對手，項王亦復如是。然兩強相遇，大王可是項王對手？」

「不如。」

「那麼大王有何依憑，與項王惡鬥？」

「楚軍勞師遠征，必有敝時，寡人就是要拖垮他。」

轅生便哈哈大笑道：「每戰必敗，如何拖得垮人家？」

劉邦臉色當下就是一沉。連陳平也覺此言甚唐突，擔心劉邦發怒，頗感惶悚。但轅生全不以為意，繼續侃侃而談：「荀子曰：『凡觀物有疑，中心不定，則外物不清。』漢家往日用兵方略，我看就是中心不定，混沌不清。在下斗膽獻上一策，請大王思之：欲保滎陽，必先棄之，此次新軍萬勿直赴滎陽，可出武關，南下至宛、葉一帶，大張旗鼓作勢。那項王必捨滎陽、成皋來攻。漢軍則於宛城高築壘、深挖塹，與之相持。兼之有韓信、張耳在趙，彭越在梁，隨時可襲擾彭城。屆時，楚便是四面皆敵，左支右絀，首尾不能相顧，假以時日，必師老兵疲，有隙可乘。此計雖樸拙不文，然遠勝於大王欲驅羔羊入狼群耳！」

劉邦聽出了其中奧妙，猛一擊掌，喜道：「先生真神人也。」

轅生謝道：「姑妄言之。請大王勿怪罪。」

「哪裡話！如此良策，寡人將如何酬謝才好？」

「在下乃是看不得項王跋扈，故而願助漢家速勝，致蒼生早得安寧。若在下有意助項王，必指點他沿河向西突進，踏破關中，重演滅秦故事。關中一失，則大王頃刻間便翻作盜蹠，只能四方為流寇了。」見劉邦面露驚異，轅生便又笑道，「大王放心，我若不向項王建言，則世間便更無一人可為他謀劃。哈哈！」

劉邦又驚又喜，鄭重起身作了個揖道：「先生高才，何不就此投我漢家，以為股肱？」

那轅生也慌忙起來，回禮道：「大王若肯納諫，便也不負在下一番胡思亂想。然高就之事，就不必提了。先朝始皇帝時，我等一眾結拜兄弟，相約在咸陽蘭池謀刺。事敗，眾人皆死，唯在下一人脫逃。苟活至今日，能目睹秦亡漢興，已屬幸事。至於做官當差的事，則不敢再想了，容在下告辭。」

劉邦聽得瞠目，扭頭對陳平道：「陳平兄，漢家若有一二此等謀臣，你我何至於每每亡命？」

轅生辭別時，劉邦特地詢問他家居何處，原來是住在城內赭衣巷。次日，劉邦便遣陳平送去米糧致謝。並囑陳平：若能勸得轅生入彀，那就更好。

豈知陳平驅車到了赭衣巷一看，此地在秦末時便已成廢墟，迄今未能恢復，連農家也無一戶，唯有荒塚三五，棗林寂寂。陳平下得車來，登廢墟而望，悵然良久，只得怏怏回去覆命。

劉邦聞聽，亦是愕然，知是遇到了世間大隱。便又將那轅生之策，與張良、陳平、蕭何等人反覆計議，覺無甚疏漏，便決意依計而行。遣密使分頭至韓信、劉賈、盧綰、彭越處，令其多多出動，不要教楚地有一刻安寧。

數日間，又接連得關外急報，知紀信被焚、魏王豹被誅殺，劉邦在悲傷之餘，又有竊喜，忙教隨何召來魏王遺孀薄姬問話。

那薄姬此時正為魏王豹服喪，一身縞素，卻更顯分外明豔。劉邦強做悲戚狀，安撫了幾句，便道：「魏王殉國，自是哀榮，然人死不能復生，夫人今後可有何打算？」

薄姬一時茫然，只道：「臣妾心亂如麻，唯望大王庇佑，保魏氏一脈不絕，便是至福，更能作何想？」

劉邦便屏退左右，僅留隨何在側，對那薄姬道：「夫人德色俱佳，如此寡居，豈非有悖天理。今既然託庇於漢家，漢家自不負夫人。不如就搬到寡人宮中來住，則飲食起居，均不至於寂寞。」

薄姬哀思滿腹，竟不能即刻領會，猶豫著不肯作答。

隨何忙提醒道：「薄夫人素為大王所重，今有此上佳之歸宿，何不謝恩？」

薄姬這才恍然大悟，沉吟片刻，知是別無選擇，便嘆了一口氣：「臣妾遵大王之命就是，然須善待亡夫遺脈才好。」

劉邦便大喜道：「這個好說！魏王宮雖撤銷，但一應供給不減，夫人從此可不必再掛慮。此事交由隨何去辦，必天衣無縫。薄夫人今日便請留下，不必再回府了，稍後與戚夫人相見，彼此認作姊妹。」

那薄姬命運否極泰來，心中也是暗喜，但又不便流露，百感交集，竟流出眼淚來。

安排好薄姬的名分與起居，劉邦喜不自禁，對隨何道：「這薄夫人豈止是容色好，卜者說她日後將『母儀天下』，這說的便是幫夫運了。」

隨何道：「夫唱婦隨，自古已然。小臣以為，薄夫人得以歸順，乃是天意。然大王亦不要忘了紀信將軍。」

一句話，說到了劉邦的痛處，滿面的喜色不由便收斂了許多。

經過轅生的點撥，劉邦對天下大勢之見，忽然就變得澄明了。原先張良計謀，將天下分為三四，與英雄共之。此計，固然成就了對楚之包圍，然自家數度率軍與項王大戰，皆不能敵，乃是過於迂腐了。楚之能戰者，唯項王一支勁旅，既四面圍之，便要驅使他南北奔波，窮於應付，方能迫得這匹良駒疲累而死，否則漢家將永世望洋興嘆。

劉邦於是將灌嬰及其所部從京索召回，命他速率郎中騎赴趙地，歸於韓信麾下。從趙地時時襲擾楚之糧道，與彭越相呼應，將楚之後方攪他個天翻地覆。

灌嬰遵命，在櫟陽將員額、馬匹補齊，便來請命開拔。臨行，劉邦命灌嬰轉告韓信，要從速練兵，儘早伐齊。又對灌嬰囑道：「韓信、張耳練兵，實是一團混沌，何日能練好使用，全無消息。你灌嬰絕不可學韓信遲緩，馬軍不可歇息，務必日日越境擊敵。」

灌嬰領命而退。當日，便披一襲白袍，跨一匹白馬，如天將下凡，率大隊悄無聲息奔臨晉關而去了。

劉邦這裡籌足軍糧後，也不想多做耽擱，即下令再次親征。那戚姬見宮中不明不白多了個「薄夫人」，心頭不快，便執意要隨軍出征。

劉邦搖頭道：「楚軍勢大，寡人這一命，還是紀信以死方才換得，女人家哪裡受得了？此去宛葉仍有凶險，夫人萬勿冒失。後宮事宜，唯你為大，如何就不能安下心來？今後可向薄夫人多多請教，來日天下，有得你坐。比起那戚家莊的鄉下營生，夫人還有何不滿足？」

這一說，戚姬知君王恩寵無人可動搖，便打消了隨軍之念。嫣然一笑，自去與薄姬周旋了。

五月上旬，劉邦將一切鋪排妥停，便親率十萬新軍，不事聲張地出了武關。幾日後，大軍開至宛、葉一帶，分頭占據了要津，即築牆挖溝，將各城池加固得鐵打的一般。城內軍糧，堆積如山，吃上一年也無告罄之憂。軍卒們又從四鄉里徵得千頭黃牛，趕入宛城飼養，一旦缺糧，便可殺牛。

這日，劉邦立於宛城城頭，正督促將士加高城牆，忽見天際有一彪人馬馳來，恍如魅影。眾軍正驚疑間，有眼尖的瞭卒便喊道：「是黑旗，乃我漢家軍！」

待到隊伍奔至城下，劉邦這才看清，原是英布帶著成皋守軍來到。

在大帳內，君臣坐到一處，都倍感親切。見英布神情頗為驚異，劉邦便笑：「英布兄，別來無恙乎？尚未謝你那晚的一缽熱粥呢。」

英布便道：「原以為大王此去，沒有三年不會出關，哪想到半月後即在宛城相見。昨夜臣接到探報，說大王隊伍竟然近在咫尺，直疑是在做夢！」

「你出成皋，如何不向西逃？」

「臣原係楚將，受命在身，不得自主。那項王疑神疑鬼，要坑殺二十萬降卒，偏偏就派了我的差。這髒手的差事做下來，我哪裡還敢去關中？秦人怕是要連我骨頭都一口吞了！我看這宛葉一帶，亦頗為富庶，原想就在此地游擊。」

劉邦哈哈大笑道：「英布兄，這筆帳你若不提起，寡人倒還忘了。作孽呀，在他項家為奴，有什麼好處？今日委屈了你，權且就做個游擊將軍吧，撥與你五千人馬，北上襲擾項王。倏忽而東，倏忽而西，只不要被他困住便是。」

「此乃何意？」

「有大用。切記，還要打出我漢王旗號。到一處，便告知一處：漢王擁兵宛城，不日即解滎陽之圍。」

「不妥不妥！萬一招惹來項王，又萬難脫身了！」

劉邦大笑道：「若兄能招惹來項王，便是大功一樁。這宛城，現下兵多糧足，我就是要引項王上鉤，教他在滎陽、宛城間徒勞往返。」

「哦，原來如此。明白了。」英布原係悍賊，戰法上一點即透。當下大喜，便領了虎符，點起五千新軍，打起旗幟浩浩蕩蕩走了。

此後的一切事態，便全如轅生所料。成皋以南楚軍，遭了英布數次偷襲，都盛傳漢王就在宛城，大軍如雲。項羽聞之，半信半疑，派出了斥候，扮作行商、販夫，混進宛城去探聽。

那宛城原是僻地，近日忽然成了外來商販雲集之地，有里正、鄉老起疑，紛紛向漢王稟報。劉邦聽了，心裡暗笑，也不追查。不數日之後，項羽果然上鉤，留下少數部伍繼續圍困滎陽，自己領了大軍前來與劉邦決戰。

那滎陽守軍，人疲馬乏，眼見得挺不了三五日了，忽見楚軍大部撤圍，都疑是做夢。半日工夫，又盛傳漢王已兵至宛城，士氣便大振，防守更是密不透風。

那楚軍大隊向南疾行，來到宛城城下，見城防嚴密，遠甚於滎陽。

城外塹壕，有水深沒頂，塹壕後密密麻麻鹿砦，宛如槍戟。這般防守，如何破得？軍卒們面面相覷，都在心底叫苦。

圍城之初，漢軍只是閉門不戰。項羽帶著一干文武來搦戰，見城頭並無兵馬，唯有漢王大纛靜靜低垂，便高叫讓那漢王出來答話。

此時城上有一將躍然而起，乃是夏侯嬰。夏侯嬰向城下深深一揖道：「漢太僕夏侯嬰，這廂有禮了，見過項王，見過各位故人！漢王連日身體不適，正在洗腳，不宜上城，有何事末將可代為轉達。」

項羽便罵道：「劉邦老兒多次脫逃，想必你便是第一功臣了！然封王封侯，亦不過一介馬伕，有何顏面在此搭話？去叫那老匹夫出來。」

夏侯嬰卻也不惱，又一揖道：「項王勞師千里，肝火正旺，待消了火，再與我家大王會話不遲。臣夏侯嬰，恕不奉陪了。」說罷，將身一矮，便不再露面了。

楚軍又叫罵了兩天，城上卻連鬼影也不見一個，只得硬著頭皮攻城，以肉身填向那深溝鹿砦。守城的關中新軍，此時忽地全都冒出頭來，個個如初生之犢，奮力還擊。楚軍雖然善戰，但已在滎陽蹉跎日久，面對此堅城，一經接戰便露出疲態來。

如此箭矢交加，相持了數日，項羽便覺事情不妙。分兵兩處之後，兩處皆是堅城，攻勢顯見得日漸乏力。本欲速戰速決，將劉邦盡快逐回關中，以重兵扼住函谷關，便可保天下太平。然看今日之勢，戰事勢必要拖延下來，只可憐了那些運糧老卒，千里跋涉，處處要提防盧綰、彭越襲擾。萬一糧道阻斷，十萬楚軍陷足於敵國，不潰散才怪。

項羽如此想來，便覺異常焦躁，每日總要把那項伯罵上幾遍。這日，他喚了最得力的悍將龍且來，當面交代：「攻城之事，由你總領，哪怕日損三千，也須五日內攻破宛城。楚漢之爭，決於此一戰，成敗都將唯你是問。」

那龍且血湧頭頂，吼了一聲：「遵命！看末將的吧。」回頭便招募敢死隊去了。

卻不料，未等龍且將人馬調集好，彭城那邊，便有急報接二連三飛遞而至。原是彭越在梁地又不安分，與漢軍相呼應，屢屢南下，專事襲擾楚軍糧道。

楚之糧秣須千里輸運，絡繹於途，路上防不勝防，每批都有二三成被那彭越軍掠了去。留守後方的柱國[63]項佗與虞子期、項聲等將，引兵清剿了幾回，均不見效。每逢楚軍殺至，彭越軍便呼嘯而去，隱於大澤之中，不見蹤影。虞子期勒兵澤畔，望著茫茫白水，唯有恨恨。

近來，劉邦大軍東出武關，漢家聲勢復壯，彭越膽子也越發大了起來，竟然引軍南渡睢水，大張旗鼓進擊下邳。楚將項聲、薛公領軍出城與之交戰，竟然大敗。薛公陣亡，項聲領殘軍困守下邳，幾不可保。

看罷項佗的求援信，項羽知不可再頓兵於此了。下邳在彭城之東僅百餘里，若下邳有失，彭城亦必不保。當下之勢，若不回軍救下邳，則後方必將潰亂。彭越的四五萬水賊，如在彭城得了手，那糧秣也將斷絕，西征之十萬楚軍，必變作餓鬼無疑。

項羽便與項伯商議，目下滎陽、宛城都難以速克，頓兵在此，幾同待死。唯有回軍掃清彭越，穩住後方，方為上策。議罷，項羽便下令，全軍拔營起寨，啣枚疾走，直奔下邳而去。大軍路過成皋時，在城內留下三千餘人，派了終公留守，囑其小心應敵，待大軍平定了後方，自有人來接應。

楚之十萬大軍，一夜間便如潮水般退去，宛城漢軍見了，無不興奮。劉邦探得楚軍已遠，當即開了城門率軍衝出，直撲成皋而去。

---

[63] 柱國，官名，戰國時楚、趙置。原為保衛國都之官，後為楚國最高武官，亦稱上柱國。

那成皋區區三千楚軍，本已孤懸敵後，安危堪憂。然平日傲慢慣了，仍如十萬大軍就在身後一般，見漢軍前鋒來奪城，都紛紛請戰。那終公此前從未有過敗績，頭腦便一熱，竟然開門出城，於曠野之上列起了堂堂之陣。

樊噲所部前鋒，立時與楚軍廝殺成一團。正值難解難分之際，後面漢王又率大軍殺至，漫山遍野皆揚起黑旗。楚軍未料漢軍竟又糾集起十萬之眾，都不由氣短，連忙奔回城內，拉起吊橋，將城門緊閉。

那城內百姓久為漢家臣民，心已所屬，聞漢王領兵重歸，都奔相走告，一時便在城內鼓譟起來。有冒失者拿了棍棒，呼喝過市，與守城楚軍相殺起來。

漢軍見有內應，都一齊歡呼奔湧，將那成皋團團圍住，稍一發力，便一鼓而下。殘餘楚軍眼見無望，只得打開了東門，四散而逃。那終公被潰兵裹挾，竟也不知所終。

自此，三河一帶重歸漢家。極目千里，再也無一面楚軍旗幟了。日前，滎陽軍民見楚軍全體退去，便已是喜極而泣；今又聞漢王領兵收復了成皋，更是滿城歡聲雷動。

劉邦入城之後，駐守敖倉的曹參、周勃，原正惴惴不安，聞之不由大喜，遣了校尉來通報敖倉無事。遠襲江淮的盧綰、劉賈，聞三河大局已定，也引軍歸來會合。漢家聲勢，為之大壯。黃河兩岸的闊野間，處處可窺見漢旗隱約。

楚漢在滎陽相持，算來已有整一年，強弱之勢，轉瞬就傾覆了過來。劉邦心內也是狂喜，遂與陳平商議，要將那戚、薄兩位夫人接來成皋。

陳平聞言，色為之變，疾言萬萬不可：「項王用兵之詭異，臣等萬不能料；韓信或能料，然其又不在大王之側。萬一有變，兩位夫人如何走得脫？」

劉邦想想此話有道理，也就作罷，對陳平笑道：「項王雖勇，然已在我籠中。那轅生所言，是上天為寡人開眼。楚軍此去救下邳，回程便是千里。如此往返幾回，足以拖得他皮包骨頭了。」

當下他便喚來隨何，吩咐道：「軍中乏味，去本地找幾位女優來，須得容色好的。那項王害我終日惶惶，緊繃了一年，眼下終可稍緩了。」

項羽率楚大軍千里疾進，半月之後，便望見了彭城。大軍自入楚境後，一路可見彭越軍騷擾痕跡。那彭越部下，無非是些水賊、愚氓、兵痞者流，最擅燒殺破襲。還有些貧戶子弟也裹挾其中，連兵器也不拿，只跟在大隊之後劫掠。

楚士卒見那糧道附近，村村殘破，自是心生痛恨，罵不絕口。那莊戶人家見大軍返回，竟如久霾見日一般，奔相走告，以為終於得救。項羽見士氣可用，軍至彭城時，索性連城門也不進，只喚出項佗、虞子期等稍事商議，便疾風怒卷般朝那下邳殺去了。

進至下邳附近，果然見彭越軍在圍城，正鼓譟紛紛。項羽大喝一聲：「彭越賊子，快來受死吧！」當下連陣勢也不布一個，便揮軍掩殺過去。

那彭越軍見遠處塵頭蔽天，知是項羽殺回了，軍中忽地就是一聲呼哨，眾兵卒掉轉頭來，似要布陣迎擊。楚軍正欲衝過來砍殺，卻又聞一聲呼哨破空而起，但見那彭越黑布抹額，滿臉虬髯，登車高呼：「阿爺不陪了！」便揮刀將自己的大纛砍倒。彭越眾軍望見，全隊扭頭便跑。

項羽急驅大軍追趕，四野裡的人馬，如百股赤潮奔瀉，煞是壯觀。彭越軍則一路潰逃，將那金銀財寶散落一地。兩日之內，就全數逃出楚境去了。但楚軍畢竟是未得好好歇息，不似那彭越軍吃飽喝足，竟眼睜睜看著前面一群亂兵，就是追之不及。

至六月初，楚境以北，彭越軍便連個影子也找不見了。項羽派出哨探，回報說大約都遁去鉅野澤上了，實難搜尋。項羽便不再進擊，在薛城將大軍駐下，召集項伯、龍且、季布、鍾離眛等商議。

項羽對眾人道：「日前斥候來報，我軍離河東僅數日，成皋便告陷落，終公怕也是戰歿了。當下局勢，如何是好？」

項伯就嘆道：「如此奔波，士卒疲累已極，不如就在陽夏、扶溝一帶屯兵，以阻漢軍東來便可。」

龍且怒道：「該龜縮不出的，是他漢劉邦。我堂堂大楚雄師，如何能龜縮在陽夏？」

項羽便笑道：「龍且將軍好膽略！寡人連日思之，方知是又中了劉邦老兒詭計。那彭越賊軍，分明是調虎離山，擾亂我後方，令我不得進占滎陽。滎陽，乃爭奪天下之要竅，占得滎陽，成皋便不在話下。兩城若能歸我，則漢軍只能龜縮於函谷關以西，再不能為害。」

項伯一驚：「大王又要回去奪滎陽？」項羽道：「不錯！此次必得。」

鍾離眛便搖頭道：「滎陽一城，已拖住我軍年餘，寸步難進。今日再奪，又談何容易？」

項伯亦隨聲附和：「兵法所言『以近待遠，以逸待勞，以飽待飢』，是為大智也。往攻滎陽，不若固守陽夏，以不動而制其動，也令他漢軍勞師往返，我則坐收其利。」

項羽便拍案而起，虯髯賁張，怒道：「叔父不如直說我大愚便是！然則，依小姪看來，你那兵法，全是讀進了狗肚子裡面。孫子亦有言：『知戰之地，知戰之日，則可千里而會戰。』我軍不擅攻堅，故往日頓兵於滎陽之野，年餘而無功。然我軍亦有長處，便是極善奔襲。今漢軍見我全退，必不設防，我千里奔襲滎陽，不難重演一回彭城故事。」

眾將聞言，皆議論紛紛。季布拊掌讚道：「大王此計甚好。『攻其所不守』，正是兵法精髓。」

見眾人似無異議，項羽便一撩衣襟，一隻腳踏上几案，高聲道：「我固然愚，但與劉邦鬥了三年，愚人亦能開竅！奔襲取勝，全在於詭祕，今大軍西行，牽動甚多，難免不走漏風聲。故我軍一路西行，凡路上所遇商旅、販夫，一律以漢軍斥候論處，就地斬殺，不留活口。待我軍進至滎陽城下，只恐他酣夢還未醒呢！」

龍且等一眾將領聽了，都擊節叫好，紛紛拔劍請命。項伯遲疑道：「士卒過家門而不能入，恐心生怨望。」

項羽一笑：「叔父有三寸不爛之舌，便勞你去各營曉諭一番吧。今日跑斷腿，明日才得享不盡的榮華。寡人今日就懸賞：能斬劉邦者，封侯；生擒劉邦者，封王！」

果然，楚軍依項羽之計，千里奔行至滎陽城下，那漢軍全無察覺。入夜，前鋒季布、鍾離眛所部，選了矯健勁卒數十，每個由三五人用長竿頂起，從城下直推至城頭。半夜裡，那樅公與守卒正在城上酣睡，猛可便聽得西門樓上一陣鼓譟，倉皇中起身去尋軍械，已經遲了。數十楚卒登上城來，砍瓜切菜般地殺散守軍，開了城門，楚軍大隊便一擁而入。

那周苛在大帳被左右喚醒，滿城已是一片喊殺聲了。城內漢軍，一月不聞楚軍動靜，先前的防備早已鬆懈，此時完全無力招架，只顧分頭逃命。楚軍趕殺至天明，已將城內漸次肅清。那周苛、樅公與韓王信，各率親兵戰至最後，均力竭被俘。

平旦之後，楚軍在城外紮下大營。龍且便來項羽帳中，喜滋滋道：「果不出大王妙算，今朝滎陽得手，何其速也！士卒們辛勞半月，今日就屠城如何？」

項羽連忙擺手：「愛卿，此令萬不能下！滎陽為我西進之根基。得滎陽，便是得了天下，日後須好好經營，你若屠了，河東民心如何能安？我之根基，又如何能固？坑秦卒而失關中的事，寡人再不能做了。」

龍且想想，也覺冒失：「俺龍且，想不到那許多，那便罷了。今劉邦那老賊，就在成皋，我領軍去擒他如何？」

「休得急躁，士卒尚未朝食，待朝食過後也不遲。劉邦慣於患得患失，我軍未動，他是不會跑的。滎陽城這裡，為我萬年根基，切勿疏忽。你且去知會各里正、鄉老，務必安撫好百姓，矯正人心，肅清奸諜。令爾等明白，天下從此姓項了。」

龍且剛領命而退，轅門外，便有一陣嘈雜聲傳來。原是季布、鍾離眛清剿殘敵已畢，將那周苛、樅公與韓王信押來了大帳。項伯聞訊，亦急忙趕來，欲對三人勸降。

項羽聞報大喜，遂升帳坐好，命人先提周苛進來問話。

那周苛樣子甚是狼狽，戰袍撕裂，兜鍪亦無，被五花大綁押至帳前。兩側有軍卒持刀，一迭聲地喝令他跪下。

周苛睨視項王一眼，昂首道：「生平只跪漢王，不知還有他人！」

眾軍卒便齊聲喝斥。項羽倒是不惱，擺擺手，令軍卒為周苛鬆了綁，溫言相勸道：「將軍守滎陽，經年不破，堪稱當世奇才，項某早便有傾慕之意。今見將軍，果然人傑。」

周苛冷笑一聲：「此等讚譽，還不如詈罵受用。我周某不才，大意失了滎陽，唯有愧對漢王了。」

「以將軍之才，為漢王所用，實為誤投，不如降順了楚營，重開天地。」

「漢王於我，如父如兄。自泗水亭起，周某便從漢王左右。爾等下邳惡少，當時尚不知在何處嬉耍呢，有何資格來勸降？」

「哈哈，將軍舉義資歷，項某亦極佩服。若肯降順，我將封你為上將軍，食邑三萬戶。如何？」

周苛仰天大笑：「我周某，身為大漢『三公』，榮寵無比。今日死國。死便死了，豈是爾等僭偽的萬戶侯可以打動的？」

項伯頗為周苛惋惜，此時見他固執，便急急插言道：「楚漢相爭，強弱分明，來日天下屬誰，已無疑義。將軍還是要識時務。」

周苛瞥了項伯一眼，斥道：「爾等江下土豪，豈是漢王敵手？時至今日，四面眾叛親離，楚亡指日可待，爾等不降，倒要我降嗎？」

項羽聞言，勃然變色，喝道：「愚人要死，你活他不得！來人，備鼎鑊，烹了這痴狂之徒！」

眾軍卒聞令，便在帳前架起了鼎鑊，將那乾柴燒得劈啪作響。滿營軍士都來圍觀，內心又喜又怕，竟是鴉雀無聲。那周苛，端的是好漢一條，自顧負手望天，絕無懼意。

項伯看得心驚，臉色慘白，只得搖頭嘆息。

待鑊中油滾湯熱，項羽便揮了揮手，眾軍士一擁而上，褫去周苛戰袍，將他高高舉起，扔進那鑊中去了。

結果了周苛，項羽又命將樅公提來，問道：「周苛已烹，你又如何？」

樅公亦是忠勇之士，昂然答道：「忝為同僚，只愧死在周將軍之後，豈有他哉？」

項羽微微一笑：「死到臨頭，尚念同袍之誼？也算是好漢了，便容你留下屍骨吧。來人，推出去斬了！」

軍卒將樅公推出轅門行刑，接著又將韓王信拖入。項羽便厲聲喝道：「韓王，哼哼！前面兩個，一烹一斬，你又如何？」

那項伯與韓王信也算是故交，見韓王信已汗流滿面，便不住地朝他遞眼色。韓王信答道：「命即如此，夫復何言？」

項羽便又道：「十八路諸侯，倒是你這漢家的韓王，寡人還不認得。如何？若降了，寡人便認你這韓王。」

見韓王信遲疑，項伯連忙勸道：「人非螻蟻，何必枉死？投了楚營，莫非就辱沒你韓王了嗎？」

韓王信望了望帳前鼎鑊，嘆了一聲：「某願降。」

項羽、項伯便同時露出喜色。項羽起身道：「這便對了嘛！左右，為韓王鬆綁。你看，殷王、趙王、代王、魏王，跟隨沛縣老賊走的諸侯，哪個能善終？」

韓王信整了整衣冠，伏地拜謝。項伯便一把拉上他，到營內安頓去了。

待朝食過後，楚軍酒足飯飽，便知即刻就要攻成皋了，各營都在厲兵秣馬。龍且又來項王帳中嚷道：「如何，該去取成皋了吧？莫教那老賊又跑了。」

項羽卻道：「兒郎們廝殺了一夜，都倦了。去傳令各營，睡覺！」

「睡覺？」龍且登時目瞪口呆。

「勿再多問了！偃旗息鼓，不得喧譁，至日暮方可走動。」

龍且全不知項王葫蘆裡賣的是什麼藥，咕噜了幾句，便沒好氣地傳令去了。

北邙險夜，君臣同舟謀存亡

滎陽陷落的消息，當日至午時，便有逃出的軍卒陸續來報。至下午，成皋東門外，又見有逃難的百姓，騎驢乘車絡繹於途。漢家君臣，聞之大驚，本以為三河已成鐵桶河山，不意項王又顯神威，直是從天而降！

稍後，有斥候快馬來報，確證滎陽已失，周苛、樅公兩人，一被烹一被斬，已然殉國，唯韓王信降了項王。劉邦聽了大慟，一跤跌坐於地，竟然閉過了氣去。周緤等一眾侍衛七手八腳地將他扶起，灌了兩口熱湯下去。

良久，劉邦才甦醒過來，睜眼便打聽楚軍行止。那斥候稟報道：「小的窺得甚分明，楚軍闔營都在大睡，並無來攻之意。」眾人這才放下心來。

夕食時分，逃來的軍民越發多了，北門一帶喧嚷連天。陳平對劉邦道：「項王與我纏鬥多年，亦是越發狡詐了。難民中難免混有奸細，不如閉門不納。」

劉邦道：「不可，我漢家子民，臨危託庇於我，豈可閉門拒之？莫傷了彼等之心，且放進來吧，再作商議。」

隨後，劉邦在大帳中邀集眾大臣共食，一面也好商量對策。眾人齊集，個個都面色凝重，雖案頭擺有上好的酒菜，也無人動箸。劉邦便道：「楚軍來勢凶猛，虧得我君臣未進駐滎陽，否則是再也逃不出了。」

酈食其道：「楚軍固然凶悍，然其士卒畢竟為血肉之軀，奔行千里，已奪得滎陽，想必不會即刻來攻成皋，我軍尚可從容應付。」

劉邦便一指酈食其額頭：「世人之愚，便是如你。書不知讀得幾部，但只配去哄那屠夫菜販。莫非項王千里而來，只為奪個滎陽？」

眾臣亦不明楚軍之意，有說楚軍或明日即來的，有說成皋可暫時無虞的，議論紛紛。

張良沉思良久，此時便道：「我漢家朝廷重臣，除蕭丞相外，幾盡在此，大可不必慌張。滎陽之失，乃周苛等人輕敵之故。今成皋我軍已有備，諒那項王或一時不至來攻。」

樊噲便道：「他即使來攻又如何，宛城我們不是也守過？」

言及宛城，眾人信心便都一振。陳平道：「成皋本就城高塹深，關中新軍，如今士氣正盛，守城並非難事。且有曹參、周勃在敖倉，亦可為應援。」

夏侯嬰揣摩劉邦神色，卻道：「楚軍勢大，棄守成皋倒也無妨。只是，如今哪裡是個退處？回關中？往宛城？倒是要好好商量了。」

如此七嘴八舌，至夕食完畢，眾臣也未議出個頭緒來。劉邦遂嘆口氣，吩咐道：「日暮閉城門，勿再打開。明日再作商量好了。」

樊噲便一笑：「大王放心，那楚軍現正睡得死豬一般，哪裡就會今夜來襲？我與英布兄通宵守在城頭，不睡便是。」

劉邦掉頭看看英布：「倒不曾聽到英布兄高見？」

英布苦笑一下：「臣職在守城，唯有守至最後。楚王恨我入骨，我欲效韓王信乞活，怕亦是不能，更有何話可說？」

眾人便都一起罵起那韓王信來。劉邦搖搖頭，忍不住泣下，一揮袖道：「滎陽出逃，折了我紀信，現又折了周苛、樅公，寡人已不勝悲傷。韓王信亦是我多年兄弟，能活下來，我心甚慰。他之如何，各位毋庸再議了，都散了吧。守城與否，明日朝會再定奪。」

眾人先後起身出帳，劉邦拉了一下夏侯嬰衣襟：「夏侯兄，且莫走，寡人有事問你。」

待諸人散盡後，劉邦屏退左右，問夏侯嬰道：「此地至黃河之北小修武，路途幾何？」

「過河後，不足二百里。」

「你這便回營，速備兩匹快馬。日落之後，你我二人開北門出城，不得延擱。」夏侯嬰大驚：「去哪裡？」

「渡河，去找韓信。」

「成皋不守了？」

「項王此來，志在擒我，再不逃的話，便遲了！」

夏侯嬰執意不肯：「楚軍正在睡覺，他如何就能飛來？」

劉邦大怒，倏然起身，幾欲拔劍：「睡什麼覺？兵者，詭道也。今夜楚軍必來襲成皋，與諸臣又議不出名堂來。再有一時三刻不走，明日便於楚營授首吧！」

「然文武諸臣如何辦？部伍又如何退走……」

「都顧不得了。留得吾命在，還怕明日無人嗎？」

「周緤、徐厲總要帶上吧？」

「死生由命，眾兄弟自求多福吧。此城太險了，挨不過今夜子時，你還發什麼呆？」

夏侯嬰半信半疑，便要去備馬，劉邦忽又叮囑道：「帶上符節，路上用。」

眼看日暮天黑，兩人便離了舊宮，騎上快馬，疾奔至北門，夏侯嬰高舉漢王符節，喝令城門校尉開門。校尉下得城樓，舉燈一照，見是漢王二人，不由驚愕，忙命人打開城門。劉邦催馬便走，飛馳過城門後，回首低喝一聲：「關好門，不得聲張！」便與夏侯嬰一揚鞭，絕塵而去。

那校尉眼睜睜望著二人遠去，不知發生了什麼變故，又不敢上報英布，只與眾士卒面面相覷。

果然，劉邦、夏侯嬰走了不到兩炷香的工夫，成皋東門樓上的士卒，就發現東邊似有大隊人馬奔來。細聽，人馬雜遝，鋪天蓋地，人數不知凡幾。

「楚軍來了！」眾軍立時喧譁開來，驚醒了正在城頭打瞌睡的英布。英布喝令眾人不要嘈雜，側耳細聽了片刻，臉色便是一變，傳令去尋樊噲。軍卒卻稱：樊將軍昨晚飲了酒，根本就沒上城頭來。

英布怒罵一句，下令眾軍士張弓拔劍，死也要阻擋一時半刻。隨即慌忙跑下城來，帶領幾個親隨，騎馬來到舊號宮尋劉邦。

卻不料，那舊宮司閽答道：漢王與夏侯嬰，日落後辰時便出宮去了，至今未返。英布急了，闖上大殿，令親隨軍士去將眾大臣都喊起來。

待張良、陳平、樊噲等一干人聚齊，眾人都還睡眼惺忪。酈食其昨夜也是大醉，此刻正顛倒冠履，一臉茫然。

英布大叫道：「楚軍將至，兵馬至少有五萬。東門已告急了，漢王卻遍尋不見。」

眾臣聞之，一片譁然。張良將那司閽喚來，盤問再三，卻也問不出什麼名堂來，只知入夜時分，兩人出宮，騎快馬向北而去了。

樊噲便頓腳道：「好個賊太僕夏侯嬰，莫非帶了我那姐夫跑了？」

眾臣不由大驚，立時慌亂起來。張良與陳平對望一眼，心裡都有了數。張良便問英布：「將軍，城防由你做主，可否擋得住十日？」

話音未落，猛見東面城頭火起，染紅半個天空。英布走到殿前望了望，苦笑道：「十日？東門即刻便守不住了！成信侯，您既親眼看見，來日可為我證，罪不在末將。」

眾人又一驚，便要分頭去喚親隨。張良則道：「諸君稍安。事不可為，漢家棟梁萬勿全體陷於此城，我等宜速離城，且以結隊奔逃為上。此時一散，便永不復聚，故餘人皆顧不得了。樊將軍，要勞煩你，請調親兵數十來，護送我等，也自北門而出。夜黑路險，諸位須互加照看，不可走散。」

樊噲應命，正要轉身，陳平忽而喚道：「樊將軍，老臣酈食其，乃國之巨寶，須得你派可靠左右緊緊護住。」

樊噲道：「護軍中尉放心，末將親自帶他走，包他萬無一失。」

待人馬齊備，樊噲將酈食其扶上馬，忽聞東門那邊一聲巨響，霎時便人聲大作。殿前街巷上，有無數的潰軍奔來，一面奔逃一面大喊：「楚軍進城了！」

樊噲飛身上馬，高喊一聲：「遲不得了，隨我來！」說罷撥馬便走，一行人連忙緊緊跟上，倉皇向北逃去了。

殿前唯留下英布與親隨，悽惶萬端。眾親隨皆拔劍問道：「將軍，我等將何往？」

英布望望夜空，見半天都為火光所染紅，嘆了一聲：「何往？跑吧！」遂翻身上馬，帶領親隨數騎，也向北逃去。

且說那劉邦與夏侯嬰，易服變裝，扮成富戶的樣子，摸黑一口氣跑出十餘里。兩人均是逃亡慣了的，今夜又幸得皓月當空，只循著「黑土白水灰幹道」的民諺，來辨別夜裡路徑，倒也無礙。看看已脫離了險地，劉邦便將馬轡放鬆下來，回頭一望，見身後天際已是火光沖天，不由就驚呼：「成皋失守了！」

夏侯嬰也回頭望去，一臉驚愕：「楚軍夜襲！大王，你如何便猜到？」

兩人駐馬凝望半晌，都嘆息不已。劉邦道：「韓信不在寡人之側，逼得寡人自學兵法。孫子曰：『敵近而靜者，恃其險也。』楚軍占了滎陽，距成皋不過三十里遠，如何就睡起了覺來？其近而靜，必有所恃。所恃者，定是夜襲也。你我若不逃，此時怕已成檻中囚俘了。」

夏侯嬰唏噓道：「不知子房、樊噲兄等一窩子如何了？」

「讓彼等自求多福吧，牽掛亦是無用。你先來看此地是何處。」

「前面即是北邙山，此處應為河陰亭。」

「走，你我去尋亭長。」

夜靜更深，二人摸進小鎮，在鎮墟上亂轉，敲門問了幾家，直惹得人家詈罵，費盡周折才摸到了亭長的家。

楚軍自破滎陽後，尚來不及派兵四出，故該地之亭長、裡長，都還是心屬漢家的。那亭長掌了燈來開門，見是兩位南來客光臨，又驚又喜，忙讓進正堂內坐下，連連問道：「客官，閭裡都人心惶惶，不知成皋如何了？」

劉邦拱手謝道：「有勞亭長！成皋尚安，然事急矣，今夜我二人須渡河。」那亭長愕然：「風大浪急，黑夜又如何過渡？莫非楚軍又捲土重來？」

「楚軍仍在滎陽，你莫慌張。我二人乃漢王特使，奉命去搬援兵，故急欲渡河。」那亭長想想，便道：「夜半渡河，必死無疑。二位客官，總要天明過渡才好，我這裡，自有那天下第一艄公。請客官先去傳舍歇息，天明我便來喚醒二位。」夏侯嬰望望劉邦，嘆道：「也只能如此了。」

劉邦猶豫片刻，要過符節，丟給亭長看：「此乃漢王所頒符節，是否見過？眼下軍情甚急，我二人這便隨你去河邊，哪裡還有心思睡覺？」

此時，內室中忽傳出女人的惱怒之聲：「何人半夜上門，尋鬼嗎？」

亭長應了一聲，連忙向劉邦賠笑：「客官請稍候，且與我那渾家交代一下。」

劉邦一把拽住那亭長，唰的一聲拔出劍來：「你那內當家，如何要與聞此事？事關重大，休再囉唣，這便前頭引路吧！」

那亭長見來人凶狠，也不敢多言，便匆匆備好了馬，引劉邦、夏侯嬰向北疾奔。

沿一條驛路盤旋而上，三人來至北邙山上。劉邦勒住馬，回望伊、洛二川，於月色下，亦可見其明亮如練，不禁感嘆道：「依山帶河，好一個歸葬地也！我輩下世之後，不知是否能有此福分？」

那亭長道：「看二位相貌，貴不可言，百年後歸葬於此，豈不是容易？」劉邦便笑道：「你如何看我二人有貴相？」

「看客官相貌，有殺伐氣，我猜是兩位將軍。」

「哈哈！你抬舉了。世上有孤身的江湖客，怎會有光桿的將軍？」亭長猜不出二人的身分，只知必是達官無疑，便不敢再唐突。

劉邦見夏侯嬰神色不爽，便問：「夏侯兄，如何心神不寧？」夏侯嬰嘆氣道：「唉，十萬關中兒郎，眼見得就這般散了。」

「十萬兒郎，不過是興兵討伐時有用；大局崩解之時，即便滿地是人，也不堪一用！夏侯兄可還記得，睢水之敗，是何人救的你我？」

「然全軍散而復聚，怕是難了。」

劉邦只是一笑：「這有何難？你只管看我手段。」

三人在山頂盤桓片刻，接著又小心翼翼下山。到得黃河堤岸上，果然見夜色中驚濤雄渾，霧氣彌天，不知彼岸有多遠，只聞濤聲好不駭人。劉邦與夏侯嬰面面相覷，頓時氣短。

那亭長卻從容道：「客官請就地休憩片刻，天明後，自有熟手艄公來渡兩位。」

曙色大亮後，那亭長果然在堤上一草棚中，尋來一蒼髯老艄公。夏侯嬰便向他詢價，那老艄公卻道：「客官既是渡河去搬兵，老朽怎能收錢？送你們過渡便是。」待人馬都上了渡船，劉邦朝岸上拱手道：「驚擾半夜，尚未問亭長大名？」

亭長忙答道：「小可名喚曹賀喜。」

劉邦便深深一拜：「曹公請受我一拜。河陰夜行，終生難忘，多賴亭長費心了。漢家不敗，自有天命。若明日得了天下，曹公亦得共用，我當與公賀喜。」

亭長不由誠惶誠恐，也拜謝道：「這教小可怎生受得？區區之勞，不值一提。客官吉言，能應驗在我兒孫身上就好。」

劉邦又道：「昨夜怕你惶恐，故未曾實言相告，我二人奔來時，成皋已失。來日禍福未知，公可早作安排。」

那亭長聞之，滿臉愕然，瞠目不能對。

此時，老艄公一聲呼哨，將竹篙一點，船便箭一般駛向中流。雖濁浪奔瀉，處處怒濤，那艄公卻是絲毫不慌，只用雙槳左右輕輕點划，將船操弄得如臂使指，朝對岸斜插而去。

劉邦臨風屹立船頭，不由便讚出聲來：「老人家，好身手！」

那老艄公便笑笑：「哪裡是老朽能耐？客官可見否：那河水湯湯，何人可逆流而上？唯有借其勢，順其流，人之膂力，也就多出了百倍來。」

劉邦頷首道：「不錯不錯。長者之言，使人大悟也。」

此時晨霧稍歇，迎面有紅日一輪躍起。大河上下，遠望皆有鷗飛魚躍。劉邦不由心情大好，迎風振衣，直欲引吭高歌。夏侯嬰在側，卻仍是心事重重，見劉邦欲手舞足蹈，便輕咳了一聲。

劉邦被驚動，望了一眼夏侯嬰，又看看舟中景況，才猛悟到此時處境，便尷尬一笑。如此默默眺望了一會兒，復又高興起來，問那艄公：「此地，春秋時乃屬鄭國？」

「不錯。」

「那鄭聲，老人家可能唱否？」

「尚可。」

劉邦便一拱手道：「願聞清音。」

老人笑笑，一面划槳，一面就引吭高歌起來：

風雨淒淒，雞鳴喈喈。既見君子，雲胡不夷？風雨瀟瀟，雞鳴膠膠。既見君子，雲胡不瘳？風雨如晦，雞鳴不已。既見君子，雲胡不喜？[64]

老人唱這歌曲，其聲蒼涼，然又飽含激越之情，聽來令人心旌搖盪。

「好呀！既見君子，雲胡不喜——」劉邦聽得入迷，回味再三，遂拍拍艄公肩頭，拊掌大讚。

船至彼岸，二人上岸後，對那艄公千恩萬謝。老艄公閱世既久，也知此二人非同尋常，便道：「老朽草民，值不得謝。活此一世，也不過類同雞狗，故不問天下姓誰，只求太平就好。」

劉邦聞言，大為動容，遂深深揖拜道：「晚輩謹記。」

登上北岸，夏侯嬰辨明了小修武方向，二人便加鞭疾馳。這一帶，

---

[64] 見《詩經‧鄭風‧風雨》。

是韓信軍駐紮地面，尚覺安寧，只是一路上人煙稀少，連漢軍士卒也未曾見一個。如此狂奔了一整日，於黃昏時分，總算望見了小修武。

這小修武，城邑在修武縣城東不遠處，故而名之。此地為兵家所重，背倚巍巍太行，南控黃河，地勢可謂險要。劉邦、夏侯嬰打馬臨近城池，便見城外有漢軍大營，旌旗林立，帳幕密布，連營竟有十數里之廣。

夏侯嬰長出一口氣，喜道：「總算見到自家人馬了！季兄，先去討一碗熱飯吃。」

劉邦卻一搖頭：「不可！且轉入城中，找驛館傳舍住下，早早歇了，萬事明早再說。」說罷，撥馬便走。

夏侯嬰不明就裡，也只得緊緊跟上。

在傳舍找了間房住下，便有僕役端了殘羹冷飯來，兩人草草用過，便抹了臉、洗了足睡下。熄燈後，夏侯嬰於臥榻上輾轉反側，百思不解，終於忍不住問：「季兄，隨你多年，越發地猜不透你心思了。連日翻山越河，何等辛苦，為何要來這湫隘地方歇宿？」

劉邦也未睡著，便答道：「你我二人，入韓信大營，以何等身分去見他呢？」夏侯嬰大奇：「你不是漢王嗎？」

「何為漢王？」

「帶甲百萬，半有天下，這便是漢王！還怕他不聽招呼嗎？」

「著啊！甲士在哪裡？天下在何處？這陋室之內，除你我而外，更有何物可證？你道我是漢王，誰人又肯信？你這便可去問，那往來住宿的郵傳使，可認我是漢王嗎？」

夏侯嬰大驚，不由坐起：「季兄，莫非你是……」

劉邦便不耐煩，催促道：「睡下睡下，明日還須早起！」

次日平旦，夏侯嬰還在酣睡，便被劉邦搖醒。兩人匆忙盥洗畢，穿戴整齊，便離了傳舍，直奔城外大營而去。

行至轅門，守保全卒皆不識劉邦為何人，橫起長戟，喝令二人下馬。

二人跳下馬來，夏侯嬰正欲開口，劉邦卻擋住他，從袖中拿出符節，對衛卒道：「我乃漢王使者，欲見大將軍。」

劉邦掌上的符節，是一塊極罕見的龍首銅節，鐫有錯金銘文，華貴無比，與衛卒平素見慣的虎符不同。眾軍卒傳遞看過，知是朝中來人，便不敢阻攔，將符節還回，開了營門。

二人昂然而入，策馬跑了才幾步，忽聞路邊有暴喝聲：「何人闖營？可知軍中不得奔馳？」循聲望去，只見有一人虎步竄出，掣劍在手，攔住了去路。

劉邦定睛一看，原來是趙衍，便大笑道：「我道是誰？趙衍，故人！不認識舊主了？」

趙衍這才認出是漢王，慌忙棄劍，便欲下拜。劉邦忙跳下馬來攔住：「今微服而來，瞞了我這身分，切勿聲張。趙衍，你而今做到了什麼職級？」

「小臣現已是中軍護衛。」

「好生了得！快引我去見大將軍。」

「大將軍昨夜與趙王共飲，子夜方散，此刻尚未醒來。大⋯⋯哦，請兩位先至大帳等候，末將這便去通報。」

「不必了，帶我去大將軍臥帳中就好。」

趙衍便引兩人前往韓信帳中。行至帳前，劉邦忽然想起，便問：「趙衍，自褒斜谷調你至軍中，已有兩年了吧？」

「不錯，恰恰兩年。」

「出生入死，倒是很老成了。韓大將軍日前有書函，保舉你留在趙地任郡守，擇日我便給你批覆下來。」

趙衍連忙拱手稱謝：「謝……謝恩！」

劉邦擺手道：「故人不必多禮。我與大將軍有話要說，你且去召集各營將校，齊集大帳之前候命，就說大將軍要召集議事。」

趙衍領命而去。劉邦看看營中，或是因經年無戰事之故，營內防備並不森嚴，韓信的帳前，竟連個衛卒都沒有。劉邦示意夏侯嬰在帳外等候，便一撩門帷，鑽了進去。

帳內，韓信正高臥於榻上，鼾聲如雷。劉邦四處看看，見奢侈之物頗多，知韓信已不是從前那個貧寒都尉了。榻前的紅漆小櫃上，放置有印信、虎符等物。那柄漢王劍也在，高懸於劍架之上，頗為醒目。劉邦走到韓信榻前，將印信、虎符拿起，又順手摘下漢王劍，躡手躡腳退出帳外。

夏侯嬰見了劉邦手中的物什，不由一怔，忽而便有所悟，連忙接了過來。劉邦便吩咐道：「走，去中軍大帳議事。」

二人走近大帳，見將校們已坐了滿滿一地。內中有認得漢王的，不禁便驚叫起來。待其餘眾人聽得明白了，都連忙口稱「漢王」，伏地叩拜。

趙衍已將韓信帳內的几案搬出，劉邦便撩衣坐下，命夏侯嬰將印信、兵符與漢王劍一起擺上，隨後對眾人道：「寡人昨自成皋來，今後，擬常駐本軍，與爾等共生死。」說著將印信高高舉起，略作展示，接著道，「自今日起，小修武大營一應軍務，皆由寡人親掌。趙衍，你去將那官佐花名冊拿來。」

趙衍在大帳博古架上尋得名冊，恭恭敬敬遞上。劉邦瀏覽片刻，又要了筆墨，一番勾勾畫畫，將各部官長略作對調，而後高聲宣讀。

將那官佐職位胡亂調任一番後，劉邦又道：「現下楚軍又來襲擾三河，為避其鋒芒，我軍略作轉移。寡人看這小修武一帶，漢家兵強馬壯，士氣可用……趙衍，目下北岸人馬共有多少？」

趙衍道：「回大王，小修武駐有人馬十五萬，另外五萬，分駐於趙地各處。」

劉邦一驚，脫口而出：「哦？大將軍居然已有二十萬人馬了？何不起兵伐齊乎？」

「大王，數月來新兵甚多，尚待整訓。」

「也好，從宛城至敖倉，我已有健旅千軍萬馬。小修武本軍，明日起也將沿河布防，以備楚軍來襲，另亦可隨時渡河，往擊楚軍！」

眾將校齊聲應道：「遵大王之命。」

劉邦面露喜色，瞟了一眼夏侯嬰，又對眾人道：「項王處境，如今已似困獸，東西奔突，眼見得羅網已漸收緊，其敗亡，指日可待矣！諸君皆是我漢家棟梁，博取軍功，開萬世富貴，破楚亦就在近歲之內。各自當奮力，無須我再耳提面命了。稍後議事畢，便請回營去辦交接。午後，寡人還要逐營點驗，且看你們如何履職。」

眾將校聞聽有仗可打，都面露歡欣之色，應道：「唯大王之命是從！」

劉邦便對夏侯嬰一笑：「如何？」

夏侯嬰連忙打了一躬，不由得欽佩至極。

待眾人起身散去時，劉邦忽將趙衍喚住，吩咐道：「去請大將軍與趙王來此。」

不一會兒，韓信睡眼矇矓，踉踉蹌蹌來到大帳外，見帳門是夏侯嬰在守候，便知果真是漢王來了，不由一激，神志陡然清醒，問道：「夏侯兄，漢王來此何干？」說著便要進帳。

夏侯嬰連忙伸臂攔住：「大將軍稍候，待趙王來了，一併傳召。」

韓信情知不妙，惶然回頭張望，見那張耳從後面亦蹣跚而來。夏侯嬰即大聲通報：「趙王張耳、大將軍韓信到！」便將兩人引入帳內。

進得帳來，卻見劉邦箕踞於座，頭也不抬，一隻手摩挲著大將軍印。

韓信、張耳忙伏地跪拜。韓通道：「宿醉未醒，不知大王駕到，臣等罪該萬死。」

劉邦這才被驚醒似的，抬起頭來：「哦？是兩位愛卿。貴處這營盤，好生令人羨慕！滎陽、成皋以西，我軍將士皆夙夜不眠，精疲力竭；此處大營卻是安堵如故，全無警戒。寡人與夏侯嬰微服造訪，竟也混進了門來。若是楚軍刺客，豈不是可輕取將軍首級於臥榻之上？」

韓信頓感惶悚，叩頭答道：「臣知罪。臣治軍無方，甘受責罰。」

「再則，日上三竿，老陽照到屁股，仍能大睡，豈止農人販夫羨慕，即是我這漢王，亦是萬不敢想的。」

韓信、張耳聞言，更是汗流浹背，又慌忙謝罪道：「臣等失職已甚，甘受免職處分。」

劉邦這才放下印信，正襟危坐道：「哈哈，兩位愛卿請起。來，坐著說話。當此用人之際，哪裡能談到免職？」

兩人不敢起身，仍伏地回話。劉邦接著便問道，「我倒是想問大將軍，麾下之兵，竟然已聚起二十萬來，要驚煞大營諸同仁了。日前滎陽、成皋頻次告急，軍民皆望大將軍出兵伐齊，包抄楚軍，卻不知將軍竟是在此日日高臥，見死不救。這究竟是何緣故？」

韓信被說中要害，囁嚅不能作答。張耳慌忙代為答道：「我等引軍駐小修武，便是意在為南岸呼應，震懾楚軍。日前曾受王命，欲東去伐齊；然則，我等既擔憂楚軍渡河襲我後方，又恐本軍東移之後，滎陽因勢孤而動搖。故而遲疑未動，非為他故。」

劉邦便笑：「張耳兄，你這趙王當得倒痛快，口齒也伶俐了不少。只是，貴軍不動，齊地安然，楚軍又怕你什麼呢？」

二人便齊聲答道：「臣等願立即伐齊！」

「哦？果真？」

「臣等願往。」

「那好。兩位愛卿，起來聽軍令吧。」

二人忙拜謝而起，拱手聽命。

「著趙王張耳返回趙都，統轄趙地五萬人馬，巡行四方，職在守土。著大將軍韓信，返回趙地募集丁壯，編練成伍之後，著即伐齊，勿得遲誤不進。」

韓信與張耳互相望望，口中均未應命，都在納罕：小修武的人馬如何不見處置？卻聽得劉邦又道：「小修武本軍，計十五萬人，暫由寡人代為統轄，兩位愛卿不必分神。另有郎中騎將灌嬰、右騎將傅寬，率郎中騎萬人，今在梁、楚間游弋，仍歸韓信統轄，糧秣、補員，皆由趙地供給，本王亦不問其進退。假左丞相曹參，將從敖倉撤回，即任左丞相，亦隨韓信伐齊，可為將軍助臂力。」

韓信這才明白，原來自己被奪了軍權。然漢王侵晨入營，生米已做成熟飯，完全沒有轉圜餘地，也只得聽命。遂答覆劉邦，夕食過後，即帶領親隨上路。

劉邦道：「夕食時，寡人為爾等餞行，這便去準備行裝吧。」而後，便大聲招呼夏侯嬰，「夏侯兄，滿營都嗅到飯香，誘我饞涎，快去打一缽飯來吃！」

韓信、張耳出得帳來，見將士都已遵漢王之命，正在忙碌移營換將，不由相視苦笑。張耳道：「兩年經營，一朝成空，老夫不是在做夢吧？」

韓信嗒然若失，也發牢騷道：「宿醉一宵，孑然兩匹夫耳！」

「餞行時，還不知何等淒涼呢。」

「餞行？看他人彈冠相慶？弟實無那般心情。張耳兄，朝食過後，你我就走吧。」

至下午，劉邦正待與夏侯嬰巡視各營，忽有趙衍來報：「大將軍與趙王二人，各領親隨三數名，於正午時分已離營而去了。」

劉邦笑笑：「將軍無兵，自然要急了，隨他們去吧。」當即教人擬諭令一份，任韓信為趙相國，印信待授，交予趙衍去追上韓信面交。並囑趙衍道：「你也隨大將軍去吧，由他分派你做個郡守。」

趙衍領命而去，夏侯嬰不無擔心道：「韓信不會去投項王吧？」

劉邦更是大笑：「投項王？亂說！倘如此，當初他又何必投漢？」

「唉，這十五萬人馬，驟然交予我二人打理，也是棘手。」

「勿慮，且等幾日，張良等諸人自會來歸。」

果不出劉邦所料，此後數日，張良等一行在南岸輾轉，終在河陰打聽到漢王蹤跡，也都渡河來了小修武。

大營相見，樊噲、陳平、英布等人，原本都有一肚子怒火，要與劉邦理論：如何那夜就先與夏侯嬰逃了？一干浴血相從的兄弟，莫非命就賤得一文不值？

豈料，當一眾文武狼狽不堪奔至大營，見小修武連營十餘里，旌旗如林，軍容甚壯，幾日來的火氣便不由全消，皆是精神大振。

劉邦得軍卒飛報，早迎於大帳門外，滿臉是笑，大聲道：「諸君，一路辛苦。小修武今有我軍十五萬，只待諸君前來施展身手。我劉季，不過是與夏侯兄先來了一步。」

張良等諸人聽了，哭笑不得，只得伏地叩拜。劉邦連忙扶起張良，並喚諸人都起來，先去沐浴歇息。抬眼又看見酈食其也在，便不由大笑，上去拉住他衣襟：「國寶，國寶！不想老夫子亦未落隊，豈非天助我也？」

眾人此時，皆無話可說，只得拜謝了，由夏侯嬰帶去營中安頓。

此後又數日，自成皋逃出的官佐乃至士卒，聞聽漢王在北岸，都紛紛來歸。小修武軍營內，數日間，堪堪又新添了五萬兵馬。

劉邦將所部這二十萬軍，都打發至河邊，臨河一字排開，高築壁壘，遍插旌旗。隔河看去，不知其聲勢有何等浩大。南岸偶有楚軍小隊騎士馳過，望之也心生懼意。

再說那項羽自破成皋後，覺河東戰事勝券在握，自是躊躇滿志。在成皋置酒高會，聽憑全軍大醉了三日，而後誓師西進，由鍾離眛統別軍一支，襲破了敖倉。

那敖倉三面環山，北倚黃河，本是易守難攻的地方，卻禁不住楚軍挾大勝之威，蟻聚而上，箭矢齊發。

此時曹參已奉劉邦之命，北上伐齊，餘下周勃率部死守。該部軍卒，平日只擅游擊殲敵，頂不住攻城的砲石齊飛。周勃看看守不住，只得棄城西逃，直奔入鞏縣（今稱鞏義市）才停下來。

劉邦在北岸接到軍書，憂心如焚，知鞏縣萬一有失，河東全線勢必動搖。若楚軍再乘勝向西，關中亦將不保。想到此，便急向鞏縣派出了精兵一萬，又撥去糧草一批，傳令周勃務必死守。

周勃也知，漢家命脈現即懸於鞏縣，於是督士卒力戰，將鍾離眛軍死死擋在城下。七月炎天，楚軍又似往日被阻於宛城、滎陽一般，寸步難進了。

兩軍僵持，日復一日，劉、項二人雖隔著一條黃河，卻都是寢食難安。

日前，劉邦見了敖倉失守的敗報，連日的得意之態，便似遭當頭一棒，全然無蹤。左思右想，覺項羽終不能敵，轅生當日的嘲笑，並非無因。這日，拿好了主意，便召來眾臣，商議當下進退方略。

劉邦面對各位文武，嘆氣道：「反楚三年，竟在河東被阻兩年，思之教人喪氣！我敖倉一失，楚軍糧便足了，再不懼彭越斷其糧道，我又將如何抵擋？項王他如今也學乖了，控扼成皋，而遣別軍西進，分明是要搗我關中腹地。唉，這運勢之翻覆，何以有如做夢耶？」

陳平便勸慰道：「大王休惱，三年苦鬥，漢家已足踏楚之門檻，不可謂無功。」

「寡人所思，正在於此！莫非我乃燕雀懷了鴻鵠之志？昨夜反側不眠，終是想放手了。今寡人欲棄守成皋以東所有漢地，退至鞏、洛一帶，與楚抵死相持，以保關中。諸君以為如何？」

劉邦此言一出，眾臣便知他欲棄天下而保一隅了，心頭便都一凜。因事關重大，滿堂文武一時都默然。

不意酈食其猛然起身，高聲諫道：「臣以為萬萬不可！臣聞之，知天之所以為天者，王事可成；反之，則王事不可成。自古以來，王以民為天，而民以食為天。敖倉歷來為糧穀轉輸之處，至今藏有糧穀不知凡幾，何人據之，何人便可撥轉天下。那項王，不過破落豪門出身，豈知敖倉之輕重？日間臣瀏覽密報，知楚軍奪敖倉之後，竟以刑徒守之，重兵只知固守成皋，此正為天意助漢，不欲絕我之命！」

聞聽酈食其如此高亢之語，君臣都是一震。劉邦仰視酈食其，忽覺有陌生之感，便急問：「卿以為應當如何？」

「奪回敖倉，臣以為易如反掌耳！今漢家不取，卻拱手讓與項王，自絕生路，無乃太過乎？陛下今欲退守，豈知有何處可退？天下雖大，怎能容得兩霸？楚漢相持，久而不決，百姓騷動，海內搖盪，農夫拋荒，織女怠工，人心皆不能定。你看這天下，成了何等樣子？你還能退向何處？你退，他便能息兵嗎？願陛下再發大軍，收復滎陽。如此，便控有了天下樞要。據敖倉之粟，塞成皋之險，絕太行之道，踞飛狐之口，守白馬之津。教那些諸侯看看，河山險要，盡在我手，彼等自然便知天下當屬誰！」

老夫子一番慷慨陳詞，令滿座皆驚，都隨聲附和起來。劉邦也聽得一掃愁容，連忙招手：「老夫子，難得難得！不聞此宏論久矣，請坐下陳詞。」

酈食其便提裾坐下，繼續道：「此間便是如此布置了，再看楚之側翼。今燕、趙已平，唯餘齊尚未攻下。那齊王田廣，據有千里之地。田氏各宗室，背海阻河，狡詐凶狠，陛下即便是遣雄師數十萬，一二年間恐也未能破也。臣願奉陛下明詔，前去說服齊王，使之願為漢家在東之藩國。如是，對楚之合圍便可告成。」

劉邦拊掌大笑：「老夫子，經了幾次逃亡，你也不迂了。所議甚好，聽得寡人流汗，如落入熱湯盆一般，也不知你費了多少腦筋？甚好甚好，謀劃甚周，寡人通通照辦。」

樊噲也笑道：「成皋出逃，末將險被老夫子拖累死，幾次想踹你在路邊算了，想不到老夫子還有些用處。」

劉邦便叱道：「屠夫，不可教也！先生豈止是有用處？知書達理，便是國之根本！」

次日，隨軍太史令又報稱：「有流星現於大角。」眾臣便都驚疑，不知將有何禍降臨。

劉邦忙問吉凶，太史令稟道：「此乃帝王作惡之象。今之惡君，即是項王也，天下百姓宜共討之。」

劉邦聞聽，哈哈大笑：「上天也知我心耶？現此星象，以助漢家。」便下了軍令至各營，命眾軍備足箭矢糧秣，不日即誓師出戰，拔寨渡河。

眾軍既欲渡河，小修武大營也勢必前移，將士們安逸多日，此時聞令，便是一片忙亂。

這日，劉邦立於大帳之外，正自躊躇滿志，忽見帳前統領值守的校尉，乃郎中鄭忠。不由便想起前年征彭城時，曾借鄭忠之兄的首級騙陳餘出兵，心下就甚感歉疚，忙招呼鄭忠過來問話。

劉邦問道：「郎中在寡人這裡，可還心安？」

鄭忠答道：「大王賞罰分明，小臣甚心安。」

這一答話，又令劉邦愧疚，便道：「如此執戟，終無前途。我軍不日即渡河奪滎陽，寡人這就遣你去軍前效力，也好攢些軍功，光耀門庭。」

鄭忠卻搖頭道：「日前成皋失守，小臣九死一生，方輾轉歸營。今若回軍奪滎陽，勝負又是難料。小臣以為，我軍與楚軍交戰，負多勝少。如此屢敗屢聚，何日方休？不若派別軍東進，入其腹地，斷其糧道。大王再率軍奪回敖倉，令他軍中粟盡糧絕。楚軍若成餓虎，指爪再利，又奈我何？」

劉邦聞言大奇，捋鬚沉思片刻，誇讚道，「好個郎中鄭忠，一言點醒寡人矣！稍後必有賞，必有賞！」

回到大帳，劉邦即命隨何喚來盧綰、劉賈，下達軍令道：「著你二人率步卒兩萬，馬軍五百，明日渡河東去，潛入楚境，與彭越勾連，專襲楚軍糧道。倏忽來去，遊而擊之，勿與之作拚死之戰。」

盧綰、劉賈向日在江南，率部做的便是這種勾當，深得其妙，此時便都心領神會，領命而去。

不數日，八月秋風乍起，盧綰、劉賈之部，便在白馬津渡河。劉邦為鄭重其事，特意輕裝簡從，親送至渡口。

三人勒馬立於沙岸之上，眺望大河蜿蜒而來，正如渡河的漢軍，前後不見首尾。劉邦回頭瞥一眼，見劉賈少年雄姿，煞是威風，便執鞭對二人道：「我輩生逢其時，譬如此河滔滔，何其壯哉！當年陳勝王舉義，武臣大軍即是從此北渡，開了燕趙一片天地。今兩位將軍由此渡河東去，亦是前程可觀，日後皆可為一方之主，功不在韓信、彭越之下。」

盧綰、劉賈聞聽此言，也都陡起壯懷，與劉邦執手相別，帶領兩萬漢軍，人馬銜枚，旗幟不張，入楚境尋那彭越去了。

＊　＊　＊

送走別軍，劉邦便喚來酈食其，命其速赴齊地說降。劉邦囑咐道：「韓信雖已在趙地募兵，不日即將伐齊，然先生若能往陳其利害，不動刀兵而下齊地七十餘城，也算是蒼生之福吧。」

酈食其回道：「老臣不才，曾屢為大王所笑，乃時不濟也。今齊地聞韓信正聚兵，上下惶恐，百姓竟有一日數驚者，此即老臣的時運到了。今赴齊地，憑某三寸不爛之舌，定說得他田廣歸降。所謂謀之上者，不戰而屈人之兵也，且看老臣的手段好了。」

「好，趁韓信大軍未動，請先生勿辭鞍馬勞頓，這就從趙地穿行至齊。天已漸涼，正合趕路，先生多加保重，只是不要太勞累了。」

酈食其領命，當下便領了出使符節，率一隊從人，乘車東去了。如此曉行夜宿，風餐露宿，不及半月便進入齊境。各關隘的關吏見是大國來使，雖無邦交，卻也不敢怠慢，一路放行，款待有加。

酈食其在途中放眼看去，見齊地富庶，城郭繁華，便不住地擊節讚嘆。這日，一行人風塵僕僕進了齊都臨淄城，並不入館舍，而是直接穿過臨淄大城，來到西南角的宮城。

到得宮門前，酈食其整了整衣冠，下得車來，抬頭見魏闕高聳，宮門內有無數臺閣樓宇，層層次第而上，恍如仙境，心中也是暗暗吃驚。稍定了定神，便故意不施大禮，只朝宮門司閽略一拱手，高聲自報道：「大漢使臣酈食其，今從小修武來，請面謁齊王，陳說天下大勢，欲救齊地百萬生靈！」

不一會兒，便有典客聞訊而出，見酈食其器宇軒昂，頤指氣使，倒也吃了一驚，連忙施禮道：「上使請稍候片刻，小官這便去通報。」

自去年起，項羽率馬軍南下，與劉邦在河東相持，留在齊地的楚軍，便漸漸有些撐持不住，後都撤回了楚境。

齊國名將田橫，趁機便自任為相國，擁立姪兒田廣為齊王，遷回都城臨淄，陸續恢復了全境。自此，齊楚兩國相安無事，迄今已有年餘未見兵戈了。

然自去年的年末起，便屢有韓信欲伐齊的傳聞流布，齊國上下，無不震恐。齊相田橫遂不敢大意，特遣華無傷、田解兩員大將，率精銳二十餘萬，戍守在歷下城，厲兵秣馬以待。

這日，齊王田廣獲典客通報，說是漢家酈食其來使，不知有何話可說，便連忙傳諭宣進。

酈食其由典客從中門引入，一路旁若無人，見了齊王，亦不伏拜，只深深一揖道：「大漢使者酈食其，見過齊王。我王仁厚，恩德懷遠，特向齊王致問候之意，由老臣代為轉達。」

齊王見酈食其抗禮不尊，心中有氣，然也知韓信統兵虎視於後，只得裝作不見，亦不賜座，只淡淡道：「上國來使蒞臨，不必客氣，有話儘管講。」

酈食其便拱手道：「今酈某使齊，不為別事，唯有一不請之問，欲請教大王。」

「寡人雖為諸侯，然論齒序，不過孺子而已。齊地之禮，素敬長者，先生不妨直言。」

「好好！那麼老臣便冒昧請教：當今海內，群雄紛紛，兵戈無日無之。大王可知，天下終將歸於何人？」

「寡人實不知，還請上使賜教。」

「老臣不才，然旁觀者清，故斗膽論之。大王，若知天下將屬誰，則齊國也可共用其成；若不知天下將屬誰，則齊國必將不保。」

「哦？願聞賜教，這天下可屬誰呢？」

酈食其便又深深一揖：「天下歸漢。」

田廣不禁起了興致，移膝前問：「先生何以言之？」

「天下有神器，然可窺伺者，無非楚漢兩家。孰優孰劣，聽老臣對陛下逐一道來。昔年漢王與項王合力伐秦，曾有約在先，先入關者為王，後項王卻幡然背約，故我王才被迫屈居於漢中。此乃其一。那項王斗膽，居然敢謀殺義帝，我漢王這才誓師關中，收天下之兵，立諸侯之後。每降一城，則封降將為侯；每得浮財，便分與諸士子享用。正是所謂『與天下同其利』，英豪賢才，皆樂於為其所用。此乃其二。項王素有背約之名，且負弒義帝之罪，故他待人雖好，無人能記；如待人惡，則無人能忘。此乃其三。」

「寡人卻以為，楚漢恩怨，起自關中，向與齊無干。」

「不錯，然邦交有如擇鄰，賢愚不可不辨！楚之將士，戰勝而不得其賞，拔城而不得其封。有志者投效楚營，無非是想謀個前程，然楚營之中，非項氏何以有高官可做？那項王徒有威名，行事卻如小家之婦。為人授印，把玩數日而不捨放手；攻城所掠，財寶山積而不賞將士。故而英雄叛之，賢才怨之，連那多年謀士范增亦背之而去，以至於今日無人可用！」

田廣聽到此，不禁一笑：「無怪酈公大名遠颺，這口舌，著實了得！先生請就座，慢慢陳說，寡人洗耳恭聽。」

酈食其便從容就座，與田廣隔案而談：「再看我漢家，興兵於漢中，定三秦，平河西，北破井陘，東出河洛，橫掃魏趙如風吹帽耳。此非人力，乃是黃帝之兵，天之威也！今我漢王，帶甲百萬，雄踞河東，扼成皋、太行之險，戈戟東指，凡逆之者皆亡。大王若先降漢王，齊國社稷安然可保；不降漢王，則亡國之日可立待也。」

齊王田廣聽得肅然，不由長跪挺身，問道：「若寡人降漢，可保韓信罷兵不戰嗎？」

酈食其哈哈大笑，從懷中摸出符節道：「酈某蒼髯滿頭，馬齒徒增，然未曾說過一句狂話。此番出使，非為私人造訪，乃是漢王顧惜齊之百姓，不忍貴邦生靈塗炭，特遣老臣前來勸說。大王若有輸誠之意，臣當致書韓信，知會韓信就此罷兵。兩國交好，化敵為友，大王更有何慮？」

田廣聞之，拊掌大喜，遂將酈食其等安頓於館舍，命典客好生招待。而後，即喚來國相田橫商議。

叔姪兩人商議了一回，都覺此事大好，既無傷國體，又可消除大患，實無不妥，於是便靜候韓信回音。

那酈食其到了館舍，當即手書信函兩通，請齊王遣使交付韓信與漢王。

此時韓信奉諭召回灌嬰、傅寬所部萬騎，又在趙地招兵買馬，轉眼便聚起大軍十萬，遂引軍東至平原郡，正要大張聲勢渡黃河伐齊。這日在營中，忽接到齊使送來酈食其書函，告知齊王已降，便道：「也罷！倒省卻我一番力氣。」說罷，即寫了覆函一通，告知酈食其：既然前輩已說下齊國，晚生不日班師便是，毋庸多慮。寫畢，便交來使攜回。

那齊使返國後，將韓信覆函呈上，田廣、田橫忙召來酈食其，一起將覆函閱罷，心下便大安。田廣對酈食其道：「先生數語，即免去齊地刀兵之災，功不可沒。」

酈食其亦自得道：「世有儒者，安用刀兵？數語安天下又豈是誑語？」

當下田廣便邀酈食其進宮，日夜縱飲，全不過問外事。田橫亦發下軍令：歷下一帶，即行解嚴；全境亦通通撤防，以示誠意。

數日後，漢王亦有封漆覆函傳回，內云：「酈公不費一兵一卒，說降齊地七十餘城，實獲我心，歸來必有重賞。」

酈食其見大功告成，喜不自勝，便要告辭歸國。齊王田廣卻正在興頭上，哪裡肯放，力勸道：「兩家和好，開萬世宏業，先生何必匆匆歸去？齊地雖狹，然山海奇珍，數不勝數；婀娜美姝，可令目迷，還請先生多享用幾日。」

那酈食其原本就是「高陽酒徒」，得此機會，豈肯放過？於是每日赴會，將歸期延後，明日復明日，竟遲遲未能成行。

且說韓信打發了齊國使者，鬆了口氣，便知會曹參，欲將大軍後撤，回到小修武與劉邦會合。正在調兵遣將間，忽有帳下謀士蒯通求見。

這位蒯通，係范陽人，並無功名爵祿，平頭百姓一個，卻也是出自秦末的一位奇士。他自少時即研習縱橫家言，擅卜生死，辯才無礙，口舌之利無人可及。及壯，於縱橫術漸有心得，撰有縱橫家言《雋永》八十一篇，所言皆亂中取勝之術。

秦二世元年八月，陳勝王派遣武臣，率大軍北上攻略趙地。范陽縣令徐公正無可如何，這位蒯通便上門求見，一番話將徐公說得豁然開朗。

蒯通道：「臣乃范陽百姓，名喚蒯通，可憐徐公死之將至，故前來吊之。雖然如此，又賀公因得我蒯通而生也。」

那徐公早沒了主見，連忙拜謝：「先生何以吊之？」

蒯通道：「足下為此縣令已十餘年矣，殺人之父，孤人之子，斷人之足，黥人之面，怕是數不過來了吧？」

徐公被說中了心病，臉色便一灰，忙道：「請先生救我。」

「那被害之人，誰無慈父？誰無孝子？彼等之所以未將利刃刺入公之腹，乃是畏懼秦法也。今天下大亂，秦政瓦解，彼等不爭先恐後以利刃刺公之腹，那才是怪了！故蒯某前來吊之。」

徐公當下就癱軟在座：「莫非我逃不掉了？又有何可賀？」

「哪裡？公何至於只此區區膽量？那武臣，可巧派人來訪蒯某，問他之生死成敗之事，臣去見他，自然可令徐公活。」

那徐公，已是病急亂投醫了，忙為蒯通預備了車馬，送至武臣大營中。

武臣不過一介莽夫，然不知從何處學來的虛禮，對士子倒還尊重。蒯通欺他無知，便大言以震懾之，劈頭便問：「將軍入趙地，那城池是如何奪得的？」

武臣仰頭笑道：「先生心慈面軟了，還不是一刀一槍，殺他個血流成河，方可奪得？」

「將軍略趙，不戰便不能略地，不攻便不能奪城。臣以為，如此下去，必危殆矣！」

「哦？如何講呢？」

「趙地軍民，眼見得沒有生路，必拚死抗之。將軍可保百戰百勝乎？不如用臣之計，不戰而略地，不攻而奪城，傳檄而定千里，不亦樂乎？」

「那⋯⋯請講！」

「那范陽縣令徐公，本應整軍守城，與將軍一戰，然此公卻怯懦怕死，貪婪愛富，故欲舉其城而先降。將軍若不予他恩惠，則邊地之城必然相互轉告：『范陽縣令先降而被殺。』各縣據城堅守，皆為金城湯池，便不可攻了！」

武臣一笑：「這等貪生怕死的縣令，賞他作甚？」

蒯通忙道：「不可。臣為將軍計，不如派出那朱輪黃蓋之車，以迎范陽縣令，令其馳騁炫耀於燕趙之郊，各城定會相互轉告：『范陽縣令先降而得富貴。』彼輩必相率而降，有如阪上走丸，一滾到底。此計，便是臣為將軍所獻，乃傳檄而定千里之計。」

武臣苦戰了多日，正不勝其煩，聽了知是好計，連忙起身，再三作揖相謝，又收蒯通在帳下，做了隨軍謀士。而後，頒下號令，派使者率一百輛車、二百名騎士，捧了一枚沉甸甸的侯印，去迎接徐公。燕趙之地聞聽此事，不數日，便有三十多城望風而降。

蒯通之名，就此在燕趙一帶大噪，直與蘇秦、張儀齊名，後輩登門求教者不絕，尊其為「蒯子」。武臣敗亡後，陳餘扶趙王歇當國，蒯通求進，那趙王歇哪裡識貨？後蒯通又輾轉南行，投至項王帳下，項王只賞了他一個縣公做，卻不用其策，蒯通只得怏怏而歸，另候天時。

再說那韓信前月被漢王奪了將軍印，改任趙相，回到信都，覺鬱悶異常。曹參、灌嬰皆為漢三死黨，說是助戰，分明是來監軍，哪裡敢與他二人袒露心跡？平時尚可私議兩句的趙衍，已派去雲中做了郡守。如此，身邊無個謀士，何以成大事？

可巧蒯通在家蟄伏，正寡淡得不知如何，聞聽韓信大軍欲東渡擊齊，便背了行李包袱，匆匆南下。到得平原郡韓信軍營前，自報了家門。韓信也是在那秦末投軍的，武臣之事，早有耳聞。將蒯通迎進與之相談，原來又是一個爛熟鬼谷子的，當下就大喜，收為軍師，隨時備顧問。

這日，韓信正要將回軍的將令傳下去，只見蒯通匆匆闖進帳來，大呼：「大將軍，慢行慢行！」

韓信抬頭看去，卻見那蒯通，脫去慣常穿的儒生服，竟著了一身戎裝進來，便笑道：「先生，這是要去捉強盜嗎？」

蒯通也不理會韓信的戲謔，一把扯住韓信衣袍：「將軍，漢王有明詔，命你伐齊，後又暗派使者勸降齊地，可是，有詔命將軍罷戰嗎？沒有。如何我軍便不再前行？」

韓信便覺奇怪：「先生，晚輩不懂了。齊地七十城已下，我大軍前往，又有何益？」

「那酈生，不過一儒士，伏於車軾之上，憑三寸舌，便下齊地七十餘城；將軍率數萬之眾，才下趙五十餘城。莫非為將數年，反而不如一豎儒之功乎？」

「哦！是呀。」韓信這才懂了蒯通的心思，將那令旗收起，笑道，「幸虧先生從范陽來投，否則，豈不要誤我萬世之功？」

「將軍真乃天縱之才。天才之行事，萬勿中規中矩，先師鬼谷子有言：『事有反而得覆者，聖人之意也，不可不察。』齊地已降，不得再攻，此乃庸人之見也。將軍抗命攻齊，則天必以赫赫之功予將軍，將軍若不取，浴血數載，又是所為何來呢？」

「呵呵，先生之見，晚輩已明瞭。先生可先去歇息，容我靜思片刻。」

蒯通退下後，韓信便伏案沉思：今日這令旗指向何方，果然就關乎後半生的富貴。雖漢王並無命令中止伐齊，然酈食其使齊之後，若再伐齊，便是抗命，且必致老夫子性命難保。如此不義之事，是否值得履險一試？然從另一面想，若違命伐齊，則天地便可豁然開朗，奪得一個自家的地盤。趙地今已贈與張耳，不取齊地，則任憑再有風雨戎馬多少年，亦難得偌大的一片土地之封。孰輕孰重，自然是分明。

看當今之天下，紛擾不已，漢王受困於滎陽以西，四顧無助。我韓信伐齊，便是對漢王的應援，諒他也不會太過怪罪。只是，此次奪得齊地之後，再不可似往昔在趙那般蹉跎，務使名正言順，永久留居齊地。如此，以背劍浪子起家，以諸侯封土為歸結，也不枉這亂世一生了。

此天賜良機，失不再來，那退兵令不下，我便可裝作不知。能奪得齊地，總不是天大的過錯，不由他漢王不認帳。

想到此，韓信便躍然而起，連呼左右，披甲結束。待披掛完畢，便跨出大帳，登上戎車，命士卒去請來蒯通。

韓信對蒯通招呼道：「先生，來來，與我同車。今日我軍便去攻歷下！」

蒯通卻推辭道：「戰陣之上，我蒯某之技，尚不如一夥夫。適才披甲，不過欲激將軍大丈夫之氣而已。今老臣便在大營等候捷報，何時歷下城破，老夫再從容進城便是。」

韓信哈哈一笑：「也罷！先生稍候，兩百里地，兩三日即至。那齊軍，夢裡也想不到先生奇計。韓某先走一步，先生後日便來歷下好了。」

那滿營漢軍，原本已經拔寨，只等回軍小修武了。忽聽韓信一聲令下，要東渡黃河，向歷下進擊，都大出意外，歡呼雀躍起來。不須片刻工夫，便車馬轔轔、刀槍耀目地上路了。

且說防守歷下城之齊軍，原也是遍山連營，牆高塹深。此地背倚泰山，面臨河、濟，端的是山河關鑰，若全力死守，韓信新募之十萬漢軍，未見能輕易得手。但自從酈食其說降成功，齊軍上下，武備鬆弛，皆慶幸數年內再不必摸刀劍了。

這日，黃河南岸忽有漢軍開到，遍野黑旗，蔽日遮光。城上守軍最先望見，原以為齊王已歸順了漢家，這便是友軍到來，然待漢軍衝至近前，才發覺不對。漢軍前軍主將，正是威名赫赫之曹參，親自於戎車上擂鼓布陣，分明是要開戰！

城上登時便鼓譟開來。壁壘裡士卒聽見，立刻先亂了營，四散奔逃。齊將田解、華無傷揮戟攔阻，大聲喝斥，亦不能禁止。

眼見壁壘潰散，城內守軍哪裡還有鬥志，也爭相打開四門，跟著一起逃命。城下灌嬰所部郎中騎見此，趁勢一擁而上，直突入齊軍車騎大營，生俘華無傷及其屬官四十六人。傅寬另率一部追入城內，將那齊將田解斬於街衢。

如此，漢軍未費吹灰之力，便占了歷下城。韓信驅車而入，好不得意，迎面見灌嬰將華無傷一行押來，個個捆得像粽子般，便哈哈大笑：「陣前不應有辱將軍，快快鬆綁。」

那華無傷被解去繩索，忙率隨從伏地謝罪。韓信便問道：「願生還是願死？」

華無傷叩頭道：「末將願生。」

「那好，這就隨我韓某，去經略齊地，勿生二心。」

「將軍大名，威震齊趙。末將今番歸順，如同再生。」

「哈哈，留著這好話少說，我只看你的軍功。」

韓信入得城來，便打發人去後方將蒯通接來，一面又命曹參率部馬不停蹄，向東去圍臨淄。

過了歷下以南，便是一馬平川，再無險阻。大軍奮發踔厲，又疾馳了兩日，便將那齊都臨淄團團圍住。華無傷改換了門庭，竟煥發神勇，率舊部加入漢軍前鋒，豎起雲梯，凶猛撲城。

齊王田廣聞報大驚，急忙召酈食其上殿責問：「酈生，寡人誤信你這老匹夫誑語，撤了我歷下邊防，只道是既然歸漢，兩家便成一家。如今怎的有韓信忽來攻城？想你這漢家，一貫使詐，只欺世人有眼無珠。堂堂使者，原來也用間術，豈不知我齊王活不得，你這老兒便能活得嗎？」

酈食其滿口的辯才，到此也是失了聲，瞠目不能對，知道是遭了韓信的暗算，遂嘆口氣道：「韓信如何要來，老臣實在不知。」

田橫便在一旁冷笑：「爾等一文一武，表裡真假，倒是商量得好。」

「臣萬不料韓信會抗命。」

「抗命？早便商議好的，欲欺天乎？不然，你這便上城去喊話，如韓信退兵，我便不與你計較！」

酈食其醉了這許多日，乍聞漢兵殺至，一時還不清醒。此時忽被田橫一激，心下便明白了：韓信此舉，一是為爭功，二是為據齊地、謀稱王。他大軍既來，豈有退兵之理？思之無奈，便如實答道：「老臣實無此本事。」

田廣拍案大怒：「老匹夫，死到臨頭還不知悔。來人，取油鼎來！」

酈食其嘆了一口氣，仰天悲道：「我酈某亦為一代雄才，不意為韓信所賣，不能親見漢家天下盛於前朝了。」

田橫遂又冷笑：「老賊將死，更有何話可說？」

「願飲美酒一爵，死而無憾矣。」

「好，這有何難，便成全你。拿酒來！」

待得酈食其將一爵酒慢慢飲下，鼎中熱油已然滾沸了。齊宮侍衛，在殿下執戟林立，猛地就是一陣低聲呼喝 —— 這便是行刑的時刻到了。

殿上殿下，頓時一派寂然，人皆肅立，呼吸可聞。

田横此刻又勸道：「老兒，螻蟻尚且貪生，你就不怕烹嗎？登城一呼，便可退韓信之兵，如何非要尋死不可？」

酈食其側耳聽聽，四面城外，已是殺聲四起，便一笑：「烹則烹矣！漢家之兵，我怎可退？只可悲從明日起，萬世之下，再不見有九百年齊國名號了。」

田廣氣極，喝令士卒：將那酈食其褫去衣袍，以囊套頭，扔入鼎中。

酈食其一揮袖道：「放肆！大國上使，豈容羞辱。我自會處置。」說罷疾步奔至鼎前，脫下袍服，自裹其面，縱身便躍入……

可憐漢家一代勛臣，就此化為青煙一縷。

待烹了酈食其之後，田横叔姪知最後關頭已至，都持劍登城，親自督戰。惜乎齊國軍民，徒有好武之風，不過才享受了一兩年的承平日子，竟然鬥志全無。未及三日，便被韓信軍攻破了北門。

田横見勢不妙，急忙打開東門，護著姪子奪門而出，狂奔了四百餘里，逃至黃海邊的高密，才落下腳來。

田廣這才知漢家厲害，攻城掠地，全不憑堂堂之陣。如此下去，齊民見漢軍並不殘民，如何肯抵死護國？齊亡，那就果真是有日了。於是喘息未定，便令殘部廣張告示，聲言齊王已「歸楚反漢」；又派使者急赴彭城，求項王速發兵來援。

送走使者，田廣檢點身邊諸臣，不過只田氏一門數人，便請叔父田横駐守博陽，田光駐城陽，田既駐膠東，布下掎角之勢，只待楚軍來援。

龍且驕勇，兵敗陣亡終悲嘆

漢王三年九月，楚軍攻下成皋不過才三個月，狂喜的餘溫尚在，將士們便察覺情形有異。

鍾離眜所率的別軍一支，頓兵於鞏縣高牆之下，堪堪已近三個月，卻是寸土未得。項羽欲率大軍傾全力西進，又顧忌北岸漢軍，唯恐他會來抄後路。正在進退兩難之際，糧秣忽然又緊缺了起來。

這日，鍾離眜打發一名校尉，飛騎馳回成皋催糧。項羽頗覺詫異，便召治粟都尉來問，方知彭城已有一個月未運來糧草了。

「項佗、虞子期弄的是什麼名堂？」項羽不覺就焦躁起來。

那治粟都尉稟道：「彭城糧秣，是從不誤期的，每車均由上柱國親自發驗。每月三隊，十天一發。然從八月起，漢營有盧綰、劉賈所部萬人，從白馬津東渡，游擊於碭陳二郡，專襲我糧道，故而糧草不繼。」

「嗯？」項羽轉頭看項伯，問道，「此事，怎的寡人不知？」

項伯道：「糧道安危，一向都是交與郡縣去辦，等同緝捕盜賊，算不得軍情，故而未報。」

項羽便眥目叱道：「混帳！糧道安危不是軍情，還有何事是軍情？那盧綰等人，如何就捉不到？」

治粟都尉又道：「我大軍糧草，一向從燕西轉運，燕西有囤糧，不知凡幾，足夠我大軍食用數年。日前盧綰、劉賈所部三擾其地，圖謀襲取，我軍正在防範，不防那彭越從側後襲進，糧草被焚無數，故今日缺糧。」

項伯道：「各郡縣也有苦衷，不可不察。全國之精銳，盡在成皋一帶，那盧綰部，畢竟多年流竄，頗善殺掠，來往飄忽。譬如，此縣發動我軍民去剿，他便竄至彼縣，偶或還會伺機襲擾縣城，郡縣苦其久矣。」

項羽便搖頭苦笑道：「不意今日寡人，倒成了秦二世！叔父，你如何不早說？彼等流寇，郡縣如何能應付得了？明日，且派季布將軍前往剿滅，捉得那盧綰、劉賈來，永絕後患。」說罷，便從案頭掣出一支令箭，交與項伯：「叔父，索性你便也與季布一同去，遇事還可有個商量。你對季將軍說，也不必來辭行了，明日平旦，即率五千人馬，先去碭郡，不剿滅盧綰，不要回來。」

次晨，季布、項伯即點起兵馬，率部東去，在碭、陳二地搜尋盧綰行蹤，卻總是追之不及。因那碭、陳二地，乃是劉邦一干人等的家鄉，民間百姓，均以劉邦鄉裡為榮。凡有楚軍來時，便有鄉民自願奔走數十里報信，俾使盧綰部得以逃脫出去；而漢軍過境，當地百姓卻隱而不報，直將楚軍變成了一群盲公。

那盧綰、劉賈所部，若季布追得緊了，便左右騰挪，找一處山高林密的地方躲起來。對楚軍運糧隊伍，所用手段也越發狠毒起來，打劫一次，能搬運走的，都搬個精光；運不走的，便就地燒毀。

一身是膽的季布，便如此白白耗了數月，卻連盧綰所部的影子都沒見一個。成皋軍營內，一時便斷糧多日，楚卒有下鄉去搶劫的，亦有進村去挨戶乞討的。

項王聞報大怒：「我堂堂楚軍，如何就成了強盜乞丐？項伯、季布無能，倒要寡人親自出馬不成？」

那項伯接到項羽軍書，受了斥責，也動了些腦筋，立即移文各郡縣，追責追到鄉邑閭裡，五戶聯保，十家連坐，把那秦法也施行了起來，務求覓到盧綰蹤跡。

就在碭、陳兩郡紛亂如麻之時，成皋大營忽又接到彭城告急。言彭越趁盧綰作亂，糾合徒眾五萬人，打起漢家旗號，又南下攻城掠地，已連下睢陽、外黃等十七城，聲勢浩大，眼見得彭城便要危急。

項羽將告急軍書摔在地上，大怒道：「那睢陽、外黃之軍民，都是吃素的嗎？如何抵擋都不抵擋一下？」

那信使便道：「彭越此次所掠之地，多為故魏地，因魏王豹曾多次歸漢，故而百姓皆心向漢家，彭越賊兵一到，便闔城鼓譟，開門迎賊。我軍勢單，所以顧此失彼。」

項羽益發惱怒：「那魏王豹，不是漢軍內訌時殺掉的嗎？如何魏民仍心向漢賊？」

「事雖如此，但劉邦在櫟陽仍設有魏氏宗廟，香火未絕，故魏民仍以漢家為正朔。」

「愚民，愚民！愚鈍至此，還望多活幾日嗎？」

帳中諸臣，見項王發怒，皆不敢作聲，只低首看地面。

項羽環顧眾臣，嘆了口氣：「罷了，此賊只得寡人親自去討平。國中萬事，無人能分擔，總有一日要累死寡人！」

龍且便跨出一步道：「大王息怒，末將願去征討。」

項羽擺擺手道：「悍賊勢大，已非同小可，此次務要斬盡殺絕。我等都一起回軍吧……大司馬曹咎！」

曹咎出列應道：「末將在。」

「塞王、翟王！」

司馬欣、董翳亦出列應道：「臣在。」

項羽瞥一眼三人，微微頷首，遂下令道：「寡人將率大軍往討彭越。

此城留兵一萬，以曹咎為主將，司馬欣、董翳二王從旁輔之。寡人看爾等三人，原為秦臣，都還穩重。切記，此城只可守，不可出戰。」

曹咎領命：「末將謹記。」

「劉邦狡詐萬端，寡人一走，他必來攻，然無論他如何搦戰，爾等只是不出，勿令他東去犯楚即可。寡人此去，只消十五日必滅彭越，屆時回軍接應你，再與劉邦決戰不遲。」

「大王放心，曹咎雖不才，守城尚有餘力。今日成皋是怎樣，半月後仍是怎樣，可保寸草不失。」

項羽大喜，起身拔劍道：「如此甚好！來人，傳令鍾離昧將軍從鞏縣撤回，固守滎陽。」

轉身又叮囑三將道，「成皋、滎陽，天下鎖鑰也，絕不能失其一。若失成皋，便等於失了天下，爾等三人，也就無須來見我了。」

三人應聲伏道地：「不敢！唯王命是從。」

項羽遂將長劍向案上一插，大呼道：「殺彭越，再來定天下！」

次日拔營，楚軍又是一路啣枚疾走，奔襲外黃。自西進以來，這已是第四次奔走於此途了，千里疾行，數日便至，難免要人困馬乏。換做漢軍，如此跑兩趟，恐就作鳥獸散了。然楚之十萬雄兵，隨項羽征戰多年，皆有榮耀之心，任是口乾舌燥、腳腫腰痠，亦是能咬牙挺住，疾走如風。

待進入故魏地，果然見處處飄揚漢旗。楚軍上下，不由都心生盛怒：巢穴之下，豈容鳩占？一時殺心大起，不論他城鄉兵民，皆一路屠戮過去，有財即劫，分文不留。

已歸降彭越之十七城，聞楚軍開了殺戒，半數以上無心抵擋，都開了城門復降，自動換上楚之紅旗。待楚軍殺至，見那閭裡陋屋上，都插了紅旗迎降，反倒不好意思濫殺了。如此，便有十一城不戰而降，僅有外黃、睢陽等六城，仍閉門不降。

大軍一路東行，過了浚儀縣不遠，便見外黃城巍然高矗，閉門戒嚴，城頭遍插黑旗，儼然是漢家營壘。

楚軍從未將彭越這等流寇放在眼裡，大軍行進，全無部伍，只浩浩蕩蕩一擁而上，將這外黃圍了個水洩不通。

在城外紮下營來，項羽便喚來龍且：「此是你立功之時到了，限定明日一日，攻破外黃。滅此夕食，更無廢話。」

再說那彭越親自鎮守外黃，在城頭望見楚軍勢大，遍地殷紅，也是內心惶悚，忙召親信欒布來商議。

欒布也正在城上督軍，一見彭越，便道：「楚軍人馬浩大，勢不可敵，奈何？」彭越便密語道：「北上穀城。」

「穀城豈能久留？」

「能留則留，不能留，便東走昌邑。」

「回老家去？為何昨日不走？如今城已圍住，破圍而出，倒要費些力氣。」

「嘿嘿，我與漢王早有約定，就是要此呼彼應，誘他項王疲於奔命。我在外黃，多挺一日便是一日。」

欒布聞言不由色變：「要挺幾日？」

彭越伸出手指道：「三日便可。」

「三日？我等脫逃，這外黃定要遭屠城了。」

「管他！待到楚人皆恨項王，我大業便可告成了。」

兩人議罷出逃事宜，便喚來副將周苴、外黃令仇明，言明四人各守一門，誓死不降。待得漢王在成皋、滎陽得手，楚軍當不戰自退，闔城百姓，皆為漢家功臣。

那周苴是經過戰陣的，不由擔心道：「我軍不過是些水賊無賴，如何擋得住楚之精銳？」

彭越便喝道：「凡事有心皆成，不要滅自家志氣。仇縣令請守西門，周將軍請守南門，其餘二門我與欒布將軍分守，驅城中丁壯上城，無分晝夜，抵死守住。」

次日晨起，龍且督軍攻城，但見那城上，不僅未有懼戰之意，反倒是軍旗嚴整，弓矢齊備，心知今日必有一場惡戰。

果然，開戰一日，任是楚軍箭矢如雨，飛石如蝗，城頭仍巍然不動。到得夕食時分，城上城下，皆是一派死傷枕藉，楚軍卻寸功未得。

龍且神情大沮，回營去見項王。項羽在壁壘上已看了一日，倒也不怒，只吩咐明日照攻，斷言不出三日，此城必破。

此言果非妄言。到得第三日晚，捱到後半夜，彭越、欒布便輕裝簡從，只率親兵一隊，趁著楚軍疲累不備，打開西門狂奔而去，拋下周苴、仇明自去了結。

凌晨時分，周苴帶兵巡城，發覺彭越、欒布蹤跡全無，不由得慌了，急忙率部奪門而出，向北逃去了。

餘下外黃令仇明一人，知大勢已去，便命百姓拔去漢旗，各門大開，沿街灑掃乾淨，擺上香案，迎楚軍進城。有那沒來得及逃出的彭越士卒，都慌忙脫了甲冑，胡亂換上衣服，混在百姓中看熱鬧。

項王車駕威風凜凜進城，行至衙署門前曠場，便停了車。項羽並未下車，只將龍且召來問道：「城內緊要處，都已分兵把守好了？」

龍且回稟道：「全無遺漏。」

「那好。外黃縣民助彭逆守城，對抗天兵，三日方降，此乃自尋死也。著你率部，將城內十五歲以上男子，無論兵民，皆驅至城東，俱坑之，以雪此恨！」

龍且聞令大喜，當下分派了士卒數十隊，挨家挨戶搜查男丁。

半日工夫，即有五千男丁被搜檢出來，連那率眾迎降的仇明也不能倖免，通通押至東門外，與家屬隔絕。內中有彭越軍未曾逃掉的，換上便裝也未能混過去，只得認命了，都垂頭喪氣。

不一會兒，又有大隊士兵擁來，手持鏤頭土鏝，上前掘土。此時闔城百姓，縱是傻瓜，也明白項王就要坑殺男丁了。登時兩邊哭聲四起，爺娘父子相呼，直是生離死別。

項羽便教御者驅車，前往東門外觀看。沿路家屬擠在道旁，被士卒阻攔，只聞哭聲震天。項羽面不改色，怡然自得，出得東門外，教人在高處擺好几案、茵席，撐起黃傘蓋，便坐下觀看。那被拘禁的男丁見項王到來，哭聲更是一浪甚於一浪。

項羽只是充耳不聞，又命人擺上酒爵，自斟自飲起來。

就在這哀聲令人腸斷之時，忽有一小童，黃髮垂髫，從東門而出，直接來到項王車駕附近，對巡哨士卒道：「我乃外黃縣民仇叔，有事要面謁項王。」

士卒看那孩童，不過十二三歲樣子，生得眉清目秀，看神情又不似開玩笑，便為他通報了上去。項羽心情正好，聞之一笑，便命人喚過來。

小童見了項王，不慌不忙，行禮如儀。

項羽見他才不過總角[65]之年，甚是好奇，便問：「你有多大？」

---

[65] 總角，指十一歲至十四歲的少年。古代兒童將頭髮分作左右兩半，在頭頂各紮成一個結，形如兩個羊角，故稱「總角」。

仇叔答道：「十三。」

「才十三歲嗎？便敢來見寡人？」

「項王大名，天下皆知，有何不敢見呢？」

項羽大笑道：「好，初生之犢，萬事不懼。有何事？你就說吧。」

仇叔便道：「我乃外黃縣令舍人之子，名喚仇叔。今為外黃丁壯請命。」

「哈哈，我道是何事？此事不必再提了。外黃丁壯，本為我楚民，卻相率助那彭越作亂，拒我大軍三日，殺之亦不足惜。恕你小兒無知，亦無罪，回家去吧。」

「小子卻不作如此看。大王欲與漢王爭天下，不徒只爭千里之地，總得求個天下歸服。外黃百姓為彭越所劫，無刀無劍，焉能不惶恐，故暫且降了，只待大王來解救。不意大王來了，卻又要坑之，你教那百姓向何處歸心呢？」

項羽聞言，便是一怔：「何人教你這等說辭？」

仇叔便叩首道：「先生只教得我聖人大道，這些俗世道理，只是小子我自己悟得。從外黃以東，梁地尚有十餘城未降，若聞聽外黃殺降，哪裡還敢開門迎降？」

項羽被說中心事，便放下酒爵，將一口虯髯抓來撓去，忽地站起身來，下令道：「就如小兒所言，年十五以上丁壯，恕其無罪，通通放歸了。」說罷便朝仇叔一揮袖，「小兒，去尋你的爺叔吧。」

仇叔連忙叩頭謝恩：「大王恩典比天高，將來是要上史書的。」

項羽回頭望望，笑道：「哈哈，這個崽兒！倒是你要與寡人一同上史書了。」

那五千丁壯，忽聞項王開恩釋放，立時覺得如再生一般，都向項王下拜，山呼萬歲。而後，忙不迭地擁入城中，向家人報喜去了。

龍且立於一旁，看得呆了，問道：「大王，彼輩通敵，就此不問了？」

項羽道：「天下關要，不在外黃，早日回軍成皋要緊。約期半月，至昨日已過期限，梁地尚有十餘城未下，若逐城攻戰，如何能成？放了這五千無用之輩，令十餘城聞風而降，又何樂而不為？」

龍且這才大悟：「原來如此。」

項羽便一笑：「打天下，須忍得三教九流；待你坐了天下，再睚眥必報不遲。」

話分兩頭，前面說項羽率軍奔襲彭越。十月上旬，大軍離開成皋才五日，在鞏縣被圍多日的周勃，即打開東門率部殺出，將那成皋團團圍住。

此時三河之地，東西千里，情勢頓與五日前截然不同。河北岸，有小修武漢軍二十萬，背倚雲臺山險要，隔河虎視眈眈。周勃所部，皆為身經百戰之兵，被楚軍壓迫年餘，正欲雪恥。楚軍在此千里之內，只成皋、滎陽兩座孤城，強弱之勢，一夜間互易。

這日，周勃在成皋城外剛剛下寨，就有斥候攜漢王軍書馳至，周勃拆了漆封，閱罷微微一笑，便將手下諸將喚來，面授機宜，將未來十日戰法布置妥貼。

次日晨起，城上楚軍正睡眼朦朧，忽聞城下鼓譟，放眼看去，原是漢軍周勃率靳歙、呂馬童、周昌等諸將，率兵前來搦戰。

城中衙署內，曹咎忽被人喚醒，得知漢軍來攻，急忙全身披掛，上了城。他手打遮陽，看了看漢軍陣勢，便放下心來，朝城下喊道：「我大軍雖撤，然成皋仍固若金湯，有本事便來攻吧。曹爺我無暇奉陪。」說罷便下去了，再不露面。

漢軍在城下，接連搦戰三日，楚軍只是閉門不理，若有人靠近，便是箭矢齊發。

自第四日起，漢軍似是有所鬆懈，都下馬卸甲，或箕踞於地，或赤膊指罵，全無一個陣形。漢營一干猛將，也都來到城下，指名道姓罵曹咎膽怯。

那曹咎忍不住好奇，潛上城頭偷聽，卻聽得降將呂馬童聲音最高，不由大怒，隨即挺身露頭，朝城下回罵道：「呂馬童，項王待你不薄，如何卻做了兩姓家奴？還有臉皮跑來撒潑嗎？」

聞聽曹咎搭話，那呂馬童立刻抖擻精神，戟指罵道：「我呂某不才，好歹是千軍萬馬中博得的軍功。你曹咎何人？不過前秦一獄掾而已，僥倖救了一回項梁君，才混得這大司馬做。依你這出身，下邳老嫗亦封得大司馬了。若憑真刀實槍，恐尚不及衙署一捕快耳！」

漢軍聞言，都一同起鬨，齊聲呼道：「楚曹咎，不如狗！」

如此又罵了三日。每日裡，漢軍各營輪番至城下，各持刀劍，一邊叫罵，一邊砍土削樹，做斬首狀，嘈雜若集市。至朝食，則由火頭軍送來熱飯熱湯，眾軍飽食一頓，都袒腹大睡，睡好了又爬起來罵。

漢軍中，不乏鄉閭無賴惡少者，罵人功夫無人可及。至第七日，更有那三五頑劣者，頭纏白布，高舉白紙幡，歌之舞之。靈旛上書寫「接引亡魂楚大司馬曹公咎」，下面畫有各色畜類醜態，迎風飄飛，搖晃不止。其中有一大嗓門者，躬身做哀哭狀，在地上繞了三圈，忽而昂頭，朝那城上高聲哭叫：「曹咎啊，我的兒啊——」

那曹咎，在城堞後面看了幾日，至此時再不能忍。便喚來司馬欣、董翳二王，商議道：「我曹某隨項梁君舉義，所戰無不大勝，竟遭此蝦兵蟹將戲弄，再忍，實不為大丈夫！成皋守軍，尚可一戰，今決意與二王督軍出城，一決勝負。即使不勝，亦不至失城。」

那塞、翟二王，本是客卿，此際更有何話可說，便都贊同。

第八日晨，漢軍又有大隊來到城下，如法炮製。正鼓譟得沸反盈天時，忽見成皋西門吊橋，轟然一聲放下，騰起大股煙塵。隨即，城門大開，萬餘楚軍吼聲如雷，從西門殺出。

那漢軍正在嬉笑，見此不禁亂作一團，或丟盔棄甲，或拋卻旗鼓，泅過汜水，一窩蜂地向西逃去了。

曹咎立於戎車之上，哈哈大笑：「漢軍鼠輩，今日知我厲害了？」遂將長劍一揮，喝令道，「全軍渡汜水，殺他回鞏縣去！」

楚兵卒足足被罵了七日，早已是怒火中燒，此時都紅了眼睛，紛紛跳下水去，要追上那漢軍與之拚命。

大軍在半渡之中，已過河的正在集結，未過河的正前赴後繼，忽然身前身後，兩岸一片金鼓聲大作。霎時便有漢兵無數，從兩岸擁出。有那弓弩手搶占了地形，就朝河中箭矢齊發。

此時，楚軍恰被汜水截成兩段，前面已上岸的部伍，未料有伏兵殺至，倉皇抵擋，退至河邊，無路可逃。東岸尚未過渡的部伍，也亂作一團，欲回城中，卻是退路已斷。河中正在泅水的兵士，最為可憐，被那遮天的箭雨射住，抵擋不得，紛紛中箭淹斃。

只見漢軍陣中，忽地豎起一面「漢」字大纛。旗下，周勃橫戟立於車上，仰頭笑道：「漢家豈是宋襄公耶？兒郎們，送那曹咎去餵魚鱉！」

曹咎見勢不妙，慌忙驅車登岸，不料，眨眼間便是身中數箭，戰袍血染一片。再回望兩岸，萬餘楚軍正如羔羊般被屠戮，知是違背項王軍令，中了漢軍的詭計了。不由氣血攻心，大叫一聲：「漢賊！曹某化作厲鬼，亦教你不得好死！」說罷，拔出劍來，自刎而亡。

再看河東岸，司馬欣、董翳率軍殿後，死戰不能脫身，知大勢已去，又不願復叛，相互望望，便也拔劍自刎。

廝殺了近一個時辰，兩岸喊殺聲方漸漸平息，河邊景象，已是天慘地絕。

成皋城內，尚有小股楚軍留守，見大軍不利，慌忙將城門閉了，通令全城戒嚴，只盼滎陽守將鍾離眜來援。

周勃見汜水畔楚軍已斬殺淨盡，也不攻城，便命鳴金收兵。回到大營，即派軍士攜楚將三首級，飛馳小修武報功去了。

當時劉邦正在高臥洗腳，得周勃捷報，喜得一掌將婢女推開，大叫：「天下定了！」遂頒下號令，二十萬漢軍一齊渡河。

霎時間，黃河南岸，遍地漢旗飄飄，疾走如丸，不知世間有何人可擋！

那守敖倉的小股楚軍，本是刑徒充軍，見此早就一哄而散。漢軍奪得敖倉後，又浩蕩南下，將那成皋死死圍住。

城內楚軍，既失主將，哪裡還有鬥志？禁不住百姓一番恐嚇，只得開門迎降。

劉邦在城外與周勃等將會合，偕眾臣入城，又回到了舊號宮住下。席不暇暖，即傳下諭令，楚軍所留財寶，盡分賞給士卒，官府一文不留。三軍上下聞令，都齊聲歡呼。

漢軍當此際，在成皋已是兩出兩進，劉邦見市面殘破，百業凋敝，心下不忍，便命陳平前去宣慰百姓，令各個安居，勿再驚擾，從此漢家將穩坐天下，永保太平。

待得諸事安排妥當，劉邦便將群臣召來，盛宴款待。

待眾臣坐定，劉邦舉起酒爵說道：「元旦[66]剛過，漢家即開如此新天，此次斷不能再大意了。今日大筵，酒不能白白飲下，要聽諸君高見。」說罷，向眾人敬了一番，一口飲下。

那樊噲道：「飲酒就是飲酒，還要論國事，不如稍後子房、陳平兄留下商量，我等只管一醉方休。」

劉邦嘴角略顯笑意：「樊噲老弟，舉義之前，你在家為屠戶。今日不開玩笑，且說說宰豬最忌什麼？」

「最忌什麼？一刀殺不死，掙脫繩索跑了！」眾人便哄笑起來。

劉邦卻不笑，只道：「著啊！那滎陽城內，尚有鍾離眛固守，且項王聞成皋、敖倉失守，必回軍爭奪，我又將何以應付？如此大事，怎能不議？楚漢相爭，在成皋便廝纏了兩年，若再次得而復失，寡人只有回巴蜀去了，好做個田家翁。」

樊噲便不以為然道：「季兄，你漢王做了三年，膽量反倒越來越小了。那曹咎所部，已在汜水旁被宰鴨般宰了，還怕他鍾離眛作甚？明日發兵去奪下便是。」

陳平拿起酒樽，為樊噲斟滿了一爵，笑道：「樊噲兄，那鍾離眛，我看無須你費力氣了。你想，千里之地，唯滎陽孤懸，他能坐得穩嗎？不出三日，必開門遁逃，我軍在滎陽東攔截便是。」

劉邦大喜道：「奇哉陳平，我漢家真乃人才濟濟！樊噲老弟，今日且少飲，明晨即率三萬人馬，赴滎陽東設伏，勿使鍾離眛部走脫一個。」

樊噲便放下酒爵，一拍案道：「軍國大事，說不飲，就不飲！看我明日提鍾離眛頭顱來見。」

劉邦見張良獨獨未語，便問：「子房兄，你也休得涵養太深。我倒要

[66] 此時仍承秦制，以十月為歲首。

請教，那項王若回軍，今番我將如何布置才好？」

張良便道：「微臣所慮，也在此事。成皋、滎陽兩城，兩年來數度易手，看來並非長守之地，今敖倉已奪回，不如就在廣武山上，另築壁壘拒守。如此居高臨下，有山川之險可恃；背倚敖倉，有軍糧取之不盡，便再不怕他楚軍勢大了。」

那廣武山，就在成皋之東，依河而矗，宛若高城，端的是一個易守難攻的好地方。劉邦聽了，心中便有了數，拍了拍張良肩膀道：「子房兄，漢家若無你，終成盜蹠。我劉季，連個田家翁怕都做不成了！」

眾臣正在觥籌交錯之間，忽而隨何闖進，報稱曹參有急報到，說罷將一卷軍書遞上。

劉邦拆開封緘，一面看，一面神色就有變化，先是悲戚，後又狂喜。閱罷，抬頭一看，見諸臣都在注視，便定了定神，忽地起身道：「趙國相韓信、左丞相曹參，日前自趙境發兵，已將齊地十三城相繼攻下，齊王田廣、齊相田橫叔姪望風而遁，龜縮於沿海一帶，不足為慮了。韓信所率軍十萬，從東、北兩側拊楚之背，戟指彭城，隨時可下！」

夏侯嬰不由狂喜道：「終等到這一日了！」眾臣聞之，都拋了酒爵，拔劍狂舞。大殿上鏗鏘之聲，響作一片。

次日晨，樊噲便開了南門，率精銳三萬，疾奔滎陽東而去，果然將棄城東逃的鍾離眛部截住，圍在了核心。鍾離眛豈肯束手就擒，率部死命衝殺，然終不能突圍東歸，便命軍士就地築壘，與樊噲相持起來。

劉邦算定了鍾離眛逃不掉，便穩坐成皋城中等消息。未承想，捷報未到，卻有隨何來稟道，已降楚的韓王信，趁亂從滎陽城單騎逃出，正在舊虢宮門前求見。劉邦聞之大喜，忙命召進。

只見韓王信一身布衣，踉蹌而入，劉邦連忙起身迎住。韓王信鼻子一酸，就要哭出來：「季兄⋯⋯」

劉邦急忙扶住，強顏笑道：「兄長受苦了，回來就好！」

韓王信忙伏地拜了一拜，泣道：「今生能見季兄，幸莫大焉。昨日鍾離眛開城出逃，留趙賁與我同守滎陽。今晨我趁議事之機，手刃趙賁，換了便裝方脫身出來。」

「趙賁？如何又冒了出來？」

「章邯舊部，當年唯他一人脫逃。曾投司馬卬，然在朝歌未擒住他，又投了項王。」

「哦。此人我知，實狡詐萬端，居然結果在你手裡。」

「大王，今滎陽已是空城一座，可速去搶占，也算弟將功折罪。」

「好好！萬事莫提，快去洗個澡。你我兄弟，那項王是拆不開的。」

韓王信感激涕零，叩謝再三，便由隨何引著沐浴去了。劉邦隨即傳了靳歙來，命他率精騎一部，去搶占滎陽，自己仍在成皋靜候消息。

候至下午，果然有樊噲營中軍卒來報，已將那鍾離眛圍住了！劉邦喜難自禁，足之蹈之，在地上打個轉兒，急命隨何去喚陳平、張良來密議。

二人入得漢王居室，劉邦便屏退左右，喚二人坐下，左右看看，忽有老淚奪眶而出：「今漢家謀士，只有你二人了！」

二人聞言大驚，陳平便道：「酈老夫子出事了？」

「老夫子日前赴齊勸降，不意韓信大軍突然伐齊，田廣遷怒於老夫子，將他活活烹了。」

張良、陳平面面相覷，臉色慘白。張良便道：「酈食其使齊，是為間使，鄙人不知，韓信難道也不知？」

劉邦便嘆了一聲：「此事寡人有誤，未能知會韓信。」二人聽了，便是沉默，一陣唏噓。

少頃，陳平忽覺疑惑：「當時齊地七十餘城已降，小修武大營皆知，那韓信離齊境不過咫尺，卻未得報？」

劉邦道：「今召二位來，便是計議此事。韓信平燕趙之後，早不伐齊，晚不伐齊，拖得寡人險些喪於敵手。偏酈老夫子勸降事成，他倒乘虛而入。這韓信，會否有了二心？」

陳平笑道：「大王前月奪了他大印，倒不怕他降楚了？」

劉邦道：「他那時光桿兒一個，哪裡有籌碼降楚？今日據地千里，儼然諸侯，若起意與我分庭抗禮，如之奈何？」

張良搖頭道：「大王請勿慮，韓信伐齊，不過爭功而已。若有與漢家分庭抗禮之心，便絕不至降楚。今日他羽翼尚未豐，有曹參、灌嬰挾制，叛降幾無可能，大王只須對他好生籠絡便是。有他一軍在楚之側後，漢家得力甚大。」

「那好，明日即遣陳武、陳涓兩將，再為韓信添兵一萬。務令項王芒刺在背。」張良、陳平互相望望，都連聲稱善。

劉邦難掩急切之狀，又道：「便封那韓信為王，如何？」

陳平卻道：「不可開此例！以軍功封王，須待天下大定，否則必尾大不掉。」劉邦便轉憂為喜：「有二位襄助，我心甚安，明日便發下明諭，褒揚韓信。」陳平又問：「酈食其之事，如何善後？總不成就此無聲無息了。」

劉邦道：「今日方告大捷，莫沖了眾人喜氣，稍後再發喪吧。酈夫子家人，要好生撫卹，其弟酈商，來日可封侯拜相；其子酈疥，也教他去領兵，若有軍功，即破例封侯。如此，我輩方稍可心安。」

三人將此事議畢，劉邦又談及駐軍廣武事，陳平便要請英布、周勃來議。

劉邦擺手道：「漢家懂謀略之將，韓信而已，餘者只知統兵陷陣。我等議罷，交與彼輩去辦就是了。」

張良道：「日前棄守成皋時，微臣在廣武一帶巡視，已詳察地形。可命周勃領大軍赴廣武山築壘。廣武山分東西兩座，中有一澗，澗內便是魏惠王早年所開鴻溝[67]。此澗開闊，堪作屏障。我軍若在西廣武築壘，可屯兵十萬。移軍至彼處，便可教楚軍今世不得過鴻溝。」

劉邦拊掌大喜：「此事明日就辦。如此，即便不能盡得天下，遜於始皇，然已強於晉文齊桓，不虛此生了。」

周勃領命後，率部攀上西廣武，督士卒晝夜築壘不止，半月之後，即築起巍然壁壘一座，遍插旗幟。周邊鄉民望之，訝然不已，以為是神蹟，皆稱之為「漢王城」。

壁壘築成之日，劉邦率文武進駐，上下查看了一番，倍覺振奮：「有此鴻溝，勝我百萬雄兵。項王縱是猛虎，亦只得在我籠中了。」

且說項羽聽了外黃孺子的勸告，未殺全城丁壯，即使有那彭越軍混入冒充百姓的，也都通通釋放。此例一開，外黃以東那睢陽等十餘城，果如小兒所言，望風請降，連帶動搖了彭越多年的老巢。

這日，項羽擺下筵席，邀約外黃縣令仇明，與那孺子一家把酒盡歡。客還未至，忽有東西兩面的急報接踵而至。項羽看罷一封，面色便一沉；再看一封，不禁大叫一聲：「蠢才！」

龍且便問是何事，項羽道：「曹咎無能，失了成皋。」

「那塞、翟二王呢？」

---

[67] 鴻溝，乃古代最早溝通黃河與淮河的人工運河，遺址在今鄭州滎陽。修建於戰國時魏惠王十年（西元前 360 年）。至南北朝時，仍為黃淮間中原之最重要水運通道，亦為兵家必爭之地。

「三人擅自出城迎敵，兵敗，皆自刎於汜水之上了。」龍且只是頓足，又問：「滎陽安然否？」

項羽猛地舉起軍書，啪一聲摔個四面開花：「鍾離眜棄滎陽東走，被樊噲軍圍於滎陽之東！」

「我大楚臉面，今日丟盡了！」

「豈止是臉面？」項羽又拿起另一封軍書，「韓信已奪齊七十餘城，田廣唯餘海隅四城，竟遣使向我求援。」

龍且頓顯迷茫：「韓信？那胯夫，竟有此等本事？也活該齊人遭此天罰！」

項羽望望龍且，忽向侍從的桓楚道：「去告訴外黃令，酒宴今日免了，改日再說。」而後轉頭對龍且道，「你隨我來。」

君臣倆步出外黃衙署，見日已將暮，街衢正要宵禁。士卒皆持戟立於街衢，見項王來，忙注目行禮。項羽微微頷首，近前慰諭了數語，便帶著龍且登上城頭。

此時夕陽銜山，冬日曠野上，稼穡皆已收割，唯餘滿目蒼茫。項羽一指眼前景色，嘆息道：「這梁地，亦是大好的河山，再有一旬，便可盡入我之囊中。」

龍且便露出喜悅之色：「大王，有此偉業，即便是齊地歸漢，也算不得什麼了。」

項羽便仰天一嘆：「惜哉！天不助我。連這一旬的時日，竟也不予寡人了！韓信下齊，便是在我背後刺入利刃一柄。你想，從齊地攻取彭城，豈不是易如反掌？我等還有心去追彭越嗎？」

龍且倒抽一口氣道：「果然！這⋯⋯卻如何是好？」

「你可知嗎？亞父一死，國中便無人，這大楚的天下，就只得你我二人來擔了。」

「微臣不敢。大王有何打算？臣願以死報效。」

「寡人明日即起程，會同項伯、季布，前去奪回成皋。著你與項佗，領別軍一部北上，去剿滅韓信。項佗名為主將，軍中一切實由你做主。」

「臣遵命！那韓信，不過將兵十萬，臣只用領兵五萬，必提他頭來覆命。」

項羽搖搖頭道：「韓信小兒，不值一哂，然彼輩從無敗績，故不可太大意了。寡人欲撥付你兵員，並非五萬，乃是二十萬。」

龍且一驚，半晌合不攏嘴來，待稍緩過神來，忙伏地叩首道：「大王放心。龍且之敵手，今尚在娘胎，滅那韓信，如碾死螻蟻耳。」

項羽按劍道：「龍且，你起來看。」

龍且連忙起身，隨項羽的手指看去，只見殘陽將盡，漫天血紅。

項羽便道：「你須記得今日，明早你我各奔西東，若有一處敗績，則我輩皆死無葬身之地也！」

龍且不禁血脈賁張，拍胸脯道：「大王待我，情同骨肉。今臣北上伐齊，即是泰山北海，亦通通踏滅。」

「好！」項羽拔劍砍向城堆，大呼道，「滅韓信後，楚之天下，寡人與你共之。」

次日微光初露時，項羽便率本部十萬人馬開拔，直奔滎陽而去。龍且則領了兵符，帶了副將周蘭，前往彭城，擬在本土集齊二十萬大軍，再北上高密，與齊王田廣會合。

項羽所率十萬精兵，出外黃向西，又是數晝夜的兼程疾行。自楚漢對壘之後，這已是項王大軍第五次奔走於此途了，山水草木，無不熟悉，闔目亦能通過。

這日，滎陽東的漢軍大營中，有探馬三次來報：項王率軍反身殺回，前鋒此刻已過圉中，明晨即過新鄭。樊噲接報，便是一驚，忙傳令全營戒備。

正在圍困鍾離昧的樊噲部，皆是漢軍舊部人馬，早知楚軍厲害。營中聞此令下，頓起騷亂。

樊噲正要拔劍彈壓，忽有老兵帶頭鼓譟：「逃命要緊咯——」話音未落，全營立刻潰散。

三萬漢軍於頃刻之間，便潮水般蜂擁退去，荒野之上，只見狼奔豕突，旗甲棄地。連被困多日的鍾離昧部，聞聲登上營壘，都看得目瞪口呆。

樊噲禁止不住，也只得驅車奔逃，一路咒罵不止。自楚軍營壘至滎陽，本有一條通衢大路，漢軍畏懼項王，恐被追及，皆不敢行走大路，只揀那山勢險峻的小路攀爬，漫山遍野如羔羊失群。樊噲氣得亂跳，也無計可施，只得棄車上山。

如此狂奔了一日，終望見了滎陽城頭，然奔逃漢軍過滎陽之門，卻都不敢入，轉道直奔廣武山營壘去了。滎陽守軍望見，不知此舉為何故，都大驚失色，亦開門棄城而逃。

見楚軍未至，樊噲部竟然狼狽逃回，劉邦哭笑不得，也不好責怪，急令開漢王城之門，通通納入，又命全軍張弓拔劍，枕戈以待。

項羽在途中已收攏了季布所部，又為鍾離昧部解了圍，聲勢益發壯大，一路耀武而行，開進了漢軍棄守的滎陽城。

入得城來，召來里正、鄉老一問，方知劉邦大軍已移駐廣武山上。項羽不禁就哂笑：「老兒，又是弄的什麼名堂？」

待楚軍浩浩蕩蕩開至廣武山下，項羽抬頭一望，才知劉邦此次非同尋常。那廣武山，遍山柏樹森森，可藏萬人。漢王城高踞於山巔，下有鴻溝阻隔，即便無箭矢飛下，攀援而上也屬不易，這教人如何措手攻打？

項羽與項伯、季布、鍾離眛等，在山下查看了一回，也是無甚妙計。只得督眾軍爬上東廣武，也築起營壘一座，號稱「楚寨」，與漢王城遙相對峙。當地百姓見了，都稱它為「霸王城」。

漢軍絕不出戰，楚亘初時之氣焰，便漸漸消減。兩軍每日隔空對罵，或放冷箭傷人，形同兒戲。天氣漸涼下來，楚軍糧草又覺有些不濟；漢軍卻倚仗背後即是敖倉，穀粟食之不盡，便守定了緊緊相連的漢王城、敖倉、成皋這三處，遠較以往輕省得多。

劉邦每日躲在堆堞後偷窺，見楚軍螞蟻般四處亂竄，心下就暗笑。心情一好，便教隨何潛至成皋物色美女，掠得一批，帶上山來消遣。

那美人中，有一姝名喚竇姬，生得國色天香，甚得劉邦寵愛。白日裡，劉邦上城窺看敵情，天一黑便摟了竇姬去尋歡作樂。

如此僵持數月，項羽便覺煩躁 —— 楚軍麻煩多矣！

楚之糧道，今仍時時受盧綰、劉賈襲擾，糧草補給越發吃力。

項羽最擔憂者，乃是韓信在齊地坐大。以往齊楚雖然交惡，但也長期未動干戈，好歹北方尚有此一屏障，如今屏障全失，萬事難料。龍且雖勇，謀略卻平平，即以二十萬軍征討韓信，能打個平手也便是好，唯求上蒼護佑了。

眼見得兩軍隔著一道鴻溝，僵持起來，項羽不禁漸生悔意。心想：不如當初與龍且互換，自己去剿滅韓信還妥當些。原只想劉邦勢弱，出馬即可擒下，一了百了，韓信又何足道哉？然今日看來，劉邦只知龜縮，韓信那邊的戰事，倒成了懸念。

這日，項羽在楚寨城頭，望見對面山上漢軍優哉游哉，居然還有些倡優時而出沒，不由火起，忽想起劉太公一家還拘押在彭城，此時何不作為要挾？於是便遣一使者，快馬馳返彭城，令虞子期親自押送劉邦家眷來廣武。

使者走後逾半月，虞子期便將太公一行押至。項羽在帳中得報，親往大門迎住，張目一望，不由大驚 —— 原來虞姬也與兄長一同來此，正與太公、呂雉有說有笑。

項羽詫異道：「美人如何來此地？」

虞姬便嫣然一笑：「大王喚劉太公來，豈不是要講和了嗎？妾再不來，今生也難再睹戰場了。」

項羽哭笑不得，只得命虞姬自去安頓。虞姬便朝劉太公道了個萬福，正要轉身，忽聽項羽暴喝一聲：「將這老畜生拿下！」

當即便有郎衛數人，一擁而上，將劉太公衣袍褫去，赤膊綁了起來。虞姬大驚，忙喊道：「夫君，這是要做什麼？」

項羽不耐煩道：「軍中大事，婦人勿得多言。虞子期，速將令妹帶去安歇！」

虞姬情急而泣道：「夫君，太公畢竟是長輩呀……」不等她說完，虞子期便匆匆拽她走了。

少頃，眾郎衛搬出一高足俎（切肉砧板）置於城頭，將那被綁縛的劉太公放置其上。旁側架起油鑊一口，以旺火在釜底燒之。

時過不久，鑊內熱油沸騰起來，煙氣蒸騰，對面漢軍望見，皆惶然不知所措。

項羽仰天大笑，隔著山澗喊道：「劉邦聽著，你降也不降？若不降，我便烹了你老父！」

這一聲喊，聲震峽谷，漢軍聽了大驚，有士卒忙跑下城頭去稟報。

不一會兒，劉邦聞報跑上來。只見他倒趿鞋履，衣帶尚未束好，望見老父被置於砧板之上，心下惶急。將牙齒咬得咯咯作響，只是無計可施。如此沉默有頃，忽而卻朗聲大笑道：「往昔舉事，我與你同奉義帝，約為兄弟，則我父即是你父。若欲烹你父，請分我一杯羹！」

項羽聞言，咆哮如雷道：「無恥！妄人！」遂命人將劉太公拖下，便要向那油鑊中拋去。

那邊廂劉邦望見，知不可免，只得仰頭一嘆，將那眼睛閉緊了。

未料，項伯忽地從項羽身後躍出，雙臂高舉，攔住了眾郎衛，扭頭對項羽喊道：「不可不可！天下事尚未能料，萬勿如此決絕。況且欲圖天下者，多不顧家；妄殺一為人父者，於我何益？只恐反招禍而已！」

項羽半晌不語，良久方吐出一口氣來，一拂袖道：「放了吧。」說罷，便轉身而去。

劉太公早已被嚇暈，郎衛們連忙鬆了綁，項伯又為他掐了人中穴，片刻後才甦醒過來，環顧四周，仍覺茫然：「此乃人間乎？」

項羽心下也覺歉然，於數日後，置酒設宴，有項伯與虞姬作陪，請了太公一家來，算是謝罪。

席上，項羽起身敬酒道：「小姪脾氣暴躁，太公受驚了，此酒即為賠罪。」

劉太公呆了一呆，嘆道：「吾兒頑劣，成不了大器。然吾兒之友，凜然有天子脾氣矣！」

項羽不禁赧然，又賠笑道：「天下事，男兒當仁不讓，故有冒犯。我若晚生於劉邦兄七十年，則全無今日事。」

虞姬便道：「太公，可喚我劉邦兄過來，與我夫君拈鬮，看誰應得天下。」項伯哈哈大笑，當下舉爵敬酒，與太公、呂雉等又敘了一回舊。

項羽一計未成，心有不甘，數日後又遣桓楚至漢營，傳語道：「天下洶洶，連歲不寧。只為我兩人爭持而不寧，吾願與漢王挑戰，勿令天下百姓徒然受苦。」

當時劉邦正臥於榻上，聽憑兩婢女揉腳，聞桓楚所言，動也未動，只笑笑辭謝道：「吾願鬥智，不能鬥力。」

桓楚便嘆氣道：「如是，楚漢之爭，何日得休耶？」

劉邦笑道：「數歲之內，可見分曉吧。你家項王，不是已漸漸疲了？」

桓楚無奈，只得返營照實回報。項羽仍不罷休，便令一裨將出營，去向對面漢營挑戰。

那員將拍馬即出，一騎如電，臨澗將戟一橫，正要破口大罵。漢營中忽有一名樓煩射手，也是快馬馳出，猝發一箭。那楚將「啊呀」一聲，應聲倒地，漢營中便是一片歡呼。

那漢營射手，乃是有名的「北方三胡」[68] 之樓煩族人，細目高顴，善騎射。劉邦自從進兵河西，就命蕭何廣招胡人為部卒。這位樓煩神射手，從軍東征，現已做到了屯長 [69]。

項羽在壁壘上看得氣急，又命一裨將出馬，樓煩射手如法炮製，又是一箭中喉。

如是者三四，那樓煩射手催動坐騎，在澗邊不停往返，得意非凡。忽見楚營中又一陣馬蹄驟響，一武將騎一匹烏騅馬，揮槊馳出。只見其黑面虬髯，鎧甲耀目，威嚴無比。楚營中士卒識得這竟是項王，便是一片鼓譟。

---

[68] 北方三胡，指戰國時東胡、林胡、樓煩，並稱「三胡」，皆係塞外游牧民族。

[69] 屯長，漢軍低級軍官。一軍之內，各部之下設曲，曲下有屯，設屯長，五十人一屯。

那樓煩射手略略一驚，便要拉弓搭箭，但覺其人之威，熾烈如焰，難以逼視。正猶疑間，冷不防項羽猛喝一聲，如巨雷劈空，山鳴谷應。那樓煩射手直嚇得心膽俱裂，險些跌下馬來，忙掩面而逃，奔回了營壘。

劉邦在城內聽得喧譁，便上城來看，見是項羽在對面挑戰，也是吃了一驚。兩軍眾目睽睽之下，漢王名震天下，如何能放賴不出？劉邦想想，便披掛整齊，喚了王恬啟、繒賀一干將弁，跨馬馳出城來。

項羽戟指劉邦，喝問道：「劉季，來試試身手如何？」

劉邦一拱手道：「公別來無恙？我並非願與公相爭，然公逆天道而行，可謂惡貫滿盈，人神共憤。故而天下諸侯推我，興義師而伐無道，為百姓免禍。今有幸與公相會，便略數公之罪名，請三軍靜聽——」

項羽微微一笑，便將長槊往地上一戳。兩邊軍士，也都爬滿堆堞，豎耳傾聽。山澗之中，唯聞颯颯風聲。

劉邦早有成竹在胸，大聲數落道：「我與你俱受命於懷王，約好先入定關中者為王，你卻負約，竄我於蜀漢，罪之一也。你矯殺卿子冠軍[70]宋義，自尊上將軍，罪之二也。鉅鹿救趙，得勝當還報義帝，而擅劫諸侯之兵入關，罪之三也。懷王有約，入秦勿暴掠，你卻燒秦宮室，掘始皇陵，私藏其財寶，罪之四也。濫殺已降秦王子嬰，罪之五也。詐坑秦降卒二十萬，而封降將為王，罪之六也。你帳下諸將，封王皆在善地，而徙逐諸侯舊主，罪之七也。你逐義帝出彭城，自居其城為都；兼有梁楚沃野，又奪韓王之地，善地多留予自家，罪之八也。你遣人謀弒義帝於江南，罪之九也。你弒主殺降，為政不平，背信棄義，為天下所不容，實乃大逆不道，此罪之十也！」

這一番聲討，辭情俱茂，滔滔不絕，如高山落瀑，一瀉而下，直聽得兩邊軍士目瞪口呆。

---

[70]　卿子冠軍，係楚懷王授予宋義的尊號。

項羽心知所謂「十大罪」全係揑造，多是深文周納，濫加罪名，但須臾間竟也無辭以對，氣得大叫，只勒了馬在原地打轉。

劉邦正洋洋得意間，有楚寨一弓弩手氣不過，當即扳動機括，突發一箭，正正當當射中了劉邦胸膛，「噗」的一聲，三層犀牛皮胸甲，皆為銳利的三稜箭鏃洞穿！劉邦「啊呀」一聲，痛得彎下了腰去。

楚營士卒見了，都以為這一箭，定是射死了漢王，立時歡聲雷動。

王恬啟等諸將一時無措，只扭頭去看。忽見劉邦緩緩直起身來，一手按住腳背，說道：「賊箭中我足趾了！」

眾侍衛知箭傷不重，皆大喜，一擁而上，將劉邦護送回營。

項羽在澗那邊見了，知劉邦又躲過一死，大失所望，便教鳴金收兵。

劉邦詐作輕傷，實是傷得不輕，險些就要了性命。被扶入帳中後，雖經敷藥，仍覺疼痛難忍，臥於榻上動彈不得。

張良聞訊趕來，見太醫已作了包紮，暫無性命之憂，這才放下心來。當下便諫道：「大王中箭，全軍皆知。此時務必強打精神，巡行營內一周，以安軍心，否則禍福難料。」

劉邦聞言，甚覺有理，只得掙扎著起來，披掛好盔甲，裝作無事一般，乘戎車在各營中巡行一遍。

漢軍將士，原都憂心忡忡，以為主帥箭傷將不治，大局崩解在即。忽見漢王神采奕奕，竟然驅車巡行，便都釋去了疑慮，歡呼聲此伏彼起。

劉邦回到帳中，躺了半夜，實在疼痛難忍，便叫起太僕夏侯嬰，連夜奔入成皋休養去了。

次日天明，楚軍斥候混入漢營，見各營安堵如常，又盛傳漢王不過是小傷，只得怏怏回報。項羽得報，不由大費躊躇，思之無計，也只得一日日就這般耗下去。

劉邦奔回成皋，隨行只帶了一個竇姬。在城內舊號宮，有竇姬精心呵護，湯水充足，漸漸便恢復了起來。待傷口略好後，與竇姬歡愛如故，偷閒又臨幸了數次，竟致竇姬懷有一子，即是後來的漢文帝，此為後話了。

此時廣武山上下，劉邦與項羽這對冤家，所思皆牽於齊地。劉邦只盼韓信能在齊地發力，南下攻楚，與廣武大軍合圍項羽。項羽則盼龍且北上功成，將韓信之兵逐出齊趙，以解後顧之憂。

這兩位梟雄的所盼，一時皆無動靜，徒令人晝夜心焦。劉邦箭傷漸至痊癒，與竇姬廝混久了，不免想念起戚姬、薄姬來，又兼之廣武須增兵，便與夏侯嬰回了一次關中。

漢都櫟陽，原為塞王司馬欣舊都。劉邦唯恐秦人懷舊，此次便將司馬欣首級攜回，懸於鬧市示眾，又廣張告示，宣諭漢家威德，直要教那百姓服服帖帖。

看這櫟陽城內，與上次已大不相同，處處車馬輻輳，店鋪櫛比，端的是盛世初顯。萬事由蕭何打理，究竟是不同，劉邦看得開心，見那戚姬與薄姬相安無事，便更無憂慮。

勾留了四五日，集齊新增兵馬數萬，劉邦又牽掛起竇姬來，心癢難忍，便匆匆離了櫟陽，帶領援軍馳返廣武山。

再說那龍且，在外黃與項羽分別後，回到彭城，謁見了監國的柱國項佗。項佗驗明兵符之後，親自操持，一旬之內，便集齊了二十萬大軍。

冬月之初，項佗、龍且擇日誓師完畢，便偕同副將周蘭，率大軍開拔，進入了齊境。全軍進退行止，全由龍且一人操控，項佗僅殿後以作大將聲威。

龍且引軍一路北上，一面便派遣了快馬斥候，兼程先赴高密，教那齊王田廣帶兵來會。

田廣得信，大喜過望，忙收拾四城殘軍，約有三萬人，一路西行與龍且來會。兩軍在濰水東岸相遇，晤談妥貼，兩家合成一軍，就地安營，專等韓信大軍開至。

此時軍中有一屬吏獻計道：「韓信軍千里遠來，窮寇善鬥，銳不可當。齊、楚軍於自家門前與之戰，顧念家室，極易潰散。不如深壁高壘，不與交鋒，再令齊王派親信四出，招降已失之城。彼等失陷軍民，聞齊王無恙，楚軍又來救，必反漢來歸。那漢軍去國兩千里，客居齊地，齊亡城若一起反之，則他必無城可守、無糧可食。旬月間，便可見他不戰而降矣。」

龍且心中之武聖，除項王之外別無二人，豈能將韓信看作對手？遂搖頭道：「我早便知韓信為人，不過爾爾。曾聞他寄食於漂母，無謀生之策；受辱於胯下，無過人之勇，還怕他個鳥！我若不戰，倚賴齊人逼降韓信，又有何功可言？今若戰勝韓信，齊必以國土之半作為酬謝，我又何樂而不為？」

副將周蘭也勸道：「那韓信，今日已非淮陰浪子。自漢興以來，他統軍東出，平定三秦，橫掃燕趙，所向無不披靡。還須小心些才好。」

龍且便笑：「周蘭將軍，如何畏韓信如懼內？那豎子僥倖，一路之燕趙齊代，所遇全是庸將，幾近家丁、捕役者流，勝之不武。昔在漳水，章邯見我也曾膽寒，今韓信若不識相，教他留下首級便是。」遂不聽勸告，遣校尉知會了主將項佗，便將營寨沿濰水列好，專候韓信大軍到來。那項佗，數年來並無過人戰績，不過倚仗是項氏本家，坐上高位，何曾指揮過如此大軍？於是一切任由龍且擺布，自己只領後軍壓陣。

韓信此時，也恰在尋覓齊楚聯軍，兩軍正可謂迎頭撞上。

自酈食其被烹之後，韓信背負惡名，心甚懊惱，不由對齊王恨之入骨。日前，在臨淄會合了陳武、陳涓援軍，便來收拾齊王，以解心頭之恨。

正在南下途中，忽聞齊楚已合成聯軍，結營在濰水之東。韓信心中暗喜，便尋蹤而來。

此時有探馬回報說：濰水對岸楚軍，竟有二十萬之眾！韓信聞之，亦是一驚，連忙打馬馳至河邊查看，見對岸畫角連營，紅旗遍野，知是一支勁旅，遂不敢怠慢，令全軍後退三里，於險要處紮下了營盤。

大軍剛剛落腳，轅門外便有一楚卒涉水而來，送上龍且親書的戰表，約定次日於濰水之東交戰。韓信也未多想，當即揮毫回書一封，滿口應允，教那楚卒帶回去了。

入夜，韓信並不歇息，急召了裨將高邑前來大帳，詢問濰水漲落之事。韓通道：「年前伐魏時，你為我獻了木罌之計，果是精通水戰的良才。今我軍迎擊龍且，又有水戰之事須向你請教。」

高邑慌忙應道：「蒙大將軍錯愛，有何垂詢，末將知無不言。」

韓信便屏退左右，在燈下與高邑商議良久，漸成一計。韓信大喜道：「好個高邑，只你一人，便等跟我一支水軍！待明日，必有重賞。」

待高邑拜謝退下，韓信又半夜急召曹參、灌嬰、傅寬來大帳，祕密布置了一番。

次日天明，傅寬所部的全隊士卒，便都變身成了糧秣官，將裝穀粟的布囊全都清空，一日下來，計有萬餘條。入夜，由軍卒攜至上游隱蔽處，在河邊裝好沙土，投入河中，將河水阻住了大半。

次日晨起，濰水流勢立時減弱。那楚軍上下，各個驕橫異常，哪裡有人留意到這等瑣屑事。韓信這邊已集起大軍，待一陣鼓聲響起，漢軍便前後相繼，涉水而過。往日濰水，水深沒頂，軍旅徒步不能過，今日漢軍只須脫屐撩衣，便可涉過。

楚軍巡哨見之，急報龍且。龍且大笑道：「豎子願來送死乎？」遂下令全軍，出營布陣。

因前日周蘭曾有所勸諫，龍且也未敢大意，一招一式列好陣勢，便在戎車上遠眺。但見韓信軍旗幟雜亂，佇列無序，如羊群般跳入河中，爭先恐後地撲來。

龍且便對周蘭道：「那陳餘、田橫，怎敢妄稱將軍？如此烏合之眾，竟不能應付。」

周蘭疑惑道：「前日來此地紮營，尚見河水深廣，今日如何卻不沒膝？」

「冬日水枯，韓信只道老天予他方便。若豎子半夜涉水來偷營，倒還算聰明，如此明晃晃涉水來求戰，豈不是找死？」

「末將只道是韓信知兵，未料竟是如此！我軍當半渡而擊。」

「那是當然！傳令下去，聞鼓聲而動。」

韓信軍前鋒爬上岸來，漸漸已有了三五萬人，正亂哄哄準備列陣。後面又有中軍無數，爭搶下水。已過河的漢軍中，豎有一繡字大纛，細看正是赫然一個「韓」字。

龍且看準那大纛下，果然是韓信戎車，便親執鼓桴，將那牛皮大鼓，直擂得震天價響。

楚軍聞聽鼓聲，陣前盾牌便忽地放倒，千軍萬馬潮水般一擁而出。楚軍之衝陣功夫，天下無雙，當年連秦軍也不能抵擋。只見佇列如風疾行，長戟交錯，密如葦叢，二十萬軍如燎原之火向河邊捲去。

已過河之漢軍，聞楚營鼓響，便是一陣慌亂。又見楚軍陣門大開，有無數人馬衝踏而來，哪裡還敢接戰？卻見中軍大纛晃了兩晃，韓信戎車便掉轉頭，率先涉水而逃。岸上漢軍見了，不敢停留，也都棄了金鼓、旗幟，紛紛退下河去了。

龍且哈哈大笑：「早知韓信，不過燕雀之膽！」

待涉水漢軍返回西岸，西岸上漢軍也立腳不住，紛紛退後，立呈潰逃之勢。龍且想也不想，將手中令旗一揮，楚軍便爭相下水，向對岸追去。

眼看前軍過了一半，龍且意氣昂揚，命齊王殿後，自己與周蘭驅車隨大軍渡河。

正渡到一半時，忽見遠處潰退的漢軍中，豎起一面巨大紅旗，左右晃動，望之極為醒目。龍且正疑惑間，說時遲那時快，上游忽湧來五尺水頭的洪峰，呼嘯奔騰，席捲而下。半渡之楚軍，此時在水中約有萬人，立遭沒頂之災，在水中旋了幾旋，便不見了影。

原來，上游的傅寬部望見紅旗招搖，便決開壅塞之沙囊，將滔滔河水放了下來。冬月之水冰冷刺骨，楚軍全無防備，頃刻便溺斃無數。岸上楚軍眼睜睜看著，卻無法施救，不禁哀聲四起。

龍且所乘戎車，幸而已行至水邊，未遭滅頂。待他落湯雞般爬上西岸，見原已逃遠的漢軍，此刻都折返了身，山呼海嘯般衝了過來。

原來如此！龍且不由頓足嘆道：「中了豎子詭計矣！」

這一回，韓信仍是驅車在前，揮動全軍大進。濰水之西，遍地皆有黑旗豎起，如羅網般向河岸收緊。渡過濰水之楚軍，不過才兩三萬人，見勢不妙，都四散逃竄。

龍且立於車上，橫戟大喝，欲止住混亂；然此軍係臨時徵集，不似老營兵馬，將令也不能約束。

周蘭也剛爬上岸來，倉皇問道：「將軍，如之奈何？」

龍且悲嘆一聲：「奈何？唯戰死耳。」

話音未落，灌嬰所部郎中騎已捲地而來。騎士之中以秦人居多，對楚軍有切齒之恨，今日終得報仇雪恨，刀劍亂下，直殺得砍瓜切菜一般。

有數千騎士望見河邊戎車，知是楚軍主帥，都一擁而上，將龍且圍在核心。那龍且，不愧是名將，置身絕境而色不變，跳下車來，大喝一聲：「龍且在此！」便揮戟搏殺，一人獨殺郎中騎近百人，終力竭戰死。

副將周蘭欲趁亂殺出，但未能逃脫，在葦叢中被生俘。

望見西岸楚軍崩解，主帥戰歿，尚未渡河之楚齊聯軍，驚得魂飛膽喪。齊軍最先動搖，裹挾了齊王倉皇逃走。齊王一逃，楚軍便自相驚擾，隨之一哄而散。坐鎮後軍的項佗，見大勢已去，長嘆一聲，逃回楚境去了。二十萬楚軍，就此覆沒。

韓信率軍把楚軍殘部掃清，才從容渡過濰水，又去追那齊王田廣。田廣先逃回高密，見不能守，又率殘部北逃城陽。漢軍一路狂追，在城陽郊外將田廣追上，拽下馬來，五花大綁送至韓信帳前。

韓信見了田廣，不由怒從心頭起，厲聲喝道：「紈袴小兒，還我酈生來！」

田廣哪裡還敢應聲，只是俯首不語。韓信遂上前，一腳將他踹翻：「項王烹人，所恃乃滅秦之功；你小兒僥倖稱王，也敢動輒烹人？」喝斥一番後，便教軍士推出斬了。

冬月裡，瑞雪飄飄，漢軍卻是熱汗淋漓，在齊之東南分兵四出，殺得興起。

那灌嬰率部，馳攻博陽，一舉擊破了田光軍。齊相田橫當時也在城內，僥倖逃出，途中聞田廣死，便自立為齊王，在嬴地糾集了殘部截擊灌嬰。兵敗，不願降韓信，索性逃至梁地投彭越去了。

田橫的族人田吸，與田橫分道而逃，奔至千乘，亦被灌嬰追上殺掉。曹參則率軍一部，席捲膠東，大破田既軍，將田既擒住斬首。

未出一月，齊地便告大定。韓信意氣昂揚，率得勝之師還軍臨淄，一路收得降卒不少。點驗之下，竟然已擁兵三十餘萬，不啻一方諸侯了。

韓信將那曹參、灌嬰、傅寬等人之功，都登入造冊，留待請功。又將那從齊地掠得的財帛，分賞了將士。三軍受之，無不感激涕零。

這日，韓信與蒯通騎馬，緩緩繞臨淄宮城而行，心頭便生感慨：「吾有今日，乃酈生一命換得。」

蒯通道：「將軍有今日，應是兩命換得。」韓信勒住馬，直視蒯通道：「何以言之？」蒯通手指宮牆內道：「還有一齊王。」

韓信領悟，便一笑：「蒯子這一計，不會殺三士吧？」蒯通聞言，臉色一變，忙顧左右而言他，岔過了話頭。

兩人並轡行至宮門，見門內宮闕，巍峨接天，金碧如畫，韓信望之痴然。蒯通見了，便道：「此地有王霸氣象，只可惜田氏氣數已盡。」

韓信隨口問道：「何以見得可興霸業？

「臣觀之，齊地橫於海岱之間，憑山負海，東有琅琊，西有長河，豐饒天下無匹。若論爭雄之地，何處能比？不過世無英雄而已。」

韓信一時默然，駐足宮門良久，嘆一聲：「山河如此，可有真英雄乎？」隨後，才緩緩打馬而歸。

不數日，將士們忽見臨淄城頭，原漢家旗幟，通通換成了齊王之紫色旗幟，韓信起居，也自中軍大帳搬進了齊宮內。眾人不疑有他，只道是韓信即將受封齊王了，都大感振奮。

垓下悲歌，英雄末路千古痛

漢王四年（西元前 203 年）正月裡，龍且敗亡之事，幾乎同時傳到了廣武山楚、漢兩營，兩邊營壘內，景象便極不同。

漢營聞之，皆欣喜若狂。入夜，有上千板楯蠻登上漢王城頭，歌之舞之，通宵達旦。楚寨則一片沉寂，難覓燈火。

連日來，劉邦與眾人議事，諸臣都道賀說：此役楚軍三去其二，氣數將不久了。劉邦帳前，終日喜氣洋洋，ss 如大戶人家擺壽宴一般，賀客盈門。

劉邦便想到，韓信此番得手，從齊地伐楚易如反掌，包抄項王之計，不久便可實施了，不由心花怒放。然左等右等，等了一月有餘，卻不見齊地有何動靜。正在疑惑間，有僕射隨何來報，說韓信有軍使飛遞信函而來。

劉邦忙宣來使進帳，拆開信函來看，見上面寫道：

趙國相、臣韓信稽首頓首[71]上言：臣仰仗天威，所至奏捷，斬龍且於濰水，擒田廣於城陽。然國無其主，勢難教化；民無桎梏，何由歸服？齊巧詐多變，乃反覆之國，其地南鄰楚地，如不以一假王[72]鎮守，則勢必難安。今臣權輕，不足以安之，故此，臣請自立為假王。

劉邦興沖沖展卷，讀到此，不由大怒，罵道：「我困守此地，日夜盼他來助我，望眼欲穿而不見，原是想自立為王！」

一旁張良、陳平見不是事，忙在背後輕踩劉邦腳背。劉邦本是聰明

[71] 稽（ㄐㄧ）首，古代跪拜禮，跪下並拱手至地，頭亦至地。頓首，磕頭。
[72] 假王，非正式受命的代理諸侯。

人，只這一句，便住了口，箕踞閉目，似在沉思。

張良急附耳低語道：「漢家在廣武不利，大王怎能阻得韓信稱王？不若做個順水人情，立他一個齊王。令其自守其土，不然，事恐生變。」

劉邦是何等聰明，立刻穎悟，睜開眼，佯罵道：「大丈夫平定諸侯，即為真王，何以假為！」

那軍使聽得糊塗，不知該謝恩還是該告罪，伏地不敢抬頭。張良便跨上一步，對劉邦一揖道：「臣願出使齊地，攜冊封印綬，授韓信為齊王。」

軍使這才聽明白了，大喜過望，連連謝恩，自返臨淄覆命去了。

劉邦回頭對張良、陳平笑道：「不是二位愛卿提醒，寡人幾欲下令攻韓信！」張良亦笑：「那韓信，十有八九，早自立為王了。」

劉邦便朝帳外大呼：「隨何隨何，又要鑄印了！蹉跎三載，救兵未曾盼到，鑄印金子倒用去我恁多⋯⋯」

至春二月，張良收拾齊備，便攜帶封王冊書與印綬，赴臨淄授予了韓信，外加一番慰勉。

韓信對張良尚有幾分敬畏，恭敬如儀，未敢有一絲怠慢。那張良，只佯作大而化之模樣，一切細事不問，暗地裡卻與曹參、灌嬰通了聲氣，對韓信的日漸坐大，已了然於胸，此處暫時按下不表。

再說那楚營接到龍且喪報，都如喪考妣。季布、鍾離昧、虞子期等諸將頓感兔死狐悲，都不禁泫然泣下。等候了多日，見項王並無表示，便相約來見項王，要為龍且舉喪。

項羽似是整夜未眠，滿臉倦容，揮揮手道：「龍且殉國，寡人亦寢食難安。然陣前發喪，必動搖軍心，諸君請含悲忍痛，切勿疏忽，來日痛殺漢賊便是。」

虞子期諫道：「今兵力折損過半，北地屏障全失。若韓信大軍南犯，則彭城勢必不保，我之根本，立陷危殆，請大王思之。莫如即刻回軍彭城，堅守自保。」

項羽就煩躁起來，冷笑一聲：「虞兄膽量，何至於此？我大楚九郡，完好無損；八千江東子弟，仍可縱橫天下。今大軍在廣武，亦算是在漢地鏖戰，又談何危殆？損兵折將，戰之常事也，何必驚慌？唯劉邦不除，為楚之心腹大患，我迄今與之纏鬥三載，就此止戈，莫非要眼見功虧一簣？」

那虞子期還想分辯，項羽便一拍案道：「你等各回本營，堅守勿怠，韓信那裡，寡人自有辦法，都不要在此囉唣了！」

虞子期等諸將只得怏怏而退，各自巡營去了。

待諸將退下，項羽忽然眼冒金星，一下竟癱坐於地，手腳麻木，一時動彈不得，喘息少頃，才舒緩過來。俄頃，提了提精神，便急呼桓楚進帳，尋出一幅〈山河輿地圖〉來，掛於屏風之上。

項羽坐於地圖前良久，默然無語，心頭思之，已覺恐極。

今齊地盡亡於韓信，楚地北境，無異於袒露於鋒刃之下，毫無防護。本土九郡，雖勉強可再湊齊七八萬丁壯，然怎抵得過韓信三十萬之眾？如韓信發兵南下，則如虞子期所言，彭城必失，廣武山這本部十萬人馬，立時便成無家可歸的遊魂。想到此，項羽脊梁發涼，不得不打起精神，要認真來對付那個當年的執戟郎了。

桓楚見項王神色黯然，不敢打擾，只肅立於案旁伺候。項羽回頭望見，嘆了一聲：「自亞父故去，無人能為寡人指畫天下。楚營人雖濟濟，驍勇之士不少，怎奈劉邦詭計多端，猾似蛇鼠，直教人防不勝防。」

桓楚便道：「大王，何不召武涉先生前來商議？」

項羽這才猛然想起，撫膝道：「險些將他忘了，快去請先生來。」

兩人所言的這位武涉，乃盱（ㄒㄩ）眙（ㄧˊ）人氏，能言善辯，有蘇秦張儀之風，此前投楚已久，為軍中策士，卻一直未得重用。桓楚耿直，素與武涉交厚，頗為他打抱不平。今日見機，便向項王全力推薦。

那武涉被冷落多時，早已心灰意懶。今日忽聞召見，便匆忙趕來，入得帳後，即拜伏如儀。

項羽連忙將他扶起，延入上座，恭謹道：「軍務繁忙，一向怠慢了先生，寡人心甚不安。今請先生來，是為存亡大事。度今日之勢，不知先生有何妙計，可以教我？」

武涉雖置身下僚，於大勢卻瞭如指掌，此時便道：「大局於我不利，毋庸諱言。然漢家亦無定鼎之力，故勝負尚無定論。臣聞漢王近日封韓信為齊王，看似褒獎，實為不得已耳。彼輩尾大不掉，唯有以封王來安撫，你道漢王能心甘情願嗎？」

「哦？原來如此！先生果然睿智。」

「韓信之心，深不可測。今大王之所憂，也必在此人。」

「不錯，寡人正無計除掉此敵。」

「臣聞老子曰：『以道佐人主者，不以兵強天下。』昔年劉邦曾離間九江王，今我可為大王離間韓信。只憑三寸之舌，亦可抵得百萬之兵。」

項羽聞言，不覺轉憂為喜：「如此甚好！軍中金帛財寶已然不多，勞煩先生先返彭城，請柱國項佗代為籌措。備齊禮品後，便可往韓信營中去，教他反漢投楚。」

「自保之心，人皆相同，臣當竭力勸誘之；然⋯⋯」武涉忽然打住話頭，神色甚為悽惶。

「你有話，但說無妨。」

「臣若說降成功，則楚祚萬年當無疑；然萬一韓信執意不降，則今後之事，神人亦難料，大王須早作打算。」

項羽知此話分量，不禁悚然，便起身向武涉深深一拜：「拜託先生了。」

那武涉與桓楚見了，都是一驚。武涉忙叩首謝道：「大王以天下相托，臣當竭盡全力。」謝罷，便領命而去。

正是春三月間，武涉便從彭城乘車馳入齊境，直奔臨淄來見韓信。

韓信這日在齊宮內，正與蒯通談玄論道，忽有謁者進來通報：楚使臣武涉在宮門外求見。

韓信略感驚奇，對蒯通道：「我與此人，素昔略有交誼，他來此地做什麼？」蒯通笑道：「無非為項王說客而已，但見無妨。」

武涉由典客在前指引，上得殿來，高聲自報道：「楚使武涉，奉項王之命，前來為齊王賀！」說罷，便命從人將所帶金帛財寶，一一陳列於殿上。

韓信一眼輕輕掃過，便教賜座，對武涉笑道：「故人相見，真恍如夢寐。寡人這區區邊地之王，又何須項王道賀？若是你做說客，便請說無妨。」

那武涉坐下，只是四下裡張望，並不開口。

韓信會意，便對蒯通道：「夫子，我與故人敘舊，請夫子與侍從人等暫且迴避。」眾人聞令，便都退了下去。

武涉這才開口道：「往昔與大王在楚營共事，頗有情誼，臣一日未敢忘也。當時，天下共苦秦久矣，方有項王、漢王，相與舉事，戮力擊秦。及秦已破，就當論功割地，分土封王，令士卒好生休息。」

韓通道：「以我觀之，漢王並非逞強之人，所願亦正是如此。」

「然漢王不安於位，興兵東犯，侵人之境，奪人之地。先前已破三秦，後又引兵出關，收諸侯之兵，以五十萬之眾，東向擊楚。觀此意，不吞併天下便不肯罷休，其不知足，何其甚也！」

「非也，此不過一家之言。論事，須講個公平，若論功封地，漢王便是該封在巴蜀嗎？」

「封在何處，漢王憑甚計較？戲水會盟，論功分封，皆以大勢而論，豈可效賣魚婦錙銖必較？會盟所約，便不可改。就是那漢王性命，也是幾次在項王掌握中。我家項王憐他，不忍加誅，姑且封在巴蜀，留他一條活命。然他一旦得脫，便背信棄義，又舉兵來攻項王，誰人還敢信他？」

「兩雄相攻，人之常情，何況兩王乎？你我各為其主，倒不必來勸我。」

武涉見韓信不悟，便激憤起來：「今足下稱王，好不快活！然此等諸侯王，不過是以弱事強，以小事大，可有好下場耶？你雖自以為與漢王交厚，為他盡力用兵，以在下所見，卻是愚痴之至！終逃不過為他所擒。」

韓信便也正襟危坐，反駁道：「此言無根無據，只不知漢王為何要擒我？」

武涉便大笑：「足下所以能逍遙至今，可知否？是因項王尚存。今楚漢二王之爭，勝負所繫皆在足下。足下右投，則漢王勝；左投，則項王勝。我勸故友切莫得意，項王若今日亡，則明日漢王便要取足下頭顱！此言若妄，足下可拿我頭顱去。」

數語擲地，說得韓信亦覺凜然，便挺直身問道：「兄所望我何為？」

「昔日足下與項王有故交，觀今日之勢，何不反漢，與楚聯合，三分天下而各為王？」

「以此時而論，尚且過早吧？」

「若失此良機，足下必為漢王犬馬，功成而身死。兄本為智者，何迂執若此乎！」

韓信低頭，將案頭的齊王印璽摩挲有頃，遂抬起頭來，微微一笑：「我昔日投項王，官不過郎中，位不過執戟，言不聽，計不用，這才背楚而歸漢。漢王授我上將軍印，又予我數萬之兵，解衣衣我，推食食我，言聽計用，方有我今日之高位。漢王如此見信，我背之不祥，故雖死而不能易主。故人此來，厚誼可感，請代韓信多謝項王。」

言畢，韓信便起身，喚典客上殿送客。

武涉見事不可為，不禁面露悽絕之色，緩緩起身道：「三家若分天下，則各有百年國祚，否則，你我皆為劉邦俎上之肉。臨此深淵，卻不知危殆，實是痛心！兄請好自為之，楚若亡，兄之齊王做不過三月，性命苟延不過一年。若不信，且看這田氏宮殿內，當今可還有一人姓田？世上人，何難拋捨功名利祿耶？」

武涉說罷，仰天一嘆，辭別韓信，走下陛級去了。

韓信倒也不怪罪，起身送至殿前，長揖拜別。拜畢，猛一抬頭，卻見那蒯通從側殿躡足而至。

蒯通並不提楚使來訪之事，只道：「僕往昔曾在天臺山，從安丘先生習相術，略知一二。」

韓信便笑：「先生相人本事如何？」

蒯通道：「貴賤在於骨法，憂喜在於容色，成敗在於決斷。以此觀之，萬無一失。」

韓信便不再言語，只一招手，將蒯通引至一間密室內，問道：「先生請相看孤家如何？」

蒯通左右張望，猶豫道：「只恐隔牆有耳。」

韓信笑道：「放心，左右皆已屏退。」

「今相君之面，至多不過封侯；然觀君之背，則貴不可言。」

「此謂何意？」

「秦末天下初亂，英雄豪傑登高一呼，便有志士雲集，如風助火勢，乃因眾志皆在亡秦。而楚漢紛爭之後，兩強相鬥，徒使無辜之民肝腦塗地。那項王起於彭城，席捲天下，至於滎陽，則三年不能進。漢王率數十萬之眾，據鞏洛之壘，憑山河之險，一日數戰，卻無尺寸之功。這便是所謂智勇俱困也。」

「不錯，兩家大勢，今後又將如何？」

「兩軍銳氣，挫於險阻，必致兵疲糧乏。百姓亦心生怨望，不知該何去何從。以臣所料，天下之禍，非聖賢不能平息，當今楚漢兩王之命，皆懸於足下，足下助漢則漢勝，足下助楚則楚勝。當此際，臣願披肝瀝膽獻計，只恐足下不能用也。」

韓信正聽得入神，便叱道：「好了，休得遮遮掩掩，只須直說。」

蒯通這才直指要害：「臣以為，莫如兩方皆助，使其俱存，則可三分天下。勢成，則三家並立，相互掣制，無人敢擅自啟釁。以足下如此聖賢，擁有甲兵之眾，制其楚漢後方空虛之地，順從民意，向西進兵，為民請願，天下百姓必望風響應，屆時誰敢不從？當時可削大國而立諸侯，諸侯既立，天下必歸心於齊矣。臣聞『天與而不取，反受其咎；時行而不至，反受其殃』。這樣的好事，何處去找？願足下熟慮之。」

蒯通這一番言說，換作對他人言，必有醍醐灌頂之效，然韓信終究是讀書太多，於利而外，不能忘義。他思之再三，起而復坐，終不能決斷，只道：「漢王待我甚厚，我所乘之車、所穿之衣、所食之饌，無不是宮內少府之物。榮寵無比。如此，當解人之患，懷人之憂，忠人之事，豈可向利而背義？」

蒯通瞠目而視韓信，嘆息連連，忍不住又道：「足下自以為與漢王交誼匪淺，欲建萬世之功。臣以為大謬！昔張耳與陳餘，布衣時為刎頸之交，後因小事相怨，互相追殺，終為世人所笑。二人為友時，其情義天下無倫；後卻反目成仇，何故也？人多欲望，而人心難測。足下欲以忠信結交漢王，固然不錯，然你與漢王，怎能如張耳、陳餘交情之深？足下不疑漢王，便以為漢王也必不會害己，則大謬！文種、范蠡，助勾踐成霸業，哪個不是或功成而身死或隱遁而逃命？獸已盡，而狗必烹。請足下思之，以友情而論，足下與漢王，如何抵得張耳、陳餘之交？以忠信而言，足下之功，焉能踰越文種、范蠡？以此觀之，禍福自明。」

韓信聽到此，渾身一震，起身踱至窗牖前，張望青天，只覺心亂如麻。

蒯通仍不放過，又道：「臣聞，勇略震主者身危，功高蓋世者不賞。足下自領兵出西河以來，功高天下無二，勇略為不世出者。以此才幹，歸楚，則楚人不信；歸漢，則漢人震恐。足下欲恃此奇才歸於何處？名高天下，危必繼之，臣實為足下而憂！」

韓信頓覺身內有寒意湧起，如置身冰河中，只得告謝道：「先生高論且休矣，容我斟酌。」

如此徬徨數日，蒯通復又入見韓信，苦口婆心，立請決斷。然韓信終不忍心叛漢，又以為自己功大，漢王必不會加害，於是婉謝蒯通，不用其計。

蒯通見千載良機將就此錯失，心中嘆惋良久。徬徨數日，又恐日前的妄言惹禍上身，便佯狂作癲，裸衣做犬吠狀，哄得韓信當真。不久，便辭營還鄉，重操巫覡舊業去了。

且說那武涉說降遭拒，無功而返，一路嗒然若失。待輕車馳入楚境，便取出符節來，遞與從人道：「臣徒有辯才，卻辜負了項王之命。此行既無功，楚祚恐亦不久，我堂堂楚之臣，何忍見此河山終淪於屠狗輩之手？吾意已決，便在此止步，請代我向大王覆命。」說罷，竟拔劍自刎而死。

項羽得武涉從人覆命，吃了一驚，手撫交還回來的符節，繞帳徘徊良久。

知韓信無意背漢，項羽也起了回軍彭城之意，但又恐大軍若回撤，劉邦必揮軍大進，韓信、彭越也必興兵來犯，楚地便將翻作囚籠矣。於是想到，不如仍在廣武與之對峙，則彭城尚不致立即動搖。

捱過一兩月後，項羽見韓信那裡並無動靜，便知武涉日前的勸說，已令韓信有所顧忌，不禁念起武涉的好處來。遂寫成一函，飛遞給彭城項佗，命他厚葬武涉，以表彰其忠烈。

兩軍又在廣武山僵持了數月，堪堪時已入夏，蟬鳴鴉噪，直攪得劉邦心神不寧。

眼見得齊王印綬送去韓信處，兵卒卻未見有一名派遣來，心知又上了一當。便想道：那張耳、韓信，投漢時皆為窮途末路，身無分文，今日得漢家之助，貴為王侯，卻擁兵自重，坐視我困於廣武。真乃人心難測。如此，遣一將遠赴，便是一將成尾大不掉，又全無感恩之心，還不如彭越那水賊略知感恩。

然則，若不遣將遠征，項王對後方即無所顧忌，日日在此與我廝纏，不知何時是個盡頭。劉邦左思右想，也只得取那飲鴆止渴法，派出一軍是一軍，只須項王後方不寧，便是好。

夏七月，劉邦於城頭打起傘蓋，喚來英布對景小酌，閒議天下大勢。

英布亦為一代梟雄，投漢以來，卻是狼奔豕突，無一日得以伸展，此時便無精打采。

劉邦笑道：「英布兄，韓信在齊已獲全功，項王不日亦壽數將終，兄如何還這般萎靡？」

英布怏怏道：「項王以一人敵漢趙齊梁，看似身陷重圍，然淮南尚無戰事，其地連線江東，楚仍可進退自如。項王壽數，怕還正長呢！」

劉邦便不動聲色道：「以寡人之見，韓信既已奪得齊地，大勢已成，不如英布兄這便去取淮南。如此，可將項王三面圍定。」

英布聞言，幾乎要跳起：「當真？如蒙大王恩准，臣當率精銳一部，千里往襲，要教那彭城無一日安寧。彭城既不安，項王焉得長守廣武？」

劉邦望望英布，眼睛轉了轉，擊掌笑道：「不錯，英布兄，真乃好計！今日我當正襟以待之，就依你計，著你去布此妙局。事屬非常，無須恁多虛禮，這便封你為淮南王，引精兵一萬，前往淮南用兵，一切由你擺布。」

英布喜出望外，忙伏地謝道：「謝漢王恩典，臣必誓死效命！」

劉邦又道：「敕諭稍後即發，著內史連夜刻印。你領了印綬，便可出發。」

英布在漢營，與樊噲、夏侯嬰之流廝混多日，心下早已不耐。今日忽而重得王號，又得精兵一支，頓覺重生一般。領命之後，兩日內，便點齊兵馬，急趨淮南去了。

一月之後，英布軍竟竄至九江郡，奪下數縣，四下裡張揚「淮南王」

名號。楚淮南之地，軍民都覺人心惶惶，幸有大司馬周殷，領三萬楚軍鎮守在壽春，竭力應對，楚後方才不至於大亂。

聞聽英布得手，劉邦這才稍感振作，以為天下事須得有作為，方可有更大的騰挪之地。於是頒令：今後凡軍士戰死者，官家代為衣衾棺斂，轉送回鄉，以保入土為安。

先秦之際，軍士戰死，皆葬身黃土，不得歸鄉。故而此令一下，漢家境內軍民無不歡悅，以為人生苦短，從軍是死，不從軍亦是死，莫如掙得些軍功，裹屍而還，以榮耀門庭。關中投軍者，竟至於日以千計。廣武澗西，漸至聚起了漢軍十五萬，聲勢迫人。

天下各處百姓，聞漢王有此仁政，士卒生可得溫飽，死可得還鄉，都稱頌不已。漢王盛名，遂遠播天下僻遠處，四方歸心，已成大勢。

至八月，有燕王臧荼與遼東的北貉（ㄇㄛˋ）部[73]，各遣一支馬軍，南下萬里，助漢攻楚。自此，廣武澗西，便常有操胡語、著異裝的北地騎士，往來奔突，漸成一道風景。

劉邦此時看看海內，項羽所封十八諸侯，除戰歿者之外，幾乎已無一人與楚同心。張耳、韓信、彭越、英布各據其地，與楚分庭相抗，當初張良所謂「天下與二三英雄共之」，今已成不移之勢，楚已斷無滅漢之力。

如此想來，劉邦漸漸也英雄氣短，不欲做那一統之夢了。想那始皇帝，費盡心機謀得一統，怎能料十五年即煙消雲散，落得為天下笑？當下之勢，莫如退回關中，將「戰國」之局維持下去，漢也不難有五百年國祚。昔西戎之秦，便是今日之漢家，有崤關天險，那山東諸國也是奈何不得的，況乎齊趙梁與淮南，皆為漢家臣屬，如當年之「連橫」諸國，對付一家西楚，綽綽有餘矣。

[73] 北貉，春秋戰國時的古國名。在今吉林省東部一帶，與其時朝鮮半島上的「三韓」屬同一族。

當下劉邦便想好，立即召張良、陳平來商議。

張良聞之，神色若有所失。陳平則嘆道：「辛苦四年，不如當初便與楚議和。」

劉邦笑道：「當初議和，漢家如崖下累卵，怎有今日之安穩？今四海之心歸漢，楚則成病虎矣。」

陳平想想又道：「只可惜，太子劉盈，做不成二世皇帝了。」

劉邦不禁勃然變色：「寡人正是不想令他做二世！」

張良在旁又道：「若再奮力一擊，楚便敗亡，大王何止步於廣武？」

劉邦怫然道：「爾等書生，怎知兵事之難？寡人帳下驍將，皆成擁兵不前之諸侯，身邊只得樊噲、周勃者流，何人可為我一擊？」

陳平道：「滅楚乃大計，大王且緩行，容臣等稍作謀畫。」

劉邦便一哂：「陳平兄，你雖為典軍，怕也只知如何逃亡。兵疲至此，滅楚談何容易？老子曰：『以其不爭，故天下莫能與之爭。』我漢家退守關中，有百二河山，勝過帶甲百萬，安居當今之秦穆公，不亦快哉？楚必無力再與我爭。」

陳平與張良相互望望，便都無語。

八月末梢，天氣稍涼，本是用兵之際，劉邦卻派出了儒生陸賈，前往楚營講和。只望項王開恩，將劉太公等家眷放回，雙方罷兵，各歸西東。豈料項羽尚未忘龍且戰歿之恨，一口回絕。

陸賈百般勸說無果，遂悵悵以歸。劉邦便笑道：「儒生何用？只能哄得那田廣小兒繳械，此事還須鬼谷子門生出馬。」於是，再派帳下侯公往赴楚營。

那侯公，乃洛陽人氏，生於世家，少負豪氣，及長，精通縱橫之術，好為人平息爭訟。當年劉邦率軍東征彭城，過洛陽時，三老攔路諫言，內中便有他一個。當其時，侯公便投了漢軍，跟隨至今。

恰在此時，楚之北境又起騷亂。韓信軍數月未動，此時見楚後方空虛，便屢屢南犯，由灌嬰親率馬軍，突入淮北，數敗楚軍。另有彭越在梁地穀城，得田橫來投之助，聲勢大振，亦屢犯楚之糧道，氣焰漸漲。近日內，竟將楚軍糧道完全截斷，掠得楚官倉大批糧秣，計有十萬斛[74]之多，以車載之，浩浩蕩蕩駛入漢王城。楚營將士望見，徒喚奈何。每日嗅到漢營飄來縷縷飯香，更覺飢腸轆轆，心無鬥志。

侯公此次出使，便是倚仗勢強，自有韜略。他從容進入楚營，見霸王大帳門前，數十郎衛執戟肅立，傳呼聲迭次傳出，知是項羽要給他下馬威，便也不理會，只昂然而入。

那項羽果然仗劍高坐，面似冰霜，一雙重瞳子目光銳利。那侯公只當一切不見，略一施禮道：「漢臣侯某不揣冒昧，有要事稟告，在此見過大王。」

項羽自鼻孔裡哼了一聲，道：「你家那庸主，鬥我不過，既不戰，亦不退，只龜縮在陽夏壁壘裡，卻打發一隻又一隻黑老鴰來絮聒，是何用意？」

侯公略一欠身，接過話頭反問道：「項王英明，我主萬不及一，然小臣斗膽問大王，大王目下，是欲戰還是欲退呢？」

項羽將那長劍向地上一戳，高聲道：「寡人當然願戰！」

「項王神武，臣自然是沒有話說。然每戰必勝，自古未有之，且即便是連勝，也必有危殆伏於中，勝負焉能料定？臣看今日，兩軍皆力竭，只怕是項王一世英名，再過數旬，便要毀於這陽夏城下了。侯某區區一里正也，人微言輕，然亦願向大王推誠進諫，當今之勢，唯有罷兵息

[74] 斛（ㄏㄨˊ），古代量器名，亦為容量單位，漢代一斛為十斗。

爭，於兩家皆為上策。」

「哈哈，收兵罷戰？寡人再途窮，亦淪落不到要與亭長講和。」

「哪裡？我家漢王，豈有膽量與大王爭鋒？數年間受人裹脅，迫於大勢，也是不堪其疲。唯願息兵罷戰，與大王重修舊好。大王若能恕了漢家不知檢點之過，允兩家罷戰議和，我等君臣敢不從命？」

侯公的這一番軟話，撓到了項羽癢處。項羽不覺便鬆弛下來，放下手中劍，問道：「劉季遣你來議和，將如何說起呢？」

侯公見有轉機，急忙叩首道：「我家漢王，今有二議：一是兩家劃定疆界，各守一方，永不相犯；二是懇請大王開釋太公、呂氏等劉氏眷屬，漢王將萬世銘感盛德。」

項羽便仰頭大笑：「無賴亦知親情乎？不踩到他腳痛，他怕也想不起還有個老太公來！求和？分明就是個誑話。」

「不敢，不敢！我家漢王，實是思親心切。東進之初衷，原亦不過是為接眷屬西去，不料卻惹出許多事端來。」

「豈止是事端，那劉季老兒，直是要吞掉天下呢！」

「我家漢王，絕無此膽量，種種冒犯，皆為諸侯慫恿。今幡然悔悟，覺其中事理，直在大王，曲在漢家，故而遣小臣前來賠罪。若蒙大王恩典，則四海之內再無烽煙，天下百姓亦幸甚。」

「哈哈！你這侯公，劉季是從哪裡掘出來的？倒是會說話，你便與項伯去斟酌吧，寡人只是不耐這些囉唆。」

侯公見項羽已鬆了口，更是抖擻精神，鼓起蘇秦張儀之舌，直陳利害，說得項王心有所動，也知唯有休戰，或可保得楚不至危亡。

項羽遂將侯公留置營中，另召項伯來，閉門與項伯商議：今老營的十萬人馬，蹭蹬於滎陽，迄今已兩年有餘。今年以來，食不果腹，衣衫襤褸，縱是驍勇依舊，欲敵漢、齊、梁之三面襲擾，終是吃力。不如罷兵議和，保得楚之腹地無虞，亦不失為良策。

項伯歷來與劉邦有私，故而樂見和議談成，便道：「子曰，『中庸之為德也，其至矣乎』！今我與漢相爭，三年未見勝負，可知上蒼自有安排。今我軍議和而歸，漢家五十年內必不敢再犯，也未嘗不是好事。」

項羽尚有猶豫，一時便未允。這夜在燈下，又獨坐於輿地圖前，痴痴地看了半晌。

恍惚間，忽嗅到一陣香氣，原來是虞姬端了羊羹進來，一臉笑顏：「今日是何日？難得夫君這般安穩。」

項羽便回首道：「今日確是非比尋常。漢營方才遣使來，巧言議和，求寡人放歸劉太公……美人以為如何？」

「那當然好。太公一家，拘於楚地已兩年有餘，實在可憐。彼等老弱婦孺，不過平常商家人家，兩軍之事，與他們有何相干？」

「唉！與劉邦戰，屢戰而不勝，實乃奇恥大辱也。」

「夫君，這又何必？今妾往軍營探看，見軍士們正在晒甲衣，個個鎧甲生蟣蝨，蓬頭垢面。如此狼狽，何以再戰？不如儘早議和，與民休息。那劉邦自彭城大敗後，又數次折兵，三年未進寸步，也必是無力再戰了。」

項羽望望虞姬，嘆了一聲：「如此，便准了他議和吧。」

次日晨起，項伯便受命，與侯公切磋再三，將罷兵條款議妥。即楚漢罷兵，以鴻溝為界，西為漢地，東為楚地，中分天下，互不相犯。此議獲項羽、劉邦首肯後，項伯便命書吏將約書謄好，只待項王與漢王分別簽字畫押，一樁天大的事，便可告成。

自此之後，侯公又往返楚營數次，終獲兩王各自簽署。項伯遂將兩份約書分置兩函中，楚漢各執一函，擇吉日互換，議和便可告成。

至九月末梢，一切議妥，侯公赴楚營換約完畢，兩軍將士擊鼓鳴金，宣告罷兵。隨即，楚寨大門，豁然洞開，劉太公、呂雉、審食其三人，與一道被羈的太公續絃李氏、劉邦次兄劉喜、劉邦早前外婦之子劉肥等諸眷屬走出來。項羽、虞姬與一干文武，皆著常服，送出門外。其間，虞姬與呂雉執手話別，依依不捨，相約來年歲時吉日，或可互相探望。

那邊廂，劉邦早早便率張良、陳平、樊噲等眾臣，遠遠迎出漢王城，恭迎於道旁。

其時漢軍皆知議和已成，都登城觀看。見劉太公等步下石階，三軍喜不自禁，皆歡呼「萬歲」，聲徹天地間。

劉太公一行，蹣跚穿過兩軍之間窄窄的一片曠地，來至漢王城下。劉邦見太公瘦弱傴僂，蒼髯蓬亂，禁不住淚下，忙伏地賠罪。起身又拜見髮妻呂雉，恍如已別半世，悽然道：「以為不復得見矣！」

迎入太公一行後，劉邦整好衣冠，遙向鴻溝之東拜了三拜。又吩咐少府官吏，備好三牲醴酒若干，送往楚營以示謝意。

當夜，兩營篝火熊熊，喧聲震天，有軍士索性將戟桿折斷，拋入火中作薪柴。眾軍以為從此可釋干戈，回鄉躬耕去了，便都奔走稱賀。

漢營大帳內，更是喜氣盈門。劉邦擺下盛宴，邀文武重臣齊聚一堂，為劉太公、呂后接風。

席間，劉邦端立中央，拱手對眾人道：「今日楚漢議和，侯公功在千秋，將封為『平國君』，食邑千戶，世代享有榮華。」說罷，便拿眼掃視眾人，要尋那侯公在何處。

哪知這半日熙來攘往，誰也未曾留意，滿堂文武齊集，獨不見侯公的蹤影！

劉邦大驚，忙吩咐中涓往各營裡去找，又遣隨何往楚營去探問，都一無結果。眾人不由詫異，議論紛紛。劉邦閉目半晌，良久才睜開眼，將衣袖一揮：「侯公志存高遠，就此隱去了，且隨他去吧。然『平國君』此爵，漢家將代代虛懸，以示寡人之恩。」

越日，有巡哨來報：楚軍十萬人馬，均已拔營向東南而去，楚寨已成空城一座。劉邦聞報，不勝感慨，遂帶了夏侯嬰、周勃，前往楚寨空壘裡查看。

上下看了一回，見楚營雖空，卻毫無狼藉之象，就連遺棄的箭矢，亦堆放得整整齊齊，劉邦就忍不住嘖嘖讚嘆。轉入後營中，卻見一老卒尚未走，正在收拾廚灶。

劉邦便上前問：「老丈，何故滯留於此？」

那老卒霜髮滿頭，一面彎腰撿拾木柴，一面便答：「家中數子，年前皆戰死，婆姨亦染病身亡，我孤老一個，回鄉又有何益？不若在此留下，尋些營生做，度個殘生罷了。」

劉邦望望遍野蕭瑟之意，嘆了一聲，吩咐夏侯嬰道：「將此老者收入中涓吧，日後帶回關中去，好好安頓。」

次日，劉邦派遣車騎數百，威儀赫赫，護送太公及呂后等眷屬入關。那呂雉從一市井家婦，翻身為正宮夫人，位列至尊，舉止言談總不免惴惴，看著夫婿與諸臣的眼色行事。雖聞聽劉邦又納了戚姬、薄姬與竇姬為妃，卻連這一大串姓氏都記不住，哪還有心思計較？只忍住了指雞罵狗的本性，佯裝不在意而已。

繼而，劉邦便與周勃、夏侯嬰籌劃拔營回關中事宜，正要議妥，忽有張良、陳平上門求見。

只見張良扯住陳平闖進帳來，劈面便問：「大王，今漢家半有天下，諸侯皆歸附，楚則兵疲食盡，正是滅楚之時也，何不趁機進兵，取而代之？」

陳平亦大聲道：「我軍包抄之勢已成，廣武以西，萬夫莫逾；淮水南北，有韓信、彭越、英布枕戈以待，楚已成強弩之末。今日項王東歸，亦不敢直行，欲繞東南而歸彭城，終不免為困獸。大王為何偏於此時退兵？今若失此良機，勒兵不追，便正是所謂『養虎自遺患』也。」

二人詞語激切，不容商議，劉邦不禁怔住，捋鬚沉吟半晌，才道：「兩位言之有理，此時罷兵，不單天下半數歸楚，就連沛縣也仍陷於楚地，寡人豈不是只做了個西戎王？」

陳平又道：「項王若東歸，數年生聚，便可復振，屆時大王欲安居關中，可得乎？那齊梁燕趙，又焉知彼等可世代不渝、一心向漢乎？項王若捲土重來，何人可再為大王月下追韓信？」

此一語，刺痛了劉邦，當下便不禁失神，默默無語，將一塊虎符反覆把玩，忽然精神就一振，斂容道：「諸君所言，是為至理。然鴻溝之約，一日便廢，我將何以取信於天下？」

張良道：「楚漢之爭，皆起於項王背約，今日之事，便是他咎由自取。」

陳平也道：「沛縣舊部跟從大王，數年不得東歸，今又聞永世不得東歸，則作何想？」

劉邦悚然一驚，望了望周勃、夏侯嬰，慨然道：「子房、陳平兄所請，實獲我心！寡人決意就此變計，明日便東進，要與眾兄弟衣錦還鄉。」

張良望望陳平，這才長出了一口氣。

次日晨起，鬆弛多日的漢營，忽地就忙碌開來。上下軍佐奉了令箭，都急如風火，忙著點兵拔寨。僅一個時辰，漢軍便又大張旗鼓，蜿蜒如蛇，躡楚軍之蹤向東南而去。急追了兩日，行至陽夏地面，前面即可望見楚軍旌旗了，劉邦便命軍伍止步，紮下營寨，遣使分赴韓信、彭越兩處，與之約期引兵來助。

此時節令已是十月，逢元旦吉日，兩軍在曠野中相遇，自是誰也無心過年。[75]

項羽聞斥候來報，說有漢軍躡蹤而至，起初並不相信。他披掛整齊，登上戎車，命御者驅車至高崗處，手搭遮陽遠眺，果見黑壓壓一片漢旗，不由就大怒：「老賊，欺我心慈乎？」於是下令，全軍開進陽夏城邑，要與漢軍回頭一戰。

入城後，項伯、鍾離眛、季布聚至項王帳內，都憂心忡忡。原來楚軍在議和之時，便有千里之外的敗報迭至，稱彭越部又悍然南犯，直下楚北境昌邑等十餘城。灌嬰麾下馬軍，亦横掃淮北，淮上重鎮多有失陷，連項王的老家下相，亦為灌嬰攻破，致彭城軍民一日三驚。灌嬰部荼毒淮北後，又突入淮南，長驅直入，一路破襲，兵鋒掠至廣陵。至今日，楚之腹地，已一片狼藉矣！

其時，楚寨諸臣無不震恐。項王急派軍使飛馬傳令，命項聲、薛公、郯（ㄊㄢˊ）公率軍出彭城，收復失地。項聲等將奉命，帶兵出彭城死戰，喋血半月，逐次將淮北失地收復，然不料，灌嬰遁去後，又返身殺回，在下邳一帶大敗項聲，並斬殺薛公。

因淮南局勢糜爛至此，故而項羽率軍回撤時，便不敢貿然東行，而是取道陽夏，先往東南，再相機北上彭城。

項羽在陽夏城頭，望見漢軍囂張，不禁恨恨，對身邊諸將道：「村夫欺我太甚！我意止軍，就在這陽夏與之一決。」

[75] 此時為西元前 203 年農曆十月，若以現代曆法計算，尚屬漢王四年。但按秦曆法，十月即為歲首，則為漢王五年歲首，故當今各著述所稱滅楚之戰起始年代，並不一致。

項伯滿心不願再戰，便諫道：「我軍十萬，毫髮未損，劉邦軍亦不過十餘萬而已，怎敢擊我？無非是緩緩跟在後面罷了，可無須理會。」

鍾離眛卻道：「不可，淮北已危在旦夕，唯淮南尚可苟安。我軍此次還彭城，若將那劉邦大軍引進，則勢必魚爛不可收拾！依臣之見，陽夏一馬平川，最合我軍馳驅，不若就在此一戰，以絕老賊覬覦之心。」

季布頻頻點頭，亦附和此議。項伯卻仍是搖頭：「漢軍本不能戰，且人數又非倍之，何必與他糾纏？我十萬人馬，乃我大楚僅存之精華，今番返國將養，待三年之後，旗鼓重整，必無敵於天下。」

項羽冷笑一聲：「叔父是說，今日我軍便不能天下無敵了嗎？寡人以為，鍾離眛所言甚是。若今日不戰，只恐來日欲戰而不能了。」

季布便起身，請命道：「即便來日不戰，今日也須一戰！那劉邦數年來與我死纏，只因沒有打痛他！不妨可派屬下周巖將軍率部一萬，趁其不備，阻擊其前鋒樊噲。如能挫其鋒芒，或可阻嚇劉邦。」

項羽看看帳外日晷，時還未近午，便道：「那便如此吧，至午時，即開門出戰。」

時近午時，漢軍先鋒樊噲率前軍三萬，蜂擁進至陽夏城下。正要搦戰，忽聽城中金鼓大作，城門轟然洞開，一彪楚軍急急奔出，楚將周巖一馬當先。

那楚軍，數月來人困馬乏，好不容易盼到還鄉，不料卻又要出戰，大多士卒便心頭惴惴，唯恐活不到明日，氣勢上先就輸了一籌。漢軍那一面，則是眼見楚祚不長久了，都有爭立軍功之心，跟蹤了數日，此時見楚軍迎出，都大喜，爭相挺戈殺來。

荒野之上，霎時便是血跡斑斑，殷紅滿地。激戰了多時，漢軍終究人強馬壯，漸漸占了上風。

樊噲見狀，大吼一聲：「捉得項王，萬世封侯咯——」隨即將長戟一揮，便驅車前衝，眾軍皆搖旗吶喊趨進，勢若狂潮。

楚軍飢寒交迫，到底支撐不住，掉頭便往城內奔回。樊噲哪裡肯放過，急率精騎突入楚陣，截住了四五千人，將那楚將周巖也圍在了核心。看看離得近了，樊噲暴喝一聲：「無名鼠輩，來送死乎？」一戟便將周巖拍下馬來。眾軍一擁而上，將周巖縛住，解往大營去了。

城頭眾楚將見了，大感激憤，都頓足不已。鍾離眛掣出劍來，就要率部往援。項羽望了望漢軍塵頭，反倒不急，搖頭道：「我軍兵疲，暫且收兵再說吧。」

然則，天不助楚，項羽此時欲稍事喘息，以逸待勞，卻成了奢望。楚軍在陽夏城內才歇了一日，便又有楚都八百里流星急報送至，羽書報稱：日前，灌嬰部復犯淮北，攻破彭城，楚馬軍盡潰，柱國項佗亦被漢軍擄去。

自此，長江以北，楚土殘破，再無統一政令了。各郡楚軍，成群結隊易幟換裝。山河變色，有如噩夢……

項羽閱畢，不由拍案驚起，大叫一聲，將那軍報狠狠摔在地上。

虞姬聞聲趕來，拾起散落的竹簡，拚湊起來看過一遍，遂輕嘆一聲，手撫項羽肩頭默默掉淚。少頃，才悽婉說道：「當年我馬軍收復彭城，是何等威壯！如何才三年過去，竟一至於此？今彭城已失，你我將歸何處？」

項羽緩緩抬頭道：「勝負之事，涕泣有何用？美人請暫避，我將與諸臣盡速商議。」

那虞姬眼中滿是幽怨，負氣道：「夫君，你威震海內，勇冠三軍，活脫是個神人，屬官們哪還敢說半句難聽的話？天長日久，必是閉目塞聽，才落得今日這步境地。我只問你：為何三年來連戰皆捷，最後卻如此倉皇？今日種種，豈非秦二世故事重演？」

項羽便拍案怒道：「我豈能與豬狗輩並論？看那些諸侯王，哪個不是依賴寡人發跡，今日卻都掉頭去助那無賴。天下事，有何道理可言？」

虞姬低頭想想，長嘆了一聲：「夫君，你只是不該生於這人間。」言畢，便掩面而去。

片刻之後，諸文武聞訊，都陸續聚攏來。人人面色沉重，全無計策，只能聽項羽主意。

恰在此時，項伯忽然奔進，急切道：「有陳縣縣公利幾，適才差人來報，已徵發全境丁壯五萬人來援，軍至固陵紮營。那固陵城邑，城堅塹深，我軍可暫入固陵，與陳縣軍會合，再思進退。」

項羽聞言，稍作沉吟，便下令道：「就如此吧！全軍轉進，不得遲疑。」

不到半日工夫，楚軍便從陽夏撤離，開進固陵堅守。得陳縣縣公之助，楚軍放開肚皮吃了幾餐飽飯，士氣復振，遂在城頭遍插旗幟，頻擂金鼓，以震懾漢軍。

樊噲遣人探得明白，將此情狀飛報劉邦。劉邦亦不遲疑，急命全軍拔營跟進，開入陽夏。見陽夏城不甚堅固，便一面在城南築起壁壘，深挖塹壕，與楚軍相持；一面等候韓信與彭越軍來援。

候了三日，時限早已過了約期，然援軍卻連影子也未見一個。劉邦正焦灼之際，忽有探報飛至，說道：今日晨間，固陵城門大開，楚軍十萬奔湧而出，已來至陽夏城下，排開陣勢，叫囂搦戰。

劉邦吃了一驚，便欲登城查看，忽又有隨何來報：楚營遣桓楚前來下戰表。劉邦便命宣入桓楚，接過戰表來看，見內中云：

書上漢王麾下：前太公、呂夫人在我處，優養有加。霸王心存哀憫，於日前送還，並准允訂立鴻溝之約，息兵議和。然麾下投鼠忌器之憂既去，便翻雲覆雨，背約動兵。其屈在漢，天理所不容。詩曰：「人而無儀，不死何為？」麾下之舉，無乃有過於蛇鼠之卑乎？今西楚霸王統雄兵於固陵，願與麾下一決高下。王若不懼，則於今日午後未時，起兵前來應戰，勿違為盼。

劉邦收起戰表，閉目捋鬚片刻，睜開眼道：「桓楚，你也是項梁君舊部，寡人與項王聯兵反秦，往事歷歷，迄今仍不能忘。然兄弟鬩於牆，責在誰人，又怎能說得清楚？楚漢相爭至此，不知有多少農家子填了溝壑。若再不分勝負，則災禍仍將無已。你回去稟明項王吧，寡人便來應戰。」

桓楚聞言，不禁淚流，伏地叩首道：「臣亦常憶起舊年，然河水可得倒流乎？還請漢王保重。」言畢起身，默視漢王片刻，旋即退下，回營覆命去了。

陳平搶出一步，對劉邦急道：「韓信、彭越軍尚未至，我軍如何能戰？」

劉邦當即嗤之以鼻道：「書生論兵，方知不易了吧？若等得韓信、彭越兵來，東海也要枯了。好在楚軍飢疲多日，我軍馬肥糧足，或不至於落下風。」

陳平見勸阻不住，只是徒然嘆息。劉邦全不顧眾人神色，自顧披掛整齊，登上戎車，傲視楚營，儼然常勝將軍。然他完全未料到，眼前這支「惰歸之師」，今日情形已截然不同。近日由陳縣縣公發動，縣民絡繹向固陵楚營送來了牛羊糧秣，楚軍早先的飢疲之態已一掃而空。加之彭城已失的消息傳開，楚卒皆知自家已成「窮寇」，無家可歸，決死之心陡生。老營十萬人馬，正如急欲脫籠之虎，指爪銳利無比。

午後，天色晦暗，西風凜洌。兩軍如約出營，在固陵與陽夏間的平川上，將陣對圓。兩邊軍士執戟挽盾，怒目相視，皆未鳴金鼓。曠野上，唯聞風拂旌旗之聲颯颯作響，令人心悸。

項羽瞥了一眼漢軍陣勢，知劉邦已是傾巢而出，便輕蔑一笑:「劉季，今日我與你堂堂正正一戰，要教你識得何為霸王！」說罷，即擂動鼓桴。那鼙鼓之聲，先是渾如春冰炸裂，頃刻間，便似有萬股洪濤奔湧而出。

楚軍聞聲，皆是一振，各個挺戟大吼，其勢如天崩地解。對面劉邦見勢，也急忙擂動戰鼓，兩軍便相向而進。遠看，如紅黑兩股激流，飛沙捲石，迎頭相撞。

此時的漢軍，雖已將養多時，但仍不是楚軍對手。廝殺不過片時，陣腳便開始動搖。樊噲、周勃、靳歙、韓王信等諸將，在陣中拚死衝殺，終是難敵楚軍威猛之勢，漸漸便支撐不住。

劉邦見勢不好，彭城之敗的往事又掠上心頭，便急催夏侯嬰打馬，掉轉車頭回撤。

夏侯嬰也知利害，忙將戎車掉頭，趕得如風馳電掣般。劉邦站立不穩，頭碰車軾，竟將那兜鍪也撞掉了，狼狽奔回營中。

漢王大纛一動，漢軍立呈潰敗之勢，十餘萬人丟盔棄甲，向後退去。楚軍一路追殺，喊聲震天，將漢軍趕入了營壘。

漢營的壁上弩手見勢不好，急忙放箭，將楚軍前鋒射住。營門士卒顧不得還有潰兵尚未進門，慌忙拉起吊橋，將楚軍擋在了壁壘之外。

楚軍遂將陽夏壁壘團團圍住，百般叫罵，然漢軍只是閉門不出。項羽見漢軍龜縮，仰頭笑道：「老兒，三年尚不知兵，也配持劍上陣乎！」看看天色將晚，攻打壁壘不易，便下令鳴金收兵，退回固陵稍作休沐，仍與漢軍相持。

隔日，劉邦檢點兵馬，才知整整折損了三萬人馬，不禁嘆息。此後數日，楚軍或多或寡，每日都來搦戰，也學了漢軍的無賴模樣，高聲亂罵。然劉邦只是不理，獨自臥於帳中，默讀《太公兵法》。

熬了數日，劉邦終究不堪喧擾，遣人去喚來張良，劈頭便問：「諸侯都不肯來，這如何是好？」

張良早料到會有這一問，便答道：「楚敗亡在即，然楚地卻未曾分。諸侯不應召，自是情理之中事。」

劉邦便覺奇怪：「韓信不是新封了齊王嗎？如何說沒分地？」

張良一笑說道：「封王是虛，分地才是實。大王只須對韓、彭兩人講明，與彼等共分天下，言明郡縣多少、人口幾何，均歸彼輩，兩軍明日即可至。至於韓信受封，原非大王本意，故韓信也心中忐忑。彭越所據，本為梁地，卻因助魏豹之故，將他封為魏相。今魏王豹已薨，彭越欲得這王帽子，大王卻遲遲不定。這二人，必以為大王心不誠，故不肯來。」

劉邦這才恍然大悟：「哦呀……然則如何？真的要分地嗎？」

「當然，大王請將洛陽以北至穀城，皆分與彭越，並加封梁王。那齊王韓信，家在楚地，欲以家鄉為齊之城邑，大王可將陳縣以東至海，分與韓信。捨出這兩片地給他二人，二人必出力來助。如此，破楚易如反掌耳。」

「他二人，原是揣了這等心思，何不早說呢？」

「是畏懼大王責怪吧。」

劉邦想想，忽然疑惑道：「分地之事，易耳；然新闢楚地，全贈與他二人，我又所為何來？」

張良便詭祕一笑：「明日事，明日自有辦法。」

劉邦當即會意，擊了一下掌，當下便遣使，攜帶標註好疆界的輿地

圖，分頭送至齊梁，再次約期圍攻項王，

果然，韓信、彭越接到地圖，甚覺滿意，都告知漢使:「今即發兵。」數日後，便各率本部人馬，南下陳縣來助漢了。

冬十一月，由灌嬰部郎中騎一路當先，三十萬齊軍自臨淄南下。彭越也親率大軍七萬，從昌邑出發。

恰在此時，一向在淮北游擊的劉賈，率兩萬漢軍渡淮南下，逼近壽春，遣人勸降了楚司馬周殷。周殷乃楚之重臣，聲望卓著，六邑軍民聞周殷居然叛了楚，都極表憤慨，閉門不降。周殷便領兵攻破了六邑，縱兵屠城。後又與英布軍會合，攻破城父，再次屠城。

兩次屠城，淮南為之震動。之後，周殷、英布兩軍又與劉賈部合兵，共計十萬餘眾，亦浩浩蕩蕩往陳縣而來。

如此，三路援軍，漸在陳縣集齊，劉邦籌劃多年的包抄之計，終得實施。

這日晨，漫天彤雲密布，似有雪意。固陵城頭的哨卒眼尖，望見漢軍壁壘有大隊步騎開至，佇列浩蕩，不見首尾，連忙稟告了鍾離昧。鍾離昧急派探馬前去查看，探馬看過，回報稱：來者衣甲鮮亮，皆著漢軍服式，然旗幟為紫色，不知為何方軍旅。

鍾離昧便頓足道：「韓信軍到了！」遂疾奔下城，去項王大帳稟報。

此時，項王正與項伯、虞子期商議，欲派兵接應失散的項氏族屬，聞鍾離昧稟報，不覺怔住，默然良久，方嘆道：「豎子終是不悟。武涉公地下若有知，如何能瞑目！」回首便吩咐鍾離昧，「今晚來寡人帳中，另行商議。」

整整一日，漢營源源不絕有新軍開到。陽夏壁壘內外，堪堪已聚起了四五十萬人馬。只見遍野連營，旌旗蔽天。即便是老營的楚卒，也從未見過漢軍聲勢有如此之浩大。

劉邦在轅門迎到韓信、曹參、灌嬰等，喜不自勝，一一執手相問。張良、周勃等本部文武諸臣，見了久別的故人，也倍覺親切。劉邦與諸將寒暄畢，便將眾人延入大帳，設宴款待。

主賓就座後，有少府吏員陸續進帳，布好佳餚，又搬來幾壇上好的醴酒，為眾人逐個斟了。

劉邦便道：「今日此時，為寡人多年夢寐。我漢家諸君，皆起自壟畝，一向遭貴冑輕賤，視我為販夫狗屠之輩。其實那項梁叔姪，家中亦無寸土，不過頂著個空名號罷了，卻是眼高於頂，視我輩為微賤之徒。秦末舉義，原本不分貴賤，然項王眼中卻有高下等差，將天下之地私相授受，實屬欺人太甚，終致天下怨憤，步入窮途。今各路英雄會攻項王，眼見他失道寡助，已成籠中困獸，何其快哉！來，寡人這頭一爵酒，便要敬齊王韓信。漢有今日之興，楚有今日之厄，齊王之功，當屬第一。」

韓信忙起身謝道：「漢王恩德，何止於高天厚土！我等鄉鄙之士，若無漢王拔擢，怎得統兵裂土，晉身王侯？漢王昔在成皋，與楚相持三年，神鬼皆驚，功勞不可盡數。今漢王已疲，可於陣後靜觀，破楚先鋒之事，全都交予我韓信便好。臣韓信，等候今日也已多時了，必全力以赴，擒得項王，以報漢王恩典。」

劉邦哈哈大笑，解下漢王劍授予韓信，慨言道：「此劍，乃上天所賜，為安邦濟國所用。伐楚以來，寡人與楚大小七十餘戰，直殺得白骨暴野，屍積如山。寡人亦為人父，見之實不忍心。今授劍予韓公，只望公一戰而定，使百姓安於枕蓆，將士得享燕樂。從此我大漢天下，垂統萬世而不竭，我輩也不枉從血泊裡蹚了一回。」

眾臣聞言，皆大悅，一時杯觥齊舉，紛紛向韓通道賀。

韓信舉爵向諸將回敬，仰天笑道：「大丈夫，唯愛天下耳！若無今日之雄，則與濯洗婦何異！」眾將聞之，熱血上湧，皆拔劍狂呼。

如此一夜喧嚣，至次日晨，陽夏壁壘便與往日大不相同了。壁上所立漢軍，軍容甚壯，行止有序。滿營所插旗幟，一夜間全部易為紫色，望之如煙霞蔽野。

原來，漢之前軍，在此一夜之間，全都換成了韓信軍，故而鮮衣怒馬，不似先前廣武本部軍那般疲弱了。

當晚，時近子夜，鍾離眛來至項王大帳，見帳外唯桓楚一人侍立，項羽在帳內獨對孤燈，正自發愁。

待鍾離眛坐下，項羽便道：「西楚霸業，唯餘一脈，將軍可為寡人分憂乎？」

鍾離眛慨然答道：「大王請勿慮。今江東尚在，淮南或亦有數城未降，事有可為，只待時日。大王若有差遣，末將可為大王赴死。」

「將軍所言不謬，十萬老營兵馬，現已無路可退，唯有取道淮南，奔入江東。然韓信、彭越已躡蹤而來，我軍食盡，不可力戰。將軍可否率三萬人，於固陵拒敵？我率七萬人馬退往江東，以圖恢復？」

「如此甚好！臣願死守固陵，以報國恩。」

項羽搖搖頭，悽然道：「寡人之意，非指驅使將軍赴死，只須阻敵三日，我便可跳脫而去，固陵不過是作幾日『拒馬』而已。之後，將軍可便宜行事。唉，諸事不利，寡人也是無計可施，待軍至江東，得了補給，誓要回軍雪恥。」

鍾離眛聞項王話中竟有哀音，不禁淚流，叩首道：「大王，臣即是赴死，亦無不可。」

兩人遂於燈下，將部伍分派停當。看看子時尚未過，項羽便傳下令去，除三萬人留守之外，其餘部伍，即行開拔。

楚軍一向訓練有素，聞此急令，並無一絲慌亂，不多時便都披掛整齊，開了東門，啣枚疾走。夜半寒氣逼人，有細雪飄飄落下。大軍如蜿蜒遊龍，無聲無息地向東奔去了。

虞姬、項伯等一行，此時亦騎馬緊隨項羽之後。虞姬便問：「大軍夜行，將奔向何方？」

項羽回首道：「無須多問，趕路就是。寡人只須一息尚存，便不教那鄙夫倡狂。」項伯回望一眼來路，嘆道：「天意如此，問又何益？」

虞姬眼圈便是一紅，又險些掉淚：「我只想回家！」

項羽忽然就暴怒起來，叱道：「多事！軍中休得多言。」

天明之後，漢軍探馬看見雪地蹤跡，才知楚軍趁夜已遁走大半，便急報韓信。

韓信聞報大驚，立即點起先鋒兵馬，直撲固陵而來，到得城下，便架起雲梯猛攻。

此時漢軍的先鋒將，係中尉靳強、郎騎將丁義，還有一個投漢不久的原楚令尹靈常。靈常其人，勇猛無倫，親率士卒冒矢登城。守固陵城的三萬楚軍，勢孤糧乏，知是陷於死地，皆無戰心。漢軍攻了半日，固陵便告陷落。鍾離眛見勢不妙，率殘部開門逃出，向南撤入了陳縣。

韓信素知楚老營士卒善戰，為項王之唯一倚賴，故而早就有令：務要斬盡殺絕，無須生俘！漢軍士卒爭功心切，滿城盡在搜殺。那楚軍殘餘無路可逃，唯有力戰而死，橫屍閭巷，其狀甚悲。

漢軍進占固陵後，馬不停蹄，即向南追去，在陳縣郊外擺開陣勢搦戰。

鍾離眛遁入陳縣之後，與縣公利幾的人馬會合，聲勢復振，便決意迎戰。全軍稍作喘息，又開門出城，再與漢軍激戰。

豈料那叛將靈常，以往在楚營雖未露頭角，此時卻煥發神勇，揮軍大進，一鼓便將楚軍擊潰。縣公利幾被漢軍團團圍住，眼見再無生路，只得拋下長戟，下馬求降。鍾離昧無力回天，由幾個親兵死死護住，突圍而去，向東追趕項王去了。

漢軍殺得性起，刀起斧落，血濺四野。那陳縣郊外，雪野裡便平添了一片片殷紅。阻敵的三萬老營楚軍，就此全部身首異處，化為孤魂萬縷。

至此，楚在兩淮，唯有零星小邑勉強自保，便再無一座大城了。項羽所率的七萬楚軍，已成千里之內的一支孤軍，只是軍伍上下皆不知此情罷了。

項羽率軍疾奔了三四日，一路所收攏的殘兵，逐日增多。聽殘兵們講述，幾令人絕望。兩淮失陷之地，數不勝數，究竟尚有幾城仍在固守，竟是難以猜度了。

時序已入十二月，滿眼天荒地老，士卒皆是飢寒難耐。項羽在馬上四顧，心情益發黯淡起來。

第五日晨起，前面又有大股楚地潰兵，項羽迎住相問，才知周殷竟然也叛楚了，九江郡全境盡失。項羽聞報大驚，急令全軍暫停。正遲疑間，忽聞身後金鼓大作，數十萬漢軍已漫山遍野追蹤而來。

楚軍連日奔得力竭，此時哪還有力氣迎戰？項羽見前面不遠處有一城邑，便揮軍搶入城中，再作打算。

入城後，詢問城內百姓，方知此邑名曰垓下，距淮水尚有百里。「垓」，本為高崗絕壁之意也，用來作此地之名，倒是奇了——邑城左近，全為平原，連一座小山丘也沒有。唯此城高有三丈許，如山陵聳峙，望之儼然。此城殘跡，後經兩千年風雨沖刷，至今猶在。殘垣仍有六尺之高，宛若河堤，多年已成農家菜地矣。

項羽見此邑雖小，卻是牆高塹深，易守難攻，才略略放下心來，遂命士卒加固城池，並在城外修築營壘以屯兵，不得鬆懈。入城後，各營檢點兵馬，算上一路收攏的散兵，竟又有了十萬餘人。

剛安歇不過半日，漢軍便追蹤而至，將垓下遠遠圍住，卻並不來攻。

漢軍後隊中，劉邦聞聽前面圍住了項王，大笑了三聲：「霸王，霸王，你也有今日？」便急遣軍使赴彭越、劉賈處，嚴令兩軍速來垓下會戰。

楚軍在垓下撐了兩日，見漢軍竟是一日日多起來，眾將心下便都著慌。查點垓下城中，存糧並不多，十萬人擁進蕞爾小城，如何能熬得過十天半月？眾將商議了一番，便約齊來向項王請戰，皆曰：與其被困死，不如拚死一戰。若能逞勇擊敗韓信，漢軍必聞風喪膽，潰散而去，全軍便有了一條生路。

項羽聽了不語，只帶了桓楚，在城內走了一遍，見眾軍雖然飢疲，但士氣尚可用，便傳令下去：「明日朝食過後，與漢軍決戰。」

眾楚卒知大戰在即，唯願一戰而破韓信，從此定鼎天下，因而都歡呼起來。

回到大帳，項羽將各營將佐喚來，凜然道：「天下分封，四年而已，劉邦老賊卻兩犯我境，背信棄義若此，卻哄得天下皆稱他『仁義』。世間偽善，大率如此。今楚地山河淪陷，人民流離，奇恥大辱，唯我楚人可知可感。所幸江東尚有完璧，明日與韓信戰，若勝，我將潰圍而去，據江東以圖恢復。寡人召諸君來，即是告知爾等：明日之戰，若不以血肉搏之，則楚之九百年國祚，便是一朝覆亡，永無再生！」

眾將聽了，皆是熱血賁張，紛紛請命為先鋒。項羽便教眾將速回本營，檢點軍械，安撫士卒。明日黎明即起，全軍披掛上陣。

次日晨，雲開日出，清寒逼人。楚軍打開營壘北門，佇列源源而出，排開陣勢。雖經多日奔波，疲憊不堪，士卒卻已知後退無路，皆願作困獸之鬥，故士氣依然高昂。

對面漢軍望見，各營也大開寨門，霎時便有漫山遍野之兵擁出，也依兵法從容布陣。

兩陣對圓時，項羽跨上坐騎烏騅馬，在陣前馳驅了一回，看清漢軍的前軍大纛，

乃是斗大的一個「韓」字，便笑道：「終可與豎子對陣了！」看罷，便返回陣中大纛下立定。

垓下之野，一馬平川，項羽遠望韓信軍不過僅有十萬餘眾，便對鍾離眛笑道：「如此烏合之眾，徒然送死。鍾離將軍，且率前軍衝陣去吧，寡人只看你如何一鼓而下。」說罷，便親擂戰鼓，下令全軍衝陣。

楚軍聞令，都齊聲呼喝，又似恢復了往日神勇，爭先恐後，湧浪般地衝向漢陣。

漢軍那一邊，韓信也親執鼓桴，擂響迎戰之鼓。漢軍即全軍而動，一片殺聲震耳，亦是排山倒海般相向而來。

百里平川，霎時便是刀戟鏗鏘，血肉橫飛。只見鍾離眛挺立戰車之上，揮動長戟，左衝右突，怒喝聲聲，望之宛如天神。楚軍最擅衝陣之數萬勁卒，尾隨其車後，淩厲無前。

韓信軍中，灌嬰麾下前鋒將靳強、丁義、靈常等人，亦是督軍死戰，前僕後繼，務要生擒鍾離眛。

兩軍廝殺多時，楚勁卒之衝陣功夫便顯現出來，一浪疊加一浪，漸

漸衝亂了漢軍陣腳。韓信望見，知楚軍厲害，忙鳴金退兵，命全軍且戰且退。

項羽見楚軍得勢，大喝一聲，率全軍大進，急追那搖搖晃晃的韓信大纛。

不料，剛追至半途，忽聞兩側金鼓齊鳴，韓信麾下兩位將軍，孔聚在左，陳賀在右，各領十萬軍埋伏於途，此時如天降神兵，從兩面殺出。

孔聚、陳賀二人，自從遣至韓信帳下之後，經大小數十餘戰，早已歷練出來，兵馬嫻熟，都加了將軍之銜。此時奉韓信之命，率部伏擊，竟也有一番氣勢。

楚軍方歷激戰，本以為大功告成，猛然遭遇伏擊，都猝不及防。正惶然間，又見韓信已退之軍，亦返身殺來，漢軍於須臾之間，便呈三面包抄之勢。

項羽這才親嘗韓信用兵的厲害，心中暗叫不好，遂大呼：「楚之存亡，在此一戰。進則生，退則死！」遂命御者繼續驅車前衝，眾楚兵緊緊跟隨，只不要命地一路砍殺過去。然漢軍人數之眾，鋪天蓋地，似窮盡了天下丁壯，一波退去，一波又來。

項羽立於車上，親冒鋒鏑，身上已有數處被創，卻毫無疲態，只一聲聲怒喝：「殺韓信！」那楚軍個個心懷國破家亡之仇，聞得項王喝聲，都彷彿有神勇貫注百骸，齊聲附和「殺韓信」，聲聲如潮，直殺得紅了眼一般。

對面漢陣中，韓信立於大纛下，耳聞遠處排山倒海的「殺韓信」之聲，不由面色發白，從腰間掣出漢王劍來，強自鎮定。身邊諸將也都拔劍在手，不由自主向韓信靠攏。卻見韓信定了定神，將劍鍔拂拭一遍，輕輕一笑，叱諸將道：「兒郎們尚不怕，你等怕什麼？」

那漢軍陣中，士卒征戰連年，早思息戰歸鄉，皆痛恨項王恃武攪亂天下，此刻無不想殺盡楚軍，早得天下太平，因此毫無懼意。如此，兩強相遇，個個都逞勇鬥狠，雪後之平川上，便是一片血海，斷戟折旗，觸目可見。楚軍那雷鳴般的「殺韓信」之吼，在十里方圓沖天而起，響徹平野。

劉邦率後軍在遠處觀戰，也是看得心驚。其身旁，周勃、陳武按劍肅立，唯恐有失。見韓信軍仍不能獲勝，劉邦便焦躁道：「如此豪賭，仍不能贏，莫非天意乎？」

周勃怒視遠處楚軍旗幟，只是不語。陳武卻道：「主公，臣自薛城從軍，倒沒見咱漢家勝過幾陣，然項王卻是一天天地敗了。」

劉邦若有所悟：「也是！然如此之賭，再無二次。我劉某，是再也不想重回芒碭了。」言畢，即催動本部直屬十萬軍，齊頭並進。軍令一下，十萬漢軍便搖旗吶喊，如鴉群般騰起，遮天蔽日，一派鼓譟而來。

韓信聞聽後方有喊殺聲，知是劉邦軍至，便命眾軍稍稍閃開。劉邦所部，乃是原駐廣武的老營人馬，一向對楚軍恨之入骨，此時挺戟殺進，勢如狂潮。

項羽協同季布、虞子期，在陣中會合了鍾離眛，正殺得力疲，忽見又有後援漢軍鼓譟而來。項羽神色便一變，不由驚道：「漢軍有十面埋伏乎？」呆望片刻，見漢王大纛下，漢軍浩漫無際，知事不可為，若再遲疑片時，全軍必將陷於陣中，只得停下戎車，仰天大吼道：「萬年之恥，萬年之恥啊！」

眾軍聞項王怒吼，以為又要衝陣，正待進擊，卻聞得一陣陣鳴金，原是項王下令退兵了。然兩軍廝殺，已然混作一處，哪裡還撤得下去？項羽怒喝連連，率諸將及親兵奮力衝殺，一桿長槊舞起，渾如閃電，觸之即亡。漢軍見之，紛紛閃避，這才殺出一條血路來。鍾離眛忙招呼後隊殘部，邊戰邊走，退入垓下壁壘，閉門堅守。

漢軍見項王居然也遁走了，都山呼萬歲，將那曠野上逃遁不及的楚軍圍住，盡情砍殺。已退入壁壘之楚軍，耳聞同袍淒厲的呼救聲，也只能徒喚奈何。

項羽生平所戰，唯此一敗，此刻亦不免有驚魂之感。立於壁壘上悵望良久，聞殺伐聲漸息，才下令檢點殘部。鍾離昧檢點了一遍，報稱尚有兩萬餘人。項羽聞之，只悽楚一嘆，便回大帳去了。

金鼓平息後，垓下城頭，可望見平川上屍橫遍野，斷戟橫陳。無數的漢軍密如蜂蟻，還在源源不斷擁來，堪堪已有六十萬之眾了。看旗幟，是彭越軍與英布軍、劉賈軍也趕到了，將垓下一層層圍住。

此役，可謂空前慘烈，天地也為之變色。兩軍均死傷纍纍，漢軍共折損十萬餘，楚軍亦有八萬被斬殺。項羽向來不懼戰，此時竟也臉色慘白。回到帳中，未及卸甲，便喊來桓楚，命速遣數名精幹斥候，換裝潛出城去，分赴淮南、江東求援。

此後十數天裡，楚軍只是閉門不出，等候援軍。漢軍雖眾，但也被殺得怕了，唯有依仗勢眾，遠遠地圍住，只待楚軍糧絕。

堪堪時已至臘月中，天又降雪，大地一派灰濛。楚軍自廣武撤下，至今尚未置備冬裝，個個都怯衣單，瑟縮在一起烤火。城記憶體糧，快要食盡，援兵卻是音訊皆無。項羽哪裡知道，兩淮之地早已盡失，江東路遠，漢軍已將通道阻隔，郡縣如何調得援軍趕到？

這日，項羽巡視城上，見士兵飢寒，幾無執戟之力，不由心生憐憫，下令殺戰馬以充飢。馬軍的兩千匹戰馬，一夜間殺之大半，眾軍好歹飽食一頓，可以再熬得幾日。

時至夜半，楚軍正難耐之際，忽聞遠處漢營中，有陣陣楚歌隨風飄來，聲似哀鴻，如泣如訴。立時便有一股鄉愁，穿透了夜之寒霧。眾軍為之一驚，三三兩兩，都登上壁壘去傾聽。

漢營中傳出楚歌，自此便成千古懸念。其實，漢軍中楚人眾多，實不為奇，此事自有其故。韓信軍中，本就有自淮南收編的楚軍若干；英布軍此次前來，更半是周殷屬下的九江兵。這些楚地軍卒思鄉，唱起楚歌，也是自然而然的事。

楚歌本就淒涼，間以簫聲嗚咽，更是撩動人肺腑。城內眾楚軍思及家鄉妻子，都情不能禁，潸然淚下。當下便有數百軍卒發一聲喊，跳下壁壘，倒曳戟戈，投奔漢營去了。將佐們上下攔阻，見喝止不住，也都紛紛逃亡了。

一個時辰之間，楚卒大半皆已散去，連那鍾離眜、季布、項伯，也都更衣逃走，不知所終。唯桓楚領四千餘江東子弟兵，不肯降漢，仍堅守營壘不散。

項羽於中夜被雜遝聲驚醒，聞漢營傳來楚歌，四面皆和，若鬼神之泣，不禁大驚：「漢皆已得楚地乎？是何故楚人之多也！」

虞姬也醒來，披衣坐起，掌了燈，側耳傾聽。聞其辭云：

白髮倚門兮，望穿秋水；

稚子憶念兮，淚斷肝腸。

胡馬嘶風兮，尚知戀土；

人生客久兮，寧忘故鄉……

虞姬未等聽完一闋，便是默默垂淚。項羽披上大氅，出帳去看，掀開帳門，卻見素所鍾愛的烏騅馬，繫於馬樁之上，正煩躁不安，似欲揚鬣奮蹄。

項羽走近愛駒，以掌撫其背，令其安靜下來。遂嘆了一聲，回到帳中，喚衛卒拿酒來。

正在此時，虞子期、桓楚、項莊三人，跌跌撞撞奔進來，欲稟報項伯、鍾離昧等重臣逃跑事。項羽見他們神色，已知是何事，忙擺手制止，只道：「長夜難捱，我等不談戰事。來，飲酒！」

三人惶然坐下，士卒為各人斟滿酒。項羽又對士卒道：「爾等也斟滿，與寡人同飲。」

幾名兵卒也斟了酒，但不敢就座，項羽便喝道：「坐！」

眾人遂就座飲酒，一席啞然。項羽也無語，一口氣飲了數觥，忽而興起，口占一詩，慷慨悲歌道：

力拔山兮氣蓋世，時不利兮騅不逝。騅不逝兮可奈何，虞兮虞兮奈若何！

項羽嗓音本就沉雄，於此間蒼涼歌吟，更是撼人心魄。歌吟迴環間，項羽以掌擊案作拍，將此曲連歌數闋。虞姬似小鳥依人，輕聲和之，其調悽婉無比。

唱畢，項羽凝然不動，唯見頰上有兩行淚下。眾人都聽得心中不忍，早棄了酒爵，拜伏於地悲泣，莫敢仰視。

燭火搖曳中，帳內歌聲似久久繞梁，凝於斯時，似萬古不散……

沉寂良久，虞子期忽然躍起，急道：「大王，今江東子弟兵尚有四千未散，可隨你拚死殺出。今夜不走，更待何時？」

項羽一雙重瞳子炯然有光，環顧諸人，只是不語。

桓楚嘆道：「馬匹已殺了大半，無馬，如何能走得脫？」

虞子期則道：「馬匹尚有八百未殺，可選八百死士隨行。」

項莊則拔劍道：「生年二十，即便在今日交待了，亦無大憾。兄長，勿再遲疑了！」

項羽望望虞姬，仍是未語。

虞姬便起身，拭淚道：「妾身一女流耳，不擅技擊，亦不願拖累大王。大王自去，妾可隱於民間，無須牽掛。」

項羽遲疑道：「民間如何住得？」

虞姬凜然道：「妾本閭巷中人，如何不能回歸？只當是夢一場罷了！」

項羽這才對虞子期、桓楚道：「項莊可隨寡人潰圍，你二人呢？」

虞子期道：「弟在此阻滯漢軍，兄長且放心去。若大王潰圍而出，何患楚不重振？」

桓楚也拱手道：「臣自舉義起，即跟從項梁君，生死皆南冠之人也，大王請勿慮。」

項羽這才首肯，命項莊去點起八百名壯士。而後，密囑虞子期、桓楚道：「寡人走後兩日，便教兒郎們都散了吧。」

兩人聞之，都極驚駭，虞子期脫口道：「那如何使得？」

項羽搖搖頭道：「兒郎們空忙三年，能活且活吧！」隨後，便取出甲冑披掛，不再言語。

說話間，虞姬尋出了一襲猩紅戰袍，為項羽披上，細心幫他繫好甲冑，理好項羽蓬亂的虯髯，一時又忍不住淚下。

項羽正待出去，忽又回望虞姬，囑道：「民間清苦，不比以往，須多保重！」言畢，便頭也不回邁出帳去。

虞姬不覺失神喊道：「夫君……」隨即，便是泣不成聲。

寂靜寒夜，壁壘西門靜悄悄打開，項羽、項莊率八百騎士魚貫出營，向南而逃。垓下之南為窪地，漢軍營壘不密。項羽看準燈火稀疏處，疾馳而出，竟然未驚動漢軍。

虞姬、虞子期、桓楚三人立於壁上，目送隊伍遠去。項羽走後，壁壘門復又緊閉。虞子期掉頭對虞姬道：「妳勿再悲戚！速回帳中，換了民女衣裳，隨我二人出營，潛往民間。」

虞姬似已麻木，喃喃道：「今日無家了，走又何益？」虞子期便頓足道：「不走，想死於亂軍之中嗎？」

虞姬聞言一怔，便不再猶疑，轉身回了大帳。

稍後，虞子期、桓楚也換了便裝，來到大帳，見虞姬已換了農家婦衣裙，正自發呆。

虞子期解下佩劍，遞給虞姬：「帶上防身，這便走吧。」

此時，有親兵數名，也都一身短打扮，牽了馬匹來到帳前。虞姬知逃亡在即，忽有萬般不捨，將那平日習用的几案撫了一撫，又望南拜了兩拜，道了一聲：「夫君，你走好！」

虞子期便催道：「天將黎明，再不走便遲了！」

說時遲那時快，虞姬猛地抽出劍來，叫了一聲：「夫君，妾先走了！」便毅然舉劍，刎頸自盡。頃刻間，只見劍墜席上，落紅滿地……

虞子期大驚，衝上前去，抱起虞姬。只見她頸上血流如注，面容漸漸蒼白，宛若熟睡。

桓楚一時也慌了，喊了聲：「虞美人……」便僵住了。

虞子期悲不自勝，涕泣良久，方對桓楚道：「你且在帳外稍候，我為舍妹稍事整理，好好葬了再走。」

桓楚在外候了片時，忽聞帳內一聲大喊：「桓楚將軍，拜託了！」桓楚心知不好，便一步搶進帳去，見虞子期竟也自刎而死！

眾親兵聞聲趕來，頓時都怔住。桓楚忍住淚，跪於虞氏兄妹屍身前，拜了三拜。起身對眾人道：「爾等將虞將軍兄妹好好葬了，便可自去，我不走了。」

次日晨，垓下壁壘中，又有零星楚卒投奔漢營，稱項王昨夜已率八百騎士遁走。劉邦聞報，不敢大意，急命灌嬰率五千馬軍，循蹤追擊。又特頒諭令：「得項王首級者，賜千金，封萬戶侯。」

垓下城內，尚餘三千江東子弟兵，誓不肯降。韓信見狀，便發兵來攻，其勢凌厲，志在必得。待號角響過，但見無數漢軍，在城上攀附如蟻，前僕後繼。三千殘卒固守在城頭，同仇敵愾，皆戰至最後，力竭而死。眾戰歿者中，亦有桓楚在內。

卻說項羽親率八百騎，疾馳三日，晝夜不捨，亦是驚險迭見。一路遭漢軍攔截，戰死者、失散者不計其數。

半途中，項莊身陷重圍，眼見得難以突出，遂持劍大呼：「鴻門宴舞劍者在此，劉邦老賊何在！」話音剛落，即有無數漢軍擁上來，呼喝連聲，劍戟亂刺。瞬息間，便再也不聞那項莊聲息了。

項羽身上亦有新創數處，猩紅戰袍已有斑斑暗色血跡，他抬眼看了看項莊戰歿處，眼中似有血冒出，旋即一聲大吼，連殺數名漢兵，潰圍而去。待奔至淮水邊，再檢點隨行騎士，僅有百餘人而已。一行人不敢停留，便覓了船隻，急渡淮水南下。

當晚，項王與眾騎蜷曲在草叢中露宿。次日晨，又策馬疾馳，無多時，便來至陰陵地面。不巧，前面忽然失路，因天陰不見日頭之故，眾人皆不能辨別方向。正惶然間，忽聞身後追兵喧譁，已是漸漸迫近了。

間不容髮之際，項羽忽見前頭有一老農，肩背糞箕，正蹣跚而行，便打馬上前，拱手問道：「請問老丈，我等欲往江東，有何路可通？」

那老者掀起斗笠，項羽便覺面熟，卻也想不起曾於何處見過。

老農鬚髮皆白，面容清臞，飄然有隱士風。他凝視項羽片刻，微微一笑：「楚人，如何在楚地失路？」

項羽赧然拱手道：「追兵甚急，萬望指教。」

那老者便一指：「左！」

項羽匆匆謝過，便率部向左奔去。

及至項羽一隊人馬跑遠，那老者才笑笑自語：「故人，可還記得彭城夜行乎？聖人曰：『鳳鳥不至，河不出圖。』老夫生將滿百，哪見有什麼鳳鳥？唯見大盜不止！爾等不悟，便往左去吧，去吧……」

項羽算定，此去若踏上東行之路，便可將追兵遠遠甩開。豈料在葦叢中馳驅了半個時辰，前面哪裡還有路？唯有萬頃葦蕩，白芒如濤，分明是淮水所積的一個大澤。一行坐騎皆陷於泥中，前行不得。

項羽方知受騙，怒罵不止，只得返回，再尋那白首農夫，哪裡還能覓得蹤影？項羽勒馬，悵恨良久，疑惑道：「老兒何往，莫非異人乎？當今之異人，何其多也，究竟意欲何為？」

待士卒尋得漁夫探問，方知此澤名曰高塘，方圓有百里之闊。剛才迷路之處，名曰爐橋，須沿澤畔向右繞行而過，方可直赴江東。

項羽這一行人，在澤畔曲折迴環，好不容易找到東歸之路，卻是誤了行程。雖晝夜兼程，仍難擺脫漢軍。才得脫險兩三日後，身後忽又有漢馬軍呼嘯包抄而來，一陣截殺，百餘楚騎立陷重圍，折損甚重。項羽挺起長槊，且戰且走，方得脫身。又狂奔至下午，來至東城地面，檢點身邊，唯餘二十八騎矣。

回首望望，身後漢家馬軍仍有數千，窮追不捨，堪堪已經逼近。

項羽心知此番脫不得身了，便勒住馬，對眾騎士道：「我自起兵至今，已有八年。身經七十餘戰，所當者破，所擊者服，未曾敗過一回，遂霸有天下。然終卻受困於此，此乃天亡我，非戰之罪也。今吾意決死，願為諸君快意一戰。定要三勝，斬將，奪旗，然後死。欲使諸君知我非用兵之罪，乃天亡我也！」

二十八騎中，無一人有懼色，皆攘臂道：「願從大王之命。」

項羽乃引兵馳上一小山，命眾騎環繞四面，駐馬向外而立。漢軍隨即趕來，將小山圍住數重。

兩軍僵持，雖懸殊不等，漢軍將士心仍惴惴。皆緊握刀矛，屏息逼視項王，四周唯聞戰馬喘息之聲。

項羽手持長劍，對身邊一騎士道：「看我為公取一將之首級！」遂下令，教七人為一隊，分為四隊，向四面衝下，往山之東面三處地方會集。

眾騎士皆然諾。項羽於是大呼，縱馬飛馳而下，眾騎士俱催馬四出。漢軍見了，紛紛避讓。項羽看準一甲冑鮮明者，馳突而至跟前，手起劍落，將一漢將斬殺。

漢軍平素畏項王如虎，聞其將至，即望風而逃。今日見其勢窮，遂將連年征戰之苦，遷怒於項王，唯恨其不速死。數千騎士，都將生死置之度外，只遠遠近近呼喝：「捉項王！」

郎中騎楊喜，素來膽量過人，此時便發狠，緊追項羽不捨。

不料，項羽突然回頭，怒喝一聲。楊喜猝不及防，人馬俱驚，兜鍪當場掉落，轉頭跑出數里，方才收住韁繩。

項羽冷笑一聲：「項王豈是好捉的！」便與二十八騎分頭殺出，如約在三處會集。漢軍不知項羽在哪一處，便也分為三隊，將那眾楚騎重新圍住。

僵持片刻，項羽鬚髮皆張，一手持槊，一手持劍，又一聲猛喝，率眾軍從三處策馬馳出。

馬蹄雜遝中，項羽直奔漢軍一都尉跟前，一槊刺穿三層胸甲，當場致其斃命。而後一路呼喝，劍槊齊下，又斬殺數十百人。漢軍似見蚩尤再世，皆心膽俱裂，再不敢呼「捉項王」了，瞬間便潰散而逃。待漢軍遁遠，項羽勒住馬，聚攏騎士檢點，唯折損兩人而已。

自山上而下，項羽一連九戰，所戰皆捷，終得順利潰圍。故而後世稱此山為「九頭山」，亦號「四潰山」，此山尚未完全湮滅，至今仍有殘跡在。

當是時，項羽在山下勒馬四顧，重瞳閃射異彩，如有神魔附身，笑問眾人：「如何？」

所餘二十六騎皆感振奮：「如大王所言！」

項羽以衣裾緩緩拭淨劍鋒，便是一聲：「走！」遂率眾人向東馳去。

一路見處處兵燹，慘不忍睹。草莽之中，兔起鶻落，皆是國破家亡景象。好在身後追兵尚遠，唯有長天流風，傳送鴉噪聲聲，分外淒涼。

馳驅不過片時，便來至烏江浦。此處為長江一渡口，長江水道在此呈南北走向，故對岸古稱江東。秦漢時，此處江流靠近烏江浦這一邊，夾雜淤泥甚多，水呈黑色，因此得名「烏江」。

從此地渡江，即是江東的吳郡。一線生機在前，眾人頓感釋然，便稍作喘息。項羽急欲尋船渡江，手搭涼棚四望，見十里水畔，因戰禍之故，竟然難覓一人。

須臾間，遠處又聞人馬雜遝，遍地皆有「捉項王」之聲。漢軍追兵，堪堪又已逼近。項羽正焦急間，忽見葦蕩中悠悠划出一小舟，舟上操槳者乃一老翁，一襲蓑衣，滿身風霜，眉宇間有骨鯁之氣。見項羽正在徘徊，便拱手道：「可是項王？請速上船。」

項羽甚覺奇怪，便問：「公何人也？」

「臣乃烏江亭長，在此專候大王渡江。沿岸百里，十室九空，唯小臣有一船。漢軍若追至，無此船亦不能渡江。」

項羽見此舟甚小，僅容得一人一騎；所率二十六騎，如何能一趟趟渡過？

亭長見項羽猶疑，便急勸道：「江東雖小，地方千里，有眾數十萬人，足以稱王也，願大王急渡！」

項羽仍未下馬，眺望大江片刻，勒轉馬頭，對眾騎士笑道：「天之亡我，我何渡為？且我與江東子弟八千人渡江而西，今我一人生還，縱是江東父老憐我，擁我為王，我又有何面目見之？縱然父老不言，我能無愧於心乎？」

言畢，便跳下馬來，將那匹烏騅馬引至江邊，對亭長道，「我知公乃仁厚長者，我騎此馬五年，所向無敵，曾一日千里。今不忍殺之，以之賜公吧。」說罷，便深深一拜。

那亭長接過馬韁，一臉錯愕：「漢兵將至，大王欲何往？」

項羽仰天笑道：「公且渡。吾意已決，此生唯付一死，或可留名千古，仍是強於無數食祿鄙夫！」

亭長知其意決，不禁老淚縱橫，朝著項羽長揖道：「大王，楚人作別了！」遂放舟而去。

此刻彤雲密布，蘆荻蕭蕭，千里江流有訴不盡的悲苦。項羽不忍再張望江東，便轉過身，令從騎皆下馬步行，持短兵與敵接戰。眾人知最後關頭已到，便紛紛棄了長戟，掣出短劍、手戟，躍躍欲試。

一行人走出葦叢，便見白楊林外有漢軍漫野而來，皆執戟狂呼「捉項王」。項羽更無多言，即率二十六人衝出白楊林，殺入重圍。霎時間，兵刃相格，呼喝聲此伏彼起。

漢軍見項王已陷末路，為懸賞所激，都爭相向前，刀矛如葦，逼住項羽。那項羽，大叫一聲：「楚人豈可殺絕乎！」便拚盡全力，左右格鬥，手刃漢軍數百人，身上亦被創十餘處。所披戰袍，襤褸如麻，已看不出本色來了。

激戰有時，眾騎士或死或被俘，唯餘項羽身旁兩三人。一騎士頹然坐下，哀鳴一聲：「大王，力竭了！」

項羽環顧之間，忽見漢軍前鋒中有呂馬童在，便注目道：「你豈非我故人嗎？」

呂馬童此時在漢軍為騎司馬，正是灌嬰屬下，聞聲急忙上前辨認。見果是項王，便朝前一指，告知身邊的中郎騎王翳[76]：「這便是項王！」

項羽怒目圓睜，重瞳子猶如蠟炬，高聲道：「不錯，你好眼力，正是你舊主無疑！只記不得你有何戰功。我聞漢家以千金購我頭顱，封萬戶侯，我便成全了你吧！」說罷，便毅然舉劍，刎頸而亡。

—— 烏江之畔，但見血浸鎧甲，如夕陽殘照之流光，漶漫而下，染紅了一片沃土。

漢兵們一時驚住，靜默了片刻，隨後便驟起一陣喧囂，眾軍爭相搶進。王翳大喝了一聲：「那是我的！」便當先衝入，手起劍落，斬下項羽頭顱。其餘漢騎一擁而上，爭相踐踏，搶奪項羽遺體。刀光之中，互相砍殺而死者，竟有數十人。

最終，由郎中騎楊喜、騎司馬呂馬童、郎中呂勝、都尉楊武各得一肢。後經驗明，五人皆封侯，食邑千餘戶，世代享受榮華。楊喜後人，更有累代為漢家重臣者。

---

[76] 王翳，亦作王翥。他的官職「中郎騎」比較特殊，學界有討論。中郎與郎中，為兩個不同的系統，不相統屬，然職務類似，即負責宿衛宮禁，出則充車騎。中郎騎，即以中郎身份而出任騎郎，與灌嬰的馬軍統統都具有郎中身份的情況，有所不同。

三日後，垓下城已破，戰聲沉寂。韓信正在中軍大帳中徘徊，忽有軍卒飛馬來報：「項王已死！係在烏江畔自盡。」

韓信聞言，猛然怔住，不由自主伸手去拿那柄漢王劍，手指才剛一觸劍鋒，便倏地縮回，說不清心頭是狂喜還是悲涼。

與此同時，垓下漢王帳中，劉邦也接到灌嬰的加急羽書，雙手顫顫地拆開來看，閱畢，卻是半晌瞠目而不能言。身旁張良、陳平看得奇怪，便都問：「大王，軍情如何？」

劉邦望望二人，將嘴張了一張，便把軍書向穹頂一拋，大笑道：「哈哈，萬世無憂矣！」

張良、陳平猜到緣由，雙輕按兩下掌，歡呼相慶。帳外周緤、徐厲等一干親隨侍衛聽見，也知是項王生死有了著落，都一擁而進，急切問劉邦：「項王可曾捉住？」

劉邦並不答話，只整了整衣冠，端然袖手，步出帳去，久久仰望天穹，隨後大呼了一聲：「他死了！」

漢家天下——楚漢爭鋒：

逐鹿中原，豪傑並起！誰能問鼎天下？

作　　者：清秋子
發 行 人：黃振庭
出 版 者：複刻文化事業有限公司
發 行 者：崧燁文化事業有限公司
E-mail：sonbookservice@gmail.com
粉 絲 頁：https://www.facebook.com/sonbookss/
網　　址：https://sonbook.net/
地　　址：台北市中正區重慶南路一段61號8樓
8F., No.61, Sec. 1, Chongqing S. Rd., Zhongzheng Dist., Taipei City 100, Taiwan

電　　話：(02)2370-3310
傳　　真：(02)2388-1990
印　　刷：京峯數位服務有限公司
律師顧問：廣華律師事務所 張珮琦律師

定　　價：580 元
發行日期：2025 年 01 月第一版
◎本書以 POD 印製
Design Assets from Freepik.com

國家圖書館出版品預行編目資料

漢家天下——楚漢爭鋒：逐鹿中原，豪傑並起！誰能問鼎天下？/ 清秋子 著 . -- 第一版 . -- 臺北市：複刻文化事業有限公司, 2025.01
面；　公分
POD 版
ISBN 978-626-7620-45-8(平裝)
1.CST: 中國史 2.CST: 通俗史話
610.9　　113019712

電子書購買

爽讀 APP

臉書